CB125755

GUERRAS CULTURAIS NA MÍDIA

Copyright © 2025 Celbi Pegoraro

As imagens e capas de publicações foram reproduzidas neste livro acadêmico com fins informativos e ilustrativos ao texto do autor, com base em autorizações ou nos limites da legislação brasileira de direitos autorais.

Editora
Renata Farhat Borges

Editores do Observatório de Histórias em Quadrinhos
Waldomiro Vergueiro
Paulo Ramos
Nobu Chinen

Capa e projeto gráfico
Márcio Koprowski

Editoração eletrônica
Elis Nunes

Revisão de texto
Ana Elisa Ribeiro
Mineo Takatama

Assistente editorial
Izabel Mohor

Dados Internacionais de Catalogação na Publicação (CIP) de acordo com ISBD

P376g Pegoraro, Celbi Vagner Melo
GUERRAS CULTURAIS NA MÍDIA: jornalismo, quadrinhos, cinema e a política nos campos de batalha / Celbi Vagner Melo Pegoraro. – São Paulo : Peirópolis, 2025.
320 p. : il. ; 17cm x 24cm.

Inclui bibliografia
ISBN: 978-65-5931-429-4

1. Comunicação. 2. Mídia. 3. Jornalismo. 4. Quadrinhos. 5. Cinema. 6. Política. 7. Cultura. I. Título.

2025-2727 CDD 302.2
CDU 316.77

Elaborado por Vagner Rodolfo da Silva - CRB-8/9410

Índice para catálogo sistemático:
1. Comunicação 302.2
2. Comunicação 316.77

Disponível em ebook no formato ePub (ISBN: 978-65-5931-430-0)

Editado conforme o Acordo Ortográfico da Língua Portuguesa de 1990.
1ª edição, 2025

Editora Peirópolis Ltda.
Rua Girassol, 310F – Vila Madalena
05433-000 – São Paulo – SP
tel.: (11) 3816-0699
vendas@editorapeiropolis.com.br
www.editorapeiropolis.com.br

CELBI PEGORARO

GUERRAS CULTURAIS NA MÍDIA

JORNALISMO, QUADRINHOS, CINEMA
E A POLÍTICA NOS CAMPOS DE BATALHA

editora
Peirópolis

Aos meus pais

"As redes sociais deram o direito à palavra a legiões de imbecis que antes falavam apenas no bar, depois de um copo de vinho, sem prejudicar a coletividade. Eles eram calados rapidamente, agora têm o mesmo direito à palavra de um Prêmio Nobel."

Umberto Eco

A LUTA CONTINUA...

GILSON SCHWARTZ

Já me desculpando por usar uma imagem tão surrada... mas o trabalho do Celbi Pegoraro merece mesmo ser comparado aos melhores vinhos. Pois, se foi realizado entre 2018 e 2020, voltado principalmente a fenômenos anteriores à consolidação de um imaginário fortemente conservador, sua publicação em 2025 vem carregada de uma qualidade que apenas os projetos bem concebidos e executados alcançam com o passar do tempo: a relevância.

Talvez já seja tempo de perguntar se as guerras culturais que eclodiram após a queda do Muro de Berlim, no final do século passado, já terminaram – e se aquilo a que assistimos hoje é apenas o eco de uma vitória da extrema direita, que, tendo vencido a batalha das palavras, ou seja, da mídia digital, agora avança na direção da ação política concreta. Em outras palavras: as guerras culturais estariam deixando de ser disputa simbólica para se tornarem políticas de Estado?

Essa é uma das provocações que atravessam este livro do Celbi Pegoraro, pesquisador atento às dinâmicas culturais, midiáticas e políticas que marcaram as últimas décadas e reconhecido investigador da indústria do entretenimento de massa. Ao longo destas páginas, somos levados a um percurso que começa com o colapso das grandes narrativas ideológicas da Guerra Fria e desemboca nas trincheiras digitais e afetivas onde se travam, hoje, as disputas por valores, memória, identidade e verdade.

Longe de tratar as guerras culturais como mera histeria coletiva ou artifício retórico, o autor compreende esse fenômeno como um campo de batalhas reais, onde se definem os limites da democracia, os direitos civis, a liberdade de expressão e até o lugar da ciência e da identidade de cada um. Nesse campo, não há neutralidade possível: mesmo o silêncio é já uma forma de posicionamento.

Pegoraro analisa como o discurso da guerra cultural tem sido instrumentalizado para mobilizar ressentimentos, capturar emoções e justificar políticas regressivas.

Mas o livro não se limita ao mapeamento. Ele nos oferece um roteiro, ainda que provisório, para entender tanto como chegamos até aqui quanto o que está em jogo quando expressões como "ideologia de gênero", "marxismo cultural" ou "liberdade de expressão" aparecem no debate público como armas, seja para falar de humoristas, seja para desqualificar argumentos pelo recurso a ícones construídos para consumo de massa.

Mais do que um diagnóstico, esta obra é um convite à vigilância crítica. Não para escolher um lado de maneira açodada, mas para compreender como os lados foram construídos, quais histórias estão sendo contadas – e a serviço de quem.

Celbi Pegoraro escreve com a urgência de quem sabe que a cultura não é apenas reflexo da política, mas um de seus campos mais decisivos. E, por isso mesmo, não podemos nos dar ao luxo de tratá-la como algo secundário. As guerras culturais podem até ter mudado de forma – mas certamente não terminaram.

Em tempos de polarização e ruído, em sociedades saturadas de certezas apressadas fabricadas diariamente por uma mídia fortemente condicionada pela publicidade de governos ou empresas, este livro chama à escuta, ao pensamento e ao diálogo informado – atitudes talvez mais revolucionárias hoje do que jamais o foram.

A luta continua.

São Paulo, 4 de julho de 2025.

Gilson Schwartz
Professor livre-docente de Economia do Audiovisual
do Departamento de Cinema, Rádio e TV da ECA-USP.

APRESENTAÇÃO

WALDOMIRO VERGUEIRO

A vida tem muitas surpresas. Algumas boas. Outras, nem tanto. É o caso deste livro. Felizmente, está entre as primeiras. Diria até mais: com destaque.

Conheço o autor do livro, Celbi Melo Vagner Pegoraro, professor do Departamento de Jornalismo e Editoração da Escola de Comunicações e Artes da Universidade de São Paulo (ECA-USP) há muitos anos. Não me lembro exatamente quantos. Ele apareceu de repente no meu ambiente de trabalho, o Observatório de Histórias em Quadrinhos, grupo de pesquisa que coordeno na ECA. Jovem, recém-saído do curso de jornalismo, que havia frequentado em outra instituição, não me recordo exatamente se pediu licença, se se apresentou de maneira formal ou se simplesmente se juntou a nós como tantos outros o fizeram (nunca tivemos formalidades, todos são sempre bem-vindos para compartilhar com nossos pesquisadores ideias e percepções sobre histórias em quadrinhos e temas correlatos).

Só lembro que um dia ele não estava lá e, no outro, estava. E ficou. Aos poucos, foi ampliando sua participação em nossas discussões e projetos, aos poucos foi se fazendo notar. Sem ostentações. Sem pretensões. Sem demandas. Apenas se colocou como alguém disposto a aprender e colaborar. Jamais recusou uma solicitação, jamais fugiu de qualquer desafio, embora tampouco buscasse se colocar abertamente na berlinda. Sua constância e dedicação, bem como a qualidade de suas intervenções, sempre foram suficientes para conquistar a confiança e o apreço de todos.

Alegrei-me quando ele se interessou por continuar seus estudos na pós-graduação e torci para que fosse bem-sucedido quando me informou que iria se candidatar a uma vaga, sob minha orientação, no Programa de Pós-Graduação em Ciências da Comunicação da ECA. Conseguiu atingir esse objetivo no final de 2010, com uma proposta de pesquisa focada em animação e quadrinhos Disney. Iniciamos, então, no ano seguinte, uma jornada de aprendizado conjunto, durante a qual, para minha grata surpresa – outra! –, não teve a interrupção prevista entre mestrado e doutorado, mas seguiu diretamente para esta última etapa – no exame de qualificação, Celbi teve recomendada pela banca examinadora a indicação para o doutorado. Essa recomendação foi aceita tanto pela Coordenação do Programa como pela Fundação de Amparo à Pesquisa do Estado de São Paulo, que já lhe havia concedido bolsa para cursar o mestrado.

Correção de rumo, compatibilização dos objetivos e metodologia da pesquisa com o novo nível de estudo, complementação de disciplinas, a tudo Celbi respondeu com a mesma dedicação de sempre, empenhando-se, inclusive, em ampliar suas perspectivas com uma visita técnica aos Estúdios Disney, na Califórnia, Estados Unidos, e com um estágio no Programa PAE (Programa de Aperfeiçoamento de Ensino), este último realizado junto com a disciplina que ministro na ECA, Editoração em Histórias em Quadrinhos. Concluiu seu doutorado em 2016, com a tese intitulada *Animação e quadrinhos Disney*: *produção cultural no início do s*éculo XXI.

Em paralelo ao doutorado, Celbi continuou sua ligação e atividades relacionadas com a área de histórias em quadrinhos e comunicação, apresentando trabalhos em congressos, escrevendo artigos científicos, ministrando palestras e assumindo papel cada vez mais decisivo no Observatório de Histórias em Quadrinhos, sendo hoje, informalmente, o nosso coordenador de comunicação, responsável pela organização de todo o suporte eletrônico do grupo de pesquisa, e estruturando o canal do Observatório no YouTube – que, graças a ele, conta já com mais de uma centena de programas disponíveis. Sou-lhe especialmente muito grato por isso, e também por sua atuação em nosso evento anual, as Jornadas Internacionais de Histórias em Quadrinhos, do qual é um dos coordenadores.

Rapidamente, após o doutorado, Celbi propôs-se a realizar um estágio de pós-doutorado na ECA, o que fez de 2018 a 2020, sob a supervisão de meu colega Gilson Schwartz, do Departamento de Cinema, Rádio e TV, do qual derivou o presente livro.

É daí que, passo a explicar agora, vem a surpresa que mencionei no primeiro parágrafo deste prefácio.

Reconheço que, quando acompanhei o autor do livro em seu doutorado e mesmo depois, nas muitas atividades que realizamos juntos em torno das histórias em quadrinhos, tive sempre, em relação a ele, uma visão complacente, encarando-o como alguém em perene estágio de formação. Esse é um vício de professor/orientador do qual nunca consegui me liberar (jamais consigo me referir a um antigo aluno como ex-orientando, por exemplo). Assim, ao receber sua solicitação para prefaciar o livro – o que muito me honrou, diga-se de passagem –, esperava receber um texto bem-comportado, com uma abordagem adequada de um tema espinhoso, como são as guerras culturais na mídia.

Mas eu estava enganado nas minhas premissas. O livro, que li com entusiasmo e cada vez mais maravilhado, é muito mais que um trabalho reflexivo comum. Trata-se de uma visão amadurecida, propositiva e instigante de alguém que compreendeu o panorama dos meios de comunicação em sua integridade e tem condições de enxergar aspectos que fogem a uma leitura comum. Celbi consegue aproximar aspectos conflitantes dos embates culturais que ocorrem em torno da mídia, equacionando pontos positivos e negativos de uma forma ponderada e persuasiva. Evidencia como a emergência e preponderância da comunicação pelas mídias sociais, nestas primeiras décadas do século XXI, ampliou e intensificou debates culturais de uma forma que a imprensa tradicional jamais conseguiu fazer. Destaca exageros de cada extremo dos espectros culturais envolvidos nessas disputas, demonstrando que os radicalismos não são privilégio desta ou daquela ideologia, mas abrangem todas elas. Denuncia posições intransigentes que, em vez de reforçar identidades antes desprezadas, concorrem mais para exacerbá-las ou trazer-lhes descrédito. Compara as guerras culturais em diferentes países, destacando as características diferenciadoras entre as que ocorrem nos Estados Unidos (tradicionalismo cristão e populismo político), na Inglaterra (conservadorismo clássico, imigração e relação com o bloco europeu) e no Brasil (reacionarismo anti-intelectual e antiestablishment). Salienta o papel desempenhado por discussões e representações do afrofuturismo na e pela mídia *pop* nos últimos anos, apontando as raízes e perspectivas para o debate em torno desse tema. Enfatiza as... (não, melhor parar de elencar os aspectos que me impressionaram no livro para não roubar de futuros leitores o prazer que tive ao descobri-los).

Quero terminar retomando a análise da minha surpresa e concluir que ela se deve a uma perspectiva, digamos assim, *naïve* da minha parte. Eu esperava encontrar simplicidade e encontrei aprofundamento. Eu imaginava me deparar com uma abordagem meramente analítica e me deparei com um enfoque propositivo e questionador. Eu ansiava por uma variedade de exemplificações relacionadas às histórias em quadrinhos e encontrei muito mais do que isso – também uma pluralidade de fatos relacionados com a imprensa escrita, falada e eletrônica.

Como defendia Machado de Assis, "o menino é o pai do homem". Nesse sentido, não vou mentir e dizer que já sabia o que o futuro iria trazer para Celbi. Eu não percebi. Assim, a surpresa mais grata que encontro neste livro – e que, ao mesmo tempo, mais enche de orgulho e satisfação o coração deste velho professor – é a percepção, a constatação mesma de que tanto o pesquisador completo como o pensador sério e o analista entusiasmado dos embates culturais na mídia já existiam dentro daquele jovem que inesperada e um pouco timidamente apareceu na minha sala de trabalho há mais de quinze anos.

E que hoje segue, com todos os méritos, um caminho próprio, cuja direção e amplitude não me atrevo a vaticinar.

Sou péssimo nisso.

Waldomiro Vergueiro
Professor titular aposentado e coordenador
do Observatório de Histórias em Quadrinhos da ECA-USP.

SUMÁRIO

CONSIDERAÇÕES INICIAIS

Este livro resulta de uma pesquisa de pós-doutorado realizada entre 2018 e 2020, no Programa de Pós-Graduação Humanidades, Direitos e Outras Legitimidades, da Faculdade de Filosofia, Letras e Ciências Humanas da Universidade de São Paulo (USP), e inclui conteúdo adicionado posteriormente. Essa pesquisa teve abordagem interdisciplinar entre as áreas da Comunicação, História, Sociologia e Ciência Política (Relações Internacionais), com foco nos desafios da produção em jornalismo. Tratou-se de uma pesquisa qualitativa que propôs o aprofundamento da discussão na comunicação e no jornalismo.

Com relação à sua delimitação cronológica, os casos estão majoritariamente no intervalo entre 2013 (nas manifestações ou "Jornadas de Junho") e 2020, com adição de fatos pontuais até 2025. Embora o enfoque seja em eventos contemporâneos, há necessidade de pesquisa bibliográfica de caráter histórico para contextualizar e ajudar na conceituação do tema das "guerras culturais".

A primeira inspiração para a ideia da pesquisa foi uma palestra do historiador Peter Burke, professor emérito da Universidade de Cambridge[1]. O evento ocorreu na Universidade Presbiteriana Mackenzie e abordou o tema da pós-verdade e da manipulação na mídia, do ponto de vista da história. Ao reencontrar ali antigos professores do curso de Jornalismo em que me graduei, comentei sobre meu interesse em pesquisar o tema, porém tratando das guerras culturais. A ideia foi recebida com entusiasmo. Não apenas fui incentivado como também

1 Peter Burke ministrou a abertura da conferência "Manipulações midiáticas em perspectiva histórica", realizada no 11º Encontro Nacional de História da Mídia, promovida pela Associação Brasileira de Pesquisadores de História da Mídia (Alcar), na Universidade Presbiteriana Mackenzie em 8 de junho de 2017. Embora o senso comum aponte que vivemos a era da "pós-verdade", o historiador fez um panorama histórico para demonstrar quão antiga é a questão da manipulação e da deformação dos fatos. Consultado, ele generosamente forneceu o texto da conferência com o referencial teórico, que foi de grande importância para minha pesquisa.

sugeriram que eu entrasse em contato com o professor Burke para que ele me fornecesse mais informações sobre a conferência, e eu pudesse dar o pontapé inicial no projeto de pesquisa.

O professor Burke foi generoso ao colaborar e sugeriu um referencial teórico para o espinhoso tema da "pós-verdade". Além disso, listou algumas obras que mostram que o tema da manipulação da notícia é mais antigo do que o senso comum acredita[2]; o que mudou foi que os meios de produção se tornaram mais sofisticados.

Ainda em novembro de 2017, entrei em contato com o dr. Gilson Schwartz, que havia sido meu professor durante meu doutoramento na Escola de Comunicações e Artes da USP e membro da banca de minha defesa de tese. Ele aceitou me supervisionar e concluímos que a melhor estratégia, em razão do tema da pesquisa, seria vinculá-la ao programa de Humanidades, Direitos e Outras Legitimidades (também conhecido como "Diversitas"), devido ao seu caráter interdisciplinar e pelo diálogo com outras pesquisas. A investigação obteve fomento da Coordenação de Aperfeiçoamento de Pessoal de Nível Superior (Capes)[3] no Programa Nacional de Pós-Doutorado (PNPD), de 1° de setembro de 2018 a 31 de janeiro de 2020.

O período de pós-doutoramento iniciou-se oficialmente em 1° de março de 2018, após aprovação do projeto pela Comissão de Pesquisa e pela Congregação da Faculdade de Filosofia, Letras e Ciências Humanas (FFLCH) da USP. Mesmo antes dessa data, fiz reuniões mensais com o professor Gilson Schwartz para definirmos alguns pontos da pesquisa e de colaborações em eventos promovidos pelo Diversitas e pelo grupo de pesquisa Cidade do Conhecimento. Recebi muito apoio da secretaria do programa, à qual agradeço na figura da secretária Teresa Cristina Teles, que me ajudou em diversos momentos, quando os desafios burocráticos imperaram durante a realização da pesquisa.

A secretaria do programa e o professor Gilson me informaram sobre o acesso livre à estrutura da universidade, que inclui bibliotecas, computadores e assinaturas de revistas científicas. Minhas primeiras impressões foram bastante favoráveis em relação ao apoio à pesquisa que eu pretendia desenvolver. Mencionei o aspecto burocrático, mas

2 O historiador Robert Darnton (2017) também expôs a tipologia e o meio de difusão de informações manipuladas e falsas em jornais e publicações antigas, como as do gênero "*canard*", que circulavam na França e Inglaterra no século XVIII.

3 Agradeço o apoio da Coordenação de Aperfeiçoamento de Pessoal de Nível Superior (Capes) - Código de financiamento 001.

as exigências ao longo do trabalho foram praticamente inexistentes na comparação com o doutorado, o que tornou a experiência mais agradável para um pesquisador acostumado com relatórios semestrais e uma lista considerável de pendências acadêmicas. No pós-doutorado, o pesquisador tem maior autonomia, e a supervisão do professor Gilson Schwartz me deu a liberdade necessária para explorar as possibilidades de análise. Talvez isso não funcione com todo pós-doutorando, mas, para um tema como o das guerras culturais, essa liberdade trouxe muitos benefícios. Agradeço ao supervisor os apontamentos e sugestões cirúrgicos ao longo do processo. Incluo também um agradecimento especial ao meu orientador de doutorado, o professor doutor Waldomiro de Castro Santos Vergueiro, por abrir o espaço do Observatório de Histórias em Quadrinhos[4] da USP para a apresentação dos resultados da pesquisa e por ter sugerido meu nome para uma conferência[5] nas 8as Jornadas Internacionais de Histórias em Quadrinhos da USP, em 2024.

No primeiro ano do trabalho, 2018, vivi o desafio da obtenção de financiamento. Apesar de contar com o acesso às bibliotecas da USP, meu tema demandava consulta a publicações estrangeiras, antigas e recentes, que não existiam nos acervos. Felizmente, recebi a informação de que uma bolsa de pós-doutoramento PNPD/Capes seria ofertada por volta do mês de abril. Fiz a inscrição e me candidatei com bastante otimismo, apesar da alta concorrência. Dias depois, colegas comentaram que em alguns concursos para professores havia de trinta a quarenta candidatos. E, para complicar, com a crise político-econômica forte de 2017, no segmento do ensino superior, havia muitos professores livres no mercado, muitos deles buscando aprimoramento no pós-doutorado.

A grande concorrência mencionada era formada por dez colegas doutores (de uma lista inicial de inscritos com dezoito candidatos), que, pelo caráter interdisciplinar do programa, vinham das mais diversas áreas: sociologia, geografia, direito, comunicação, economia etc. Pesquisei um pouco sobre eles e todos propunham bons temas. Porém, um obstáculo surgiu no caminho. Uma greve na USP, fortemente apoiada pelos funcionários, causou o adiamento do processo seletivo da bolsa por alguns meses. Precisei alterar meu cronograma

4 O grupo de pesquisa existe desde 1990 e dele participo a partir de 2008.
5 A conferência, "Os quadrinhos e as guerras culturais na mídia", foi proferida em 22 de agosto de 2024, um mês antes do concurso que aprovou o autor em vaga para professor doutor do Departamento de Jornalismo e Editoração na ECA–USP.

de leituras para privilegiar o que estava disponível. O calendário de entrevistas foi marcado para a segunda quinzena de agosto e o resultado saiu no fim daquele mês. Fui contemplado com a bolsa, que, sem dúvida, teve inestimável importância para a realização da pesquisa. Acredito que meu tema tenha agradado justamente por abarcar diversas discussões que alguns colegas, pelas conversas que tive, pretendiam trabalhar de forma isolada (Figura 1).

Fig. 1 > Capa do projeto de pós-doutorado na USP.

Fonte: Autor.

É necessário destacar a importância do fomento à pesquisa. Fui um pesquisador que teve apoio financeiro na iniciação científica, na graduação (Universidade Mackenzie) e no mestrado/doutorado (Fundação de Amparo à Pesquisa do Estado de São Paulo [Fapesp]). A Capes passou por mudanças drásticas durante o governo que assumiu em 2018, o que interferiu nas renovações de bolsas já outorgadas. Eu realizava uma visita técnica no exterior quando descobri que não teria direito à renovação para os seis meses finais da bolsa (dos dois anos previstos). Todos os pesquisadores foram pegos de surpresa! A informação chegou menos de um mês após eu ter renovado o vínculo com o programa (janeiro de 2020), o que impossibilitou qualquer mudança de cronograma. Não pude antecipar o fim da pesquisa sem prejudicar os resultados e, sabendo dos desafios de continuar sem fomento, decidi cumprir o cronograma de 2020, mesmo sem auxílio financeiro. A sorte é que eu previra comprar a bibliografia necessária ao longo de 2018 e 2019, o que reduziu os prejuízos acadêmicos ao longo de 2020.

Eu tinha algumas metas pessoais a cumprir durante o estágio de pós-doutoramento. Algumas eu não havia executado a contento durante o doutorado devido ao volume do trabalho e por ter me empenhado em outros compromissos acadêmicos. Eu havia feito viagens de pesquisa ao exterior, porém não consegui participar de um congresso internacional, nem pesquisar em uma instituição estrangeira por um período mais longo do que uma semana.

Consegui atingir as duas metas com bastante sucesso ao longo de 2019. No primeiro semestre, preparei um artigo para apresentar à International Association for Media and Communication Research (IAMCR), o mais importante congresso na área de Comunicação. Esse evento seria em Madri, em julho daquele ano. O artigo foi apresentado em sessão temática, com pesquisadores de diversos países, despertando boas repercussão e discussão. A experiência foi rica e saí de lá com sugestões e apontamentos críticos que levei em consideração no desenvolvimento da pesquisa[6].

Por volta de setembro de 2019, já na reta final do pós-doutorado, a secretaria de assistência financeira da faculdade me informou que havia sobra dos recursos da bolsa Capes. Não havia mais congressos previstos no exterior, naquele momento, e eu precisava utilizar esses recursos

6 O artigo apresentado no congresso está neste livro, na parte "Tipologia dos debates nas mídias sociais com as histórias em quadrinhos".

com rapidez para não perdê-los. A saída foi resolver uma pendência que eu ainda tinha: faltavam alguns livros e documentos que eu não conseguira encontrar no Brasil. Havia também a oportunidade de pesquisar no acervo da biblioteca da Universidade de Nova York. Com o câmbio desfavorecido, os recursos cobriram exatamente as passagens áreas (ida e volta), os gastos com táxi no aeroporto e uma pequena fração relativa à alimentação. A hospedagem na casa dos meus primos foi uma grande vantagem. O mais incrível é que havia exposições que coincidiam com temas que eu estava lendo sobre guerras culturais, como a exposição de fotografias de Robert Mapplethorpe no Museu de Arte Moderna (MoMA), um dos alvos fundamentais das guerras culturais em 1989.

Minha pesquisa foi ampliada e atualizada, com o acréscimo de novos contextos e discussões ao que havia sido levantado num primeiro momento. Convém ressaltar alguns pontos importantes para quem vai se aventurar nesta leitura. As "Jornadas de Junho" de 2013, evento que causou tantos distúrbios, crises e surpresas, foram um dos focos iniciais de interesse que levaram à elaboração deste trabalho. Eu estava em sala de aula, na pós-graduação da USP, na provocadora disciplina do professor Celso Frederico – "Comunicação e crise da cultura" –, quando testemunhei colegas se preparando para uma das manifestações no Largo da Batata, no bairro de Pinheiros, em São Paulo. Cada colega tinha um interesse distinto para estar lá, e essa, sem dúvida, foi minha maior surpresa.

Quem acompanhou as pesquisas de opinião da época constatou que essa dispersão foi quase a norma, naquele mês de junho. Segundo o Datafolha de 19 de junho de 2013[7], os manifestantes se posicionavam contrariamente ao aumento da passagem do transporte público, mas uma parcela dizia estar no evento para protestar contra a corrupção, outros contra a repressão e a violência policial, enquanto outros reivindicavam a melhoria do transporte público. Um dado relevante é que 93% dos manifestantes ouvidos revelaram que as mídias sociais foram sua principal fonte de informação sobre as manifestações. Na época, 81% usavam o Facebook como principal fonte sobre os protestos. Temos aqui um ponto importante sobre os efeitos da revolução digital que começava a influenciar, de forma inédita, as manifestações sociais.

7 "Largo da Batata reuniu 65 mil, a maioria novatos na onda de protestos." *Folha de S.Paulo*. 19 jun. 2013. Disponível em: https://datafolha.folha.uol.com.br/opiniaopublica/2013/06/1297654-largo-da-batata-reuniu-75-mil-a-maioria-novatos-na-onda-de-protestos.shtml

Um segundo ponto é considerar que as guerras culturais são algo bem diferente de *soft power*. *Soft power* é um conceito elaborado por Joseph Nye (1991) para definir o "poder brando", usado por alguns países para influenciar ou criar hegemonias culturais em vez das forças militares e econômicas. Ao longo da história, há muitos exemplos de como esse tipo de poder é utilizado para vender a imagem de um país. Um deles são as Exposições Universais, que apresentavam ao mundo novidades tecnológicas e culturais por meio de um espetáculo consumido pelos cidadãos das grandes cidades escolhidas como sede. Eram edificados pavilhões dedicados à indústria, à cultura e a vários países. Na Exposição Universal de Paris, em 1937, a União Soviética construiu um enorme pavilhão com a escultura da aliança entre o operário e camponesa, simbolizando a constituição do socialismo naquele país. Ao descobrir o que se planejava e sabendo da proposta russa, o arquiteto Albert Speer decidiu erguer uma muralha de contenção, instalando o pavilhão da Alemanha nazista bem defronte ao da União Soviética, com uma enorme águia em posição de ataque. Os pavilhões alemão e soviético criaram um contraponto à Torre Eiffel da democrática França (Figura 2).

Fig. 2 > Pavilhões da Alemanha e da União Soviética na Exposição Universal de Paris, em 1937.

Diferentes países se utilizaram de programas políticos de apoio cultural, financiando projetos que elevassem os valores artísticos locais em contraponto a uma potencial ameaça estrangeira. No caso dos Estados Unidos, vale o exemplo da Política de Boa Vizinhança e depois as ações da Agência Central de Inteligência (CIA), no fomento e na censura a projetos artísticos e culturais durante a Guerra Fria. Pinturas de Jackson Pollock e de outros expressionistas abstratos foram financiadas para se contrapor ao realismo socialista soviético (Saunders, 2000).

A propaganda soviética sabia muito bem explorar os problemas das relações raciais nos Estados Unidos, de forma a deixar muitos europeus na dúvida sobre a habilidade dos americanos para praticar a democracia que pretendiam vender ao mundo. Tanto que, em 1947, artistas e cantores negros foram escalados pelos Estados Unidos para se apresentarem na Europa, a fim de reduzir a percepção do que se tornou prioridade para os chamados *"Cold Warriors"* (Saunders, 2000). Com boa parte dos talentos locais da Alemanha banidos no pós-guerra, abriu-se espaço para novos talentos musicais das academias americanas: Juilliard, Curtis, Eastman e Peabody. Os militares controlavam dezoito companhias sinfônicas e muitas de ópera, que se tornaram campo para compositores americanos como Samuel Barber, Leonard Bernstein, Elliott Carter, Aaron Copland, George Gershwin, entre outros. O mesmo ocorreu com as companhias teatrais e as peças a serem montadas, a maioria de autores norte-americanos, como Tennessee Williams, William Saroyan, Lillian Hellman, Eugene O'Neill e John Steinbeck.

Havia uma batalha entre o secretário de Estado americano, George Marshall[8], e o arquiteto da política cultural russa, Andrei Zhdanov, que tentava convencer seus pares intelectuais comunistas da Europa Ocidental de que deveriam se preparar para usar todas as forças para defender a causa da honra nacional e da independência, na luta contra tentativas de subjugar seus países econômica e politicamente (Saunders, 2000).

David Robb (2004) sugere que a indústria cinematográfica se desenvolveu em um sistema que ele considera o mais poderoso mecanismo de formação de opinião já criado. O rótulo "propaganda" é estranho ao público americano, acostumado com a imprensa e a diversidade de opiniões; porém, Robb descreve um processo que não é percebido pela maior parte do público: o forte apoio do Pentágono é rotineiramente transmitido para a audiência, convencida de que o que está vendo é apenas "entretenimento" (nos filmes)

8 Autor do Plano Marshall, que pretendia reconstruir economicamente a Europa pós-Segunda Guerra.

ou "fato objetivo" (em reportagens e comentários na tevê e no jornalismo impresso). Carl Boggs e Tom Pollard (2016) afirmam que, nos Estados Unidos, a criminalidade e o fácil acesso a armas têm como contraponto a representação, nos filmes, dos psicopatas, responsáveis por todo tipo de violência e assassinatos em massa. A representação do vilão Coringa, nos filmes do Batman, em especial *Batman: o Cavaleiro das Trevas*, de 2008, confirma uma tendência da popularização desse tipo de personagem anárquico e o reforço da mensagem pró-armamento para a defesa da sociedade. Por sua vez, o filme *Coringa*, de 2019, com Joaquin Phoenix e dirigido por Todd Phillips, se transformou numa espécie de ícone reacionário, ao mostrar as reações violentas do recluso e perturbado Arthur Fleck como uma glamorização da violência ou o apoio ao politicamente correto.

É evidente que esse tipo de política pública cultural que visa ao *soft power* é promovido por diversos países, com diferentes graus de financiamento e interesse. Podemos incluir na lista desses projetos desde o fenômeno da exportação de produções audiovisuais e musicais da Coreia do Sul até o interesse de alguns países em sediar os Jogos Olímpicos, a fim de demonstrar força e relevância política e econômica.

O terceiro ponto introdutório é explicar que as guerras culturais não implicam necessariamente uma disputa direta entre dois grandes grupos antagônicos, que alguns poderiam definir, de forma simplista, como "reacionários" (ou "extrema direita") e "progressistas". Na realidade, existem muitos subgrupos (alguns discutidos neste livro) e eles podem concordar e discordar em vários temas, dentro da sua bolha ideológica. A discordândia e os paradoxos nas discussões são mais comuns do que pensamos. O correto é afirmar que diferentes grupos disputam entre si o coração e a alma de parcelas da sociedade, especialmente as pessoas que têm acesso ao conteúdo de grupos de discussão, mídias sociais e movimentos organizados.

Não é surpresa ouvir de um profissional de comunicação que o trabalho na área mudou consideravelmente no período de uma década, a partir de 2010. As novas dinâmicas do jornalismo, da publicidade e do *marketing*, com a interação nas mídias sociais, eram pouco estudadas, e suas possibilidades ainda estão sendo testadas. Estúdios de cinema[9], redes de televisão e profissionais do *marketing* político já descobriram e têm explorado o poder

9 O autor defendeu tese de doutorado em 2016, na qual analisou a tecnologia e a produção nos Estúdios Disney. Ver: PEGORARO, Celbi. *Animação e quadrinhos Disney*: produção cultural no início do século XXI. São Paulo, 2016. 416 f. Tese (Doutorado) – Escola de Comunicações e Artes, USP. A pesquisa teve apoio da Fapesp nos níveis de mestrado e doutorado direto.

das mídias sociais. Paralelamente, temos visto o desenvolvimento das chamadas "economias do futuro" (a criativa, a compartilhada, a colaborativa e as moedas virtuais ou criptomoedas). Com a vitória de Donald Trump nas eleições presidenciais dos Estados Unidos em 2016 (primeiro mandato), foi popularizado, da pior forma, o tema das *fake news* ou, como um membro de sua equipe chamou, "fatos alternativos". *Fake news* são notícias "intencionalmente e confirmadamente falsas, e podem confundir leitores" (Allcott e Gentzkow, 2017, p. 213). Em 2016, o dicionário *Oxford* escolheu o termo *post-truth*[10] (pós-verdade) como a palavra do ano em inglês.

Embora os estudantes sejam, cada vez mais, estimulados a ler ou assistir aos noticiários de forma crítica e incentivados a buscar histórias em múltiplas fontes, pode ter havido um movimento de afastamento das fontes de maior credibilidade e uma aproximação de qualquer fonte apontada por sistemas de algoritmos, como o Google, que sugerem conteúdos de acordo com uma visão preconcebida do mundo (Zuckerman, 2017). Um levantamento feito por pesquisadores da área de educação da Stanford University mostra que os leitores mais jovens têm dificuldades em julgar a credibilidade das informações *on-line*, por mais familiarizados que estejam com as mídias sociais e os demais espaços virtuais (Donald, 2017). Até mesmo jornalistas veteranos são vítimas das informações distorcidas. A dinâmica tradicional foi alterada. Antigamente, existiam somente as redes de rádio e televisão, com alcance massivo. E elas, quando muito, se organizavam em monopólio para regulação e manutenção de um padrão de ética, dando espaço para a voz contraditória. A regulação em si não garante isenção e imparcialidade. Uma Fox News, nos Estados Unidos, é tão editorialmente conservadora que Barack Obama, o ex-presidente americano, confessou jocosamente que não votaria nele próprio se assistisse à emissora. Mesmo só com a televisão ou consumindo notícias e informações em novas plataformas, o público continua enfrentando uma grande lacuna de entendimento do mundo, que resulta no fenômeno da desinformação (Serva, 2001).

Com a internet, tivemos a expansão do alcance dos jornais, das revistas e dos canais de televisão, o que tornou o mundo muito mais conectado do que era. Um novo salto foi dado com a difusão da banda larga, dos *smartphones* e das mídias sociais (Orkut, Twitter, Facebook, Instagram, TikTok etc.), criando canais com múltiplas vozes, pluralizando as ideias, fomentando a tribalização da política e dos valores culturais,

10 O dicionário *Oxford* define "pós-verdade" como substantivo que se relaciona ou denota circunstâncias nas quais fatos objetivos têm menos influência em moldar a opinião pública do que apelos à emoção e a crenças pessoais.

com algoritmos capazes de controlar o fluxo e a preferência de conteúdo, resultando em limitações de visão do mundo – o chamado efeito "bolha" ou "silo" (Saad Corrêa e Bertocchi, 2012).

Observamos a rápida amplificação dos discursos e da velocidade de difusão, incluindo posicionamentos extremos, sem a existência de uma base comum de diálogo. Nesse cenário, temos possíveis manipulações nos pleitos eleitorais (Clinton *vs.* Trump) e plebiscitos (referendo do Brexit no Reino Unido). As mídias sociais potenciaram o diálogo não de entendimento, mas o de reafirmação da opinião formada. Os usuários preferem consumir informações em suas bolhas ou campos de preferência, preterindo os veículos da grande imprensa, cujas notícias são usadas na disputa narrativa. Como afirma o escritor Mario Vargas Llosa (2013), o sujeito gasta três minutos no Google e se considera um grande conhecedor de um assunto.

No entanto, o problema da "bolha digital" é somente um aspecto a ser observado. A revolução digital e a globalização contribuíram para uma crise dos empregos tradicionais, criando desconfiança, desemprego e falta de condições técnicas realistas dos governos para resolver os problemas. A classe média de diversos países se sente pressionada, e novos tipos de emprego mais complexos requerem maior investimento em modelos inovadores de educação. Países em desenvolvimento tendem a ter ainda mais dificuldades, se comparados aos mais ricos. Além dos problemas econômicos e políticos, vivemos as chamadas "guerras culturais", com defesa ou predileção por posições extremas, emergência do nacionalismo e do populismo, países culpando outros países por seus fracassos internos, disputa no campo dos costumes (valores morais), da identidade (étnico-racial, sexualidade, gênero, nacionalidade) e dos fluxos culturais com viés político e econômico, como no caso dos refugiados sírios na Europa. Podemos afirmar que

> as culturas da autenticidade e da reclamação são, em seus movimentos de superfície, culturas de afirmação, culturas ativas, o que as diferenciaria da cultura do consumismo e do narcisismo. Na realidade, podem terminar como versões destas ao estimularem a dependência em relação a um molde preparado (Coelho, 2005. p. 179).

Os países que têm algum tipo de controle interno nessa guerra cultural são aqueles que apresentam uma democracia maquiada ou forte controle do Estado (Rússia), ou os que, não sendo democracia plena, conseguem manter o crescimento econômico constante (China). Não nos parece gratuito afirmar que essa disputa raivosa tem relação com a insegurança da vida contemporânea, com suas múltiplas opções, incertezas e a sensação de deslocamento em relação às políticas públicas, à representatividade na mídia e nas narrativas da grande imprensa (Bauman, 2013). Isso ajuda a explicar a contradição existente nos debates entre quem critica o politicamente incorreto e, ao mesmo tempo, defende a liberdade de expressão, em suas variáveis. Também explica por que vemos na disputa – no que chamamos de "guerras culturais" – grupos que se situam ideologicamente da extrema esquerda até a extrema direita. Embora os extremos dominem as discussões, no fundo, seus participantes têm diferentes níveis de posicionamento ideológico e dos costumes. Porém, a polarização acaba por rotular os participantes em um grupo extremo ou outro.

> Temos visto reiteradamente o mesmo roteiro, nos dois lados, apenas com os sinais invertidos. Um adversário emite um juízo controverso e o outro lado se organiza para contestá-lo, fazendo uso de táticas autoritárias, como ataques pessoais e intimidação. Mas esses recursos autoritários sempre encontram abrigo e disfarce em posições razoáveis que reivindicam apenas o direito de criticar e protestar. [...] O que vemos é uma verdadeira seletividade na defesa da liberdade de expressão. Ela é defendida com veemência quando nos afeta, mas fingimos não ver que está sendo violada quando afeta o campo adversário. Porém, ao contrário do que parece, nossa responsabilidade moral não é denunciar os abusos contra o nosso campo, mas os abusos que acontecem no nosso campo. É a direita quem deve condenar os abusos do MBL, assim como é a esquerda quem deve condenar aqueles que querem calar um palestrante em ambiente universitário (Ortellado, 2017).

A cultura digital implica novas formas de produção, recepção, crítica das informações, além de formas de engajamento e ativismo que marcam a era transmídia de nossa época (Jenkins, 2009). Em um primeiro momento, é preciso destacar que a internet evoluiu para algo muito maior do que se previa basicamente na convergência de mídia. O advento do *smartphone*, da banda larga e das redes sociais propiciou que novas formas de ver e comentar o mundo emergissem. Em um segundo momento, a imprensa tradicional e a mídia corporativa dominante se viram diante de uma nova realidade, com a profunda difusão de informações e uma nova estrutura de consumo não linear, respeitando os padrões econômicos e de comportamento impulsionados pelas corporações de tecnologia. A Amazon determina como as pessoas compram (alterando a dinâmica do varejo em várias áreas); o Google e o YouTube apontam como as pessoas adquirem conhecimento; Facebook, Twitter, entre outros aplicativos de mídia social, transformam o modo de comunicação entre os usuários.

Não é assunto fácil. Há muitas explicações para o momento conflituoso que vivemos nas primeiras décadas do século XXI. O que se almeja aqui é permitir um trajeto teórico-reflexivo para o entendimento das guerras culturais e seu impacto na sociedade e na mídia. É desejável que o leitor embarque nessa jornada com a mente aberta e disposto ao diálogo. Assim como numa expedição em ambiente hostil e sem iluminação, que este livro sirva como o amigo explorador que chega ao seu lado com um farolete para indicar um possível caminho de entendimento.

Na pesquisa, três dimensões de análise foram levadas em conta. A primeira foi buscar as mais variadas fontes bibliográficas que discutem "guerras culturais" a fim de compor o melhor contexto para o conceito. A segunda, buscar referências das várias correntes ideológica-políticas para evitar uma angulação ou um caráter militante. A terceira, ouvir colegas, amigos, professores, pesquisadores e jornalistas para entender suas visões e observações sobre conflito, extremismo e ranço político. Trata-se, portanto, de não fornecer uma resposta final, mas de promover um diálogo com o que tem sido discutido sobre as guerras culturais na comunicação e em outras áreas.

CONCEITO DE "GUERRAS CULTURAIS"

A primeira vez que o conceito de "guerras culturais" foi usado em um contexto semelhante ao que estamos analisando foi na Alemanha, no final do século XIX. O termo "*Kulturkampf*" (literalmente "luta cultural") teve relação com a conjuntura pós-guerra franco-prussiana e descrevia o forte conflito entre o governo de Bismarck e o papado pelo controle de escolas e dos apontamentos da Igreja, entre 1872 e 1887. Havia uma luta no campo da cultura para secularizar o novo império alemão, o que não era novidade; porém, foi nesse período que o tema superou o que podemos chamar de debate ou conflito. Nesse confronto, houve perdas e ganhos na esfera política. A maior parte da legislação anticatólica foi revogada, numa articulação moderada por Bismarck, ou caiu no esquecimento por falta de aplicação e por resistência pública (Boxwell, 2000).

Um século depois, o sociólogo James Davison Hunter (1991) observou, no final da década de 1980, uma série de controvérsias públicas de natureza moral que, embora não parecessem importantes, aos poucos foram se mostrando relacionadas entre si. Entre os assuntos levados ao debate no Congresso dos Estados Unidos estão a liberalização ou não das drogas, a legalidade do consumo de conteúdo pornográfico, atos considerados anticívicos pelos críticos da política externa e defensores da liberdade de expressão (tais como queimar a bandeira nacional), além de temas referentes a movimentos sociais identitários, como o direito ao aborto e a união civil homossexual, na Califórnia.

No livro *Culture wars: the struggle to define America – Making sense of the battle over the family, art, education, law and politics*, Hunter (1991) realiza uma construção conceitual que nos serve de base para entender como essa discussão ocorre na esfera pública. Sua tese demonstra que há um fenômeno social que favorece que essas discussões apareçam, ganhem centralidade, de modo a fazer com que grupos muito divergentes superem suas diferenças em busca de uma vitória na batalha cultural.

As guerras culturais iniciadas nos anos 1980 ganhariam visibilidade com a reação de forças conservadoras ligadas às maiores religiões presentes nos Estados Unidos. Cristãos, judeus, protestantes e mórmons se uniram no *lobby* político e na discussão pública contra os avanços de movimentos sociais iniciados duas décadas antes, na contracultura dos anos 1960. Segundo Hunter, a anatomia do conflito cultural tem como ambiente abstrato a contraposição entre o que ele chama de cultura pública e cultura privada – ambas esferas de atividade simbólica. A cultura privada consiste nos símbolos, valores e escolhas de natureza subjetiva, privada e individual, incluindo a autocompreensão do indivíduo e seu relacionamento com amigos próximos, família, colegas de trabalho, conhecidos, além de circunstâncias e eventos que ocorrem ao seu redor. A cultura pública consiste em símbolos e significados da vida em comunidade, região ou nação, levando em consideração que o lócus da experiência coletiva na modernidade é o Estado-nação. Nela se enquadram a identidade nacional, o patriotismo e as noções compartilhadas de virtudes cívicas (Hunter, 1991).

O conflito ocorre entre grupos que defendem avanços de valores e costumes na sociedade contra o que Hunter chama de "fé". O que seria essa fé e por que não usar o termo "ideologia"? O termo "fé" denota religiosidade e sectarismo. Hunter afirma que poderia usar o termo "ideologia", porém acredita que ele não seria apropriado para a situação analisada, pois "os Estados Unidos da América nunca forneceram solo muito fértil para o crescimento de ideologias políticas puramente seculares" (Hunter, 1991, p. 57). Ao contrário, os Estados Unidos seriam fomentadores de sectarismo religioso, além do fato de a "fé" servir melhor para capturar a essência de tudo o que podemos observar da crença americana.

A tese de James Hunter implica conflitos de visões morais lideradas por elites culturais, que teriam poder de influência na cultura pública[11] a partir do acesso desigual aos meios de comunicação. Os elaborados sistemas de significado são criados pelas elites, pois o "discurso público" é largamente fomentado por elas. Isso explica por que há um grande contingente de americanos afastados do debate. Não se trata aqui das elites econômicas, mais focadas no pragmatismo dos números, ou da acadêmica, cuja contribuição é mais distante e abstrata.

11 James Hunter utiliza o termo "cultura pública" no sentido que poderíamos talvez aproximar de "esfera pública", este mais difundido no Brasil a partir da obra de Habermas (2003).

Hunter classifica como operários do conhecimento (*knowledge workers*) uma elite mais ativa formada por especialistas políticos de *think tanks*, lobistas de grupos de interesses, advogados, ideólogos, jornalistas, escritores independentes, líderes comunitários, ativistas de movimentos sociais, colunistas com especialidade nas mais diversas áreas e líderes de dimensão regional ou nacional de organizações políticas e sociais (Hunter, 1991). Eles serviriam, para emprestar à teoria da comunicação, como formadores de opinião que potencializam o debate para que ele se espalhe nos lares, nas mesas de bar, nas salas de aula etc. Para isso, usariam o espaço crescente na televisão, no rádio e na mídia impressa. É importante salientar que esses grupos podem discordar entre si e não criam rupturas na sociedade. O conflito pode causar ruptura especialmente em tempos de mudanças e transições na sociedade. Lembrando Gramsci (1999-2002), é precisamente no período de transição que ocorre a divisão entre intelectuais e demais elites culturais.

Para entender a influência dessas elites no contexto americano, Hunter descreve o que Gramsci chama de "divisão entre os intelectuais tradicionais e os orgânicos". Os tradicionais se enxergam como herdeiros de verdades do passado, com sua legitimidade baseada no apelo da continuidade histórica. Os intelectuais orgânicos, por sua vez, apresentam-se como novas e dinâmicas fontes da progressiva reforma social. Os dois cada vez mais se polarizarão, a ponto de contestar, enfim, a natureza e o conteúdo da ordem pública. "O fim da luta, pelo modelo de Gramsci, é a restauração da velha hegemonia ou o estabelecimento de uma nova hegemonia no campo da cultura pública" (Hunter, 1991, p. 61). Essas ideias são importantes para entendermos as guerras culturais, pois seus temas de natureza moral não contemplam soluções intermediárias, tais como as vistas em debates econômicos, sociais e de políticas de saúde e educação mais tradicionais.

No caso específico dos Estados Unidos, há relação importante de uma nação baseada num idealismo político, cuja identidade não é como a dos europeus, cuja tradição é milenar. Os americanos cobrirão essa lacuna histórica explorando a criação de mitos fundadores e visões de um futuro idealizado. James Hunter (1991, p. 60-61) afirma que os eventos históricos nos Estados Unidos são sempre relacionados a valores e cruzadas morais: "derrotar a prostituta de Satã" (Guerra da França e Índia), "eliminar o domínio da monarquia" (guerra revolucionária e guerra de 1812), "eliminar a escravidão" (Guerra Civil), "tornar o mundo seguro para a democracia" (Primeira Guerra Mundial), "resistir ao expansionismo totalitário" (Segunda Guerra Mundial e as guerras da Coreia e do Vietnã), "eliminar façanhas expansionistas de ditadores" (Guerra do Golfo), "garantir a liberdade" (invasão do Afeganistão pós-atentados de 11 de setembro de 2001).

A retórica moral costuma substituir razões pragmáticas que podem ou não ser alvo de críticas ou de dissidências internas, no caso de um debate no Congresso. Porém, a retórica também foi apropriada por políticos estrangeiros. Eles costumam se referir aos Estados Unidos como "o modelo da democracia e liberdade para as nações do mundo". O que Hunter constata, e isso é corroborado por outros autores citados aqui, é que os debates, nos Estados Unidos, nunca foram enquadrados meramente na competição de diferentes interesses, mas como luta entre o bem e o mal. A prevalência do excepcionalismo americano estaria relacionada a esse idealismo cuja base está na qualidade "religiosa" dos argumentos.

Quais seriam as razões para a ocorrência de uma ruptura capaz de potencializar as guerras culturais? Em quais campos ela está presente? Por que esses novos assuntos alcançaram a dimensão política? A ruptura causadora das guerras culturais nos Estados Unidos, na década de 1980, foi originada por um contexto que incluía: 1) A transformação na economia industrial cuja tração foi acelerada após a Segunda Guerra Mundial. É o que Daniel Bell (1999) chama de "sociedade pós-industrial", Manuel Castells (2007) descreve como "sociedade da informação" e Peter Burke (2012) aponta como "terceira revolução industrial e economia da informação". 2) A emergência dos movimentos sociais da década de 1960, cujos efeitos políticos foram sentidos no Congresso e na mídia, nos anos 1980. 3) A ampliação do ensino superior, nos anos 1960 e 1970. Em 1960, o número de jovens ingressantes na universidade, nos Estados Unidos, era de 3.789.000, com aumento significativo em 1970 para 7.852.000 novos estudantes (Hartman, 2015).

As alterações sociais resultantes desses eventos revelam uma cisão nos antigos acordos de como os americanos imaginavam que deveriam organizar suas vidas. O contexto dos anos 1980 e 1990 fará com que as guerras culturais tentem atualizar novos acordos sobre o caráter da cultura pública americana. Para Hunter,

> em termos de Gramsci, é a liderança da aliança ortodoxa que faz o papel de intelectuais tradicionais, e é a liderança da aliança progressista que faz o papel dos intelectuais orgânicos, ambos lutando para estabelecer suas próprias interpretações do passado americano e para articular uma agenda para o futuro da América (1991, p. 62).

Portanto, nessa leitura, o conflito ocorre entre as elites culturais que têm acesso privilegiado aos meios de comunicação, e essas mesmas elites são capazes de influenciar mais na esfera pública.

É bom frisar que James Hunter discutiu os meios de comunicação dos anos 1980 quando a mídia impressa, o rádio e principalmente a televisão eram preponderantes como meios de informação. Essa dinâmica se alterará nas décadas seguintes, com o surgimento da internet e a popularidade dos *smartphones*, aplicativos e mídias sociais.

As guerras culturais, portanto, partem do princípio de que existe um contraponto entre uma filosofia moral conservadora, baseada em valores permanentemente fundamentados numa verdade transcendente de natureza religiosa, e uma filosofia de moral progressista, mais baseada na experiência individual subjetiva e na ciência. Esse é um conflito que ultrapassa o campo do debate e visa à hostilidade, tratando o oponente como inimigo. Nesse ponto, o conceito da “narrativa” é muito importante. Não é incomum, em debates, alguém rapidamente identificar ou acusar o oponente de forçar ou explorar uma narrativa, seja ela imperialista, globalista, militarista, feminista, “*gay*zista”, esquerdista, fascista, reacionária etc. As guerras culturais geralmente se dão com base em uma narrativa fundada na tradição e na ressignificação ou desconstrução desta.

Há duas visões morais em conflito. Ambas induzem à ideia de que a história atua como ideologia (Hunter, 1991), com forte inspiração na tradição, o que leva à formação de um grupo que defende a ideia do tradicionalismo (o neoconservadorismo). Os conservadores e os liberais, nos Estados Unidos, apresentam uma visão moral fortemente baseada na narrativa da nação e na ideia de que o governo deve ser inspirado em Deus. É nesse contexto que os pais fundadores se tornam os primeiros presidentes. George Washington, James Madison e até Thomas Jefferson (este, mesmo sem afiliação religiosa) acreditavam em Deus.

A NARRATIVA DA NAÇÃO

Uma das características da narrativa da nação é construir unidade. Basta lembrar dos atentados de 11 de setembro de 2001, quando George W. Bush pediu a "união da nação", além de afirmar que "a liberdade está sendo atacada" e que "a América está sendo testada" (em referência ao Apocalipse bíblico). Os norte-americanos descendem dos peregrinos e puritanos, incluindo grupos radicais e separatistas que se colocavam contra o rei inglês e a igreja anglicana (Lins da Silva, 2001–2002). Um dos símbolos da narrativa da nação é o Mayflower, navio que, em 1620, transportou os peregrinos do porto de Southampton, na Inglaterra, para a região de Massachussetts (Nova Inglaterra). O "Novo Mundo" era visto como a "terra prometida". A historiadora 'Elise Marienstras[12] afirma que "atravessar o Oceano era uma espécie de travessia para um outro tempo – o tempo mítico, no qual o mundo começaria do zero, tendo o protestantismo como centro e o asceticismo moral como objetivo de uma vida virtuosa" (Junqueira, 2003, p. 166).

A bordo do navio, os peregrinos faziam um pacto chamado *"Mayflower Compact"* (talvez o embrião da Constituição), um princípio das igrejas congregacionistas (protestantes) no qual os mais velhos devem ser consultados sobre os problemas. Esses separatistas eram vistos como um povo eleito chegando à terra prometida, daí a relação com o sermão da montanha ("*a city upon a hill*") feito por John Winthrop, em 1630, cujo contexto moderno infere que os Estados Unidos agem como "o farol da esperança para o mundo". A cidade é baseada na ideia da "liberdade" e deve servir de exemplo. Os puritanos, por sua vez, têm uma "missão" e precisam cumprir um "destino". Os termos entre aspas são recorrentes na narrativa da nação.

12 MARIENSTRAS, Élise. *Les mythes fondateurs de la nation américaine*. Bruxelles: Complexe, 1992.

A independência de 1776 promoveu a ideia de que todos os americanos descendem dos peregrinos e dos protestantes. Por meio dos sermões dos pastores, difundia-se que os americanos são um povo eleito. Alguns são escolhidos, outros não, usando-se parâmetros excludentes. O escolhido deve ser branco, protestante e anglo-saxão. E a narrativa da nação não pressupõe a miscigenação, ao contrário da narrativa construída para o Brasil e o México. É nesse contexto que surge a ideia da excepcionalidade americana.

Há uma construção social do que é o homem americano. O autor que trabalha essa ideia na literatura é Richard Lewis (1959), na obra *The american Adam*. Acreditava-se que, nos Estados Unidos, surgiu um novo homem notável, sem culpas, apenas com o futuro pela frente. No tempo mítico, é um homem que estabelece uma ruptura com a história, sabendo o que precisa ser feito. Esse Adão é o personagem antes da queda, antes da tentação e de Eva, sendo, na verdade, puro, inocente e sem pecados. Essa ideia de Adão é recuperada quando a narrativa insere o "homem comum" nos personagens do faroeste, nos séculos XIX e XX. No cinema, assistimos a essa representação em boa parte dos personagens dos atores Kevin Costner e John Wayne.

Essa narrativa é usada constantemente por políticos, especialmente os presidentes e congressistas conservadores. Um dos melhores exemplos é o discurso de despedida de Ronald Reagan, que explorou conceitos da narrativa. Porém, é importante analisarmos que essa narrativa também é explorada por setores menos favorecidos e pela "esquerda" (liberal) norte-americana. O pastor Martin Luther King afirmava que os peregrinos não deram um "cheque em branco", numa tentativa de incluir os afro-americanos na narrativa da nação.

Por outro lado, a narrativa não é um consenso e nem devemos acreditar que toda a população concorde com ela. Trata-se de um vocabulário simbólico repleto de referências compartilhadas pelo povo. Daí vem a ideia de liberdade ligada à livre iniciativa e ao mantra "*In God we trust*", nas cédulas de dólar. Mas sabemos que, na realidade, é uma inverdade que todo americano descende dos peregrinos. Houve migração anterior de alemães e escoceses, além da migração posterior de italianos, portugueses, irlandeses etc., na diversidade religiosa com protestantes, *quakers*, metodistas, batistas, católicos, judeus, entre outros (Junqueira, 2003). Em certos momentos, a narrativa é contestada. Malcolm X, representante de parte do movimento negro, por exemplo, tinha uma retórica de oposição em relação a ela. Tal narrativa foi intensamente contestada durante a Guerra do Vietnã e criticada na Guerra de Secessão.

A visão progressista contemporânea, nos Estados Unidos, também tem um lastro na tradição, atribuindo-se suas origens a ações de um ser Supremo. A The National Education Association (Associação Nacional de Educação), por exemplo, insiste que, quando os pais fundadores escreveram a Constituição com a sua *Bill of rights*, explicitamente a desenharam para garantir um Estado humanístico e secular. James Hunter (1991) afirma que, nessa visão, a liberdade é trabalhada em termos de direitos políticos e sociais individuais, o que Charles Taylor chamaria de liberdade "liberal", em oposição a "cívica". Funcionaria como liberdade no sentido negativo, quando o indivíduo está na condição de imunidade pela interferência de outros agentes em sua vida, sejam eles o Estado, a Igreja ou outros indivíduos. Hunter lista uma série de casos em que essa perspectiva é refletiva no debate por progressistas, por exemplo: Richmond Young e sua preocupação com os direitos dos homossexuais; Bea Blair e os "direitos reprodutivos" e da mulher; ou Harriet Wood e os direitos de liberdade de cátedra nas escolas públicas. A lógica é ambígua. "A narrativa da nação dos Pais Fundadores avançou nos círculos progressistas que tendem a focar na luta dos fundadores para estabelecer e preservar 'pluralismo e diversidade'" (Hunter, 1991, p. 114).

Muitos países exploram a narrativa da nação na construção de suas identidades. Um exemplo é a Rússia. Os eslavófilos acreditavam que a Verdadeira Igreja era a Igreja russa. Ao contrário de suas congêneres ocidentais baseadas em uma autoridade imposta por leis e hierarquias estatistas, tal como o papado, "a ortodoxia russa, segundo eles, era uma comunidade verdadeiramente espiritual cujo único chefe era Cristo. [...] criticavam a Igreja oficial que, na sua opinião, fora espiritualmente enfraquecida pela aliança com o Estado tsar" (Figes, 2017, p. 386). Havia uma ligação entre a liberdade dos servos e a religião, acreditando-se que o povo russo era o único verdadeiramente cristão do mundo, tendo como exemplo a vida comunitária do campesinato (união cristã de amor e fraternidade), a humildade e a natureza gentil, a capacidade de ter paciência e de passar por imensos sofrimentos, além do sacrifício do eu individual em nome de um bem maior — seja a comuna, a nação ou o tsar. É nessa chave cristã que o povo russo é visto, mais do que uma nacionalidade. É um povo com uma missão no mundo.

> Nas palavras de Aksakov, "o povo russo não é apenas um povo, é uma humanidade". Aí estava a visão da "alma russa" — de um espírito universal que salvaria o mundo cristão — que Gogol tentou retratar no segundo e no terceiro volumes de *Almas mortas*. O conceito de alma ou essência nacional era lugar-comum na época romântica, embora Gogol fosse o primeiro a dar à "alma russa" esse matiz messiânico. O exemplo vinha da Alemanha, onde românticos como Friedrich Schelling desenvolveram a ideia de um espírito nacional como meio de distinguir a sua cultura própria da cultura do Ocidente. (Figes, 2017, p. 387)

Para mais um exemplo, o presidente turco Recep Tayyip Erdoğan tem explorado, em linguagem e ações, uma aproximação com a tradição histórica do Império Otomano e com a religião islâmica. Agraciou o presidente da autoridade palestina, Mahoud Abbas, com uma cerimônia tradicional otomana. Erdoğan também já se referiu aos membros de seu próprio partido como "netos dos Otomanos". Num comunicado, usou o termo otomano *külliye* para se referir às universidades turcas e, sob protestos internacionais, decretou, em 2020, que o museu de Santa Sofia, uma antiga basílica bizantina que funcionava há oitenta e seis anos, se transformasse em mesquita. Esses são fatos que geraram controvérsia por se oporem à tradição republicana e secular instalada por Mustafa Kemal Atatürk, em 1923.

O bolivarianismo de Hugo Chávez e Nicolás Maduro, na Venezuela, também explora uma narrativa baseada no líder militar e político Simón Bolívar, que, assim como José Martí, teve importância histórica nas guerras de independência na América espanhola em relação à Espanha. É em Bolívar que se origina a ideia de "Pátria Grande", por ele ter liderado um conjunto de países – Bolívia, Colômbia, Equador, Peru e Venezuela – rumo à independência e também a união dos povos com o objetivo de formar um bloco de nações para discutir assuntos políticos e econômicos. Essas são ideias que o bolivarianismo adapta para construir sua retórica política.

O Brasil também tem sua narrativa da nação, que começou a ser forçada a partir do período republicano. Um dos mitos é o da democracia racial como explicação para a unidade nacional. Trata-se de uma versão romantizada de uma explicação mais racional que justifica a unidade do território brasileiro pela forma de governo e pela representatividade do Brasil colônia. Entre as explicações possíveis estariam o fato de o Brasil ter elites mais homogêneas, o governo ser mais centralizado, em comparação com a América espanhola, e haver uma divisão autônoma de vice-reinados. Também a presença da família real portuguesa, após a fuga da Europa, em 1808, com a invasão de Portugal por Napoleão Bonaparte, teria tornado o governo centralizado uma força legítima para reforçar a unidade nacional.

No entanto, um dos expoentes intelectuais mais citados para explicar a narrativa da nação brasileira é a obra *Casa-grande & senzala*, de Gilberto Freyre, de 1933. Entre defensores e críticos de que Freyre sustentava a chamada "democracia racial", a obra foi elaborada num período de disputa pela narrativa. A corrente teórica baseada no racismo científico tinha prevalência – segundo ela, haveria a seguinte hierarquia intelectual entre as raças: o branco, o asiático, os indígenas americanos, o negro e, finalmente, os mestiços. Tendo população mestiça, o Brasil precisaria passar por uma política de embranquecimento.

O que Freyre (2006) faz em sua análise, e que é alvo de críticas na academia, é inverter a lógica, oferecendo uma versão amortizada de explorações violentas e do processo de miscigenação no Brasil colônia. A mistura das raças teria resultado positivo, especialmente no interior do país (o chamado "trópico"), e haveria peso preponderante na estrutura econômica por meio dos latifúndios. Esses seriam pontos que explicariam características fundamentais sobre o que é ser brasileiro. Nessa linha de pensamento, na década de 1930 não haveria mais o "branco puro" no Brasil, e sim mestiços. Trata-se de uma explicação que insere os negros na narrativa da nação, ao contrário do mito fundador americano, que legitima apenas o grupo ligado aos peregrinos protestantes. Isso ajuda a explicar os conflitos raciais mais explícitos e a razão de a segregação, nos Estados Unidos, ter durado até a década de 1960.

Freyre elabora uma história cotidiana para explicar nossos conflitos e, na prática, vislumbra o futuro embate das elites rurais com as elites urbanas, em ascensão, numa disputa entre tradição e modernidade, numa base semelhante à modernidade de viés conservador antevista por pensadores no hemisfério norte. As transformações levavam ao risco de ruptura e quebra de toda uma tradição construída por séculos, e, para evitar isso, seria necessária uma "conciliação" entre as raças.

A ideia da formação da identidade brasileira pela escravidão, pela imigração europeia e japonesa e pela aculturação será foco de diversos acadêmicos. Sérgio Buarque de Holanda, em *Raízes do Brasil*, discute a relação do Brasil com os valores portugueses – povo este que já estaria acostumado com outros povos e cores de pele devido à dominação de Portugal pelos mouros; Antonio Candido trata da construção de uma identidade "paulista" caipira na relação entre portugueses e negros; Franco Cenni e Emilio Willems analisam o processo de imigração e aculturação de italianos e alemães, respectivamente; e temos ainda o exemplo da antropologia, com a obra *O povo brasileiro*, cujo autor, Darcy Ribeiro, considera que a identidade brasileira é formada pela mistura de todas as raças, explicando matizes culturais com base empírica de classes sociais para elencar uma tipologia de "brasis" distintos, que incluiriam o sertanejo, o crioulo, o caboclo, o caipira e o sulino. Em conjunto, eles explicariam a "missão do brasileiro" no mundo.

A base mítica é também inserida na narrativa da nação. Na América espanhola, a visão da exploração de mitos como o El Dorado (a cidade do ouro), na floresta amazônica, e uma imagem paradisíaca do continente foi bem forte até cerca de 1750, o que justifica a necessidade de a colonização espanhola marcar presença em terrenos no interior e em grandes altitudes. No Brasil, isso foi mais longe. A maior representação mítica é a dos bandeirantes, responsáveis por uma exploração espontânea, sem influência da Coroa portuguesa, em busca de pedras preciosas e do desbravamento de novos territórios. Nenhum lugar do Brasil preza mais pela narrativa dos bandeirantes do que o Estado de São Paulo. Isso ocorre, historicamente, como contrarreação a outros estados ou a conflitos com o governo central. Esses são personagens que ganharam *status* mítico no imaginário dos paulistas.

> Sua especialidade é a caça aos índios. Além dos gibões, levam na bagagem correntes de cinco metros ou mais, nas quais se engatam, a intervalos regulares, argolas menores, de prender braços, e maiores, de prender pescoços, destinadas a arrastar as presas, na viagem de volta. São homens rudes. Os chefes andam de chapéu e sapatos de couro, os demais com um pano na cabeça, quando têm algo a protegê-la, e nada nos pés. Levam arcabuz ou escopeta, espadas de costela de vaca, adagas de couro de anta, flechas, muitas flechas. O leitor já percebeu quem está entrando nesta história. É o tipo que passará para a posteridade com o nome de "bandeirante", embora, tal qual "escupil", essa fosse palavra da qual eles próprios não tinham conhecimento. A expedição hoje designada como bandeira à época era chamada "entrada", "jornada", "viagem", "companhia", "descobrimento", "frota", entre outras designações. "Bandeirante" e "bandeira", ao que parece, são palavras que só entram em circulação no século XVIII. Os homens de que nos ocupamos vestiam escupis e marchavam em "bandeiras" tal qual Adão e Eva contemplavam os bichos e colhiam os frutos antes de lhes dar os nomes. Eram "bandeirantes" sem sabê-lo. (Toledo, 2003, p. 138-139)

A São Paulo do século XX acelerou a necessidade de sacramentar a imagem dos bandeirantes e construiu, então, o Monumento à Independência, inaugurado em 1922. O jovem escultor Victor Brecheret é cultuado pela elite cultural da época para criar um monumento dedicado aos bandeirantes. Para essa elite, o escultor e o tema significavam, ao mesmo tempo, o contraponto entre a tradição e o moderno.

> Primeiro Menotti, depois Oswald de Andrade e Mário de Andrade e até Lobato iniciaram uma blitz de artigos de imprensa em louvor de Brecheret, então com 25 anos e só havia poucos meses de volta de seis anos de estudos na Itália. O escultor tornou-se para eles a personificação de uma causa. Representava o novo contra o velho, a invenção contra o arremedo, a audácia contra a acomodação. Mas não ficaram só no plano das ideias: queriam oferecer Brecheret à cidade. Surgiu entre eles o desejo de encomendar ao escultor um monumento aos bandeirantes, mito fundador da têmpera paulista, agora reciclado para representar igualmente o trabalho e o espírito empreendedor que explicariam o recente e surpreendente desenvolvimento de São Paulo. Estava-se às vésperas da celebração do centenário da Independência do Brasil. O Monumento às Bandeiras seria implantado na cidade como parte dos festejos, mas não seria um monumento de gosto decrépito. (Toledo, 2015, p. 14)

O monumento não conseguiu aprovação e teve de aguardar uma nova oportunidade, que não demorou. A elite cultural paulista decidiu investir a favor da homenagem aos bandeirantes após a derrota na Revolução de 1932. O Estado, que decidira servir de ponta de lança para a formação de uma nova intelectualidade com a criação da Universidade de São Paulo (USP), decidiu, em 1936, que era chegado o momento de erguer o monumento aos bandeirantes. O então governador (interventor) de São Paulo, Armando de Sales Oliveira, em 9 de julho de 1936, quarto aniversário da Revolução Constitucionalista, declarou, em mensagem à Assembleia Legislativa, o que decidira: "Não há quem desconheça a concepção de Brecheret" [...] "É uma arrancada de bandeirantes para a conquista da terra virgem". Isso desvendaria "o idealismo paulista em ação" [...] "Dois bandeirantes, os chefes vão na frente: é o princípio da autoridade, o mais forte esteio da civilização, que o comunismo tenta destruir." O fato de as figuras enfileiradas irem diminuindo em estatura refletiria "a hierarquia, inseparável da disciplina e um dos mais belos princípios da organização social" (Toledo, 2015, p. 157). Com o fim do mandato de Sales, em 1937, e sem verbas para o projeto, o trabalho de Brecheret foi paralisado novamente.

Na década de 1940, os políticos preferiam seguir a ideologia do Rio e do Estado Novo. Brecheret vencera um concurso para esculpir um monumento em homenagem ao Duque de Caxias, estátua que também teve seus percalços e só foi inaugurada em 1960. O Monumento às Bandeiras seria inaugurado apenas em 25 de janeiro de 1953, um ano antes das comemorações do quarto centenário da cidade de São Paulo (Toledo, 2015). O paulistano já está acostumado com edifícios e uma avenida em alusão ao 9 de julho, além de ruas e rodovias em homenagem aos bandeirantes Antônio Raposo Tavares, Fernão Dias Paes Leme, Anhanguera, Borba Gato, Domingos Jorge Velho, Simão Alvares, entre outros. Sobre o monumento no Parque do Ibirapuera, Teixeira Coelho explica:

> Uma obra que vale citar é o Monumento às Bandeiras assentado diante do único grande parque público ou "público" da cidade, o Ibirapuera, obra de um artista modernista (Brecheret) e dedicado aos grupos armados que, no começo da vida do país, entravam pelo interior em busca predatória de recursos minerais, vegetais e humanos, para lá levando em troca (se há compensação nisso) a cultura e a religião europeia dominante. [A estátua do Borba Gato] é a contrafação popularesca e *kitsch* desse mesmo monumento às bandeiras: uma colossal estátua, dedicada a um único bandeirante, que se ergue horrenda, como um colosso de Rhodes mass-mediático, à entrada de um bairro de classe média, como um gigantesco boneco oriundo da Disneylândia. Mas nenhuma das duas peças é um marco cultural na vida da cidade e, de modo ainda mais claro, não delimitam espaços públicos: o monumento modernista, por estar numa ilha no meio de uma larga avenida de tráfego intenso que a maior parte das pessoas razoáveis não se arrisca a atravessar para dele se aproximar: ele é para ser visto de longe, funcionando assim como... decoração, ilustração histórica; a estátua *kitsch*, por ser objeto de derrisão e ironias e por estar também ela situada numa ilha isolada pelo tráfego, nada significando senão um marco topográfico. (Coelho, 2000, p. 106)

A comparação dessa narrativa da nação e de suas figuras míticas brasileiras com os pioneiros peregrinos dos Estados Unidos é tentadora. Vianna Moog (2011) publicou, em 1954, um estudo social no livro *Bandeirantes e pioneiros: paralelo entre duas culturas*. A comparação não utiliza a abordagem materialista, mas é interessante para entender a lógica entre raça, ética, fé, colonização, império, simbolismo, e como essas representações simbólicas podem ser ainda vistas na atualidade (Figura 3).

Fig. 3 > Os bandeirantes eram difundidos nos livros e nas histórias em quadrinhos, de modo a reforçar a narrativa pelo viés paulista. Editora Ebal, 1958.

Somente na segunda metade do século XX é que os acadêmicos brasileiros iniciaram um movimento de desconstrução da narrativa da nação. Um exemplo é Florestan Fernandes, com o livro *A integração do negro na sociedade de classes*, de 1964. Sua análise mais concreta dos conflitos violentos do passado leva em consideração que o Brasil não completou sua transição para uma sociedade moderna. Não houve racionalidade e ordem social para integrar devidamente a população negra, na primeira metade do século XX. O vínculo com o passado, o tradicionalismo conservador e o padrão de relações hierárquicas impediram o processo de modernização. As elites brasileiras também teriam formação distinta da das europeias e da dos Estados Unidos. Enquanto nos exemplos externos essa elite é formada com base na ideia do progresso individual, a elite brasileira é fortemente vinculada à intervenção do Estado (Fernandes, 2005), seja no governo Vargas, com Juscelino Kubitschek, seja nos governos militares e nos governos do início do século XXI.

As guerras culturais, portanto, trabalham com o contraponto entre a tradição e o progresso. Terry Eagleton (2011, p. 79) dirá que a expressão sugere "batalhas campais entre populistas e elitistas, entre guardiões do cânone e partidários da *différence*, entre homens brancos mortos [alguns movimentos sociais alegam que a herança cultural greco-europeia é fruto de indivíduos do sexo masculino, de raça branca] e os injustamente marginalizados". Trata-se de uma batalha que saiu da política acadêmica e dos movimentos e adentrou a esfera política.

Um dos principais correlatos políticos do indivíduo e do universal é conhecido como Estado-nação. Eagleton afirma que a forma política da modernidade apresenta uma negociação difícil. Trata-se de uma ligação entre política e cultura, entre o engendrado e o étnico. "A nação é matéria amorfa, que precisa ser moldada pelo Estado até constituir uma unidade, seus elementos indisciplinados serão assim reconciliados sob uma única soberania" (Eagleton, 2011, p. 88). Essa soberania levaria a um fator universal. Porém, como bem cita Eagleton, como o fenômeno ocorre de forma global, e poucos movimentos são mais internacionais do que o nacionalismo, a nação é, portanto, elevada a um *status* global. A política, nesse caso, teria fator unificador, porém a cultura apresenta diferenciação.

O cidadão global se enquadra em tribos, quando observado em seu ambiente natural. A dinâmica da globalização os aproximou, não os eliminou. O próprio limite das nações cujos povos são vistos como excepcionais resulta na lógica de enxergar os outros povos distantes como próximos ou iguais, e não como figuras exóticas. Para essa linha de pensamento, o exotismo estaria na crítica de quem observa os povos distantes – um exemplo é os Estados Unidos agirem como polícia do mundo, a Rússia exercer poder em sua zona de influência no leste europeu ou a relação de altos e baixos entre a China e os países vizinhos. Porém, a questão da dominação e a hegemonia econômica e cultural pesam na diferença, o que dificulta o diálogo (no plano da linguagem) e a integração em sociedades desiguais (no plano doméstico) ou na relação entre países (Stewart e Bennett, 1991).

A quebra da hegemonia universitária, cultural e política muito voltada, no passado, ao marxismo, não levou ao protagonismo recente no debate público de grupos liberais ou conservadores, mas, sim, de grupos reacionários. Várias de suas lideranças buscam idealizar tempos pregressos e restaurar esse tempo passado. Inspirado por Reagan, que proferiu a frase no contexto eleitoral da crise econômica nos Estados Unidos, em 1980, o presidente norte-americano Donald Trump ficou conhecido, em sua primeira campanha presidencial, por usar o slogan *Make America great again* ("Torne os Estados Unidos grandes novamente"). No Brasil, o ex-presidente Jair Bolsonaro prometeu fazer o país voltar cinquenta anos, em sua visão de passado idealizada. Essas ideias se somam à defesa do fim da mediação de instituições de Estado.

A IDENTIDADE E A CRISE DO CÂNONE

A religião, um dos aspectos mais fortes nas culturas, sofre pressão nessa dinâmica global. Críticos conservadores culpam a esquerda ateia por qualquer tentativa de reviver essa força. Eagleton, um acadêmico marxista, afirma que a religião na cultura é sabotada pela secularização capitalista. O descrédito seria causado por uma infraestrutura secularizada que solapa a superestrutura espiritual exigida para sua estabilidade (Eagleton, 2011). Para ele, qualquer tentativa de relacionar cultura e religião, nessa lógica, leva ao risco de enfrentar o "fundamentalismo religioso de outros com a própria marca pessoal do produto, abandonando assim as alturas liberal-humanistas e terminando por ficar embaraçosamente indistinguível de seus oponentes" (Eagleton, 2011, p. 104). Portanto, o fundamentalismo religioso seria o credo dos abandonados pelo projeto da modernidade. E o resultado disso é o sectarismo, que a civilização ocidental tenta conter. Há também outra ameaça.

> Se a Cultura é lançada em desordem pela cultura como solidariedade, ela também é igualmente ameaçada pela cultura pós-moderna ou cosmopolita. Em certo sentido, a cultura elevada e a pós-moderna fundiram-se cada vez mais para proporcionar o "dominante" cultural das sociedades ocidentais. Não existe hoje em dia praticamente nenhuma alta cultura que não seja firmemente moldada pelas prioridades capitalistas – o que não quer dizer que não há problema algum em encenar *A Tempestade*, contanto que você tenha o patrocínio dos Seguros Marítimos. De qualquer modo, o pós-modernismo erodiu progressivamente as fronteiras entre a arte de minoria e seus correlatos de massa ou popular. A cultura pós-moderna pode ser antielitista, mas o seu desdém popular pelo elitismo pode ajustar-se bem facilmente a um endossamento de valores conservadores. Nada, afinal, é mais inexoravelmente nivelador de valores do que a forma de mercadoria, uma forma que dificilmente deixa de ter aprovação em sociedades de mentalidade conservadora. De fato, quanto mais a cultura é comercializada, mais essa imposição da disciplina de mercado força seus produtores aos valores conservadores da prudência, da anti-inovação e um nervosismo quanto a ser a causa dos conflitos. O mercado é o melhor mecanismo para assegurar que a sociedade seja ao mesmo tempo altamente liberada e profundamente reacionária (Eagleton, 2011, p. 105).

A cultura da identidade, por sua vez, pode ser relacionada também à cultura pós-moderna, podendo-se usar como exemplo o consumismo LGBTQIAPN+, os produtos voltados para a mulher com viés feminista etc. A alta cultura é invadida pela cultura da identidade, o que resulta numa crise na área das ciências humanas. Eagleton afirma que essa alta cultura agora leva em conta certos valores espirituais, e não arte minoritária. O pós-modernismo estaria sendo responsável por demolir fundamentos morais e metafísicos do mundo ocidental, num momento em que eles precisam estar firmes (Eagleton, 2011). Nessa linha de pensamento, assistimos, em escala global, ao conflito da cultura como mercadoria e da cultura como identidade, resultando num terremoto no que chamamos valores morais e tradicionais.

Uma interpretação para identidade é "o que é próprio ou singular, particular. [...] em Comunicação tem a ver com a reunião de diferenças que visibiliza algo ou alguém em processos comunicacionais" (Marcondes Filho, 2014, p. 236). No caso das mídias sociais, as narrativas construídas servem de base para interações que promovem diferentes formas sociais ou subjetivas de identidade, resultando em modos diversos de construção identitária. O fator digital é importante, pois ajuda na cristalização desses grupos, embora muitas vezes eles sejam temporários. O uso da *hashtag* (símbolo #) foi muito importante para agregar apoiadores aos movimentos #MeToo e #BlackLivesMatter.

O crítico australiano Robert Hughes, de tendência conservadora, também analisando o período entre os anos 1980 e 1990, observa que as manifestações culturais e artísticas estão sendo julgadas por pressupostos ideológicos e políticos num tom inquisitorial de reclamação. O ambiente é de uma realidade persecutória. A sociedade passa a ser guiada por rótulos como fragilidade, sensibilidade, e pelo sentimento social em que todos, de algum modo, são vítimas de preconceitos de todo tipo – religiosos, sexuais, raciais, sociais, de gênero, entre outros. Atacando o que, nas décadas seguintes, será conhecido como o "politicamente correto", a sociedade americana passa a explorar eufemismos em todos os debates e comunicações de notícias. Para o autor, não se trata apenas de um problema da esquerda, como nos anos 2010 se convencionou rotular.

> A direita americana fez uma festa com a Correção Política. Contudo, sua alegria é oca, e há alguma coisa de desagradável em seus volteios, sua pretensão de representar a "verdadeira" linguagem. Preferiríamos ficar na água a entrar no mesmo bote com a turma da Correção Política. [...] Porque a direita está tão corroída pela ideologia defunta quanto

a esquerda acadêmica. Propaganda, eufemismo e evasão são hoje tão constantemente usados pelos americanos que cruzam todas as linhas partidárias e divisões ideológicas. A arte de não responder à pergunta, de envolver realidades desagradáveis em abstração ou açúcar, tornou-se tão perfeitamente endêmica em Washington que não esperamos mais nada. [...] A perda da realidade por causa de eufemismos e mentiras foi vinte vezes pior e mais influente nas declarações dos dois últimos presidentes e seus auxiliares do que entre os acadêmicos *bien-pensants*, embota não se encontrasse nenhuma reclamação a respeito em *Commentary* ou *New Criterion*. [...] Do mesmo modo como o jargão empresarial nos dava "retirada de posições" para o *crash* da bolsa de 1987 e "reavaliação empresarial" para a demissão de um grande número de trabalhadores, também a Guerra do Golfo nos ensinou que arrasar um lugar com bombas era "reparar um alvo" ou "visitar um local", que bombardeá-lo repetidas vezes para ter certeza de que nem uma cobra ou espinheiro sobreviveu era "revisitar um local". (Hughes, 1993, p. 32)

As quedas do muro de Berlim e do bloco soviético fizeram colunistas e acadêmicos elaborarem análises sobre o novo "mundo unipolar", no qual os Estados Unidos emergiriam como supremo líder. O presidente George Bush seguiu a moda afirmando que os Estados Unidos presidiam "A nova ordem mundial". O que Hughes quer dizer aqui é que essas expressões são vazias e que, na verdade, estamos numa intratável "Nova desordem mundial".

Essa desordem, também de linguagem, mexeu com percepções políticas. Os conservadores lideraram países, nos continentes americanos e europeu, por quase duas décadas. Desdenhavam dos oponentes, muitas vezes chamando-os de "neutros". Hughes cita o então presidente da Tchecoslováquia, Václav Havel, que, pouco antes de tomar posse, afirmou: "Sou a favor da 'política antipolítica'". Anos depois, ele seria tão inelegível quanto o dono de escravos elitista Thomas Jefferson. O motivo seria que a atenção humanística pelos interesses alheios estaria se dissolvendo na busca de bodes expiatórios. O discurso político conservador passou a atacar, de forma rancorosa, movimentos sociais contemporâneos. O governo Ronald Reagan, por exemplo, não moveu uma palha para discutir e aprovar políticas para o movimento LGBTQIAPN+ (na época conhecido como "movimento *gay*") e para o combate à Aids. O movimento feminista foi tratado como histeria, e políticos passaram a relacionar a luta por direitos desses movimentos como antifamília, anticristã e destinada a destruir o capitalismo. O que Hughes destaca aqui, e que, veremos mais adiante, é que o debate sobre "valores morais" costuma esconder a inexistência de políticas sociais para todos, na prática, ou levar à desconfiança da sua existência.

A consequência do discurso extremista é o afastamento dos americanos da política e a reação nos espaços em que esses movimentos podem tomar força e mobilizar. Essa seria talvez a explicação para o domínio da "esquerda" nas universidades e para a crescente preponderância de discursos mais efusivos e até extremistas. A esquerda política poderia estar apagada desde a derrota de Jimmy Carter, mas o vestígio cultural continuou forte e contaminando as artes e a mídia. O lado persecutório citado por Hughes teria origem na reação conservadora da política do macarthismo, cujo alvo era a herança liberal do tipo New Deal dos anos 1930. O alvo dos conservadores, nos anos 1980, era a herança democrática e a reforma social que data dos radicais dos anos 1960, incluindo os grupos sensatos ou (vistos como) "malucos" aflorados no âmbito universitário.

A leitura da contrarreação aos conservadores seria um sentimento que estava decadente na Europa e na Rússia, porém forte em Cuba e na China – uma ideologia totalitária que, por essa leitura, levou a um movimento do tipo macarthismo, dessa vez de esquerda, dominando o ambiente universitário e limitando a liberdade de pensamento (Hughes, 1993).

Nessa corrente de pensamento, a sociedade viveria uma distopia, em que todos são vítimas, todos são perseguidos de alguma forma e a vida segue em cotidiano de conflito permanente. Para tornar a situação mais complexa, podemos encontrar vítimas dentro de um mesmo grupo, esteja ele na esfera conservadora, progressista ou num núcleo menor, como, por exemplo, quando uma mulher negra periférica se sente excluída num debate feminista com mulheres elitistas brancas de um centro cosmopolita, ou quando uma travesti se sente excluída por *gays* considerados "padrão", ou quando, no outro espectro, um conservador moderado fica deslocado num grupo reacionário. O resultado é um ambiente de conflito que Hughes chamará de "cultura da reclamação". E o problema na educação, na visão de um conservador como Hughes?

> A palavra "autoestima" tornou-se uma das senhas obstrutivas da educação. Por que as crianças negras precisam de educação afrocentrista? Porque, dizem seus promotores, ela cria autoestima. Elas vivem num mundo de meios de comunicação e instituições cujas imagens e valores são criados sobretudo por brancos. A tradição branca é denegrir os negros. Daí os negros precisarem de modelos que lhes mostrem que são diferentes, e que contam. (Hughes, 1993, p. 121)

A crítica conservadora não reclama especificamente da inclusão de disciplinas com abordagem afrocentrada, e sim do embrulho de sentimentos que aponta o "outro lado" como um grupo de supremacistas brancos e como uma tentativa de forçar uma história separatista que desmonte os cânones tradicionais e, inclusive, de deslegitimar forças políticas, incluindo grupos da "velha esquerda". Para um crítico como Hughes, a reação tende a levar a um simbolismo da criação de novas narrativas de origem, como a dos nacionalistas culturais irlandeses – Yeats e seus amigos –, em 1890, que construíram um passado mítico para a Irlanda, incluindo representações heroicas celtas e reis desaparecidos, numa reação direta da ressignificação cultural com efeitos históricos, como cita Hobsbawn (2020) na obra *A invenção da tradição*, no que Hughes aponta como uma das indústrias culturais na Europa do século XIX (Hughes, 1993).

A resposta para essas desconstruções e ressignificações seria a autoestima. A mesma que os alemães perderam após o Tratado de Versalhes, na Primeira Guerra Mundial, e os italianos na década de 1920, ao se verem como país antiquado. E, em quase todos os casos, a construção de uma nova origem mítica ajuda a mitigar o sentimento de inferioridade. Outro efeito problemático é a crítica de que a cultura europeia é opressiva em si e por si, que Hughes considera uma falácia de ignorantes. Porém, os próprios conservadores têm culpa nessa interpretação. Os críticos de arte conservadores deixaram de mediar e construir pontes para comunicar a vanguarda ao público. Eles também agiram de forma "vitimista", em busca de espaço e de uma interpretação ideológica para compreender o novo contexto cultural. Trata-se de uma negação da arte e de adentrar um clima de polarização para falsear a realidade.

Para analisarmos uma perspectiva brasileira, ainda sob o contexto da década de 1990, um bom exemplo é a análise feita por Teixeira Coelho (2000) sobre um texto de Néstor García Canclini chamado *"Políticas culturales: de las identidades nacionales al espacio latinoamericano"*. Ele aponta três aspectos da dinâmica cultural para exemplificar casos envolvendo a política cultural brasileira: 1) a persistência do dilema identitário sob várias e conflituosas capas; 2) a noção de que fazer política cultural hoje é, acima de tudo, fazer política cultural para a indústria da cultura e da comunicação de massa; e 3) a ideia de que, mais do que uma integração da cultura, o que talvez se deva perseguir seja o fortalecimento de uma comum cultura política.

Um dos problemas apontados em relação à identidade nacional no quadro brasileiro envolve uma polifonia de vozes que muitas vezes não conseguem ser atendidas por políticas culturais. De um lado, há uma corrente, na qual se insere Canclini, de uma "inadequação de propor-se, na busca de uma sustentação de identidades nacionais ou regionais, políticas culturais conteudísticas que visem à preservação insistente de patrimônios culturais consolidados – o 'cultural imobilizado', recorrendo a uma analogia com 'capital imobilizado'" (Coelho, 2000, p. 90). Não existe uma identidade pura latino-americana, tendo cada país um conjunto de identidades formadoras de seu povo, e isso tem influência na produção cultural. O problema, para as políticas culturais, é que as aspirações, propostas e necessidades de alguns não são exatamente as de todos, o que cria um conflito de imaginários da identidade que pode ocorrer em mais de uma arena, visando delimitar ou desconstruir fronteiras. Em determinado contexto, a defesa da brasilidade ou da latinidade pode ser importante. Para outros, fazer parte de uma identidade global é mais vantajoso. Alguns grupos, porém, defenderão identidades mais restritas, em busca de mais representatividade.

> É um fenômeno que ocorre em diferentes domínios da cultura. De um deles é exemplo, num território da cultura popular, a noção emergente de afro-brasilidade, proposta – derivada de modelo norte-americano – em substituição à ideia de negritude e que, em suas ocorrências mais extremadas, propõe-se mesmo como a mais legítima ou única manifestação de brasilidade. Nesse caso, a denominação e a autodenominação identitária restritiva são aceitas e mesmo reivindicadas pelos que a recebem ou propõem e que nela encontram um valor afirmativo. Já um exemplo em sentido diverso, este nos domínios da cultura chamada erudita ou de circulação restrita, foi oferecido por uma exposição no MoMA [Museu de Arte Moderna] de Nova York, há alguns anos, dedicada à arte latino-americana. Inúmeros artistas convidados, brasileiros notavelmente, rejeitaram o rótulo, que viam como um passaporte obrigatório para o gueto e para a discriminação. Na leitura que faziam, depois dessa exposição assim denominada, a arte habitualmente encontrada no MoMA seria confirmada na condição de arte – enquanto a arte daquela exposição temporária mostrava-se como arte adjetivada, isto é, reduzida: uma arte latino-americana. E, para esse grupo de artistas, aquela operação museográfica trazia ainda um subtexto latente: o que entrava no MoMA naquele momento o fazia mais por sua condição de latino-americanidade do que por ser propriamente arte. (Coelho, 2000, p. 91-92)

A batalha das identidades tem um fator paradoxal. O melhor exemplo disso talvez seja a União Europeia. Enquanto o bloco evolui, ano a ano, em busca de leis e diretrizes para reforçar a identidade europeia, cada país tem sua própria política cultural, para preservar identidades nacionais cujos traços também são reforçados. A legislação de regulação do setor audiovisual com cotas de exibição e fomento de produções em vários países, como França, Inglaterra e Espanha, é o que sustenta a produção de identidades particulares. O estudo de George Murdock[13] feito em 1945, citado por Teixeira Coelho, mostra um pouco dessa dinâmica da identidade nacional como sendo uma "universalidade cultural".

> Em seu estudo já um tanto antigo, mas não inteiramente datado, sobre os denominadores comuns entre as culturas, [Murdock] formulava uma lista contendo 67 "universais culturais". Entre eles tinham lugar a competição esportiva, os modos de cozinha, as artes decorativas, a interpretação dos sonhos, [...] a lei, o comércio, [...] Sua relação não incluía diretamente o tema da identidade – nem a individual, nem a coletiva, muito menos a nacional. Mas nela aparecem os grupos de parentesco, as denominações dos clãs e os nomes pessoais – e é por aí que o tema, o problema e a obsessão da identidade se introduzem. [...] As sociedades de hoje teriam invalidado aquela lista, pelo menos no que diz respeito ao tema da identidade? Modificações no regime identitário sem dúvida ocorreram nestes quase 60 anos. Da identidade fixa, supostamente "natural", "dada", passou-se às identificações mutantes, construídas – as identidades eletivas, que podem ser políticas, sexuais, laborais, etc. Isso não significa, porém, que se tenha ultrapassado e abolido a fronteira final da identidade. [...] Um drama, como o da identidade na América Latina, é superado de dois modos: quando o desenlace se produz e o problema deixa de existir (a identidade é reencontrada, se vista como um dado, ou é fabricada, se encarada como construção) e quando nenhum desenlace é possível. Nesse caso o problema continua a existir, é irresolúvel e vive-se com ele. Nesta hipótese, não se tem mais o drama e, sim, a tragédia. (Coelho, 2000, p. 95)

13 MURDOCK, George P. The common denominator of cultures. In: LINTON, Ralph (ed..) *The science of man in the world crisis*. New York: Columbia University Press, 1945.

OS CAMPOS DE BATALHA NA CULTURA

Até aqui, vimos exemplos de discussão na crítica da cultura e da arte, porém as guerras culturais ocorrem em outros campos. Talvez a melhor forma de compreender isso seja compilar o resumo dos campos de conflito elaborado por James Hunter (1991) – família, educação, mídia popular e as artes, direito, política eleitoral, tudo levando em consideração que o conflito inclui a luta pelo controle dos símbolos da cultura pública (ou da esfera pública). Para o autor, esse conflito não existe apenas como especulação filosófica, e sim como realidade, pois os símbolos são mediados na sociedade por uma variedade de instituições e é nelas que o conflito cultural age e se mostra presente. Vejamos.

Família: território simbólico importante porque os arranjos e relacionamentos sociais encontrados aí funcionam como microcosmos dos existentes na ordem social abrangente. São as relações homem e mulher, diferentes níveis de *status* e autoridade, o lugar da criança e a natureza da sexualidade legitimada. Todos evoluíram para questões políticas e sociais, mas são talvez os problemas mais tangíveis para a pessoa comum, no contexto de suas famílias e amigos. A tendência social é pela continuidade – o que é permitido numa esfera (privada) não pode ser evitado na outra (pública), e vice-versa. A distinção entre a convenção pública e a realidade privada é, no final, artificial. As fronteiras que separam as esferas são porosas. O que ocorre numa inevitavelmente terá impacto na outra.

Educação: é um território significativo não por causa de seu impacto em transmitir as habilidades básicas e o conhecimento socialmente relevante necessário para adolescentes e jovens adultos. A educação é estratégica na guerra cultural porque ela é uma instituição central da vida moderna, por meio da qual a mais abrangente ordem social é reproduzida. O currículo, os livros e as atividades sociais da escola carregam poderosos símbolos sobre o significado da vida – o caráter passado, os desafios do presente e a agenda do futuro. A educação pública é um território ainda mais significativo porque reflete o desejo e o poder do Estado quanto à esfera pública da nação.

Mídia popular (e as artes): em suas várias formas (televisão, cinema, arte, música, entre outras), são relevantes porque refletem as aspirações e os ideais de comunidades e da nação. Naturalmente, na guerra cultural dos anos 1980, houve conflitos que foram desentendimentos afiados sobre quais seriam as aspirações e os ideais que deveriam ser refletidos. Nesse momento, a mídia é o mais importante instrumento de guerra. A mídia de massa não apenas reflete ideais, mas define a realidade na sociedade. Ela faz isso selecionando quais eventos "merecem atenção" e, portanto, os "importantes", e quais eventos são ignorados e, portanto, desimportantes, retratando indivíduos e comunidades de modos particulares e apresentando o que é aceitável ou inaceitável.

Direito (leis): é um território simbólico decisivo porque representa a proteção do Estado. É frequentemente dito que o fundamento de qualquer ordem social é a violência ou ameaça de violência promulgada ou promovida pelos vários mecanismos do Estado. A garantia de que as leis serão obedecidas, portanto, é a formidável força exercida pela polícia, pela guarda nacional e pelas forças armadas etc. O debate sobre o direito – quais leis serão promulgadas, quais interpretações serão endossadas – não é somente uma briga esotérica entre advogados bem pagos, mas o conflito sobre a sanção final do Estado e as normas que ele imporá.

Política eleitoral: extremamente importante, mas não pelo motivo imaginado pelo senso comum. Muitas pessoas enxergam a política eleitoral como o processo em que os legisladores e oficiais de governo são escolhidos pelo voto popular. E é isso. Porém, há muito mais envolvido. Pode ser visto de outra forma, como um ritual coletivo que promove quais símbolos da vida nacional serão abraçados ou rejeitados. Os candidatos são figuras centrais nesse processo. Eles podem tentar ganhar o voto vendendo competências, experiência ou integridade em comparação com os oponentes ineficazes ou corruptos. Porém, também se tornam símbolos de diferentes ideais nacionais, opondo as visões do que é o país ou como ele deve ser. Esse é um ponto importante: como o candidato se define, comparando a retórica pública *vs.* o conflito cultural público. Isso se torna fator decisivo no destino político do candidato.

No campo político, observemos os Estados Unidos. Não é raro ler ou ouvir comentários de especialistas dizendo que Donald Trump causou uma ruptura no Partido Republicano (conservador). Na verdade, essa ruptura é muito anterior. Vejamos o ano de 1992, em que disputaram os candidatos George H. Bush (republicano pela reeleição) e Bill Clinton (do Partido Democrata). O ambiente político já estava tomado pelas guerras culturais havia pelo menos uma década. No momento desse conflito, o país já era visto como tendo uma divisão entre os "valores familiares" e seus defensores políticos e a direita religiosa; e, no campo oposto, um país visto pelos conservadores como "cínico" com os liberais, movimentos (*gay*, feminista, negro etc.), "malucos e excêntricos", Hollywood e os meios de comunicação (incluídos todos os jornalistas das mídias impressa e eletrônica). Para pontuar o teatro da guerra, o que é mais lembrado é o discurso de Patrick Buchanan, que fora concorrente nas primárias republicanas contra Bush, nas eleições presidenciais dos Estados Unidos, e então convidado a discursar na Convenção do Partido Republicano em 17 de agosto de 1992.

> Ele fez um discurso tão áspero e divisivo que não ficaria deslocado no Reichstag, em 1932. Não continha nada que Buchanan não houvesse dito cem vezes antes: a mesma pútrida mistura de pau nos *gays*, preconceito racial muito pouco velado, negra paranoia irlandesa e populismo autoritário continuaram a borbulhar por baixo da superfície de homem comum. Duas décadas antes, John Mitchel[14], o procurador da República mais corrupto que os americanos já tiveram, chamou isso de "polarização positiva"; e Pat Buchanan, então um jovem redator de discursos de Richard Nixon, enviou a seu presidente um memorando sobre os usos da política de dividir para dominar: "Se rasgarmos o país pela metade, podemos ficar com a metade maior". Isso estava inteiramente dentro do espírito do herói da infância de Buchanan, Joe McCarthy. Para dividir uma comunidade, devem-se ter bodes expiatórios e objetos de ódio – caricaturas humanas que dramatizam a diferença entre Eles e Nós. Se alguma parte de uma estratégia política pode girar, como gira agora, em torno do ato de inflamar o preconceito público contra homossexuais e negar-lhes certos direitos como classe ou grupo, então que seja; e tanto pior para as pessoas às quais Buchanan chamara antes de promotores de "satanismo e suicídio", "pervertidos", "destrutivos", um "proletariado pederasta" [incluindo a terrível relação das enfermidades e mortes causadas pelo vírus da Aids como castigo divino]. (Hughes, 1993, p. 45-46)

Pat Buchanan faz parte de um grupo conhecido como "paleoconservador", mais radical do que os neoconservadores vitoriosos da era Ronald Reagan, na década de 1980. Esses políticos não se importavam se havia quem gostasse de uma arte "decadente" que consideravam escatológica, desde que não houvesse investimento de dinheiro público. Os paleoconservadores reacionários articulam um discurso

14 John Mitchel foi o diretor da campanha do comitê de reeleição presidencial do presidente Nixon que gerou o caso Watergate.

com base numa América cristã, religiosa, patriota e branca. Buchanan declara que existe uma guerra cultural pela alma da nação.

A retórica mais pesada ocorre historicamente sempre que há momentos de ruptura ou mudança profunda na sociedade. Na Europa, por exemplo, o inimigo pode ser a imigração descontrolada ou a entrada indesejada de refugiados. O trecho mais lembrado do discurso de Buchanan diz: "Meus amigos, esta eleição envolve mais do que quem ganha o quê. É sobre quem somos. É sobre em que acreditamos e o que defendemos como americanos. Há uma guerra religiosa acontecendo neste país. É uma guerra cultural, tão crítica para o tipo de nação que seremos quanto a própria Guerra Fria, pois essa guerra é pela alma da América"[15]. Buchanan fora conselheiro dos governos republicanos Richard Nixon, Gerald Ford e Ronald Reagan, e acabou forçando George H. Bush a explorar a retórica dos "valores judaico-cristãos" e do "quem somos nós".

Do ponto de vista antropológico, há uma questão referente à interpretação da cultura. Essa é uma reflexão importante no contexto das guerras culturais. O antropólogo Roy Wagner (2010), por exemplo, afirma que, se a cultura fosse uma coisa absoluta e objetiva, os mais variados tipos de pessoas poderiam aprender sobre ela de modo prático. Isso não ocorre porque as pessoas têm suas inclinações e predisposições, tornando a cultura objetiva uma espécie de "muleta para que antropólogos possam analisá-la na sociedade. Por essa corrente, a cultura se torna visível a partir do choque cultural e pelo processo de submissão a certas situações que excedem as competências interpessoais.

> Os contextos de cultura são perpetuados e estendidos por atos de objetificação, pela sua invenção uns a partir dos outros e uns por meio dos outros. Isso significa que não podemos apelar para a força de algo chamado "tradição", "educação" ou orientação espiritual para dar conta da continuidade cultural – ou, na verdade, da mudança cutural. As associações simbólicas que as pessoas compartilham, sua "moralidade", "cultura", "gramática" ou "costumes", suas "tradições", são tão dependentes de contínua reinvenção quanto as idiossincrasias, detalhes e cacoetes que elas percebem em si mesmas ou no mundo que as cerca. A invenção perpetua não apenas as coisas que "aprendemos", como a língua ou boas maneiras, mas também as regularidades de nossa percepção, como cor e som, e mesmo o tempo e espaço. Uma vez que o coletivo e convencional só faz sentido em relação ao individual e idiossincrático, e vice-versa, contextos coletivos só podem ser retidos e reconhecidos como tais ao ser continuamente filtrados através das malhas do individual e do particular, e as caracte-

15 *"My friends, this election is about more than who gets what. It is about who we are. It is about what we believe, and what we stand for as Americans. There is a religious war going on in this country. It is a cultural war, as critical to the kind of nation we shall be as was the Cold War itself, for this war is for the soul of America."*

rísticas individuais e particulares do mundo só podem ser retidas e reconhecidas como tais ao ser filtradas através das malhas do convencional. Ordem e desordem, conhecido e desconhecido, a regularidade convencional e o incidente que desafia a regularidade estão atados entre si de maneira inata e estreita, são funções um do outro, necessariamente interdependentes. Não podemos agir sem inventar um por meio do outro (Roy Wagner, 2010, p. 94-95).

Wagner analisa o problema de atribuir significados à cultura no processo de inventar ideias e instituições incorporando ambivalências à vida cotidiana, com manifestações e ações de mudanças que ele descreve como "cultura interpretativa". Nesse ponto é que entram os rótulos de "cultura popular", "cultura de massa", "mídia", "contracultura", entre outros. As manifestações públicas específicas são vistas como ubíquas a partir do jornalismo, da propaganda e do "mundo do entretenimento", algumas formas de arte e educação, culturas alternativas e subculturas, "cultura jovem", "cultura de protesto", entre outros. A questão da interpretação, disso que ele chama de "estilos", se baseia em relevância e efetividade em relação a uma imitação da cultura ortodoxa ou a dita "erudita" ("superior"). No exemplo dado por Wagner, uma música clássica se torna popular se ganhar novo arranjo, de modo a adaptar sua linguagem buscando nova autoridade para causar impacto (Wagner, 2010). Vejamos como ele analisa o jornalismo e o entretenimento:

A "cultura interpretativa" fornece um contexto de sentido para o viver da vida cotidiana. Ela gera e alimenta uma audiência particular e desenvolve uma aproximação metafórica da Cultura em geral como seu fundamento lógico. O jornalismo, por exemplo, dirige-se a seu "público", como quer que seja concebido, e apresenta a ele uma imagem da história em curso denominada "as notícias", uma espécie de retrato do mundo serializado e factual. As notícias obtêm sua autoridade da significância que atribuímos à história, mas não são história, no sentido ortodoxo, e sim um relato de eventos como se eles fossem vistos da perspectiva de uma história idealizada. O ar de objetividade resultante serve para o jornalismo e para a indústria de notícias como um *esprit de corps*. [...] Já o mundo do entretenimento, por outro lado, é ainda mais interpretativo, pois a imagem da vida que ele projeta é uma imagem de fantasia; sua caricatura, imitação e dramatização logram êxito como o exato oposto do "fato" sério. Ele interpreta mediante a licença do ator, cantor ou comediante para "ser" o que os outros não podem ser, de tal modo que, em sua vida cotidiana, as suas "personalidades" são cercadas pela aura desse "ser" metafórico (às vezes os astros devaneiam que são pessoas comuns). A tradição do "*show business*" incorpora algo da mesma aura (de modo um tanto autoconsciente): a interpretação profissional por meio da fantasia (Wagner, 2010, p. 108).

O ritual é análogo à cultura. Dois exemplos de invenções interpretativas são a religião popular, com suas congregações, "pecados" e "verdade" (*Bíblia*), e, do outro lado, a contracultura, com sua ideologia e suas comunidades que também dialogam com preceitos. Como estamos analisando a relação das guerras culturais no que diz respeito à mídia e ao jornalismo, a visão do antropólogo Roy Wagner é interessante porque discute aspectos da área, especialmente o impacto da propaganda, que seria uma espécie de fabricante de uma "cultura" comercial que cria tecnologia por meio do efeito pessoal e fomenta a popularidade para vender produtos. Em resumo, a propaganda funciona como atalho, uma "cultura instantânea baseada na percepção de que um dispositivo, por mais engenhoso que possa ser, por mais fundamental que seja o avanço tecnológico que ele representa, é inútil e invendável se não tiver uma aplicação significativa na vida das pessoas" (Wagner, 2010, p. 109).

> A propaganda opera como uma espécie de tecnologia inversa ou "de trás para frente": usa os pretendidos efeitos de um produto nas vidas das pessoas, e as reações humanas a esses efeitos, a fim de construir uma identidade significativa para o produto. É possível provar conclusivamente que qualquer tipo de pílula ou engenhoca "funciona melhor" que outras, fazer com que ela "funcione melhor", bastando apenas reajustar nossos padrões quanto a como ela deveria funcionar. E é assim que a própria propaganda funciona; ela redefine sutilmente que tipo de resultado as pessoas "desejam" ao falar de seus produtos em termos desses desejos. Se ela consegue "vender" esses desejos e a qualidade de vida que eles implicam, "vende" também o produto que esses desejos e essa vida objetificam (Wagner, 2010, p. 162-163).

Os atores envolvidos nas guerras culturais normalmente estão menos interessados em se tornar lideranças de seus partidos, mas, sim, em convencer parcelas da sociedade a seguir certo comportamento. Enquanto o político tradicional se preocupa com as burocracias da estrutura de governo, o político das guerras culturais quer saber como as pessoas se comportam de acordo com certo parâmetro. Os exemplos extremos e que geram maior discussão vão desde o político progressista que tenta aprovar uma lei sobre o uso do pronome neutro para incluir os transgêneros – vetado na França – até o político reacionário focado em padrões de comportamento sexuais e religiosos inaceitáveis. Trata-se do protagonismo das chamadas "pautas dos costumes", que são altamente ruidosas em países ocidentais onde partidos de centro-esquerda e a direita liberal perderam força na inércia da crise de credibilidade política.

Agora que conhecemos o conceito teórico mais conhecido de "guerras culturais" (de matriz norte-americana), é interessante traçar um panorama das duas principais visões de mundo, suas cisões e os debates que emergiram dos conflitos culturais a partir dos anos 1960. Veremos como a contrarreação levou ao processo que, a partir dos anos 1980, ficou conhecido como "guerras culturais".

VISÕES DE MUNDO I: CONSERVADORISMO E LIBERALISMO

As guerras culturais ocorrem dentro de uma lógica de valores que dialogam com as ideologias políticas. No debate público, é possível observar uma série de imprecisões e deturpações nas acusações e justificativas quando políticos, partidários, indivíduos, influenciadores e grupos confundem conservadorismo com reacionarismo, liberalismo com fabianismo, comunismo com nazismo e um festival de "apontar os dedos", acusando pessoas de comunistas ou fascistas – e, na maioria dos casos, com qualificação conceitualmente errada. Não queremos aqui explicar detalhadamente cada uma dessas ideologias políticas. Deixaremos claras as diferenças entre o conservadorismo liberal clássico e a mais recente "direita alternativa" de viés reacionário. Há bibliografia extensa sobre os temas (Bobbio, Matteucci e Pasquino, 1998); porém, para explicar a evolução do pensamento, na segunda metade do século XX e início do XXI, faremos um breve panorama histórico e conceitual, resumindo essas doutrinas.

O liberalismo tem sua origem histórica na Inglaterra do século XVII, na luta entre a população inglesa e o Estado, após o cisma da nobreza, com a queda da dinastia Stuart, decorrente dos efeitos das revoluções Inglesa e Gloriosa. Surge então a filosofia que chamamos de "liberalismo", com John Locke. No século XVIII, ela se difunde e aparecem figuras como Montesquieu, Edmund Burke, Thomas Paine e Voltaire. A palavra "liberalismo" é do século XIX, no contexto dos Les Couans, um grupo de espanhóis que lutava contra Napoleão Bonaparte. Os liberais do século XIX, Stuart Mill e Tocqueville, se dirão herdeiros de Adam Smith, Voltaire e Locke (homens do século XVII e XVIII).

Qual é a ideia mais importante do liberalismo, desde o século XVII? É a de liberdade. Isaiah Berlin (2002) afirma que há duas liberdades: a positiva ("liberdade para") para governar, ser autogovernado, gerir sua própria vida; e a negativa ("liberdade de"), do Estado, do absolutismo, das tiranias etc. O fundamento básico é a busca da liberdade. Mas por qual motivo? Para os liberais, a liberdade tem um fim em si mesma, tem de ser garantida aos seres humanos para que eles façam o que quiserem. Todos os liberais são contra a ideia de um grupo – seja o Estado ou a maioria – dizer o que se deve fazer com a liberdade. "Quem busca na liberdade outra coisa que não ela própria foi feito para servir. A liberdade tem um fim em si mesma" (Alexis de Tocqueville).

A violação da liberdade pode ocorrer, e é para isso que há a política e as leis. A política existe em razão da pluralidade da sociedade. É a doutrina política mais importante dos últimos quatro séculos.

Tipos de liberdade
1-"Liberdade é o direito de fazer aquilo que a lei permite" (Montesquieu, *Do espírito das leis*, livro 12, cap. 2).
2- "Liberdade significa obediência à lei que nós nos prescrevemos (Rousseau, *Contrato social*, livro 2, cap. 8).
3- Liberdade moderna é a "fruição pacífica da independência individual ou privada" (Benjamin Constant, *Liberdade antiga e moderna*).
Filósofos políticos (por exemplo, Norberto Bobbio) distinguem, com frequência, um conceito clássico *liberal* de liberdade de um conceito clássico *democrático* de liberdade. No conceito liberal, liberdade significa *autonomia*, a saber, o poder de autodeterminação. (Merquior, 1991, p. 24-25)

Existem diversas vertentes do liberalismo. José Guilherme Merquior (1991) divide o liberalismo em quatro fases: liberalismo clássico dos séculos XVII e XVIII, partindo de John Locke até a Revolução Francesa. Em seguida, o liberalismo conservador do século XIX, bastante inspirado em Edmund Burke. Os liberais não lutam mais contra o absolutismo, mas, sim, contra a tirania da maioria, preocupados com a possibilidade de a democracia ameaçar os direitos naturais. Entre os seus expoentes estão o conservador Tocqueville e o "radical" Stuart Mill. Em terceiro, o liberalismo social do final do século XIX e início do XX, com Hobhouse e Green, nomes que inspirarão John Maynard Keynes. São liberais que defendem os princípios básicos da propriedade privada, do livre comércio e da liberdade como fim das coisas, porém são críticos da pobreza e defendem intervenções do Estado. Finalmente, um novo liberalismo, da segunda metade do século XX, com a Escola Austríaca, com expoentes como Mises e Hayek, e a Escola de Chicago, com Milton Friedman. Eles temem o estatismo e defendem o Estado mínimo, numa visão rotulada de neoliberalismo (Merquior, 1991).

Anthony Quinton (1978) descreve vários conservadorismos e aponta a conexão essencial entre conservadorismo e religião – uma religião, em geral, ou a Igreja da Inglaterra, em particular, que seria uma idiossincrasia. O filósofo cita F. J. C. Hearnshaw, que inclui entre os princípios definidores do conservadorismo "a base religiosa do Estado" e "a fonte divina da autoridade legítima". Edmund Burke é um dos pensadores centrais para o conservadorismo britânico, pois considera que não há dúvida sobre a intimidade entre conservadorismo e cristandade. Para Burke (Quinton, 1978), há duas tradições do conservadorismo britânico. Uma, mais notável, é a do senso ligado e derivado da religião para criar políticas conservadoras em cima de premissas religiosas, em particular da doutrina do pecado original e da imperfeição moral da natureza humana. Seus representantes são Richard Hooker, Edward Hyde, Lorde Clarendon, Samuel Johnson, Burke, Coleridge e Newman.

Há também uma tradição secular do pensamento conservador, iniciado por três pensadores agostinianos, base para assuntos dessa segunda leitura: George Savile, Marquês de Halifax, Henry St. John, Visconde Bolingbroke e David Hume, chegando aos tempos atuais pelas mãos de Michael Oaskeshott e em fragmentos de T.E. Hulme. "Ser conservador é preferir o familiar ao desconhecido, preferir o experiente ao não experimentado, o fato ao mistério, o real ao possível, o limitado ao ilimitado, o próximo ao distante, o suficiente ao superabundante, o conveniente ao perfeito, um presente alegre a uma felicidade utópica" (Oakeshott, 1962, p. 169).

> Pois um conservador propriamente dito não é reacionário. Sua crença na continuidade com o passado não é a crença de que algum estado de coisas ideal no passado remoto deva ser restabelecido por uma mudança radical agora, uma revolução negativa. Burke não queria Stuarts de volta, nem Hooker algum continuador direto da obra de Mary Tudor. Não há inconsistência entre a defesa de Burke do Acordo de 1689 e dos direitos tradicionais como ingleses dos colonos americanos e seu conservadorismo fundamental. Os mesmos princípios fundamentam sua simpatia pelos colonos e sua hostilidade à Revolução Francesa. (Quinton, 1978, p. 19-20)

Para Quintin Hogg, o conservadorismo "é uma força interior e constante" da natureza humana. No mesmo sentido, Fossey John Cobb Hearnshaw apresenta o conservadorismo como "um temperamento". Stanley Baldwin vai mais longe, falando de uma "fé", muito semelhante à fé religiosa, uma caracterização que evita, providencialmente, qualquer análise racional do fenômeno. Para o escritor John Buchan, o conservadorismo é um "espírito" ou, melhor ainda, um "instinto", nas palavras de Walter Elliot. E, na compreensão de Hugh Cecil, prenunciando a "disposição" de Oaskeshott, o conservadorismo seria mais bem-sucedido como "uma inclinação pura e natural da mente humana". Todas essas definições parecem apontar para o mesmo sentido: o conservadorismo apresenta uma dimensão existencial que é anterior, ou até superior, a qualquer ideologia política. Mais ainda: o conservadorismo não é uma ideologia, preferindo encontrar refúgio identitário em "forças interiores", "temperamentos", "fés", "espíritos", "instintos", "inclinações" – e, claro, "disposições" (Coutinho, 2014, p. 22-23).

O conservadorismo também não é imobilista, requerendo mudanças políticas e nas instituições tão logo a população cresça, surjam indústrias, amplie-se a educação, resultando em ajustes para a necessária acomodação da sociedade. Embora o conservadorismo muitas vezes esteja associado a um governo "forte" – ideia ligada pela doutrina da imperfeição moral do homem –, ele não é uma forma de totalitarismo. Há uma defesa de um governo restrito a tarefas tradicionais, como a manutenção da ordem da comunidade e a defesa contra ataques estrangeiros. O conservadorismo tampouco é absolutista, já que por algum tempo teve esse rótulo ligado à sabedoria política e à confiabilidade individual que resultou, na Pós-Reforma, na teoria do direito divino dos reis, uma inovação radical que incomodou parte dos conservadores. Hooker e Clarendon, por exemplo, se opunham à teocracia calvinista – a ideia de uma ditadura do eleito. O que é essencial ao conservadorismo é que ele defende o poder absoluto nem para o indivíduo, nem para o Estado (Quinton, 1978).

Há uma identificação errada na correlação "conservador" e "fascista", pois os termos são incompatíveis em si. Para o conservador, o fascismo, tal como o comunismo, adquire características revolucionárias e utópicas.

> Para um conservador, o fascismo e o comunismo começam por se apresentar como tiranias gêmeas, ao partilharem a mesma concepção violenta e primária do exercício político. E "primária" é o termo: ao confrontar-se com o procedimento dos revolucionários na França, Burke já havia notado como um dos vícios principais das suas condutas estava na forma como se procurava evitar a intrínseca dificuldade (e complexidade) da política tal como ela é. [...] O que é válido para um revolucionário será válido para um reacionário: repetindo a certeira observação de Huntington, é indiferente saber se a destruição no presente se faz em nome de uma utopia passada ou futura. Destruição é destruição. E uma utopia será sempre uma utopia. O conservadorismo, como ideologia reativa que é, define-se pela sua atitude geneticamente antiutópica. (Coutinho, 2014, p. 98-99)

Em sua tese de doutorado, Russell Kirk apresenta discursos e aplicações conservadores e um recorte de autores britânicos e norte-americanos. Ele lista os seis cânones do pensamento conservador (Kirk, 2001):

> (1) Crença em uma ordem transcendente, ou corpo de lei natural, que governa a sociedade, assim como a consciência. Os problemas políticos, no fundo, são problemas religiosos e morais. Uma estreita racionalidade, o que Coleridge chama de Entendimento, não pode por si só satisfazer as necessidades humanas. "Todo conservador é um realista", diz Keith Feiling: "ele sabe que existem grandes forças no céu e na terra que a filosofia do homem não pode sondar ou compreender". A verdadeira política é a arte de apreender e aplicar a justiça, que deve prevalecer em uma comunidade de almas.
> (2) Afeto pela variedade e pelo mistério da existência humana, em oposição ao estreitar a uniformidade, o igualitarismo e os objetivos utilitários da maioria dos sistemas radicais. Conservadores resistem ao que Robert Graves chama de "logicalismo" na sociedade. Esse preconceito tem sido chamado de "o conservadorismo do prazer", uma sensação de que vale a pena viver a vida, de acordo com Walter Bagehot, a fonte adequada de um conservadorismo animado.
> (3) Convicção de que a sociedade civilizada requer ordens e classes, em oposição à noção de uma "sociedade sem classes". Com razão, os conservadores muitas vezes têm sido chamados de "o partido da ordem". Se as distinções naturais são apagadas entre os homens, os oligarcas preenchem o vácuo. Igualdade máxima no julgamento de Deus e igualdade perante os tribunais de justiça são reconhecidas pelos conservadores, mas igualdade de condição, eles pensam, significa igualdade na servidão e no tédio.
> (4) Persuasão de que liberdade e propriedade estão intimamente ligadas: separar a propriedade da privada posse, e Leviathan torna-se o senhor de tudo. O nivelamento econômico, afirmam, não é progresso econômico.
> (5) Fé na prescrição e desconfiança dos "sofistas, calculistas e economistas" que desejam reconstruir a sociedade com base em projetos abstratos. Prescrição personalizada, convenção e receita antiga são verificações sobre o impulso anárquico do homem e a ânsia de poder do inovador.
> (6) Reconhecer que a mudança pode não ser uma reforma benéfica: uma inovação precipitada pode ser uma conflagração devoradora, ao invés de uma tocha do progresso. A sociedade deve passar por alterações, pois a mudança prudente é o meio de preservação social; contudo, um estadista deve levar em consideração a Providência, e a principal virtude de um estadista, segundo Platão e Burke, é a prudência.

Em um artigo sobre o perfil e a importância de Burke, Modesto Florenzano (1997) chama atenção para a relevante obra e a criação de um vocabulário político moderno do filósofo irlandês, seu poder de antecipar crises ao fazer a crítica da Revolução Francesa, e lembra que o ex-primeiro ministro britânico Churchill considerava Burke mentor da fundamentação teórica que os conservadores usam até hoje. Embora fosse conservador, Burke era contra a pena de morte por ser católico.

Ele defendia a pluralidade de religião, pois não acreditava em religião de Estado imposto aos outros. Era contrário à continuidade, por muito tempo no poder, de um único grupo, seja o povo, seja o rei – poder deve ser contrabalanceado. Defendia a propriedade privada e o livre-comércio. Quando o Estado tenta acabar com a pobreza, pode agravar a crise. A pobreza deve ser combatida por instituições autônomas da própria sociedade civil. Era contra a colonização religiosa na Índia e a conversão daquela população. Era contrário ao absolutismo, pois, se houver um rei tirano absolutista, ele deve, sim, ser morto ou derrubado.

Para Burke, a sociedade não é formada apenas por aqueles que estão vivos, mas também pelos que já morreram e pelos que ainda virão. Ao longo da história da Inglaterra houve uma série de tentativas e erros, e isso definiu a sociedade inglesa e suas tradições. Por essa a razão, a Inglaterra valoriza a tradição. Porém, um Estado sem meios de transformação é um Estado sem meios de conservar. Para conservar as coisas é preciso mudá-las também. Burke defende a reforma e não a revolução, pois esta despreza o passado.

Thomas Paine (2009) descreve que o conservadorismo britânico leva em consideração três características: 1) respeito às tradições (ideia de que o tempo tem sabedoria); 2) organicismo (a sociedade é sábia em si); e 3) ceticismo político (cuidado com o excesso de ideias, de princípios, e com a imposição de princípios abstratos teóricos na realidade).

Thomas Paine também critica Burke ao afirmar que ele quer que os mortos escravizem os vivos com princípios que nem sabemos se existem. "Todas as gerações têm o direito de reformar suas leis, sua Constituição, seus princípios, seu governo." Paine critica o limite atemporal das tradições de Burke, quando questiona qual o tempo de prescrição no qual o passado tem autoridade – cem, quinhentos, mil anos? "O Burke criou o 'Adão político', nos fez sermos escravos de uma época sobre a qual nem sabemos nada" (Carvalho, 2018, p. 171). Na crítica, há a visão de que se Burke tivesse voltado ao passado chegaria à natureza onde os homens eram livres, iguais, sem reis. Paine critica a defesa da monarquia constitucional e a hereditária por ser contrária à razão.

O conservadorismo, nos Estados Unidos, se distingue do britânico por não estar vinculado a uma monarquia, a uma autoridade de Igreja estabelecida, a uma aristocracia tradicional ou à elite. Esse conservadorismo estava baseado no republicanismo americano, o que era visto com reserva por conservadores europeus. Os americanos foram levados a acreditar numa superioridade contra a fria monarquia reacionária e o rígido sistema de *status* da sociedade europeia (Paine, 2009).

Numa análise já do século XX, o conservadorismo americano leva em consideração o respeito às tradições americanas, o apoio aos valores judaico-cristãos, o individualismo, o liberalismo econômico, a defesa da cultura ocidental e da ideia do excepcionalismo americano. O intelectual e comentarista William Frank Buckley Jr. fundou, em 1955, a *National Review*, revista que estimulou o movimento conservador, na segunda metade do século XX. Foi apresentador de um programa de tevê – *Firing Line* – por 33 anos (1966-1999), na rede pública PBS, tornando-se a figura mais longeva da televisão, discutindo temas de políticas públicas. Ele se rotulava conservador e libertário. George H. Nash[16] (2008) afirmou que ele foi o mais importante intelectual por cinquenta anos. Uma geração inteira o viu como a face do conservadorismo e a sua primeira figura ecumênica. Buckley foi responsável pela fusão do conservadorismo tradicional ao liberalismo clássico, o que cacifou a guinada à direita do Partido Republicano, até seu auge nos anos 1980, com Barry Goldwater e Ronald Reagan.

Buckley criticou[17] os neoconservadores em 2004 ao afirmar: "Acho que aqueles que conheço, que são a maioria deles, são brilhantes, informados e idealistas, porém eles simplesmente superestimam o alcance do poder e da influência dos Estados Unidos". O linguista Noam Chomsky, que foi entrevistado no programa em uma das edições mais lembradas, não gostava de Buckley, mas, em comparação com os neoconservadores que o sucederam, considerava-o um modernista. Com seu falecimento em 2008, o sucessor de Buckley parece ser o jovem advogado e debatedor Ben Shapiro, que tem importante inserção na mídia em entrevistas para emissoras noticiosas, em colunas para o *Newsweek*, no seu programa de rádio diário e como sócio do *The Daily Wire*, um *site* de notícias de orientação conservadora.

16 NASH, George H. Simply superlative: words for Buckley. *National Review Online*, 28 fev. 2008.
17 SANGER, Deborah. Questions for William F. Buckley: conservatively speaking. *The New York Times Magazine*, 11 jul. 2004.

VISÕES DE MUNDO II: MARXISMO

Para o anarquismo, o Estado é o mal. Com o liberalismo clássico defendendo a vigilância constante para limitar o Estado, os direitos naturais e o contrato social, pode-se afirmar que, para o liberal, o Estado é um mal necessário. E como encaixar o socialismo?

> Enquanto a relação entre liberalismo e socialismo foi de clara antítese, tanto se o socialismo fosse julgado à base de seu projeto de sociedade futura como se fosse considerado como a ideologia de uma classe destinada a suceder a classe burguesa no desenvolvimento progressivo da história, a relação entre socialismo e democracia foi bem mais, desde a origem, uma relação de complementaridade, assim como houvera sido até então a relação entre democracia e liberalismo. Tornou-se opinião corrente que o socialismo, julgado até então como incompatível com o liberalismo, não era de fato incompatível com a democracia. Para reforçar o nexo de compatibilidade (melhor: de complementaridade) entre socialismo e democracia, foram sustentadas duas teses: antes de tudo, o processo de democratização produziria inevitavelmente, ou pelo menos favoreceria, o advento de uma sociedade socialista, fundada na transformação do instituto da propriedade e na coletivização pelo menos dos principais meios de produção; em segundo lugar, apenas o advento da sociedade socialista reforçaria e alargaria a participação política e, portanto, tornaria possível a plena realização da democracia, entre cujas promessas – que a democracia liberal jamais seria capaz de cumprir – estava também a de uma distribuição igualitária (ou ao menos mais igualitária) do poder econômico e do poder político. (Bobbio, 2000, p. 80-81)

O próprio Bobbio afirma que essa relação entre democracia e socialismo não foi pacífica e, no mínimo, sob certos aspectos é considerada polêmica, tendo em vista os exemplos de governos totalitários, autoritários e com cerceamento de seus povos (como a União Soviética, a Coreia do Norte, Cuba e China). O socialista acredita que a democracia só existe, na igualdade, no campo econômico. Não adianta maior abertura no campo político se a opressão continua ocorrendo em outros campos, como o do trabalho. É nesse sentido que prioriza a socialização da propriedade privada e dos meios de produção.

Embora Karl Marx e o termo "marxismo" sejam bastante utilizados nas "guerras culturais", é importante lembrar que o socialismo é anterior a ele. Tem origem com filósofos do século XVIII, como Saint-Simon e Robert Owen, que trabalharam as noções de igualdade, extinção de classes sociais e redução das diferenças econômicas na sociedade. O contexto dessa mudança tem relação direta com uma ruptura causada pela Revolução Industrial e seus efeitos transformadores na relação do homem com o trabalho, dado o surgimento de um grande proletariado e de uma classe proprietária dos meios de produção. Essa dinâmica de exploração poderia levar ao colapso a sociedade devido às extenuantes jornadas de trabalho e às precárias condições de vida (Hobsbawn, 2011).

Esses primeiros pensadores do socialismo são inspirados pela *Utopia* de Thomas More (2018), com a imagem de uma sociedade que evolui enriquecendo conjuntamente por meio do trabalho e alcançando o progresso científico e industrial. Essa evolução por meio dos bens coletivos ocorreria de forma lenta e pacífica pela chamada burguesia detentora dos meios de produção. Por não ser um processo prático, ficou conhecido como "socialismo utópico".

Apenas no século XIX Karl Marx e Friedrich Engels farão a crítica do socialismo utópico, elaborando uma nova teoria, chamada "socialismo científico" ou marxismo, segundo a qual essa transformação na sociedade só poderia ser alcançada pela força de uma revolução. A fragilidade da teoria está na necessidade da criação de um Estado forte, que, pelos exemplos da história, resultam em governos totalitários e/ou autoritários que se tornam responsáveis pela nova distribuição da renda e dos meios de produção. Esse controle rígido do Estado da economia acaba resultando em estagnação em vez de crescimento, especialmente se levarmos em conta as especificidades do sistema internacional e seus conflitos. Grandes investimentos bélicos, por exemplo, retiram recursos importantes de áreas prioritárias.

O comunismo seria, grosso modo, um momento histórico em que não haveria mais o controle do Estado sobre a sociedade, e isso seria alcançado após uma passagem gradativa dela pelo capitalismo e pelo socialismo. No lugar da socialização dos meios de produção, teríamos a produção pública com o objetivo único da subsistência da comunidade. Não haveria mais ordenação social, econômica e política, e sim a extinção do conceito de lucro e divisão de classes, com as principais decisões sendo tomadas a partir de mecanismos de uma democracia direta. Nenhum país atingiu o estágio de comunismo na prática. Países apontados como tal (China, Coreia do Norte e Cuba) apresentam forte controle estatal.

A CONTRACULTURA E O PÓS-MODERNISMO

As transformações ocorridas na segunda metade do século XX afetaram drasticamente as relações sociais. O principal ponto de ruptura ocorreu na década de 1960, e os teóricos conservadores enxergaram o movimento como subversivo. Porém, como afirma David Harvey, justamente os pensadores fora da esquerda tradicional foram os que primeiro apontaram as causas dessa transformação na sociedade e o desmonte do materialismo histórico.

> Por isso a descrição de Daniel Bell em *The cultural contradictions of capitalism*, embora partindo inteiramente de um ponto de vista direitista que visava a restauração do respeito pela autoridade, tenha sido mais precisa que muitas tentativas esquerdistas de perceber o que estava acontecendo. Outros autores, como Toffler e até McLuhan, viram a significação da compressão do tempo-espaço e das confusões por ela geradas de modo que a esquerda não podia ver, justamente por estar tão profundamente envolvida em criar confusão (Harvey, 2008, p. 319).

A nova esquerda que surgia tentava se livrar das algemas do antigo marxismo "ortodoxo", de seus representantes e dos poderes considerados repressivos e burocratizados, entre eles o Estado, os sindicatos e as universidades. Essa nova corrente se viu como nova potência cultural e político-econômica, o que resultou numa virada estética e de pensamento que ficou conhecida, no âmbito acadêmico, como "pós-modernidade". Esse investimento na política cultural era, segundo Harvey, mais compatível com o liberalismo e o anarquismo, o que resultou num afastamento do velho marxismo, que se apoiava nas instituições da classe trabalhadora. Perdia, assim, a nova esquerda a capacidade de fazer uma crítica a si mesma e aos processos sociais e transformações que estavam historicamente na base do novo pensamento pós-moderno.

> [A nova esquerda] abraçou novos movimentos sociais que eram eles mesmos agentes de fragmentação da política da velha esquerda. Na medida em que esta última era, na melhor das hipóteses, passiva, e, na pior, reacionária (no tratamento das questões de raça e de gênero, da diferença, e de problemas dos povos colonizados e das minorias reprimidas e das questões ecológicas e estéticas), algum tipo de mudança política da espécie proposta pela nova esquerda por certo se justificava. Mas, ao fazer esse movimento, a nova esquerda tendia a abandonar a sua fé tanto no proletariado como instrumento de mudança progressista como no materialismo histórico enquanto modo de análise. André Gorz deu adeus à classe operária e Aronowitz anunciou a crise do materialismo histórico. (Harvey, 2008, p. 320)

As guerras culturais dos anos 1980 estão conectadas aos movimentos surgidos nos anos 1960. Ao analisar o histórico das guerras culturais, Andrew Hartman (2015) explica que, até a década de 1950, os Estados Unidos eram particularmente conservadores, no que era chamado de "*normative America*". Na época, havia um consenso de valorização das questões culturais até então hegemônicas. Nos anos 1960, houve uma ruptura na sociedade americana. Do ponto de vista dos movimentos sociais que surgiriam, havia problemas sentidos no pós-guerra. Os negros que lutaram bravamente em nome da liberdade, na Europa e na Ásia, não encontraram liberdade ao retornar ao seu próprio país, no qual havia a lei de segregação. As mulheres, que conquistaram espaços de trabalho para substituir os homens convocados para a guerra, no pós-guerra eram pressionadas a abandonar seus postos. E havia uma série de dúvidas políticas relacionadas ao envolvimento dos Estados Unidos em dispendiosas guerras, já no início da Guerra Fria (com destaque para a Guerra do Vietnã).

Uma série de fatos contribuiu para que a ruptura ocorresse nos anos 1960: o fim da segregação nas escolas públicas, após decisão na Suprema Corte, que levou à revogação das leis de Jim Crow, em 1964; o forte investimento e a expansão do sistema universitário aumentaram substancialmente o número de universitários nos Estados Unidos; o crescimento de um sentimento que desafiava autoridades e o *mainstream* cultural, resultando no que ficou conhecido como contracultura; e o aumento do sincretismo religioso com denominações não cristãs (Hartman, 2015). Em outros países, a juventude também questionaria os costumes tradicionais, a produção cultural conservadora e os governos autoritários. No caso do Brasil, muitas histórias desse período estão no livro *1968 – O ano que não terminou*, de Zuenir Ventura (2013). Nesse caldo cultural surgiu a chamada *New Left* (Nova Esquerda), uma articulação instável de novos movimentos, sendo os principais:

- Black Power: movimento que promoveu os valores culturais de origem africana e afirmou a identidade afro-americana na chave positiva.
- Chicano: movimento que promoveu o orgulho dos imigrantes e descendentes mexicanos, cuja questão de valorização da identidade ganhou atenção com o poema "I am Joaquín", de Rodolfo Gonzales, em 1967.
- Hippies e yippies[18]: movimentos da contracultura com jovens de classe média e alta que contestavam os valores de seus pais, lutavam pelo fim das guerras e pela ampliação dos direitos civis.
- Indígena: o American Indian Movement (AIM) foi fundado em 1968 com missão semelhante ao movimento chicano, com a busca por representatividade e inclusão na educação.
- Frente de Liberação dos *Gays*: a *Gay* Liberation Front buscava o aumento da consciência e dos direitos do que chamamos atualmente de "movimento LGBTQIAPN+". O ponto de início foi a revolta de Stonewall, uma série de manifestações violentas após a invasão de um bar de Nova York pela polícia.
- Feminista: a segunda onda do movimento era coordenada pela National Organization of Women (1966). A primeira onda havia focado no sufrágio e na derrubada de obstáculos referentes à igualdade de gênero, ao direito ao voto e à propriedade. As feministas agora buscavam discutir questões de sexualidade (revolução sexual), mercado de trabalho, direitos reprodutivos, desigualdades legais, e conseguiram incluir uma série de cursos sobre o estudo da mulher nas universidades públicas.

Do ponto de vista político, esses movimentos conseguiram algum sucesso. Na campanha presidencial de George McGovern, nos Estados Unidos, em 1972, houve aumento substancial de mulheres e negros em seu grupo de trabalho. Numa comparação, se na convenção do Partido Democrata de Chicago, em 1968, havia apenas 2% de delegados de menos de trinta anos, a convenção de 1972 mostrou aumento para 23% nessa faixa jovem. A representação negra subiu de 5% para 14%. Em Miami, o número de delegados do sexo feminino subiu de 14% para 36% (Hartman, 2005). Também, pela primeira vez, representantes *gays* fizeram sua entrada com oito ativistas na delegação do Estado de Nova York. Nas eleições gerais, Richard Nixon derrotou McGovern, mas a aposta dos movimentos era na conscientização.

A Nova Esquerda inspirou e foi inspirada também por uma série de livros acadêmicos que desenvolviam essa nova corrente de pensamento,

18 *Yippie* não deve ser confundido com o movimento *yuppie* dos anos 1980, formado por jovens profissionais urbanos, de vinte a quarenta anos, com formação universitária, que seguiam as últimas tendências da moda. Em geral, eram das classes média e alta e tinham situação financeira confortável. Em comparação com os *hippies*, eram conservadores e valorizavam bens materiais, sendo fruto do contexto do governo Ronald Reagan, nos Estados Unidos. Há o caso curioso de Jerry Rubin, famoso *hippie* que se tornou *yuppie*.

que se distanciava do marxismo ortodoxo. Na Inglaterra, por exemplo, surgia o primeiro centro de pesquisa dos "estudos culturais", o Centre for Contemporary Cultural Studies (CCCS), vinculado ao Departamento de Inglês da Universidade de Birmingham. Os estudos oferecem um ponto de vista diferente da sociedade devido à alteração dos valores tradicionais da classe operária inglesa no século XX. As formas e práticas culturais, assim como as relações entre a cultura contemporânea e a sociedade, são analisadas em uma série de livros seminais como *As utilizações da cultura*, de Richard Hoggart, publicado em 1957; *Cultura e sociedade*, de Raymond Williams, de 1958; e *A formação da classe operária inglesa*, de E. P. Thompson, de 1963. Stuart Hall, de origem jamaicana, também foi figura importante como diretor do centro, entre 1968 e 1979, destravando resistências teóricas e investindo em projetos de investigação de movimentos e subculturas ao analisar questões como colonialismo, imigração, feminismo, movimento *punk*, multiculturalismo e influência da mídia (Mattelart e Neveu, 2013).

A contracultura dos Estados Unidos, baseada na ética do "sexo, drogas e *rock and roll*", foi inspirada também em organizações como a Students for a Democratic Society, que seguia o discurso teórico de intelectuais americanos de visão radical para o país, em meio à Guerra Fria, entre os quais o sociólogo Paul Goodman, cujo livro mais famoso foi *Growing up absurd: the problems of youth in the organized society* (1960). Ao contrário do que críticos conservadores possam dizer, "Goodman nunca se filiou ao Partido Comunista ou a grupos trotskistas. Era respeitado por seus pares intelectuais em Nova York, uma singularidade destacada por suas intuições anarquistas e sua bissexualidade assumida. Era um judeu secular esquerdista" (Hartman, 2005, p. 13). Essa postura mais anarquista o impediu de participar de grupos políticos, pois estes pregavam disciplina e doutrinação. Para Goodman, a mudança social demandava apenas que os indivíduos vivessem de forma diferente. Era o tipo de visão que atingia admiradores dos movimentos da Nova Esquerda, com sua fusão de pensamento utópico e prático.

Outro intelectual importante foi o sociólogo americano Charles Wright Mills, visto pelos admiradores como o texano com imagem de renegado. Ele defendia certo tipo de antiautoritarismo que estimulava os movimentos. Em seu livro *White collar*, publicado em 1951, Mills descreve os Estados Unidos como uma "gaiola de ferro" burocrática e distópica. Outra obra influente de Mills, *The power elite*, publicada em 1956, aplica as lentes de Max Weber para as estruturas institucionais da parte rica dos Estados Unidos. "Aqueles círculos políticos, econômicos e militares que, como um conjunto complexo de cliques sobrepostos, compartilham decisões com, pelo menos, consequências nacionais" (Hartman, 2015, p. 13). Essa visão teórica da hierarquia de poder nos Estados Unidos desafiou o sentido defendido por cientistas políticos e juristas, que consideravam que o sistema político adequado seria composto por freios e contrapesos como consequência democrática. Os estudantes interpretavam a visão de Mills como se os Estados Unidos estivessem se aproximando do totalitarismo, o que provocou uma rebelião de origem individualista contra a repressão da conformidade cultural.

Na historiografia, autores de diferentes correntes ideológicas tentaram compreender o momento, no contexto das transformações culturais e políticas. Hobsbawm (1995), de orientação mais marxista, analisou a revolução cultural a partir do contexto da família e da casa, através da estrutura de relações entre os sexos e as gerações. Ao longo da história, essas relações resistem fortemente a uma mudança súbita. Os arranjos, com variações lentas, só mudaram de forma mais rápida na segunda metade do século XX. Aumentaram o número de divórcios, de pessoas vivendo sozinhas e as relações sem casamento formalizado. Novas legislações envolvendo o divórcio, o aborto e a venda de anticoncepcionais, e um contexto mais liberal para a juventude, causaram um terremoto comportamental que levou os conservadores a enxergar o movimento como crise da instituição familiar.

A sociedade ocidental passou a dar mais protagonismo ao jovem, com legislações que baixavam a idade para votar e a predominância deles como massa de compra que interessava às economias de mercado. A internacionalização de estilos, como o *rock*, na música, e o *blue jeans*, na moda, tornou o jovem uma força "moderna" que, aos poucos, foi se tornando uma maioria visível. Os Estados Unidos passaram a ser a força hegemônica na cultura popular e no estilo de vida, embora estivessem abertos a acolher parcelas culturais da América Latina, da Europa e da África. Essa revolução cultural significou o triunfo do indivíduo sobre a sociedade ou, como afirma Hobsbawm, "o rompimento dos fios que antes ligavam os seres humanos em texturas sociais".

O liberal Paul Johnson (1990) considerou criticamente que o aumento da educação não promoveu estabilidade. E o que era visto, inicialmente, como sinal de "maturidade" e de "conscientização" escalou para o que ficou conhecido como "violência estudantil". Usando como base a "destruição criativa de Schumpeter", Johnson afirma que ampliar fortemente o setor de educação e entregá-lo sem rédeas (em nome da liberdade) aos intelectuais poderia levar a uma destruição. A influência de radicais nos *campi* levou a grandes conflitos e o "tumulto no *campus*" passou a ser uma cultura universitária, exportada para outros países. Apenas em 1968, houve 221 grandes manifestações. Johnson conclui que a violência estudantil teria prejudicado a educação superior e levado à desmoralização dos professores.

O historiador conservador Jacques Barzun (2001) apontou os meios de comunicação como uma forma de celebração e divulgação dos novos "valores familiares". Embora o modelo tradicional de casamento não tivesse desaparecido, cada vez mais, a partir dos anos 1960, vemos suas variantes: famílias formadas por apenas pai ou mãe, ambos com empregos ou trabalhando em casa; famílias com pais ou mães solteiros; "segundas famílias", com filhos de outros casamentos; situações de divórcio; casais que não se casaram oficialmente; homossexuais criando filhos etc. Esse foi um processo longo. Por exemplo, se, atualmente, um seriado antigo de tevê como *A feiticeira* (*Bewitched*) é visto como de conteúdo machista, em sua época foi revolucionário, por mostrar um casal dormindo na mesma cama.

Retornando a Barzun, ele considerou que o jornalismo também fez parte dessa revolução, abandonando o ideal da imparcialidade e da objetividade, com o crescente número de notícias editorializadas para responder à necessidade de que elas fossem mais "humanas". O *lead* foi substituído por uma narrativa, uma novela, que explica didaticamente ao público o fato que o jornal deseja noticiar (Barzun, 2001), o que se torna um problema, a depender da linha editorial do veículo. O jornalismo começou a investir mais em comentários opinativos e em repórteres investigativos que, muitas vezes, invadem a privacidade alheia e têm conduta que pode ser alvo de debates éticos.

Para o sociólogo Stuart Hall (2005), esse período se iniciou com o surgimento de "novos movimentos sociais" que seriam um marco da modernidade tardia, em conjunto com os movimentos juvenis contraculturais e antibelicistas, as lutas pelos direitos civis e os movimentos revolucionários do então chamado "Terceiro Mundo". Para ele, os traços mais importantes desse momento histórico foram:

> Esses movimentos se opunham tanto à política liberal capitalista do Ocidente quanto à política "estalinista" do Oriente.
>
> - Afirmavam tanto as dimensões "subjetivas" quanto as dimensões "objetivas" da política.

> - Eles suspeitavam de todas as formas burocráticas de organização e favoreciam a espontaneidade e os atos de vontade política.
> - [...] Todos esses movimentos tinham uma ênfase e uma forma cultural fortes. Eles abraçaram o "teatro" da revolução.
> - Eles refletiam o enfraquecimento ou o fim da classe política e das organizações políticas de massa com ela associadas, bem como sua fragmentação em vários e separados movimentos sociais.
> - Cada movimento apelava para a identidade social de seus sustentadores. Assim, o feminismo apelava às mulheres, a política sexual aos *gays* e lésbicas, as lutas raciais aos negros, o movimento antibelicista aos pacificistas, e assim por diante. Isso constitui o nascimento histórico do que veio a ser conhecido como a política de identidade – uma identidade para cada movimento. (Hall, 2011, p. 44-45)

Além da literatura inicial da Nova Esquerda, há outro conjunto importante de autores que também se incorporaram a essa bibliografia. São os autores da polêmica corrente pós-moderna. Um dos primeiros dessa linha foi Jean-François Lyotard (2013), com a obra *A condição pós-moderna*, publicada originalmente em 1979. Há aí uma crítica da modernidade que defendia ser possível criar um mundo melhor a partir da crença na razão humana e na noção de que existe uma ideia de progresso baseada na história como revelação da verdade. Para Lyotard, essa ideia faliu. Passou a vigorar uma nova ideia que defendia a não existência de verdades absolutas e que somos produtos de hipóteses e possibilidades. Os produtos culturais da pós-modernidade revelam que tudo o que produzimos, baseado num conhecimento visto como verdade, não passa de uma narrativa, um discurso determinado. Diversos pensadores pós-modernos contribuíram com visões complementares.

A pós-modernidade seria, em resumo, uma corrente que enxerga o ser humano como dotado de razão, mas não somos o tempo todo racionais, não conseguimos dominar a razão e a natureza para mudar o real. Outra crítica do pós-modernismo é ao racionalismo iluminista, que teria alcançado um limite e não poderia enfrentar totalmente a ignorância, levando a uma inversão da razão como novo tipo de totalitarismo. E há a crítica da visão de evolução linear atribuída à ideia de progresso, talvez uma das mais fortes do modernismo. O progresso científico mostrou que também pode produzir retrocessos. Paul Virilio (1996), filósofo, urbanista e arquiteto francês que trabalha o conceito interessante de "velocidade" (dromologia), tem uma teoria da catástrofe que dialoga com essa crítica ao progresso; assim, diz ele que, ao inventarmos o navio, inventamos também o naufrágio; quando inventamos a energia nuclear, inventamos também a bomba atômica. A pós-modernidade também critica a unidade e a originalidade, afirmando que não existe a criação a partir do nada. Tudo é influenciado por algo, o que leva à mistura e à cópia, algo que vemos muito nos *remakes* cinematográficos.

Lyotard também afirma que há uma crise das narrativas legitimadoras, e as utopias e os grandes projetos perdem força, abrindo espaço para as "utopias negativas" (as pessoas sonham com o que não desejam). Os discursos e mitos que explicam todas as coisas, as metanarrativas, passaram cada vez mais a ser desacreditadas. Entre elas, estão o socialismo, o progresso iluminista, a redenção cristã, entre outras. Isso levaria a uma explicação da crise dos partidos, dos projetos da sociedade, crises das ideologias e de qualquer narrativa que ofereça uma substituição ao que temos no mundo atual. Não é estranho, portanto, que filósofos como Nietzsche sejam tão citados, pois ele é um dos que criticam todos os "ismos" e discutem a desconstrução das grandes ideologias produzidas no mundo. Há uma descrença na transformação do mundo pela ciência e pela racionalidade.

Os seres humanos não seriam autônomos, nem clássicos. Na produção cultural, a alta cultura seria substituída pelas citações, pelo pastiche, pela ironia, pela intertextualidade, pelo ecletismo e pela saturação de imagens. A fusão entre cultura e capital levaria a um novo patamar da sociedade do espetáculo, analisada por Guy Debord (1997). Não temos mais uma distinção tão clara entre alta e baixa cultura, nem temos mais canais emissores com possibilidade de direcionar informações e, por fim, do ponto de vista cultural, o periférico se aproxima do centro, subvertendo questões de gosto e consumo. Há também o aumento da efemeridade (Lipovetsky, 2009).

Jean Baudrillard (2009) teoriza sobre os movimentos do sujeito e do objeto. Não apenas da relação de valor do objeto, mas do desaparecimento do sujeito como dominador da natureza em prol do objeto. A modernidade seria focada na sociedade dos objetos. Para a publicidade, isso sempre soou problemático, pois focar no objeto (o produto) levaria obrigatoriamente a esconder possíveis defeitos, o que seria interpretado como propaganda enganosa. A passagem para a pós-modernidade beneficiou a publicidade, pois retirou-se a ideia do objeto e focou-se na ideia de virtual (ausência do objeto). A publicidade, agora, não precisa falar propriamente do produto, e sim de um conceito, a não materialidade ou a exploração do sistema de signos. É possível anunciar um apartamento sem falar de suas características técnicas, mas das possibilidades conceituais de uma vida feliz. Essa relação objeto-virtual é bastante presente na mídia, seja em produções cinematográficas (o filme *O show de Truman* trabalha com a ideia de mundos aparentes), seja na televisão, com *reality shows* do tipo *Big brother*, que força uma interação de um grupo preso numa casa por meses, em atividades que são julgadas pelo público, até sobrar um vencedor. Estamos num mundo de simulacros e simulações, como analisou Baudrillard (1991), agora ocupado por mídias sociais. Tornamos a sociedade mais cética e cínica, com liberdade para a expressão de críticas e pressões.

David Harvey (2008) fez uma contribuição importante para o entendimento das transformações econômicas. Ao comparar a produção fordista (baseada em economias de escala) à produção *just in time* (baseada em economias de estoque), explicou que a estrutura moderna seria pensada para a produção linear, padronizada, fabricada em série. A lógica pós-moderna se basearia no que ele chamou de "capitalismo tardio" (da era da informação globalizada) e na acumulação flexível. As indústrias pensariam em nichos de mercado, com a expressão estética e a produção cultural acompanhando a tendência.

Para Harvey (2008), o Estado sofreria grandes consequências com essa transformação guiada pela globalização. Teríamos a desregulamentação, a flexibilidade, a privatização das necessidades coletivas, crescentes tensões geopolíticas, descentralização e agudização da competição inter-regional e interurbana, passagem do Estado "subsidiador" para o Estado "empreendor", a intervenção estatal direta em mercados por meio de aquisições, políticas regionais "territoriais", pesquisa e desenvolvimento somados à inovação e financiados pelo Estado. Na ideologia, o consumo passaria a ser individualizado, a totalidade abriria espaço para a especificidade e para a adaptação, e a socialização seria substituída pela individualização e pela sociedade do "espetáculo".

> Essa indústria se especializa na aceleração do tempo de giro por meio da produção e venda de imagens. Trata-se de uma indústria em que reputações são feitas e perdidas da noite para o dia, onde o grande capital fala sem rodeios e onde há um fermento de criatividade intensa, muitas vezes individualizada, derramado no vasto recipiente da cultura de massa serializada e repetitiva. É ela que organiza as manias e modas, e, assim fazendo, produz a própria efemeridade que sempre foi fundamental para a experiência da modernidade. Ela se torna um meio social de produção do sentido de horizontes temporais em colapso de que ela mesma, por sua vez, se alimenta tão avidamente.
> A popularidade de uma obra como *O choque do futuro*, de Alvin Toffler, reside precisamente em sua presciente apreciação da velocidade com a qual o futuro veio a ser

> descontado no presente. Também disso vem uma queda das distinções culturais entre, digamos, "ciência" e ficção "regular" (em obras como as de Thomas Pynchon e Doris Lessing), bem como a fusão do cinema de distração com o cinema de universos futurísticos. Podemos vincular a dimensão esquizofrênica da pós-modernidade que Jameson destaca com acelerações dos tempos de giro de produção, na troca e no consumo, que produzem, por assim dizer, a perda de um sentido do futuro, exceto e na medida em que o futuro possa ser descontado no presente. A volatilidade e a efemeridade também tornam difícil manter qualquer sentido firme de continuidade. A experiência passada é comprimida em algum presente avassalador. (Harvey, 2008, p. 262-263)

A sociedade do espetáculo avança, no século XXI, reconfigurada como sociedade da imagem, com a explosão do número de emissores e receptores *on-line*, o engajamento em mídias sociais transformado em valor e o algoritmo produtor de sentido e mercadorias. Na economia, temos as moedas virtuais e os novos serviços financeiros (as *fintechs*), que inovam suas operações usando tecnologia com custos operacionais mais baixos.

Retornando ao pós-modernismo, Fredric Jameson (1996) critica o fato de que o capital se apropriou da cultura e a economia, da arte. Para ele, o pós-modernismo é um novo momento, uma ruptura em relação ao modernismo, no qual não há mais o caráter singular de uma obra de arte, do "eu" singular dos artistas, há um fim dos estilos e dos manifestos. Ele afirma que o que havia de inovador e provocador no modernismo foi cooptado pelo capital. O pós-modernismo faz uma fusão de tudo e acaba-se a diferença. O resultado é o pastiche baseado em modelos esgotados e o caráter esquizofrênico da produção cultural, com a desorganização da linguagem. A descrença em grandes projetos leva as pessoas a se refugiarem nas identidades, em imagens de nós mesmos e em narrativas de um mundo fragmentado. O conservadorismo também se aproveita quando políticos se beneficiam dos famigerados "fatos alternativos" para suas ambições eleitorais.

O pós-modernismo em si também é uma metanarrativa. Essa corrente teórica, se podemos chamá-la assim, foi posta em xeque por vários pensadores. Marshall Berman (2007), por exemplo, sustentou que ainda somos modernos, e o que ocorre é uma aceleração nas transformações. Zygmunt Bauman (2013), por sua vez, tratou da "modernidade líquida" e do "mundo líquido", destacando características como o ultraindividualismo, a superficialidade das relações, a hiperinformação e a busca compulsiva pelo novo. As mídias sociais contribuem para as relações cultivadas pela virtualidade e há a sensação de controle sobre o conhecimento – o usuário aparenta saber de tudo, mas não compreende, nem é capaz de explicar nada em profundidade.

O escritor Mario Vargas Llosa critica o fato de a civilização pós-moderna ter desarmado moral e politicamente a cultura do nosso tempo, o que teria ressuscitado "monstros" que pensávamos estar extintos desde a Segunda Guerra Mundial – caso do racismo e do nacionalismo extremista. Isso seria, em parte, culpa do empobrecimento e da desordem das mudanças no ensino público, na França e no resto do mundo.

> Acreditando trabalhar para construir um mundo realmente livre, sem repressão, alienação e autoritarismo, os filósofos libertários como Michel Foucault e seus inconscientes discípulos atuaram com muito acerto para que, graças à grande revolução educacional que propiciaram, os pobres continuassem pobres, os ricos continuassem ricos, e os inveterados donos do poder, com o chicote nas mãos. Não é arbitrário citar o caso paradoxal de Michel Foucault. Suas intenções eram sérias, e seu ideal libertário, inegável. Sua repulsa pela cultura ocidental – que, com todas as suas limitações e desvios, mais fez progredir a liberdade, a democracia e os direitos humanos na história – o induziu a acreditar que seria mais factível encontrar a emancipação moral e política apedrejando policiais, frequentando as saunas *gays* de San Francisco e os clubes sadomasoquistas de Paris, do que nas salas de aula ou nas urnas eleitorais. [...] outra razão da perda da "autoridade" de muitos pensadores do nosso tempo: não eram sérios, brincavam com as ideias e as teorias como os malabaristas dos circos brincam com lenços e clavas, que divertem e até causam admiração, mas não convencem. [...] Os desconstrucionistas subvertem desse modo nossa confiança em qualquer verdade, na crença de que existam verdades lógicas, éticas, culturais ou políticas. Em última instância, nada existe fora da linguagem, que é o que constrói o mundo que acreditamos conhecer, que nada mais é uma ficção fabricada pelas palavras. Daí só havia um pequeno passo para se afirmar, como fez Roland Barthes, que "toda linguagem é fascista". (Llosa, 2013, p. 77-79)

Llosa critica também prosas pós-modernas que caracteriza como obscurantistas e análises asfixiantes de literatura e filosofia de nomes como Jacques Derrida, que procura fazer uma crítica que leva à desconstrução. O modismo de autores como Foucault e Derrida nas universidades resulta em situações curiosas. Não estranhamente, muitos projetos de pós-graduação incluem citações absolutamente gratuitas desses autores, o que revela, na crítica conservadora, uma possível hegemonia de uma corrente limitada que amarra alunos mais ingênuos numa camisa de força teórica.

Quem talvez elabore a melhor explicação sobre a evolução do conceito de identidade a partir dos eventos da década de 1960 é Stuart Hall (2005). Ele afirma que as identidades modernas estão sendo "descentradas". O sujeito pós-moderno não terá uma identidade fixa, essencial ou permanente, tornando-se uma "celebração móvel", formada e transformada segundo as formas como é representado nos sistemas culturais que o rodeia.

Para explicar o descentramento do sujeito cartesiano, haveria cinco grandes avanços na teoria social e nas ciências humanas ocorridos na segunda metade do século XX. O primeiro foi o deslocamento do pensamento tradicional marxista, na releitura de outros teóricos, como Louis Althusser; o segundo, a descoberta do inconsciente por Freud; o terceiro, a teoria estrutural da linguagem de Saussure (a língua é um sistema social e não individual, e os significados das palavras não são fixos, numa relação um a um com os objetos ou eventos no mundo existente fora da língua); o quarto seria o trabalho de Michel Foucault e seus estudos sobre o "poder disciplinador", que levaria à maior individualização do sujeito.

> O poder disciplinar está preocupado, em primeiro lugar, com a regulação, a vigilância e o governo da espécie humana ou de populações inteiras e, em segundo lugar, do indivíduo e do corpo. Seus locais são aquelas novas instituições que se desenvolveram ao longo do século XIX e que "policiam" e disciplinam as populações modernas – oficinas, quartéis, escolas, prisões, hospitais, clínicas e assim por diante (veja, por exemplo, *História da loucura*, *O nascimento da clínica* e *Vigiar e punir*). (Hall, 2011, p. 42)

Para Hall, há um paradoxo sobre o fato de, "quanto mais coletiva e organizada a natureza das instituições da modernidade tardia, maior o isolamento, a vigilância e a individualização do sujeito individual" (Hall, 2011, p. 43). O quinto avanço seria o impacto do feminismo, tanto como teoria quanto como movimento social. Hall também discute outra dimensão do "sujeito fragmentado" e como ele é colocado em termos de suas culturas nacionais. Será que a identidade nacional é afetada pelo processo de globalização? A identidade nacional provém de culturas nacionais, mas elas não estão nos genes quando nascemos. Porém, pensamos efetivamente nelas como se fossem parte de nossa natureza essencial. O argumento de Hall é que as identidades nacionais não são coisas com as quais nascemos. Elas são formadas e transformadas no interior da representação (Hall, 2011, p. 49).

Uma parte interessante da análise de Hall, que dialoga com pontos já discutidos aqui, é o que ele chama de "comunidade imaginada", aquela em que as culturas nacionais são compostas não apenas por instituições culturais, mas também de símbolos e representações. Essa cultura nacional funciona como um discurso e modo de construir sentidos que influenciam a organização de nossas ações e constroem identidades. Há pelo menos cinco aspectos dessa elaboração de comunidades imaginadas. A primeira é a narrativa da nação que simboliza ou representa experiências partilhadas a partir de mitos, histórias e eventos históricos; a segunda, a ênfase nas origens, na continuidade, na tradição e na atemporalidade (na natureza das coisas); a terceira, a invenção da tradição – tão bem trabalhada por Hobsbawm (2020) quando destrincha as construções narrativas dos costumes da monarquia britânica; a quarta, a narrativa da cultura nacional como mito fundamental – "história que localiza a origem da nação, do povo e de seu caráter nacional num passado tão distante que eles se perdem nas brumas do tempo, não do tempo 'real', mas de um tempo 'mítico'" (Hall, 2011, p. 54-55) Finalmente, a identidade nacional simbolicamente pode ser baseada nas ideias de um povo ou *folk* puro, original – o discurso da cultura não seria tão moderno como aparenta ser, podendo ser ambíguo entre o passado e o futuro.

Sobre a desconstrução da "cultura nacional" em relação à identidade, Hall resume a análise afirmando que "não importa quão diferentes seus membros possam ser em termos de classe, gênero ou raça, uma cultura nacional busca unificá-los numa identidade cultural, para representá-los todos como pertencendo à mesma grande família nacional" (Hall, 2011, p. 59). Esse processo de unificação não é simples por ser também uma estrutura de poder cultural. Por exemplo, a maioria das nações consiste em culturas separadas que só foram unificadas após longo processo de conquista violenta. O Reino Unido coleciona uma série de conquistas celtas, romanas, saxônicas, *vikings* etc. As nações também são compostas de diferentes classes e grupos étnicos e de gênero. E, finalmente, algumas nações ocidentais modernas atuaram como centros imperiais exercendo hegemonia cultural sobre as culturas dos colonizados. As culturas nacionais não seriam, portanto, unificadas, mas um dispositivo discursivo que representa a diferença como unidade ou identidade. Elas são unificadas pelo exercício de diferentes formas de poder cultural.

A globalização, segundo Hall (2013), traz consequências positivas para as identidades culturais: as identidades nacionais estão se desintegrando como resultado da crescente homogeneização cultural e do "pós-moderno global"; as identidades nacionais e outras identidades "locais" ou particularistas estão sendo reforçadas pela resistência à globalização; e as identidades nacionais estão em declínio, porém novas identidades – híbridas – estão tomando seu lugar. Os aspectos causadores seriam aqueles da compressão espaço-tempo discutidos por David Harvey (2008).

> A globalização tem, sim, o efeito de contestar e deslocar as identidades centradas e "fechadas" de uma cultura nacional. Ela tem um efeito pluralizante sobre as identidades,

produzindo uma variedade de possibilidades e novas posições de identificação, e tornando as identidades mais posicionais, mais políticas, mais plurais e diversas; menos fixas, unificadas ou trans-históricas. Entretanto, seu efeito geral permanece contraditório. Algumas identidades gravitam ao redor daquilo que Robins chama de "Tradição", tentando recuperar sua pureza anterior e recobrir as unidades e certezas que são sentidas como tendo sido perdidas. Outras aceitam que as identidades estão sujeitas ao plano da história, da política, da representação e da diferença e, assim, é improvável que elas sejam outras vez unitárias ou "puras"; e essas, consequentemente, gravitam ao redor daquilo que Robins (seguindo Homi Bhabha) chama de "Tradução"[19]. (Hall, 2011, p. 87)

Hall conclui que há tentativas de restaurar a coesão e a tradição frente ao hibridismo e à diversidade. Dois exemplos extremos são o ressurgimento do nacionalismo (começando pelo leste europeu) e o crescente movimento dos fundamentalismos religiosos cristão (em países ocidentais) e islâmico (no Oriente Médio e na Europa). O fundamentalismo islâmico teria raízes no fracasso dos Estados em estabelecer lideranças modernizantes bem-sucedidas e seculares (Hall, 2011). O fundamentalismo também ganha força em condições de extrema pobreza e disparidade no desenvolvimento econômico, onde o movimento de fé é visto como força política mobilizadora e unificadora.

Em toda parte, estão emergindo identidades culturais que não são fixas, mas que estão suspensas, *em transição*, entre diferentes posições; que retiram seus recursos, ao mesmo tempo, de diferentes tradições culturais; e que são o produto desses complicados cruzamentos e misturas culturais que são cada vez mais comuns num mundo globalizado (Hall, 2005, p. 88).

19 Tradução é um conceito que "descreve aquelas formações de identidade que atravessam e intersectam as fronteiras naturais, compostas por pessoas que foram *dispersadas* para sempre de sua terra natal. Essas pessoas retêm fortes vínculos com seus lugares de origem e suas tradições, mas sem a ilusão de um retorno ao passado. Elas são obrigadas a negociar com as novas culturas em que vivem, sem simplesmente serem assimiladas por elas e sem perder completamente suas identidades. Elas carregam os traços das culturas, das tradições, das linguagens e das histórias particulares pelas quais foram marcadas. A diferença é que elas não são e nunca serão *unificadas* no velho sentido, porque elas são irrevogavelmente o produto de várias histórias e culturas interconectadas, pertencem a uma e, ao mesmo tempo, a "várias casas" (e não a uma "casa" particular). As pessoas pertencentes a essas *culturas híbridas* têm sido obrigadas a renunciar ao sonho ou à ambição de redescobrir qualquer tipo de pureza cultural "perdida" ou de absolutismo étnico. Elas estão irrevogavelmente *traduzidas*" (Hall, 2011, p. 88-89).

OS NEOCONSERVADORES E A DIREITA CRISTÃ

A Nova Esquerda conseguiu marcar pontos com os movimentos dos anos 1960, mas também provocou a formação de uma força contrária. O neoconservadorismo foi um grupo influente composto por intelectuais liberais proeminentes nos Estados Unidos. Esses pensadores trataram de se mover mais à direita do espectro político e na defesa das instituições tradicionais americanas, no ataque daquilo que Lionel Trilling chamou de "cultura adversária". Trilling (2015) afirma que o conservadorismo, como força na política americana, é moribundo, pois esta foi dominada pelo liberalismo.

> Quando pensamos sobre a persuasão neoconservadora como o contraponto da Nova Esquerda, deve ser historicamente situado em relação ao que Corey Robin rotula "a mente reacionária". Robin considera conservadorismo "uma meditação sobre – e interpretação teórica – a experiência sentida de ter poder, vê-lo ameaçado e tentar reconquistá-lo. De maneira um tanto semelhante, George H. Nash define conservadorismo como "resistência a certas forças tidas como esquerdistas, revolucionárias e profundamente subversivas". Muitos americanos experimentaram os vários movimentos da Nova Esquerda dos anos 60 como "profundamente subversivos" em relação ao status quo. Os neoconservadores articularam melhor essa reação. Numa cultura nacional transformada por movimentos de libertação dos anos 60, neoconservadores tornaram-se famosos por seus esforços para [reconquistar o espaço]. (Hartman, 2005, p. 38, tradução nossa)

Uma das premissas da crítica conservadora nas guerras culturais é a ideia do declínio da cultura americana. A defesa será tomada tanto por intelectuais, em nome do cânone literário e histórico tradicional, quanto por grupos ligados à religião, como veremos adiante. O neoconservadorismo se moldou de forma a fornecer respostas hostis e, para muitos de seus adeptos, havia a experiência mais radical por, no passado, terem sido parte de movimentos intelectuais ligados ao marxismo e ao trotskismo.

Os neoconservadores também criticavam as crenças liberais nas políticas dominantes do *Great Society*, uma série de políticas de bem-estar social do governo Lyndon Johnson (uma agenda política de 1965), cuja meta era eliminar totalmente a pobreza e a injustiça racial (Shlaes, 2019). A "Grande Sociedade" se baseava em "abundância e liberdade para todos", com grandes investimentos em políticas públicas na área de saúde pública para idosos, na legislação dos seguros-saúde, na política de auxílio para aluguéis, na expansão e na qualificação da educação fundamental, secundária e universitária, o que resultou na grande expansão no número de estudantes na década seguinte (Johnson, 1990). Porém, a Guerra do Vietnã estrangulou o programa, que foi expandido pelos republicanos Richard Nixon e Gerald Ford.

O mesmo governo Johnson forneceu uma arma aos neoconservadores, em 1965. O relatório de Daniel P. Moynihan, secretário adjunto do Trabalho, afirmava que existia uma explicação moral para a pobreza nos Estados Unidos. Com o fim das leis de segregação, os afro-americanos ainda tiveram dificuldade de inserção no mercado de trabalho, o que teria resultado em uma estrutura precária das famílias negras, que seria de ordem matriarcal, sem a presença do homem provedor. A "patologia social" informada no relatório afirmava que a política de ajuda, em vez de promover a "família estável", estava dando dinheiro para as famílias desestruturadas, pois o homem costumava abandonar a esposa e os filhos (Johnson, 1990).

Com o título *"The negro family: the case for national action"*, o relatório foi depois debatido na revista *The Public Interest*, criada pelos intelectuais Irwing Kristol e Daniel Bell. A publicação, inicialmente, tentou ser suprapartidária, em nome do interesse público, mas aos poucos se posicionou contrária à Nova Esquerda e se tornou um núcleo neoconservador. Moynihan sustentava que o governo deveria investir em políticas públicas para criar empregos para os homens negros se tornarem provedores e, com isso, tirar as famílias da pobreza. Seria um dos primeiros casos oficiais de uma explicação que imputava a culpa à vítima. A reação ao relatório foi desastrosa para a Nova Esquerda e para o governo democrata (Hartman, 2005). A pressão sobre Moynihan foi tão grande que ele mesmo se filiou ao Partido Republicano e se converteu ao neoconservadorismo, tornando-se assessor de Nixon nos anos 1970. Para Moynihan, o fracasso da Nova Esquerda em abordar as origens da desordem urbana tornou necessária a busca por alianças efetivas com políticos conservadores.

Para os neoconservadores, a resposta agressiva da Nova Esquerda ao relatório foi convincente para a noção de que eles não queriam lutar para resolver os problemas urbanos. Em 1970, o mesmo Moynihan alertou Nixon sobre uma grave ameaça – o "colapso dos valores tradicionais" – cuja anarquia moral estava levando caos às cidades. Nixon deveria esperar o apoio de uma "maioria silenciosa" aos projetos de "lei e ordem" e buscar uma aliança com intelectuais liberais com penetração no grande público. As noções de "maioria silenciosa", "declínio moral", "lei e ordem" e "vulnerabilidade da sociedade" são exploradas pelos neoconservadores até hoje, podendo ser observadas nos discursos de Donald Trump.

Norman Podhoretz, outro aliado de Nixon, editor da publicação *Commentary*, também foi importante para a formação da chamada "persuasão neoconservadora". Ele teve origem semelhante a outros intelectuais de Nova York, como Kristol, sendo imigrante judeu de uma família de classe média. No entanto, Podhoretz alcançou um alto patamar acadêmico por estudar na Columbia University, tendo Lionel Trilling como orientador. Ao contrário de seus colegas, jovens trotskistas convertidos em conservadores, Podhoretz sempre se considerou um liberal da Guerra Fria – e, por essa razão, não se preocupava inicialmente com o anticomunismo nos Estados Unidos.

Curiosamente, Podhoretz era aberto às ideias da Nova Esquerda, nos anos 1970, tendo publicado, em três partes, o trabalho *Growing the absurd*, de Paul Goodman. Seu processo de afastamento começou em virtude da forte repercussão gerada por um ensaio de sua autoria, de 1963, intitulado *"My negro problem – and ours"*, em que se mostrava crítico de certo tratamento especial dado aos afro-americanos, tendo em vista que os judeus nunca receberam tal tratamento e, mesmo assim, tiveram de superar a discriminação (Hartman, 2005). O ensaio explorou memórias infantis nas quais crianças negras viviam correndo na rua, aterrorizando as crianças brancas, enquanto ele e os amigos judeus focavam no estudo. A intenção era demonstrar dificuldades de integração, mas os leitores obviamente interpretaram de forma diferente. Podhoretz sofreu intensas críticas e foi chamado de racista.

Em outro ensaio, de 1967, chamado *"Making it"*, o autor tratou de sucesso, ambição e da possibilidade de manter a integridade moral e intelectual para atingir sucesso na vida, sem se tornar um revolucionário, o que feriu seus colegas intelectuais de Nova York, forçando o afastamento de Podhoretz. Nos anos 1970, ele se tornou liderança do movimento intelectual conservador, ao lado de Kristol, com ensaios e artigos contra a Nova Esquerda, os valores da contracultura e a geração *beat* – movimento de autores dos anos 1950 que rejeitavam o materialismo econômico e as narrativas padronizadas.

Os neoconservadores elaboraram uma outra teoria da "nova classe" (*new class*) de pessoas poderosas contra os interesses tradicionais do país, baseada no trabalho do anarquista Mikhail Bakunin, do século XIX, que a esquerda antiestalinista considerava profeta por antecipar a "ditadura do proletariado" de Marx, que se desenvolveria para o pior tipo de governo do mundo. A obra *The new class*, publicada em 1957 por Milovan Djilas, teve grande receptividade nos Estados Unidos (Hartman, 2005). No livro, o autor postula que a elite comunista ganhou poder a partir da construção de conhecimento, e não pela aquisição de propriedades. Como muitos dos neoconservadores foram, no passado, antiestalinistas dentro da esquerda, a teoria da "nova classe" foi bem-vinda. Porém, mais central, a teoria foi o verniz da defesa do cânone dado por Lionel Trilling, que analisava a revolta da vanguarda contra a sociedade burguesa, no que ficou conhecido como "cultura adversária" – ou o que poderíamos chamar de "conflito entre modernistas e pós-modernistas".

Trilling é muito lido pelo grupo de intelectuais que consideram que a universidade passou a esvaziar os cursos de literatura, com a redução de leitores especializados para os livros de crítica literária, tudo devido à pretendida hegemonia do desconstrucionismo. Para a geração de Tilling, a crítica literária se relacionava com as questões centrais do fazer humano.

> Sua fé nos poderes da literatura sobre a vida era tão grande que, num dos ensaios de *The liberal imagination* (*A imaginação liberal*), Trilling se perguntava se o mero ensino da literatura não é já, em si, uma maneira de desvirtuar o objeto de estudo. Seu argumento se resumia no seguinte caso: Pedi a meus alunos que "olhassem o abismo" (as obras de Eliot, Yeats, Joyce, Proust), e eles, obedientes, o fizeram, tomaram notas e depois comentaram: muito interessante, não?" Em outras palavras, a academia congelava, tornava superficial e transformava em saber abstrato a trágica e repulsiva humanidade contida naquelas obras de imaginação, privando-as de sua poderosa força vital, de sua capacidade de revolucionar a vida do leitor. A professora Himmelfarb indica com melancolia toda a água que rolou desde que Lionel Trilling expressava escrúpulos de despojar a literatura de alma e poder ao transformá-la em matéria de estudo, até a alegre ligeireza com que Paul de Man, vinte anos mais tarde, se valeria da crítica literária para desconstruir o Holocausto, numa operação intelectual não muito distante da dos historiadores revisionistas empenhados em negar o extermínio de 6 milhões de judeus pelos nazistas. (Llosa, 2012, p. 84)

Para os neoconservadores, o grande risco era a Nova Esquerda se tornar uma nova classe poderosa por sua influência nas universidades (nos locais de formação e conhecimento), com poder de influir em outras áreas, como a literatura, a mídia, os valores familiares e a política. Em um memorando de 1970 ao governo Nixon, Moynihan afirma que "sem dúvida há uma luta acontecendo neste país do tipo que os alemães costumavam chamar de *Kulturkampf*. A cultura adversária, que quase domina todos os canais de informações e formadores de opinião, nunca foi tão forte e, pelo que posso dizer, chegou perto de silenciar os representantes da América tradicional" (Hartman, 2015, p. 51).

O neoconservadorismo, portanto, não é uma ascensão, e sim uma contrarreação à Nova Esquerda, e agirá nos pontos em que se sente mais afetado. São favoráveis à guerra, ao crime e ao encarceramento em massa com a alegação de que isso ajuda a levar "lei e ordem" às cidades. Defendem o cânone tradicional na educação pela manutenção dos valores tradicionais. E são antiações afirmativas, como as cotas, pois, do ponto de vista histórico, a união entre judeus e negros no *New Deal* foi rompida quando as políticas públicas, após o fim das leis de segregação, teriam, na interpretação neoconservadora, privilegiado os negros. A Nova Esquerda defendia a inclusão de mais professores negros nas escolas e universidades, o que foi mal recebido no sindicato dos docentes, onde havia muitos judeus e brancos que seriam prejudicados com essas alterações. Os neocons contemporâneos Paul Wolfowitz, Richard Perle e Paul Bremer, conselheiros de Dick Cheney e Donald Rumsfeld, respectivamente, vice-presidente e secretário da Defesa do governo George W. Bush, também são fortes defensores da intervenção política e militar nas relações internacionais.

Na mesma ocasião em que surgiam os neoconservadores, outra força emergia no campo confessional. A década de 1970 é marcada por uma aliança entre católicos, judeus, protestantes e mórmons contra o que chamavam de "humanismo laico" ou "secular". Os intelectuais do neoconservadorismo defendem os valores tradicionais e as instituições, e a religião está incluída como uma das mais importantes. Porém, para muitos neocons judeus, o judaísmo era muito mais visto do ponto de vista da identidade cultural do que da afiliação religiosa (Hartman, 2015).

A forte união entre o movimento intelectual conservador e os grupos religiosos ocorre no contexto do entendimento de que o radicalismo cultural da Nova Esquerda representava um perigo para milhões de cristãos e da estatística que mostrava que os Estados Unidos abrigavam uma das maiores populações de cristãos evangélicos do mundo. A junção dos grupos religiosos incluía também fundamentalistas do tipo que considerava a eleição de John F. Kennedy, um católico, "sinal que o fim dos tempos está chegando muito rápido" (Hartman, 2015, p. 71). O alerta de perigo surgiu quando a Suprema Corte americana, no julgamento do processo Engel *vs.* Vitale, em 1962, considerou inconstitucional a prática da oração por autoridades estatais nas escolas públicas. Em 1973, no julgamento do processo Roe *vs.* Wade, a Suprema Corte reconheceu a legalidade do direito ao aborto, no que viria a se tornar o maior debate do campo conservador. Em 1978, outra decisão da Justiça forçou os colégios cristãos privados a práticas de desagregação religiosa; caso contrário, correriam o risco de perder a isenção de impostos.

Um dos conflitos mais graves para o conservadorismo cristão envolve os chamados "*text problems*", relacionados ao forte movimento de secularização das escolas. O pesquisador Adam Laats (2010) escreveu um livro que aborda a questão do fundamentalismo cristão na educação, na década de 1920, como uma das raízes das guerras culturais (Figura 4). O incidente começou nesse ano não por conta de uma revolução, mas, sim, como reação ao embate entre religião e cultura, com a entrada da teoria da evolução, de Charles Darwin, no currículo escolar. O movimento fundamentalista cristão vislumbrou desprezo dos educadores e o risco de expor os jovens a pensamentos perigosos.

Fig. 4 > Cartum mostra o flautista de Hamelin guiando os estudantes pelo caminho da educação, enquanto toca *Hipótese da evolução darwiniana*. O destino dos jovens é uma caverna chamada "Descrença em Deus e na Bíblia".

Fonte: Capa do livro de Adam Laats (2010).

O risco de uma educação que omitisse o criacionismo e favorecesse, possivelmente, o ateísmo levou esses fundamentalistas a um processo que foi julgado em 1925. O Estado do Tennessee aprovara um decreto que proibia o ensino da teoria da evolução, porém o professor do ensino médio John Scopes desobedeceu à lei ao lecionar usando um livro que citava a teoria de Darwin. Esse conflito resultou no chamado "*Monkey trial*", um dos processos mais importantes da Justiça americana e que atraiu atenção nacional. A parte cristã alegava que omitir o criacionismo promoveria o antipatriotismo e o declínio das tradições e do próprio país; o advogado de acusação e o promotor alegavam que, mais importante do que o evolucionismo, o julgamento decidiria quem controla a educação (e, por extensão, o tema da liberdade de cátedra), de modo a evitar fanáticos e ignorantes (Laats, 2010). O professor Scopes decidiu se autoincriminar, pedindo a seus alunos que testemunhassem contra ele. Embora não houvesse provas, por causa das testemunhas, Scopes foi condenado a pagar uma multa[20].

O julgamento se mostrou desastroso para os cristãos. Em vez de serem vistos como bússola da alta moral da educação americana, passaram a imagem de um grupo incapaz de compreender o básico da ciência, o que lhe rendeu o rótulo de "fundamentalista". Os cristãos perceberam que perderiam o debate e passaram a defender a criação de outras instituições paralelas de educação. Na verdade, ocorreu o contrário. Os cristãos investiram em suas próprias escolas e universidades confessionais. O tema do conflito evolucionismo *vs.* criacionismo permanece sendo debatido por políticos cristãos e representantes religiosos, e pressões por legislações que promovam o ensino criacionista continuam, no início do século XXI. O julgamento resultou numa grande mudança do sistema educacional dos Estados Unidos.

Adam Laats (2015) também cita outros tipos de abordagens da direita cristã para impor reformas no currículo escolar. Nos anos 1930, por exemplo, a direita criticava a indicação de textos tendenciosos de viés esquerdista, com destaque para os trabalhos de Harold Rugg publicados em 1939, com a acusação de que eles persuadiam os jovens a uma visão cética anticapitalista do passado americano.

Conselhos escolares conservadores e progressistas (a Nova Esquerda tende igualmente a esse tipo de censura) também decidiam unilate-

---

20 A multa de cem dólares, em 1925, equivaleria a 1.500 dólares em 2019. Ela foi paga pelo proprietário do jornal *Baltimore Sun*.

ralmente fazer uma lista de livros proibidos, alegando risco moral aos estudantes, seja pela linguagem, seja pelos temas abordados. Títulos clássicos como *O sol é para todos*, de Harper Lee, e *Huckleberry Finn*, de Mark Twain, foram banidos por apresentarem linguagem racista. *A letra escarlate*, de Nathaniel Hawthorne, foi considerado "pornográfico", em 1977. *Moby Dick*, de Herman Melville, foi vetado num distrito do Texas devido aos "conflitos com seus valores comunitários", em 1996. *O apanhador no campo de centeio*, de J. D. Salinger, é frequentemente excluído de bibliotecas por ser considerado "imoral", "obsceno" e "negativo". Diversos títulos de histórias em quadrinhos também foram banidos de bibliotecas de diversas cidades dos Estados Unidos. É o caso de *Maus: a história de um sobrevivente*, de Art Spiegelman (Figura 5), e *Persépolis*, de Marjane Satrapi (Figura 6).

Fig. 5 e 6 > Capas de *graphic novels* banidas de várias bibliotecas públicas dos Estados Unidos (Quadrinhos na Cia. / Companhia das Letras).

A direita cristã se tornou grande aliada dos neoconservadores, no campo político e no *lobby*, criando fortes pressões na cultura, em nome dos "valores da família". O projeto consistia em se organizar num movimento para promover e divulgar seus valores e fazer frente a projetos de leis que tocassem em temas como aborto, sexo antes do casamento, legalização das drogas, casamento igualitário para homossexuais etc. As religiões superaram suas divergências internas em nome de um alinhamento estratégico. Antes dos anos 1960, os evangélicos tinham posição ambígua sobre o aborto, enquanto os católicos sempre foram contra; judeus e evangélicos, com um longo histórico de animosidade nos Estados Unidos, também se uniram. Isso resultou no que os grupos chamavam de "maioria moral' ("*moral majority*"), um episódio, no final dos anos 1970, que levou à eleição do candidato republicano conservador Ronald Reagan. Novamente, a direita cristã se enxergava como força contrarrevolucionária no campo cultural.

O NOVO SENTIMENTALISMO

A década de 1960 causou um terremoto cultural, e um dos melhores exemplos está no cinema. O cultuado filme *A noviça rebelde* (*The sound of music*) estreou em 1965. Representava o melhor do sistema de estúdio Hollywood. Foi uma adaptação de musical da Broadway e seu elenco era formado por cantores e dançarinos não profissionais. O diretor, Robert Wise, explorou ao máximo as belas paisagens da Europa para atiçar o público. Tratava-se de um filme de transição. Embora festejado, o que a maioria das pessoas não lembra, ou não sabe, é que o filme foi um grande sucesso de bilheteria, mas recebeu péssimas críticas na chamada imprensa séria.

The New Republic, *The New York Times*, *The New Yorker*, *The Times* e outros veículos jornalísticos publicaram críticas destruindo o musical, com apontamentos que iam de ópera *kitsch*, ordinário, doentio, horrendo e até a recomendação para que o público diabético evitasse o filme pelo excesso de açúcar. Muitos dos críticos receberam cartas furiosas de leitores que não entendiam o motivo de tanta detração. Para os sisudos críticos, como Pauline Kael da *McCall's*, uma revista feminina,

> a popularidade do filme é a redução de todos os padrões e a destruição da verdadeira arte do cinema, porque "A Noviça Rebelde" provavelmente se tornaria a influência mais repressiva na liberdade artística do cinema que veremos pelos próximos anos. É a mentira coberta por açúcar que o público parece querer comer (Basinger, 2019, p. 489).

Foi um texto tão pesado e com repercussão pública tão forte que a profissional acabou sendo demitida como crítica de cinema, embora o editor afirme que, na verdade, a demitiu meses depois, por sua insistência em criticar negativamente filmes comerciais.

O conflito cultural em relação a *A noviça rebelde* era apenas um episódio bem marcado do conflito existente entre críticos, intelectuais e o público. Popular era ruim. Emoção não era legal e "musicais se tornaram um gênero suspeito porque canções e danças eram sobre sentimentos e enredos que eram frequentemente amplificados para acomodar a necessidade de emoções que emergem através da música" (Basinger, 2019, p. 489). Hoje, muitos desses críticos são usados como exemplos em aulas de crítica para comprovar que existem profissionais que erram no julgamento de filmes que se eternizam na memória afetiva, apesar de seus problemas. O gênero musical sofreria um baque nos anos seguintes, com o afastamento do público desse estilo grandioso e considerado por muitos antiquado, como os filmes da MGM.

Havia um suposto problema com o produto consumido pela grande massa, pela classe média americana. O antagonismo entre os intelectuais e a cultura popular é marcado pela edição de julho de 1964 da revista masculina *Esquire*. Nela, há um artigo escrito por David Newman e Robert Benton intitulado "O novo sentimentalismo" (*The new sentimentality*) no qual fazem uma comparação da mudança de gosto do público médio por um sentimento que evoca mais emoções e sentimentos intensos, de forma superficial e previsível (Figura 7). O texto faz uma lista comparando o que estava valendo nesse "novo sentimento" e o que era considerado ultrapassado. Por exemplo, Malcolm X, Antonioni, os Beatles, Roy Lichtenstein e os quadrinhos *Peanuts* eram as novidades. John Wayne, Ernest Hemingway, Gene Kelly, James Baldwin, *A noviça rebelde*, Jackson Pollock e os livros de contos de fadas estavam ultrapassados.

Esse novo sentimentalismo é uma corrente filosófica, literária e estética que se opõe ao racionalismo e a uma visão fria da modernidade. Trata-se de um termo para descrever um novo período, que valoriza as emoções, a subjetividade e a sensibilidade, nas artes e na literatura.

No artigo dessa revista, o "velho sentimento" [é descrito como tendo] "valores que todo mundo poderia ver, por palavras que significam o mesmo para todos: patriotismo, amor, religião, mãe, a garota" (Benton e Newman, 1964, p. 25). Vamos resumir alguns pontos do artigo: houve uma época em que o sentimentalismo era uma virtude ("Ele é sentimental, ele tem bom coração!"). Porém, com o passar do tempo, essa característica passou a ser vista como pejorativa ("Não me venha com sentimentalismo!"). Os intelectuais acreditavam que não havia mais sentimentalismo nas pessoas, e sim a substituição por cinismo e honestidade. Porém, o velho sentimentalismo, que ainda existia na década de 1950, do governo Eisenhower, foi substituído por um novo, nos anos 1960, do governo Kennedy.

Os valores do novo sentimentalismo, segundo os autores, não estão cristalizados e se diferenciam levemente de homem para homem, porque uma das definições é que ele precisa importar a você, e somente você, não o que você ouviu ou aprendeu, mas o que passa pela sua cabeça e pelo seu coração. Seus princípios implicam que o "velho" tem ideais, causas, alvos, com benefícios para todos. O "novo" tem por objetivo fazer sua vida se encaixar no seu estilo (Figura 8). O autoperdão, que costumava ser um defeito, agora é uma virtude. Antes, havia um sentimento quando percebíamos que a televisão estava destruindo "a arte da conversa" e, quando ela quebrava, as pessoas sentiam os "bons velhos dias" de volta. Hoje, lemos livros sobre a televisão e somente nos arrependemos de não termos tempo livre quando há algum compromisso na hora de um programa.

Fig. 7 > As mudanças nos costumes e na mídia foram abordadas em 1964 na *Esquire*.

Fonte: Esquire.

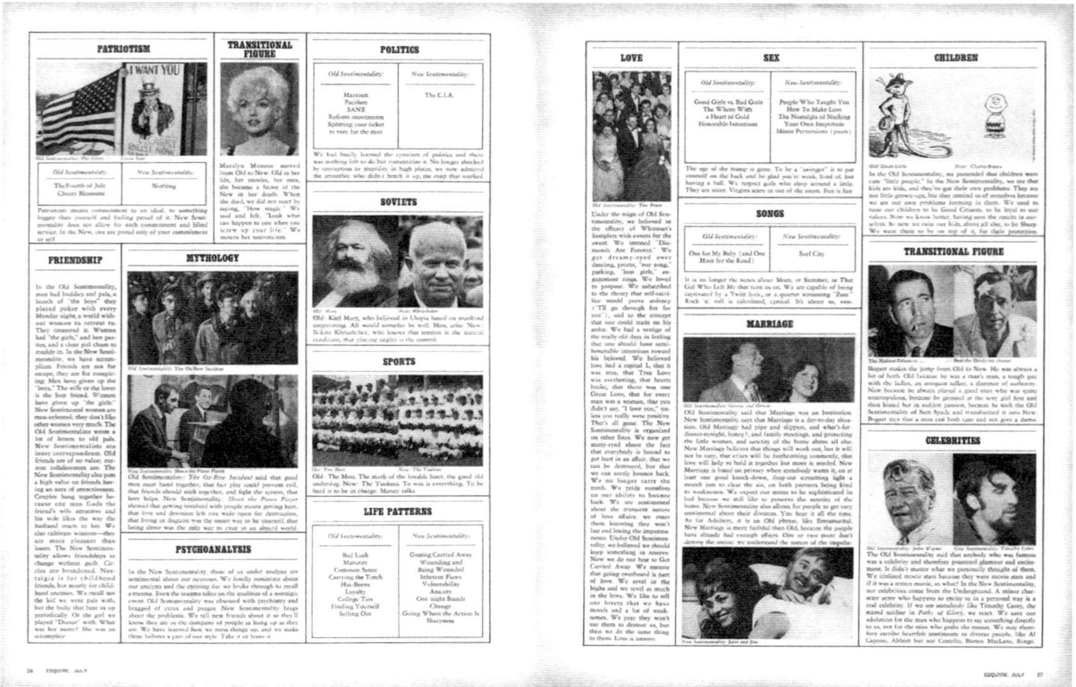

PATRIOTISM

Old Sentimentality:	New Sentimentality:
The Fourth of July Cherry Blossoms	Nothing

Patriotism means commitment to an ideal, to something bigger than yourself and feeling proud of it. New Sentimentality does not allow for such commitment and blind service. In the New, you are proud only of your commitment to self.

TRANSITIONAL FIGURE

POLITICS

Old Sentimentality:	New Sentimentality:
Marxism Pacifism SANE Reform movements Splitting your ticket to vote for the man	The C.I.A.

SOVIETS

SPORTS

Old: The Mets. The myth of the lovable loser, the good old underdog. New: The Yankees. To win is everything. To be hard is to be in charge. Money talks.

FRIENDSHIP

MYTHOLOGY

LIFE PATTERNS

Old Sentimentality:	New Sentimentality:
Bad Luck Maturity Common Sense Carrying the Torch Has-Beens Loyalty College Ties Finding Yourself Selling Out	Getting Carried Away Wounding and Being Wounded Inherent Flaws Vulnerability Anxiety One-night Stands Change Going Where the Action Is Sharpness

PSYCHOANALYSIS

LOVE

SEX

Old Sentimentality:	New Sentimentality:
Good Girls vs. Bad Girls The Whore With a Heart of Gold Honorable Intentions	People Who Taught You How To Make Love The Nostalgia of Necking Your Own Ineptitude Minor Perversions (yours)

SONGS

Old Sentimentality:	New Sentimentality:
One for My Baby (and One More for the Road)	Surf City

MARRIAGE

CHILDREN

TRANSITIONAL FIGURE

CELEBRITIES

Fig. 8 > Duas páginas da *Esquire* com exemplos do que seria antiquado e do que seria o futuro na cultura.

O ponto importante é que, evidentemente, a lista não sobreviveu bem ao tempo, pois há personalidades e produções, de ambos os lados, que continuam populares, enquanto outras caíram no esquecimento. Porém, isso é uma prova inequívoca de que os Estados Unidos caminhavam para uma divisão no que chamamos de "guerras culturais".

A BATALHA DOS ANOS 1980

Do ponto de vista midiático, as guerras culturais atingem um patamar inédito no final da década de 1980, com o mundo num contexto de fim da Guerra Fria e desmonte do Estado de bem-estar social. O governo republicano conservador de Ronald Reagan abriu espaço para a atuação das duas grandes forças do campo conservador: os neocons e a direita cristã. Do outro lado, os inimigos eram menos os intelectuais e as universidades, como nos anos 1960, e mais as artes e a indústria cultural.

Nesse período, a produção cultural exprimia os anseios, as preocupações e as insatisfações da juventude americana com a insegurança econômica que havia nos Estados Unidos do governo Reagan, na era que ficou conhecida como "neoliberal". Margaret Thatcher também suscitava preocupações com suas violentas reformas que sacudiram o Reino Unido. Em outros países, alguns eventos também causavam apreensão na juventude: o incerto destino das ditaduras latino-americanas, a crise do socialismo nos países do bloco europeu e o surgimento do Japão como nova potência econômica – e também cultural, pois logo começaria a exportar seus mangás e *animes* para todo o mundo.

Hollywood transcodificou os anseios da sociedade numa nova era de produções que exploravam a fantasia, o terror e a violência, nos filmes de ação e militarismo. A contracultura, que buscava uma nova imagem dos Estados Unidos, com destaque para *Sem destino* (*Easy rider*, 1969) e *Woodstock – 3 dias de paz, amor e música* (1970), não prosperou por muito tempo, pois, capturadas pelo *mainstream*, essas produções não representavam mais o choque e a surpresa de uma revolução desejada (Biskind, 2019). O cinema passou a apostar no novo sentimento infantojuvenil dos filmes de Steven Spielberg (*Tubarão*, 1975) e George Lucas (*Star wars*, 1977). Essa "infantilização" de Hollywood é combinada com o chamado *high concept* dos executivos dos estúdios: uma forma de vender um projeto de filme ou série de tevê com uma simples sentença ou uma imagem, de forma que o estúdio compreenda e o público seja atraído com rapidez (Wyatt, 2006).

A Guerra do Vietnã também foi um cataclismo em efeitos culturais. As notícias ruins da guerra e seu incerto destino causaram uma agitação capaz de alterar o cenário musical, com as canções de protesto, o *revival* do *folk* e a invasão britânica dos Beatles e dos Rolling Stones. Nas artes, apareceram experimentos abstratos e a *pop art*. E, nas histórias em quadrinhos, embora houvesse uma tradição continuada de muitas criações antigas, a vanguarda era conduzida por quadrinhistas como Robert Crumb, que exploravam o *underground* urbano, com títulos como *Zap*, *Insect Fear*, *Snatch Comics*, *Jiz Comics*, *Motor City Comics*, entre outras. Porém, a retirada das tropas do Vietnã, em 30 de abril de 1975, promoveu certo retorno dos Estados Unidos a uma "normalidade", concluindo um período de alta experimentação. O quadrinhista Art Spiegelman resume bem o período:

> A promessa flamejante do *Underground Comix* [movimento artístico das histórias em quadrinhos americanas nos anos 1960] – *Zap*, *Young Lust* e outros – se transformou em números raros e brilhantes. Os quadrinhos *underground* ofereceram algo novo: quadrinhos de adultos, para adultos; quadrinhos que não tinham a obrigação de serem engraçados, ou o *pulp* escapista; quadrinhos redefinindo inconscientemente o que os quadrinhos poderiam ser, quebrando tabus formais e estilísticos, bem como culturais e políticos [...] Então, de alguma forma, o que parecia uma revolução simplesmente se transformou em um estilo de vida. Os quadrinhos *underground* foram estereotipados por tratarem apenas de sexo, drogas e diversão barata. Eles foram enfiados de volta no armário, junto com cachimbos e colares do amor, à medida que as coisas começaram a ficar mais feias[21]. (O'Sullivan, 1990, p. 135)

Maus, de Art Spiegelman, ajuda a estabelecer um novo patamar na produção de histórias em quadrinhos. Tratava-se de uma narrativa adulta, autobiografia alegórica, com um diálogo do autor com seu pai, habitante da Polônia pré-Segunda Guerra Mundial, mostrando os efeitos devastadores do Holocausto na família. Embora serializado em publicações, anos antes, a versão da história compilada em livro tornou esse tipo de traba-

21 *The flaming promise of Underground Comix – Zap, Young Lust, and others – had fizzled into cold, glowing numbers. Underground comics had offered something new: comics by adults, for adults; comics that weren't under any obligation to be funny, or escapist pulp; comics unselfconsciously redefining what comics could be, by smashing formal and stylistic, as well as cultural and political, taboos... Then, somehow, what had seemed like a revolution simply deflated into a lifestyle. Underground comics were stereotyped as dealing only with Sex, Dope, and Cheap Thrills. They got stuffed back into the closet, along with pipes and love beads, as Things Started to Get Uglier.*

lho conhecido como *graphic novel*, um eufemismo para dizer que se tratava de quadrinhos "sérios". Ele foi lançado em 1986, mesmo ano de outras duas importantes *graphic novels*: *Watchmen*, de Alan Moore, e *Batman: o Cavaleiro das Trevas*, de Frank Miller (Figura 9).

Essa versão de *Batman* é um "tratado existencial sobre a alienação. Um conto de moralidade contemporâneo narrado por um cínico, Batman é mostrado em estilo cinematográfico na tradição de Burne Hogarth, Milton

Fig. 9 > *Batman: o Cavaleiro das Trevas* – Um dos marcos nas histórias em quadrinhos, de 1986. Em 1989, *Batman* se tornou um grande sucesso no cinema.

Fonte: DC Comics.

Caniff e Will Eisner" (O'Sullivan, 1990, p. 140). *Watchmen*, por sua vez, mostra um país no qual os aventureiros fantasiados seriam realidade, num contexto que dialoga com o tenso momento da Guerra Fria entre os Estados Unidos e a União Soviética. Uma característica interessante foi mostrar super-heróis verossímeis, com defeitos e problemas éticos, o que os fazia mais distantes dos arquétipos das figuras tradicionais desses personagens. Começava a ser discutido o papel do herói num mundo em que não havia fronteira nítida entre o bem e o mal. Os quadrinhos entraram numa era em que a indústria desejava produzir algo mais do que o efêmero, e os bons títulos atraíam a atenção da imprensa. Essas duas obras iniciaram uma onda de popularidade dos anti-heróis, que se tornaram *mainstream* entre os anos 1980 e 1990 (Duncan e Smith, 2009). O sucesso dos quadrinhos, a partir dessa época, também envolveu um sentimento de nostalgia, com o resgate de personagens antigos da era de ouro e a memória afetiva de "bons tempos sem as crises atuais", um sentimento que se repetiria nas décadas seguintes (Pustz, 1999, p. 108). Os anos 1980 veriam também grandes produções cinematográficas de *Batman* (1989), com direção de Tim Burton, e *Dick Tracy* (1990), dirigido por Warren Beatty.

Nos desenhos animados, é curioso observar como alguns dos mais populares se empenhavam em mostrar o modo de vida da família tradicional de classe média branca nos Estados Unidos. Nos anos 1960, isso é muito nítido em *Os Flintstones* (ambientado na Idade da Pedra), *Os Muzarelas* (ambientado no Império Romano) e *Os Jetsons* (ambientado no futuro), os três com famílias nas quais todos se gostam e os pais fazem tudo pelos filhos. O grupo pode ser imperfeito, mas se gosta. Isso será alterado nos anos 1980, quando a rede Fox lança *Os Simpsons*, em 1989, que mostra uma família maluca, mas que, junta, funciona para a dinâmica dos episódios. Trata-se de mudança profunda do modelo da família ideal para a disfuncional, explorada pela Fox em séries como *Married with children* (*Um amor de família*) e *Malcolm in the middle*, e que será aos poucos aproveitada pelas demais redes de tevê. A CBS, curiosamente a mais conservadora das redes abertas, havia desbravado esse território disfuncional com a série *All in the family* (*Tudo em família*), em 1971, com discussões polêmicas sobre temas sociais e políticos.

Comparado aos dias de hoje, o padrão econômico d'*Os Simpsons* é inalcançável. O patriarca, Homer Simpson, é um homem com formação do ensino médio, trabalhador sindicalizado de uma usina nuclear que consegue sustentar cinco pessoas, bichos de estimação, ter casa própria, automóvel, seguro-saúde e ainda frequentar o bar e fazer esportes regularmente. A imagem ainda mais disfuncional da família americana do início do século XXI pode ser vista, de forma extremada, nas produções de Seth MacFarlane, como *Uma família da pesada* e *Um pai americano*, cujos personagens são horríveis, cínicos, cheios de preconceitos, cometem abusos e, ao contrário do que ocorre nos desenhos antigos, não funcionam juntos, mas, por alguma razão, estão conectados na vida.

A desilusão com o escândalo político de Watergate, em 1972, que levou à renúncia do presidente Nixon, a crise do petróleo e a saída traumática da Guerra do Vietnã causaram uma mudança na preferência do público dos Estados Unidos pelos "heróis", no cinema e na tevê. Com a desvalorização das figuras políticas da vida real, as produções de faroeste e as baseadas em mitos fundadores da narrativa da nação americana abriram espaço para os heróis urbanos e os míticos. No âmbito dos míticos, o cinema apresentaria o "novo sentimentalismo" com *Superman* (1978), do diretor Richard Donner, misturando o épico e o melodrama e resgatando um personagem dos quadrinhos pré-contracultura, para conciliar os americanos divididos e constrangidos pelo momento de crise (Denison, 2007). Entre os heróis urbanos dos anos 1960 e 1970, os policiais e detetives que tentavam limpar os crimes das grandes cidades. Diferentemente do sargento Friday (interpretado por Jack Webb), de *Dragnet*, e de Eliot Ness (Robert Stack), de *Os intocáveis*, da década de 1950, com figuras autoritárias, incorruptíveis e sem identidade, os policiais mais "pessoalizáveis" dos seriados, como Columbo, Kojak, Baretta, Shaft, Starsky e Hutch, Jon Baker e Frank "Ponch" Poncherello (*Chips*), tinham marcas de individualidade e usavam métodos despretensiosos (Kellner, 1995).

O ápice do gênero, desse período, foi *Miami Vice*, de 1984, com os policiais Sonny Crockett (Don Johnson) e Ricardo Tubbs (Philip Michael Thomas), além do delegado Castillo (Edward James Olmos). Embora a série abusasse de estereótipos negativos envolvendo negros e latinos, destoava das antigas por mostrar imagens desligadas da narrativa, uso inédito de *rocks* populares pontuando cenas de ação, edição e iluminação mostrando cenas por ângulos não usuais e exploração diversificada das identidades (Kellner, 1995). Os personagens principais – um policial branco, um policial negro e o delegado de origem cubana – avançavam na série com diferentes estilos de roupas, penteados, comportamentos e abordagens. Outro gênero que buscava a conciliação para enfrentar grandes adversidades é o "filme-catástrofe", com grupos tentando superar incêndios, naufrágios, atentados em aviões e terremotos. Algumas produções de destaque foram *Aeroporto* (1970), *O destino do Poseidon* (1972), *Inferno na torre* (1974) e *Terremoto* (1974).

Há uma ruptura do sentimentalismo, na transição dos anos 1970 para os 1980, devido a dois fenômenos opostos: o feminismo e o reaganismo (relacionado à eleição do presidente Ronald Reagan). Hollywood começava a explorar intensamente os filmes de ação, com personagens e corpos hipermasculinizados, tendo os atores Sylvester Stallone e Arnold Schwarzenegger como principais nomes da época (Denison, 2007). O heroísmo feminino aparece também em vários filmes, com destaque para a franquia *Alien*. O problema do aumento do desemprego e da violência nas grandes cidades, fruto das reformas econômicas e da incapacidade do governo Reagan para resolver problemas urbanos, foi transcodificado em filmes de ação e ficção científica, tais como *Blade runner: o caçador de androides* (1982), *Robocop: o policial do futuro* (1987) e *O vingador do futuro* (1990). O futuro distópico em sociedades degradadas é tema recorrente na produção cultural do período. O caráter vigilante e punitivista é simbolizado pela política de "tolerância zero" para combater o crime na cidade de Nova York.

Rambo (de 1982) e suas continuações podem ser lidos por uma chave de ideologia militarista ou imperialista, relacionando poder masculino, força americana, heroísmo e patriotismo. Mas há uma chave de ideologia multicultural ou identitária diretamente relacionada a um contexto de resmasculinização e restabelecimento do poder branco, após a derrota na Guerra do Vietnã e, por extensão, a resposta aos "assaltos do poder masculino" pelos movimentos feministas e dos direitos civis (Kellner, 1995, p. 92). No primeiro filme da série *Rambo*, o personagem é um ex-combatente da Guerra do Vietnã que se apresenta como vítima das ações do governo americano, o que ecoava a imagem "desajustada" e "magoada" de muitos veteranos, deslocados na sociedade após o fim da guerra. Já no segundo filme, de 1985, Rambo "é um guerreiro super-homem que resgata prisioneiros de guerra americanos que ainda estavam no Vietnã, transcodificando a paranoia do conservadorismo da época em torno daqueles prisioneiros" (Kellner, 1995, p. 87). Essa preocupação do conservadorismo se espelha no tema "retorno ao Vietnã", que será explorado em diversos filmes hollywoodianos.

Nesse aspecto, *Rambo* se apropria de elementos contraculturais em favor da direita. Segundo Kellner (1995, p. 90-91), o filme mostra o triunfo do indivíduo sobre o sistema, "dando continuidade ao *tropo* dominante do individualismo na ideologia americana, mas conferindo ao conceito um cunho particularmente direitista e masculinista após a apropriação do individualismo dos anos 1960, que tinha a forma de revolta social e inconformismo". *Rambo* é um inconformista que luta contra a burocracia, usa faixa na cabeça e só come alimentos naturais – características que emulam contraculturalistas. O ponto importante é que o conservadorismo consegue incorporar os modismos e imagens que neutralizam ou invertem suas conotações originais. Essa incorporação e adaptação, tão notadas nos anos 1980, serão amplificadas nas décadas seguintes, nos debates nas mídias sociais. Kellner (1995, p. 91) classifica produções dessa época, tais como *Indiana Jones*, *Superman*, *Conan* e séries com heróis individualistas, como uma sugestão de que o reaganismo iniciou um "conservadorismo revolucionário com forte componente de populismo, individualismo e ativismo conservador radical".

A mentalidade militarista foi explorada com maestria no filme *Top gun: ases indomáveis* (1986), com Hollywood promovendo representações culturais que apoiavam as políticas intervencionistas e associavam, no filme, as ideias de competição, vitória, honra militar, mulheres, esportes e sucesso social – uma celebração da "elite branca". O único aviador negro, aluno da escola Top Gun, nunca tem seu nome mencionado (Kellner, 1995). O filme foi também uma boa propaganda para promover o alistamento de jovens na Força Aérea. Embora, desde os anos 1970, Hollywood tenha se esforçado pela representatividade na escalação de elenco para filmes e séries – *O clube do Mickey*, produzido pela Disney, em 1978, já tinha elenco multicultural, com crianças negras, latinas e indígenas (Santoli, 1995) –, com exceção das séries voltadas ao público afro-americano, era difícil ver protagonismo nas produções *blockbusters*.

Na análise sobre filmes com temas militaristas, é interessante apontar que Hollywood também produziu, entre os anos 1970 e 1980, filmes com visões críticas diversificadas sobre a Guerra do Vietnã. *Nascido em 4 de julho* (1989), por exemplo, mostrava os veteranos com simpatia e como vítimas de uma guerra malconduzida. *Hamburger Hill* (1987) exibia os combates e criticava a participação americana no conflito. *Platoon* (1986) foi, provavelmente, o filme mais realista da guerra desse período. *O franco atirador* (1978) e *Apocalypse now* (1979) apresentavam, segundo Kellner (1995, p. 155), "um roteiro 'coração das trevas' para expor visões racistas dos americanos 'inocentes' atirados num conflito violento no Oriente 'misterioso' e 'selvagem'", com soluções que envolviam uma visão mítica dos soldados para tentar salvar virtudes da derrota americana.

Hollywood também explorava outras frentes. As produções infantis/familiares ganharam um tom sombrio para atrair adolescentes, caso de *O cristal encantado* (1982), *Labirinto – A magia do tempo* (1986) e da animação *O caldeirão mágico* (1986). Porém, a juventude foi atraída mesmo pelos filmes de terror, que se multiplicaram na década de 1980. *Poltergeist – O fenômeno* (1982) e outros filmes expressavam o medo das pessoas em descer na escala social, além de conter alegorias que giravam em torno da ansiedade de perder o emprego, a casa e a família (Kellner, 1995).

> Os filmes de terror sempre lidaram com medos universais e primordiais (medo de morrer, de envelhecer, da decadência física, da violência, da sexualidade, etc). No entanto, os filmes de terror mais interessantes de nossa época (*O Exorcista, O Massacre da Serra Elétrica, Carrie – A Estranha, Alien, O Iluminado*, etc.) apresentam, muitas vezes de forma simbólico-alegórica, medos universais, anseios e hostilidades profundas da sociedade americana contemporânea. Um subtexto desses filmes é a perplexidade e o terror da população diante da crise econômica, das aceleradas mudanças sociais e culturais, do caráter quase epidêmico do câncer, das doenças causadas pela expansão industrial, da AIDS, bem como da instabilidade política e da aniquilação nuclear. A enorme popularidade dos filmes de terror após a década de 1970 leva a crer que algo está profundamente errado na sociedade americana (Kellner, 1995, p. 164).

Poltergeist – O fenômeno (1982), produção de Steven Spielberg, mostrava o subúrbio americano pelo lado sombrio, com um inimigo oculto de difícil controle, ameaçado naquele contexto social. Em *E.T. – O extraterrestre* (1982), dirigido por Spielberg, o subúrbio é mostrado de modo otimista e simpático, no ambiente da classe média próspera em que uma família recebe a visita do amigável alienígena (Kellner, 1995). Os filmes expressavam medos e frustrações. O tom sombrio e pesado de *Indiana Jones e o templo da perdição* teria relação com o fato de George Lucas e Steven Spielberg estarem passando por divórcio, na época das produções. Embora muitos lembrem de Freddy Krueger no hoje clássico *A hora do pesadelo* (1984), sua primeira continuação – *A hora do pesadelo 2: a vingança de Freddy* (1985) – foi desprezada por fãs e críticos, após a revelação de conteúdo homoerótico envolvendo o protagonista.

Os conservadores estavam muito atentos ao que Hollywood produzia, o que resultou em intensas pressões políticas sobre as produções culturais e artísticas que recebiam dinheiro do National Endowment for the Arts (NEA) (Fundo para as Artes) do governo americano, cujo orçamento anual girava entre 150 mil e 160 milhões de dólares anuais. Nas artes, os congressistas não entendiam por que o dinheiro público fomentava exposições de artistas como Andres Serrano e Roberto Mapplethorpe. Serrano produziu a polêmica obra *Piss Christ*, uma fotografia artística de 1987 com um pequeno crucifixo de plástico submerso num minitanque de vidro com a urina do artista. Mapplethorpe, por sua vez, ficou conhecido pelas fotografias em preto e branco que variavam de autorretratos, celebridades e imagens de flores a temas controversos, como nus artísticos, sadomasoquismo, cenas eróticas entre casais homossexuais e imagens consideradas escatológicas e indecentes pelos conservadores.

A moralidade guiou os debates entre conservadores e liberais (progressistas) sobre o uso de dinheiro público nas artes. Richard Bolton (1992) foi quem melhor registrou o histórico e os debates de cada um dos casos. Eventos controversos e de censura nas artes ocorrem desde a criação do fundo, em 1965, e ainda antes. A polêmica fotografia do artista Andres Serrano iniciou, em 1989, uma longa batalha de dois anos entre políticos e artistas sobre o orçamento e o poder de autoridade do National Endowment for the Arts. O debate não era apenas sobre arte, mas sobre a competição entre agendas sociais e conceitos de moralidade. Bolton citava, na introdução de seu livro, que havia duas posições centrais na controvérsia. Os liberais argumentavam que qualquer tentativa de restringir o trabalho da NEA significava, em última instância, a violação da Primeira Emenda[22] da Constituição, que garantia a liberdade de expressão e o direito de criação sem limitações). Essa era a visão defendia pela National Association of Artists' Organizations, uma das entidades de defesa no pleito. O Congresso não podia interferir na criação das obras. Os senadores conservadores, por sua vez, definiram o problema como sendo um debate sobre o patrocínio, e não como censura governamental. O argumento era que o Congresso americano teria a responsabilidade de investir os impostos do povo de forma inteligente e que apontar restrições no Fundo para as Artes era um exercício razoável dessa responsabilidade. Para eles, arte provocativa era uma candidata ruim a receber dinheiro, tendo em vista que seria do tipo que insulta os contribuintes. No fundo, muitos conservadores pensavam que "as artes em questão provavam que os artistas

22 A Primeira Emenda *(Amendment I)* da Constituição dos Estados Unidos é uma parte da Declaração dos Direitos dos Estados Unidos. Foi adotada no dia 15 de dezembro de 1791. Impede, textualmente, o Congresso americano de infringir seis direitos fundamentais: estabelecer uma religião oficial ou dar preferência a dada religião (a *Establishment Clause* da primeira emenda, que institui a separação entre a Igreja e o Estado); proibir o livre exercício da religião; limitar a liberdade de expressão; limitar a liberdade de imprensa; Limitar o direito de livre associação pacífica; limitar o direito de fazer petições ao governo com o intuito de reparar agravos. A Primeira Emenda apenas desautoriza explicitamente o Congresso a respeito desses pontos.

estavam tentando introduzir uma agenda progressista na sociedade, uma agenda baseada no multiculturalismo, direitos de *gays* e lésbicas, feminismo e liberação sexual" (Bolton, 1992, p. 5). Os artistas estariam envolvidos em atividades antissociais, desafiando a crença religiosa e os valores tradicionais e da família, e até mesmo a estrutura de poder.

Os conservadores reconheciam a importância de um fundo para artistas, pois ninguém seria independente produzindo de acordo com uma lógica do lucro e de mercado. O subsídio tornava o artista livre para explorar visões alternativas. Aliás, conservadores e liberais americanos entendiam o potencial da arte contemporânea como agente de mudança social. O temor era justamente que essa liberdade sem restrições abrisse espaço para críticas ao próprio mercado e à sociedade em torno. A ironia era que Robert Mapplethorpe, um dos artistas no foco do debate, fazia sucesso no mercado das artes. "Os conservadores acreditam no mercado como força estabilizadora da sociedade, mas o mercado continua a ver grande valor na transgressão. Colocando de outro modo, sexo ainda vende. E devido a isso, muitos conservadores se recusam a endossar totalmente o mercado" (Bolton, 1992, p. 12). A direita cristã, na década de 1980 totalmente integrada aos neoconservadores na política americana, acusava o mercado de influências corruptas e, para enfrentar as ameaças, montava campanhas de boicote para punir a indústria do entretenimento.

O caso mais famoso no cinema envolveu o filme *A* última tentação *de Cristo* (1988). Os desvios criativos das narrativas evangélicas geraram protestos e boicotes de grupos fundamentalistas cristãos contra a corporação MCA, dona da produtora Universal Studios. Redes de cinema foram pressionadas a não exibi-lo e, com a pressão do Vaticano, vários países proibiram ou censuraram o filme, como Argentina, Chile, México e Turquia.

Os estúdios Disney, famosos pela produção de conteúdos para a família, foram alvo, várias vezes, da Convenção Batista do Sul, da Liga Católica Americana e da Associação da Família Americana, seja pelos filmes polêmicos da Miramax (*Priets* e *Dogma*), seja por apoiar ações afirmativas da comunidade LGBTQIAPN+, promover livros e conteúdos anticristãos em algumas ocasiões ou por algum tipo de cisma sobre alguma polêmica, como a suposta inserção de mensagens subliminares satanistas ou com conotação sexual em seus filmes. A Disney também sofre, há muitos anos, críticas de grupos progressistas que reclamam do sexismo e de estereótipos de suas produções, algo que tem sido revertido pelo estúdio após o início de sua política de representatividade.

Na imprensa, algumas revistas são alvo constante de críticas. Como ocorreu com a revista feminina *Sassy*, acusada de ter influências negativas sobre os jovens. Na televisão, em 2020, a Fox é sinônimo de conservadorismo, porém, nos anos 1980, era a vanguarda, com seriados e programas que mostravam violência, linguagem e sexualidade como nunca antes visto na televisão americana. Seriados como *Um amor de família* (*Married with children*), *Os Simpsons* e *COPS* fizeram história e desencadearam uma revolução que modernizou as demais redes abertas de tevê, conhecidas por serem mais convencionais no trato com as "ousadias". Mesmo assim, todas as redes passaram a investir em programação com conteúdo mais violento e sexual, com ambiguidades éticas, abusos e exploração de temas polêmicos. As associações conservadoras religiosas e de defesa da família fizeram várias campanhas para boicotar as empresas que patrocinavam as redes de tevê.

Na música, novas manifestações artísticas eram constantemente criticadas, especialmente o *rap* e outras de origem afro-americana que faziam sucesso no *mainstream*. O grupo Parent's Music Resource Center pressionou a indústria fonográfica a fazer constar dos encartes dos LPs o aviso "contém letras explícitas", o que Frank Zappa chamou de "tentativa de extorsão" (Hunter, 1991). O caso mais famoso, porém, envolveu a maior artista do *show business* nos Estados Unidos: Madonna. Em janeiro de 1989, ela fechou um contrato de 5 milhões de dólares com a Pepsi para estrelar um comercial usando sua imagem e a nova música, *Like a prayer*. A ideia era lançar globalmente uma prévia da canção, algo feito pela primeira vez na história. Cerca de 250 milhões de pessoas assistiram ao comercial, em 2 de março, e, um dia depois, Madonna lançou o videoclipe de *Like a prayer*. Diferentemente do vídeo comercial, sem polêmica, mostrando Madonna criança e adulta fazendo um brinde, com o *slogan* "Uma geração à frente" ("*A generation ahead*"), o clipe mostrava Madonna testemunhando um estupro, do qual um homem negro é acusado injustamente, além de um coral de pessoas negras e coreografias em meio a cruzes flamejantes.

Muitos grupos religiosos, incluindo o Vaticano, protestaram, tachando o conteúdo de blasfêmia. Iniciaram uma campanha de boicote às empresas Kentucky Fried Chicken, Taco Bell e Pizza Hut, subsidiárias da PepsiCo. A pressão foi tão forte que a Pepsi encerrou a campanha e o patrocínio de Madonna, parceria que incluía uma turnê mundial.

Madonna, mesmo por seu alto *status* como artista, não era unanimidade. Era criticada tanto por conservadores como pelos liberais, seja pela subversão, pela revolução, pelos modismos, seja pelos rompimentos de fronteiras da identidade e da linguagem. Era vista também por setores progressistas como símbolo narcisista e reprovada por supostamente explorar minorias[23] (negros e hispânicos) em seus vídeos (Kellner, 1995). Os conservadores não tinham dúvida: consideravam Hollywood repleta de pessoas hedonistas, narcisistas, materialistas, distantes do americano médio (Hunter, 1991). A cultura da mídia, por seu grande alcance, eleva a hegemonia de grupos e projetos políticos, e essas manifestações ideológicas eram o temor real de conservadores e progressistas.

Os neoconservadores, como Lynne Cheney (esposa do ex-vice presidente Dick Cheney), Tipper Gore, Patrick Buchanan, Michael Medved, Joseph Lieberman e muitos outros, eram considerados "justiceiros sociais" (*justice warriors*) em nome do conservadorismo, porém em luta contra uma economia de livre mercado, com grandes corporações de mídia. O grande desafio desse grupo era encarar o fato de que os produtos visados realmente vendiam (Boxwell, 2000). E vendiam muito bem! Filmes de terror sanguinolentos registravam alta bilheteria, assim como a indústria pornográfica via crescerem suas vendas, e os jovens eram fascinados pela música considerada por esse grupo como indecente. Não surpreendentemente, a tecnologia avançou para criar todo tipo de equipamento para "proteção da família": *v-chips*, bloqueadores de *websites*, CDs de *rap* com alertas.

Curiosamente, a maior crítica ao fundamentalismo que defendia, a qualquer custo, a "moralidade tradicional judaico-cristã" veio por meio de um longa-metragem de animação baseado numa série transgressora e ácida: *South Park*. Talvez tenha sido a prova final de que a mídia, agora multicanal, era incontrolável perto do que existia antes, quando havia apenas três redes abertas de televisão. *South Park: maior, melhor e sem cortes* (1999), filme dirigido pelos criadores Matt Stone e Trey Parker, aborda uma guerra declarada ao Canadá devido à importação de conteúdo prejudicial e escatológico para crianças e jovens americanos. Uma associação prega guerra contra o país vizinho – o mantra era "Tudo deu errado por culpa do Canadá!" –, reduzindo Saddam Hussein, na época o maior inimigo dos Estados Unidos, a um papel secundário. Uma das críticas cínicas explora o fato de os americanos sempre externalizarem a culpa, quando fosse possível.

---

23 Minoria é um conceito sociológico que se refere a uma categoria de pessoas que se diferenciam da maioria social, com mais influência na hierarquia de poder e influência social. Pode se basear em raça, etnia, religião, gênero, riqueza, saúde, deficiência ou orientação sexual. Nas ciências sociais, é costume usar essa expressão para discutir as relações de poder entre grupos dominantes e subordinados.

O auge do filme é o momento em que, "enquanto as mães da campanha 'Mães contra o Canadá' assistem à horrível carnificina de longe, a mãe de Kyle, cega à ironia das guerras culturais dos Estados Unidos, comenta: 'Era isso que queríamos. Queríamos que nossos filhos fossem criados em um ambiente livre de obscenidades!'" (Boxwell, 2000, p. 129). O crítico de cinema do *Chicago Sun-Times*, Roger Ebert, uma das vozes mais ouvidas e lidas da época, admitiu que o filme "serve como um indicador para nossos tempos conturbados. Apenas pelas informações que contém sobre o modo em que vivemos agora, as pessoas preocupadas e ponderadas deveriam assistir" (Boxwell, 2000, p. 131). Na cerimônia do Oscar, em 2000, a animação foi indicada pela melhor canção *(Blame Canada)* e, até poucas horas antes de começar o evento, não havia certeza de que ela seria apresentada, pois havia pressão pela censura aos palavrões. "Blame Canada" foi apresentada no maior número musical da noite, com pequenas adaptações na letra e com o ator Robin Williams interpretando-a com uma fita colada na boca. Não levou a estatueta. Tratava-se do tipo de filme cínico típico da era Clinton, com mensagens críticas e bem-humoradas ao conservadorismo dos costumes. Outro filme desse tipo cínico foi *Marte ataca* (1996), de Tim Burton, um fracasso de crítica e bilheteria nos Estados Unidos, que, porém, obteve bom desempenho no mercado internacional.

O problema, para ambos os lados do debate no Congresso americano sobre a censura, era a insularidade dos argumentos. Os artistas dos casos debatidos eram acusados de ofender crenças religiosas, querer modificar a identidade americana e explorar o desejo *gay* em suas obras, o que poderia "promover a homossexualidade". O ponto, segundo a explicação de Bolton (1992), era que o mundo das artes não era conhecido pela defesa pública explícita, quando atacado. Ao contrário, muitos críticos de arte se comportavam como se não houvesse problema, pois a questão era de direito de livre expressão, e não de sexualidade. Num dos processos contra Mapplethorpe, os críticos de arte convocados para o julgamento gastaram mais tempo discutindo a forma e a simetria do que a "representação do desejo *gay*". No final, o debate no Congresso, que deveria tocar nas censuras silenciosas, tornou-se uma "batalha de poder entre dois setores da *intelligentsia*: a elite cultural e a elite conservadora religiosa" (Bolton, 1992, p. 23). Os artistas continuaram desconectados da sociedade, da mesma forma como iniciaram o debate.

> Para o ortodoxo e seus aliados conservadores, a opinião de um expert não é a medida confiável para a realização artística, e as intenções dos artistas são completamente irrelevantes para definir se um trabalho é arte. Ao invés disso, a realização artística é medida pela extensão na qual ela reflete o sublime. [...] George F. Will afirma que a arte, pelo menos a que vale apoiar [com fundos públicos], é reconhecida pela sua capacidade de "elevar a mente" do público por trazê-la em contato com a beleza e até mesmo melhorar patologias sociais. (Hunter, 1991, p. 238-239)

Para James Hunter (1991), progressistas tendem a valorizar a vanguarda por si, e isso não é o problema. Controverso é o modo como a vanguarda é definida. A resposta costuma ser que os artistas não definem a vanguarda como temas sociais em formas artísticas, mas como representações simbólicas de ideias ou comportamentos que testam os limites de aceitação social. "Mais frequentemente que não, isso significa abraçar o que o consenso social predominante chamaria de 'perverso' ou 'irreverente', o que Carol Iannone chama de 'a exploração insistente e progressista das fronteiras proibidas da experiência humana'" (Hunter, 1991, p. 237). Há controvérsias sobre como a arte é definida e costuma-se iniciar com o argumento de que não há método objetivo para definir o que é obsceno. Hunter conclui que "a experiência histórica demonstra repetidamente que, mesmo que um consenso declare que uma obra não possui valor artístico duradouro, esse consenso pode mudar; a obra pode, ao longo do tempo, passar a ser considerada" (Hunter, 1991, p. 238).

A POLARIZAÇÃO MORAL

Nas guerras culturais, um dos desafios é tentar mensurar a existência de polarização e, mais importante, classificá-la para entender sua origem e seu contexto. Vimos que a tradição, a religião e os movimentos sociais são importantes para a compreensão do que analisamos até aqui, porém existe a questão da moralidade na política.

> Quando um líder político propõe uma política, ele presume que a política é certa, não errada ou moralmente irrelevante. Conservadores e progressistas normalmente apoiam políticas opostas porque têm visões de mundo morais opostas – noções opostas de certo e errado. As cosmovisões morais são importantes para as pessoas, parte de sua identidade própria. As pessoas tendem a se considerar boas e morais, sem levar em conta que pode haver uma visão oposta do que é moral. (Lakoff, 2016, p. 8)

George Lakoff (2016) analisa o conflito de visão de mundo que opõe liberais e conservadores usando como base o trabalho na área da linguística cognitiva. A linguística cognitiva oferece instrumentos para explicar movimentos de apoio e negação em temas como investimento social, aborto, liberalização das drogas, direitos LGBTQIAPN+, penalidades altas para criminosos, entre outros. E, na sequência, consegue dar pistas para entender as incoerências e por que as duas visões de mundo não conseguem ser lidas pelo outro lado.

A tese de Lakoff afirma que podemos analisar os discursos conservadores e liberais (progressistas) usando a metáfora da família. De um lado, existe uma família que é chefiada e educada por um pai rigoroso e severo, que interage com os filhos buscando exercer a autoridade, cultivar o respeito à disciplina, e construindo um contexto que permita que todos alcancem o sucesso por meio de uma ordem natural baseada em valores tradicionais – a visão conservadora.

Há também a família do pai conciliador, compreensivo, cuidadoso, que lidera a família de modo que impere a empatia, o respeito mútuo, a criatividade, não apenas para o bom convívio dentro de casa, mas para a relação com a comunidade – a visão liberal (progressista). A partir dessas duas visões da metáfora da família (Lakoff, 2016), é possível entender a estrutura das diferentes visões e dos discursos políticos, e como se encaixam suas posições morais. Lakoff está observando os temas em discussão na década de 1990 e aplica sua teoria para caracterizar sua natureza.

Lakoff (2016) relata alguns casos usando a metáfora da família. Vejamos, por exemplo, a política de ação afirmativa: a moralidade do pai rigoroso tem relação com uma pessoa com autodisciplina, que define seus próprios planos e compromissos e os cumpre com eficiência. Ele requer que a competição entre as pessoas não seja impedida se elas continuarem a ter o incentivo da autodisciplina. Nessa dinâmica, qualquer política que forneça as coisas que as pessoas não ganharam por mérito é vista como imoral, porque diminui o incentivo para a conquista. Os conservadores, portanto, consideram a ação afirmativa imoral, pois dá tratamento preferencial às mulheres e às minoriais.

Na mentatilidade do pai compreensivo, é função do governo fazer o possível para que os cidadãos sejam tratados da forma mais justa, com políticas que ajudem pessoas sujeitas à discriminação – mulheres e minorias étnicas. A distribuição justa diz respeito à injustiça do passado, que precisa ser consertada no presente para equilibrar a situação. Nesse caso, a metáfora da "nação como família" ajuda a entender a ideia de ação e dos direitos coletivos. A ideia de grupo, segundo Lakoff, não é arbitrária. Os progressistas enxergam os grupos a partir de duas características. A primeira vem da estereotipagem, segundo a qual as pessoas costumam rotular grupos a partir de um modelo cultural antiquado (exemplo: as mulheres são mais adequadas para o trabalho doméstico ou não são boas na área de exatas), o que resultaria numa visão de qualificação inferior ao homem. A visão do grupo ajuda a reduzir as distorções dos exemplos ao longo do tempo.

A segunda característica explora o fato de os diferentes grupos terem subculturas. Os homens brancos têm uma subcultura com valores diferentes dos das mulheres brancas. O mesmo vale quando mulheres e negros são analisados, com variações culturais se forem periféricos, ricos, liberais ou religiosos, com mais ou menos estudos. No caso do movimento LGBTQIAPN+, há muitas subculturas em cada um dos grupos representados pelas letras da conhecida sigla. Nesses pontos, mesmo com as ações afirmativas, os homens brancos continuam tendo vantagens, se levarmos em conta os estereótipos e as subculturas.

Direitos LGBTQIAPN+: para os liberais progressistas, a visão favorável é simples e direta para um pai compreensivo, que tratará os filhos e os amará de forma igual. Usando a metáfora da "nação como família", o governo (o pai metafórico) deve tratar todos os cidadãos de forma justa e igual, sejam *gays* ou não. Os conservadores, por sua vez, são hostis não em virtude da burocracia estatal. Sua visão teria relação com o modelo de moralidade do pai rigoroso, em que a homossexualidade desafia a autoridade monolítica do pai, além de afrontar a ordem natural de seu pensamento, que pressupõe que o sexo se dá entre homem e mulher, e que o homem é dominante sobre a mulher. Lakoff afirma que a família, para o conservador, é a base de toda a moralidade, da política e dos arranjos sociais. Os conservadores atacam o "estilo de vida" e a discussão da escolha (quando os *gays* dizem que se "descobrem"), porque o importante aqui é o papel de quem está no controle. A partir do momento em que a condição sexual é naturalizada e excluída do livre arbítrio pessoal, o debate conservador moral perde boa parte de sua base.

Multiculturalismo: para o conservador, modelo do pai rigoroso, outras culturas são imorais, pois promovem fraqueza (que seria uma forma de imoralidade). São vistas como grande risco para a autoridade moral do pai ou, por extensão, da ordem moral da sociedade. Por isso, muitos são contra a tolerância com a diversidade cultural. Para os progressistas do pai compreensivo, se ele dá igual prioridade a todos os filhos, as diferenças devem ser respeitadas e toleradas, se necessário. Cada criança teria diferenças que acrescentariam qualidades à família.

Lakoff afirma que, além da metáfora familiar, o conflito é amplificado por incoerências em que o grupo adversário não entende a lógica do oponente. Vamos citar uma incoerência moral do tipo simples. O grupo conservador promove políticas para manter o Estado menor, sem interferência na sociedade. Porém, é defensor do aumento dos gastos militares. Incoerência? Ao mesmo tempo que enxerga as políticas sociais como ferramentas que mimam as pessoas e as incapacitam para a independência, o aumento nos investimentos nas Forças Armadas visa à capacidade de impor força e ordem. O grupo progressista é conhecido por políticas de proteção aos trabalhadores, mas também pelas ações e retóricas de ataque às empresas. Não é uma incoerência atacar quem emprega os trabalhadores? O pensamento é que os liberais (progressistas) enxergam que as empresas exploram os trabalhadores e defendem, portanto, políticas de regulação, de modo a controlar a ambição e preservar o bem-estar de todos.

Para tornar a situação mais complicada, Lakoff descreve o que chama de "incoerências duplas", e os melhores exemplos dados são a relação dos dois grupos com o punitivismo criminal a respeito da pena de morte e da discussão do aborto. Os liberais não entendem a lógica dos conservadores na defesa pró-vida. Por um lado, são contra o aborto utilizando toda uma retórica moral. Paralelamente, esse mesmo grupo defende a pena de morte para certos criminosos (Lakoff, 2016). Porém, e aqui entra a segunda incoerência, os conservadores não entendem por que os progressistas defendem tanto a vida explorando a retórica dos direitos humanos em relação aos criminosos e, no entanto, defendem a morte de seres inocentes e indefesos, os bebês.

Essa incoerência dupla é explicada pela metáfora da família. A coerência do conservador, para ser favorável à pena da morte e contra o aborto, é a punição. Basta lembrarmos que, na visão do pai rigoroso, há a necessidade de ordem social. A punição com sentenças pesadas serviria para restabelecer essa ordem. Ser contra o aborto tem relação direta com a ideia de a gravidez da mulher, fora dos padrões morais conservadores, ser uma punição social para trazer responsabilidades.

Na visão progressista, é o inverso. As pessoas não devem ser punidas por exercerem sua sexualidade; portanto, teriam direito ao aborto por descuido, falta de planejamento ou abuso sexual. Lembrando da visão do pai sensível, o progressista enxerga os criminosos de maneira mais compreensiva. A pessoa errada teria direito a uma segunda chance, e a punição não poderia ser excessiva.

O conservador tende a dizer que a violência criminal tem origem em práticas permissivas iniciadas numa infância sem disciplina – de preferência com castigos físicos (Lakoff, 2016). Parte desse problema seria o fato de muitas crianças serem criadas com o pai ausente devido a divórcio ou filhos criados fora do casamento. O progressista dirá que a violência criminal pode ter origem numa criação sem amor, apoio e compreensão. Ele costuma se contrapor aos conservadores, afirmando que muitas famílias sem a figura paterna sofrem com a negligência e o abuso corporal e moral de mães rigorosas, ausentes ou vítimas das penúrias de sua situação social – e o governo lhes deveria prestar apoio.

Podemos afirmar que há uma visão maculada de mundo. Conservadores e progressistas, no extremo, enxergam o mundo como pecador. Daí vem também a noção de opressão sobre várias identidades. Podemos citar também exemplos da psicologia social, entre os quais o estudo do liberal Jonathan Haidt (2012), que constata que o motivo de os progressistas terem tanta dificuldade nas eleições nos Estados Unidos tem relação com sua incapacidade de diálogo com outros grupos políticos. Para o autor, a moralidade humana funciona como um paladar para diferentes gostos. Ao mesmo tempo, a evolução nos moldou para termos cinco fundamentos morais referentes ao cuidado, à liberdade, à justiça, à lealdade e à autoridade (Haidt, 2012). A metáfora teórica é que somos 90% chimpanzés e 10% abelhas. Haidt, ele mesmo um liberal, só conseguiu observar essa questão dos fundamentos morais de forma isenta ao pesquisar a sociedade indiana e perceber que comportamentos como machismo e exploração trabalhista não são tratados, naquela sociedade, de forma acrítica. Porém, os indianos têm uma convenção social de respeito pela visão de mundo do outro, o que facilita o diálogo (Haidt, 2012).

Para Haidt, grupos competem com outros como se fossem organismos individuais e aqueles mais coesos destroem ou sofisticam os menos coesos, durante uma guerra entre tribos. Não se trata de uma guerra, mas de competir pela forma mais eficiente de transformar recursos em descendentes. Nesse aspecto, são necessárias cooperação e habilidade para superar o comportamento antissocial. A preocupação é mais em preservar o bem-estar do próprio grupo do que machucar o oponente.

Ele elabora ainda a hipótese da colmeia, segundo a qual os seres humanos são criaturas de ambientes condicionais. "Temos a capacidade (sob condições especiais) de transcender o interesse próprio e nos perder (temporária e estaticamente) em algo maior do que nós mesmos. Essa habilidade é o que intitulo interruptor de colmeia" (Haidt, 2012, p. 241). Trata-se de uma adaptação para uma pessoa superar a competição com seus vizinhos no mesmo grupo, tornando esse grupo mais coeso e, portanto, com mais sucesso na competição com outros. Por exemplo, durante os dez anos em que discutiu essas ideias com seus alunos, o autor ouviu *feedbacks* de pessoas que se sentiam excitadas em experiências coletivas, seja "cantando em corais, tocando em bandas, ouvindo sermões, assistindo a comícios políticos e meditando. A maioria dos estudantes teve essa experiência do interruptor ao menos uma vez, embora apenas alguns deles tenham tido uma experiência de transformação de vida. Mais comumente, os efeitos somem após algumas horas ou dias" (Haidt, 2012, p. 251). Um grupo pode ser levado a acionar o interruptor político se ouvir um discurso de John Kennedy (um democrata) ou de Benito Mussolini (um fascista). Ambos tiveram discursos que estimularam o indivíduo a fazer mais ao coletivo do que a si próprio. Essa ideia de servir a um bem maior, coletivo, é a base de muitos discursos políticos.

Vejamos, por exemplo, a comparação que Haidt faz entre religião e esporte coletivo. Os rituais religiosos se comparam a rituais da comunidade. Uma torcida, num jogo de futebol universitário, tem pessoas que cantam, bebem, gritam e torcem. Isso é feito para o time vencer? Haidt diz que não. Por uma perspectiva durkheimiana, essa competição serve a uma outra função – a mesma que viu em rituais religiosos: a criação de uma comunidade. "Futebol universitário é uma analogia perfeita para religião. É um mito que eleva as pessoas de nível baixo (profano) para o mais alto (sagrado). [...] Religiões são fatos sociais e não podem ser estudados apenas com indivíduos isolados" (Haidt, 2012, p. 265-266).

Para Haidt, a moralidade progressista se encaixaria num recorte social que ele rotulou com o acrônimo WEIRD (traduzido como ocidental, instruído, industrializado, rico e democrático). Os valores sagrados só tocam em duas daqueles cinco fundamentos morais citados anteriormente: o cuidado (relacionado com os direitos humanos e a defesa de minorias) e a liberdade (narrativa da revolução socialista). Por outro lado, o paladar conservador tem valores sagrados em todos os cincos fundamentos morais: lealdade (ideia de patriotismo), autoridade (respeito hierárquico) e justiça (relacionado à meritocracia). O fato de a moralidade progressista operar num recorte de classe social específico reduz seu poder de apelo na sociedade. Com esses dois dados na mão (limitação nos fundamentos morais – somente dois – e o recorte de classe), o autor elaborou um questionário com perguntas que um conservador responderia como progressista, e vice-versa (Haidt, 2012).

O resultado é que, nos Estados Unidos, os conservadores conseguem prever todos os pensamentos progressistas, porém o contrário não acontece. Isso significa que os progressistas conseguem classificar o grupo oponente com todos os rótulos conhecidos (como religiosos, racistas, machistas, militaristas etc.), ao passo que, mais importante, os conservadores conseguem entender as razões progressistas. No que se refere aos liberais moderados, cujo único valor sagrado é a liberdade, o grupo tende, em muitos casos, a se aliar aos conservadores – o que ocorre em muitos países. Essa dificuldade crescente faz com que grupos políticos considerados mais moderados percam força. Vejamos, por exemplo, esta análise da teoria de Haidt aplicada ao caso brasileiro feita pela professora Bruna Frascolla (2018):

> E o Brasil? Creio que esse quadro sirva para analisar a queda do PSDB. O PSDB é um partido de uspianos WEIRD. FHC dificilmente convence de que não é ateu; Alckmin, assim

como Marina, é religioso, mas não se coloca politicamente como religioso. O PSDB não costuma se pintar de verde e amarelo, nem evocar a pátria. No caso particular do Brasil, a questão do racialismo é uma afronta ao patriotismo, dado que envolve dizer que somos um país racista dividido entre brancos e negros, enquanto que nosso cultivo do patriotismo sempre envolveu celebrar a nossa história de mestiçagem e ausência de Apartheid. O feitio uspiano do PSDB não é contrário à defesa de grupos oprimidos com recorte identitário; pelo contrário. Assim, nesta campanha resolveu usar a questão das mulheres como cavalo de batalha. Ora, para o eleitorado conservador, a defesa das ditas minorias (ou, antes, de grupos identitários) é reconhecida como bandeira de esquerda. Isso não quer dizer que o conservador seja favorável a espancar mulheres, mas somente que enxerga a divisão política entre homens e mulheres como uma coisa de esquerda, contrária aos seus valores patrióticos. Quando o PSDB faz isso, perde também o apoio dos liberais, que enxergam nas políticas identitárias uma fonte de opressão estatal. Um liberal não quer pagar impostos para burocratas promoverem justiça social; em vez disso, vê tais propósitos como demagogia perigosa. Assim, por causa dos valores professados, o PSDB perde eleitorado conservador para Bolsonaro e liberal para o Novo. Não é que o partido tenha mudado: é que novas opções conseguiram encontrar uma demanda de grupos que queriam representação. Chama a atenção, também no Brasil, a incapacidade dos progressistas de entender outras moralidades. Como podem fazer uma passeata xingando todo aquele que discorde de seus ideais, e pretender conquistar votos? Está longe de ser uma surpresa a ascensão de Bolsonaro após o #elenão. (Frascolla, 2018, https://estadodaarte.estadao.com.br/filosofia/por-que-progressistas-nao-entendem-conservadores/)

PROGRESSOFOBIA E CRISE DA CULTURA

Por que o conflito cultural se dá com tamanha força no início do século XXI? Quais seriam as principais hipóteses da polarização cultural? A primeira, compartilhada por conservadores e progressistas, é o fato de a cultura não ser mais, do ponto de vista filosófico, um aspecto viável para superar os problemas atuais da sociedade. É um problema que encontra base na visão pós-moderna da cultura (Jameson, 1996) da fusão entre cultura e o capital/indústria ou, melhor ainda, a cultura foi absorvida e é explorada por diversas indústrias. A cultura deixaria de ser a solução e passaria a fazer parte dos problemas da sociedade. A segunda hipótese tem relação com o fato de as universidades perderem parte de seu poder de convencimento e de sua legitimidade no debate público. Essa hipótese foi discutida por Terry Eagleton e Roger Scruton, em um evento promovido pela organização Intelligence Squared, em Londres, em 13 de setembro de 2012.

Para o marxista Terry Eagleton, a transformação da cultura começou em meados do século XX, quando ela se movimentou para substituir a religião como salvadora da humanidade. Porém, a cultura perdeu sua primazia ao se aproximar da política, e isso teria ocorrido quando a universidade se rendeu ao capitalismo. Ao fazer isso, a cultura se fundiu a diversas indústrias, entre outras práticas sociais, e perdeu a função crítica. Essa seria a razão pela qual as pessoas estão em forte disputa sobre o tema.

O conservador Roger Scruton, por sua vez, discorda que essa perda da função crítica da cultura se deva à rendição da universidade ao capitalismo. Ele argumenta que tal perda foi devido à falta de priorização da cultura pelas universidades, a cultura vista como necessária para retornar às coisas básicas da natureza humana. Scruton argumenta que os grupos de esquerda aumentaram e se fortaleceram, nesse mesmo período. O problema teria relação com a hegemonia da visão deles, que não encontram no ambiente universitário um "direitismo" equivalente. Isso levaria ao prejuízo do debate de ideias e do próprio avanço científico, o que alienaria o debate na sociedade. Eagleton é um crítico do cânone ocidental como uma imposição sacramentada na universidade, enquanto Scruton afirma que o cânone se impõe por si próprio porque se trata de obras que venceram a prova do tempo.

Quem também confirma que estamos em um momento contra a razão, a ciência e o progresso é Steven Pinker (2018), ao afirmar que, desde os anos 1960, a confiança nas instituições despencou. Na segunda década do século XXI, houve a ascensão de movimentos populistas que repudiam as ideias do iluminismo. São movimentos tribalistas e autoritários que desprezam especialistas, não respeitam o conhecimento e são nostálgicos de um passado pretensamente idílico. Para Pinker, esse tipo de corrente contrailuminista não é novo e pode ser encontrado em diversos movimentos culturais e intelectuais, sendo a mais óbvia a fé religiosa – a religião colide com o humanismo toda vez que eleva um bem moral acima do bem-estar dos seres humanos. Aí entram as discussões sobre narrativas sagradas, o debate a respeito de criacionismo e evolucionismo e a valorização da alma mais do que da vida.

Pinker (2018) descreve que uma segunda ideia contrailuminista é a de que as pessoas são células descartáveis de um superorganismo (tribo, clã, religião, raça, classe, nação etc.) e que o bem supremo é a glória da coletividade, e não o bem-estar de seus membros. O ápice dessa ideia é o nacionalismo, no qual o superorganismo é o Estado-nação. A religião e o nacionalismo são causas típicas do conservadorismo político, porém a esquerda também usufruiu de relação semelhante: "A esquerda, não muito tempo atrás, era simpática ao nacionalismo, que vinha fundido a movimentos marxistas de libertação". Nesse aspecto, o autor também afirma que muitos da esquerda apoiam políticos identitários, e os partidários da justiça social, que menosprezam os direitos individuais e privilegiam o igualamento das condições de raça, classe e gênero, são vistos como competidores em um jogo de soma zero (Pinker, 2018, p. 53).

O conservadorismo tem uma tradição de relação com a religião, mas o progressismo também simpatiza com um movimento que, segundo Pinker, subordina os interesses humanos a uma entidade transcendente: o ecossistema.

> O quixotesco Movimento Verde vê a captação de energia pelos seres humanos não como um modo de resistir à entropia e promover a prosperidade das pessoas, e sim como um

crime hediondo contra a natureza, que fará justiça com uma vingança medonha na forma de guerras por recursos, poluição do ar e da água e mudança climática aniquiladora da civilização. (Pinker, 2018, p. 53)

Quando a garota sueca Greta Thunberg, ativista ecológica, peitou o presidente Donald Trump e outros chefes de Estado em nome do meio ambiente, pregando o boicote às indústrias e aos meios de transporte poluentes, encontrou forte resistência devido ao alto preço necessário para a exploração de novas tecnologias socialmente ecológicas. A Suécia é um país bastante avançado e com forte indústria na área do meio ambiente, o que levantou suspeitas de seus críticos. O presidente russo Vladimir Putin foi o mais expressivo ao questionar os interesses por trás da menina e afirmar que os custos do que ela pedia seriam muito altos para países mais pobres, tais como os do continente africano, que mal têm tecnologia moderna para produzir energia.

A universidade também passaria por um processo de "progressofobia". Segundo Pinker (2018), há uma postura dos intelectuais das universidades de apagar as conquistas progressistas das últimas décadas. Se não fosse pelo fim das leis de segregação, os negros não teriam mais acesso às universidades e representatividade na mídia e nas demais indústrias; possivelmente, Barack Obama não seria eleito presidente dos Estados Unidos. Sem as conquistas femininas, não teríamos tantas mulheres presidentes das repúblicas ou primeiras-ministras. Os *gays* não teriam aumento expressivo de representatividade na mídia de massa (séries de tevê, *reality shows*, documentários) se não tivessem conquistas na área de direitos – havia homofobia na Inglaterra até 1960, no País de Gales até 1967, na Escócia até 1980 e na Irlanda até 1982. No Brasil, a união civil entre pessoas do mesmo sexo foi reconhecida pelo Supremo Tribunal Federal em 2011. Portanto, as conquistas não começaram na segunda década do século XXI.

Mas o progresso costuma encobrir suas pegadas. Conforme nossos padrões morais se elevam no decorrer dos anos, tornamo-nos alertas para males que não seriam notados no passado. Além disso, as organizações ativistas pensam que sempre têm de gritar "crise" para manter o clima de urgência (embora essa estratégia possa ter o resultado oposto ao pretendido, passando a impressão de que décadas de ativismo foram perda de tempo). (Pinker, 2018, p. 261)

A progressofobia também teria sido turbinada por manchetes sensacionalistas da imprensa, que erra em dois momentos: o primeiro seria se aproveitar de figuras polêmicas da política para ganhar audiência. O presidente americano Donald Trump proferia insultos misóginos, anti-hispânicos e antimuçulmanos que não condiziam com as normas do discurso político tradicional. Eles chegaram ao ápice com as turbulências e a invasão do Capitólio por apoiadores. Trump os exaltou nos comícios de forma ainda mais ofensiva e com ataques sem provas ao processo eleitoral que deu a vitória ao oponente, Joe Biden. A imprensa retroalimentava as ofensas, ao repercutir essas falas. Trump se aproveitava, reforçando uma postura considerada "autêntica" e "honesta" de seus apoiadores. Isso teve início anos antes de sua eleição, quando ele aparecia na tevê questionando o certificado de nascimento de Barack Obama.

A imprensa brasileira também caiu nessa armadilha, repercutindo os insultos proferidos pelo então deputado Jair Bolsonaro contra a senadora Maria do Rosário, e foi ainda pior quando explorou a polêmica do inexistente "*kit gay*". Com a exploração midiática, mais pessoas ficam sabendo desses temas e, com o "ruído" das mídias sociais, a mentira se torna verdade. Essa muleta retórica do uso da violência como linguagem foi usada como estratégia por Trump e Bolsonaro, especialmente via rede Twitter, para conquistar apoiadores.

Os veículos de imprensa também destacam, por muito tempo, casos extremos de violência que são interpretados pelo grande público como problema generalizado. Por vezes, escolhem um caso de sequestro, de roubo a banco ou de violência policial, e as imagens se perpetuam por tanto tempo, e são desdobradas em casos menores, que os problemas reais deixam de ser debatidos da forma devida. Steven Pinker (2018) afirma, usando dados estatísticos, que, embora haja muito o que melhorar na sociedade, a situação das minorias teve evolução positiva nas últimas décadas.

Sobre a questão da credibilidade da imprensa, de que trataremos adiante, as pessoas não afirmam ou negam crenças por expressar o que sabem, mas sim quem elas são. O acesso ao conhecimento levou a rompantes de irracionalidade, com pessoas duvidando das mudanças climáticas, acreditando que a Terra é plana e duvidando da eficiência de vacinas. Os racionais querem entender o que ocorre, mas não olham as origens que podem levar à explicação:

> A explicação-padrão da loucura das multidões é a ignorância: um sistema de educação medíocre deixou a população analfabeta em termos de ciência, à mercê de seus preconceitos cognitivos e, portanto, indefesa contra as celebridades burras, os gladiadores dos noticiários da televisão a cabo e outras formas de corrupção da cultura popular. A solução-padrão é uma escolarização melhor e mais divulgação ao público feita por cien-

tistas na televisão, nas redes sociais e em sites populares. Como cientista preocupado com divulgação, sempre considerei essa teoria atraente, mas me dei conta de que ela está errada ou, na melhor das hipóteses, constitui uma parte pequena do problema. (Pinker, 2018, p. 418)

Pinker acredita que o outro problema afeta quem é bem-informado. É um sistema de crenças e incentivos perversos por trás da "racionalidade expressiva" ou da "cognição protetora da identidade". O autor afirma que muitas pessoas que acreditam nas mudanças climáticas não têm, de fato, informações corretas sobre o tema. Algumas dizem que se a camada de gelo do polo norte derretesse, o nível global dos mares aumentaria. Essa é uma informação falsa: são as calotas glaciais sobre a terra firme (Groenlândia e Antártica) que elevam o nível do mar quando derretem. Ou seja, as pessoas que acreditam que a mudança climática é causada pelo homem não obtiveram melhores notas do que aquelas que a negam (Pinker, 2018). Essa é uma das causas para a frase "causadas pelo aquecimento global" ter se tornado expressão de luta. Há duas diferentes noções da causa, e a maioria das pessoas usa apenas uma delas. Uma causa direta resulta em mudança imediata.

Porém, lembra George Lakoff (2016) que a ecologia mundial é um sistema cuja estrutura pode resultar em desastres com base em quatro diferentes causas sistêmicas: cadeias de causa, causas interativas, *loops* de *feedback* e causas probabilísticas. O "aquecimento global" pode causar um clima de extremo frio e ampliar a evaporação no oceano Pacífico, fazendo com que as moléculas de água sejam levadas pelo ar ao polo norte e, finalmente, serem sopradas para o nordeste americano, resultando em grandes nevadas. O conservador cético dirá: "Onde está o aquecimento global?". As pessoas comuns também passam a duvidar do conceito e da causa sistêmica. Aí entra em jogo a estética da linguagem. É por isso que muitos cientistas preferem trocar "aquecimento global" por "mudanças climáticas". No debate sobre "meritocracia", há quem também use outros termos para evitar embates com interlocutores que tiveram sucesso criando ruído causal na explicação.

Foi dessa maneira que o tema das "mudanças climáticas" entrou no universo das guerras culturais. Certas crenças passam a fazer parte de símbolos de lealdade cultural. É dessa forma que crença ou descrença na eficiência da vacina contra a covid-19 ou nas mudanças climáticas causadas pelo homem tornam-se objeto de disputas políticas, até mesmo quando a ideia é absurda, como no caso de teorias da conspiração como o planeta Terra ser plano.

Qual seria a razão disso, do ponto de vista político? Pinker (2018, p. 421) afirma que os incentivos perversos por trás da "racionalidade expressiva" ou da "cognição protetora da identidade" teriam relação com o compartilhamento de "mentiras azuis" (uma alusão à cor do uniforme dos policiais). A "mentira branca" é conhecida por ser usada em benefício de um ouvinte; a "mentira azul" é contada para o benefício de um grupo. Pinker afirma que, embora os teóricos da conspiração possam estar desinformados, eles expressam essas informações com propósito teatral, e não o de verdade: "Estão tentando contrapor-se aos liberais e mostrar solidariedade com seus irmãos de sangue. O antropólogo John Tooby acrescenta que as crenças absurdas são sinais mais eficazes de lealdade de coalizão do que as razoáveis" (Pinker, 2018, p. 422). Isso explica por que os grupos de WhatsApp funcionam tão bem para a divulgação de mentiras e conspirações. As pessoas acreditam mais em crenças absurdas quando as recebem de colegas, amigos e parentes, porque há um sentimento de pertencimento de grupo. Em comum com a elite cultural, há certo desprezo pelas instituições – especialmente as universidades –, o que se alinha aos pensamentos de Eagleton e Scruton descritos anteriormente.

> Muitos intelectuais estão enfurecidos com a intrusão da ciência em territórios tradicionais das humanidades, como a política, a histórica e as artes. Da mesma forma, insulta-se a aplicação do raciocínio científico ao campo anteriormente governado pela religião: muitos escritores, sem nenhum vestígio de crença em Deus, sustentam que é inapropriado que a ciência se pronuncie sobre as questões maiores. Nos principais periódicos de opinião, os oportunistas científicos com frequência são acusados de determinismo, reducionismo, essencialismo, positivismo e, pior de tudo, um crime chamado cientificismo. Esse ressentimento é bipartidário. (Pinker, 2018, p. 455)

O conservadorismo questiona um cientificismo sem alma, sem atenção às tradições históricas e morais. Pinker (2018) critica um trabalho que destaca o marco feminista da glaciologia para a pesquisa sobre mudança ambiental global – o progressismo explora uma crítica em que se questionam diversos temas, a partir da lógica da opressão, o que, em muitos casos, arrisca inclusive a segurança institucional da própria universidade.

> Mais insidiosa do que a revelação de formas cada vez mais enigmáticas de racismo e sexismo é uma campanha de demonização que impugna a ciência (junto com a razão e outros valores do Iluminismo) por crimes tão antigos quanto a civilização, entre eles o racismo, a escravidão, a conquista e o genocídio. Trata-se de um tema importante da influente teoria crítica da Escola de Frankfurt, o movimento quase marxista criado por

> Theodor Adorno e Max Horkheimer, segundo a qual "a Terra totalmente iluminada irradia o desastre triunfante". Ela também figura nas obras de teóricos pós-modernos como Michel Foucault, argumentando que o Holocausto foi o inevitável ponto culminante de uma "biopolítica" que começou com o Iluminismo, quando ciência e governança racional exerceram um poder crescente sobre a vida das pessoas. Numa linha semelhante, o sociólogo Zygmunt Bauman pôs a culpa do Holocausto no ideal iluminista de "refazer a sociedade, forçá-la a se conformar a um plano total, cientificamente concebido". Nessa narrativa deturpada, os próprios nazistas são absolvidos ("É culpa da modernidade!"). E o mesmo acontece com a ideologia furiosamente anti-iluminista do nazismo, que desprezava o degenerado culto burguês liberal da razão e do progresso e abraçava uma vitalidade orgânica e pagã que governava a luta entre as raças. Embora a teoria crítica e o pós-modernismo evitem métodos "cientificistas", como quantificação e cronologia sistemática, os fatos sugerem que eles leem a história de trás para diante. O genocídio e a autocracia eram onipresentes nos tempos pré-modernos e diminuíram, não aumentaram, à medida que a ciência e os valores liberais do Iluminismo se tornaram cada vez mais influentes após a Segunda Guerra Mundial. (Pinker, 2018, p. 462)

O processo de demonização da ciência nos programas de ciências humanas é importante em algumas situações. Pinker (2018) e outros autores alegam que serve a certos propósitos, para apontar e condenar movimentos pseudocientíficos e processos acadêmicos considerados antiéticos ou superados. Porém, quando a ciência é tratada apenas como uma narrativa, no mesmo patamar de uma religião ou de um mito, sem visão de progresso, abre-se margem para a estigmatização da ciência e a própria ressignificação do papel da universidade na sociedade. Esse processo de duplo ataque, por conservadores e progressistas, abala a fé pública de instituições como a justiça, a imprensa, a política, a polícia, os professores e também os pesquisadores acadêmicos, o que explica a tendência cada vez maior da comercialização das universidades, em todo o mundo.

No caso das universidades, o problema parece, em parte, autoinfligido. Pinker se aproxima da crítica conservadora ao reconhecer que as Ciências Humanas ainda não superaram os pós-modernos:

> Não superaram o desastre do pós-modernismo com seu obscurantismo desafiador, seu relativismo que refuta a si mesmo e sua correção política sufocante. Muitos dos seus luminares – Nietzsche, Heidegger, Foucault, Lacan, Derrida, os teóricos críticos – são pessimistas culturais soturnos que declaram que a modernidade é odiosa, que todas as afirmações são paradoxais, que as obras de arte são ferramentas da opressão, que a democracia liberal é a mesma coisa que o fascismo e que a civilização ocidental está descendo pelo ralo. Com uma visão tão festiva do mundo, não surpreende que as ciências humanas tenham muitas vezes problemas para definir uma agenda progressista para sua própria

atividade. Vários presidentes e reitores de universidades contaram-me que, quando um cientista entra em seu gabinete, é para anunciar uma nova e empolgante oportunidade de pesquisa e pedir recursos para pôr a coisa em andamento. Quando alguém de humanas aparece, é para pedir respeito pela maneira como as coisas sempre foram feitas. Essas maneiras merecem de fato respeito, e não pode haver substituição para a leitura minuciosa, a descrição densa e a imersão profunda que os eruditos podem aplicar às obras que estudam. Mas deveriam ser esses os únicos caminhos para a compreensão?" (Pinker, 2018, p. 474-475)

ESTUDOS SOBRE POLARIZAÇÃO

Mas como a discussão das guerras culturais se aplica à polarização? Há correntes que acreditam, e outras que não, na polarização de toda a sociedade, na dinâmica de guerras culturais, com diferentes abordagens teóricas. A melhor maneira de analisar é revisar as pesquisas baseadas em evidências empíricas. Vejamos o conceito de polarização:

> Polarização não é incivilidade ruidosa nas trocas políticas: embora as duas coisas possam (ou não) estar associadas empiricamente, polarização se refere à extensão do desacordo, não às maneiras como o desacordo é expresso. Nem a polarização é redutível ao equilíbrio das respostas entre concordância e discordância com os itens da pesquisa (exceto no caso limite de escalas de dois pontos). É na extremidade e na distância entre as respostas, não em seu conteúdo substantivo, que a polarização é inerente. A polarização é tanto um estado quanto um processo. Polarização como um estado refere-se à extensão em que as opiniões sobre uma questão se opõem em relação a algum máximo teórico. A polarização como processo refere-se ao aumento dessa oposição ao longo do tempo. Nós nos concentramos aqui na polarização no último sentido. (DiMaggio, Evans e Bryson, 1996, p. 692-693)

A pesquisa de DiMaggio, Evans e Bryson (1996) foi realizada na década de 1990, buscando evidências da polarização das atitudes e opiniões dos norte-americanos. Os dados estatísticos foram organizados de modo que fosse mensurada a polarização como tendência. Os autores criaram uma escala para entender se os americanos estão se tornando mais polarizados, com base em quatro princípios: dispersão, bimodalidade, consistência e consolidação.

As escalas foram construídas a partir de bases de dados com longas séries históricas. A primeira é a National Election Study (NES), da Universidade de Michigan, que guarda dados de opiniões de 1972 a 1992. A segunda base é o da General Social Survey (GSS), da Universidade de Chicago, com dados de 1974 a 1994 (DiMaggio, Evans e Bryson,

1996). Os autores constroem séries de perguntas pontuadas com respostas dicotômicas (sim ou não) acerca de diversos temas controversos: racismo, aborto, punitivismo, papéis de gênero na família e a soma de tudo. Posteriormente, esses dados são repartidos em recortes dos entrevistados (conservadores ou liberais; grau de estudo; religiosos ou não; homens ou mulheres; brancos ou negros; etc.). A polarização não aparece na soma geral das respostas; porém, nos recortes de entrevistas, o resultado é diferente. Todas as médias das respostas tendem ao campo liberal, algumas das escalas tendem ao consenso na sociedade e o único tema com tendência pontuada pela polarização é o aborto.

Quando os autores decidem calcular a relação de grupos, comparando as opiniões homem x mulher, mais educação *vs.* menos educação, os resultados também demonstram que, na maioria dos temas, há tendência para a convergência. As maiores divergências ocorrem quando os dados são separados entre os grupos conservadores x liberais (justamente os de conotação mais política). Quando os autores utilizam variáveis referentes aos partidos Republicano e Democrata, observam forte alinhamento partidário.

A conclusão é que os dados não provam que os conflitos vistos no processo político não são desdobrados na sociedade. A polarização teria base na hipótese de Hunter (1991), de que a elite política e os influenciadores com acesso aos meios de comunicação são responsáveis por essa tendência, e não a sociedade em geral. John Evans (2003) ampliou a pesquisa usando as duas bases de dados atualizadas até o ano 2000 e constatou o mesmo resultado, com apenas o tema do aborto representando maior tendência de polarização.

Na bibliografia sobre a polarização, há um interessante diálogo provocado pelo livro de Morris Fiorina, Samuel Abrams e Jeremy Pope (2004) questionando a existência do fenômeno da polarização. Eles elaboram a análise usando os dados estatísticos do trabalho de DiMaggio, Evans e Bryson (1996) para concluir que não existe a polarização, e analisam o papel da imprensa nos debates sobre o assunto. Uma eleição muito disputada não é o suficiente para afirmar que existe polarização; e a guerra cultural ocorre em campos temáticos muito específicos dentro de um discurso político-partidário em que nem sempre a escolha do voto representa a defesa pessoal daquela política, tendo mais relação com um alinhamento entre as opções oferecidas.

Em 1960, por exemplo, as eleições presidenciais nos Estados Unidos foram muito disputadas. John F. Kennedy (Partido Democrata) teve 49,72% dos votos contra 49,55% de Richard Nixon (Partido Republicano). Era uma eleição em que o eleitor moderado ganhava peso. Ambos os candidatos adotaram estratégia centrista para atrair esse eleitor independente. Por outro lado, na eleição de Al Gore[24] (democrata), com 48,4%, contra George W. Bush (republicano), com 47,9%, os eleitores escolheram os candidatos que estivessem mais alinhados com as posições tradicionais de seus partidos, optando por uma estratégia de base. Os autores afirmam que a opção política mais extrema ocorre quando há menos indecisos em jogo.

Outro ponto é que políticos e ativistas estão polarizados entre eles, porém não em relação aos partidos adversários, afirma Fiorina, se observados os dados na evolução do tempo. Isso não seria polarização em si, mas *sorting*, um tipo de alinhamento. Com a redução dos independentes, haveria tendência de menos democratas com posições conservadoras e menos republicanos com posições liberais, ampliando o engajamento partidário.

A mídia teria o papel de reforçar estereótipos políticos, pois jornalistas e comentaristas políticos tendem a buscar figuras mais populares e folclóricas, além dos casos mais extremos, para ilustrar um problema político. Nos Estados Unidos, é comum prever a inclinação eleitoral de cada Estado (se é democrata ou republicano), e a imprensa geralmente entrevista o eleitor mais estereotipado dentro do quadro conhecido.

Abramowitz e Saunders (2008) fazem uma análise rebatendo ponto a ponto as premissas usadas por Fiorina, Abrams e Pope (2004). Sua fundamentação teórica começa com o argumento de que antigos estudos, como o artigo da revista *Converse*, "*The nature of belief systems in mass publics*" (1964), que analisa dados de 1956 e 1960 da American National Election Studies (NES), constatam que os americanos são despolitizados e que, na prática, sofrem influência de uma elite política e de influenciadores midiáticos. O que os autores fazem é tentar confirmar se essa visão se repete em 2008 e, para isso, destacam o dado do antigo estudo de que existe correlação entre escolaridade e politização. "Entre 1956 e 2004, a proporção de respondentes no NES que tinham somente a educação fundamental caiu de 37% para 3%, enquanto a proporção dos que possuíam curso superior subiu de 19% para 61%" (Abramowitz e Saunders, 2008, p. 542). Outro ponto é o aumento do entendimento ideológico do público a respeito do conflito entre as elites políticas dos

24 Al Gore recebeu mais votos diretos, porém no colégio eleitoral perdeu as eleições para George W. Bush.

Estados Unidos. Os eleitores mais escolarizados tendem a ter mais coesão e clareza e a pensar parecido com as elites políticas.

Comparando os cinco pontos elencados por Fiorina (moderação, partidos, geografia, religião e engajamento), os autores rebatem um a um os tópicos para comprovar a existência de polarização. Os americanos seriam mais moderados. Analisando os números da escala em dados absolutos, chegam à conclusão de que, em determinados temas polêmicos, os mais escolarizados pontuam mais e, no tema da identificação com a orientação política, a distribuição entre as pessoas mais engajadas é bimodal, resultando em alta polarização.

Enquanto Fiorina afirma que a polarização partidária é um fenômeno das elites políticas, Abramowitz e Saunders (2008) afirmam que a polarização nessa dimensão não está confinada a um pequeno grupo de líderes e ativistas, na tendência dos dados entre 1972 e 2004 – portanto, quando os engajados são olhados em destaque, a polarização com quem se identifica aos partidos se intensifica. Na geografia, os autores descrevem que, nos Estados Unidos, cada vez mais os Estados cristalizam sua identificação com determinado partido e, por isso, o foco político é mais concentrado nos Estados-pêndulos (mais moderados).

No campo da religião, haveria, sim, algum grau de polarização porque os grupos religiosos têm posições políticas diferentes entre si, e isso foi decisivo em algumas eleições. Na relação do engajamento, relatam que houve aumento do número de eleitores, entre 2000 e 2004, de 54% para 61%, e que as pessoas estão mais interessadas e reparando na importância do resultado eleitoral. A polarização aqui está ligada ao fato de as pessoas pensarem que podem fazer a diferença e que devem comparecer às urnas.

Morris Fiorina e Samuel Abrams (2008) argumentaram melhor sobre a parte das tomadas de posição dos cidadãos e sobre os problemas de política pública. Num dos pontos, afirmaram que o eleitor tende a diferenciar candidatos; assim, se o político não mostrar distinção no eixo moral, ele buscaria as diferenças no eixo econômico, e vice-versa. Na questão da religião, apontaram que o alinhamento tem relação com o sistema político, escolhendo candidatos que se diferenciam nos temas morais, forçando o eleitor a se alinhar em polos diferentes. O alinhamento dos partidos nos temas morais pesa nesse efeito da polarização.

POLARIZAÇÃO AFETIVA

O presidente Barack Obama foi uma figura política polarizadora, porém sua estratégia retórica focava exatamente no inverso. Ele investiu fortemente no discurso da era pós-racial e buscava não inflamar a sociedade nos temas identitários. O jornalista e comentarista político Ezra Klein (2020) afirma que Obama acredita nas identidades (etnia, gênero, origem imigrante etc.), porém essas são menos polarizadas do que as identidades políticas, que são ativadas para o conflito, se provocadas. Obama afirma que o que leva à fragmentação das identidades políticas seria a mídia polarizada, o excesso de dinheiro político e o *gerrymandering*[25]. Klein comenta que Obama está certo sobre quais identidades são ativadas e sobre as identidades políticas serem mais politizadas do que as demais. Porém, a visão dele é otimista demais por acreditar que as identidades não políticas possam se tornar as políticas, reconfigurando um reflexo de nossa verdadeira essência, superando nossas visões partidárias. Na prática, entretanto, nossas identidades políticas estão polarizando nossas outras identidades também.

Ezra Klein usa um caso para discutir quanto o alinhamento pode levar a um processo de polarização, a partir de um exemplo dado pelo próprio Barack Obama – o futebol americano seria o esporte da família, um esporte que, até pouco tempo atrás, não era afetado pela polarização identitária. Klein afirma que o gatilho foi dado pela manifestação do jogador Colin Kaepernick, ao se ajoelhar, durante a execução do hino nacional dos Estados Unidos, em protesto contra a violência policial. Rapidamente, o presidente Donald Trump explorou o caso, exigindo que os jogadores que repetissem o ato fossem demitidos. Os políticos do Partido Democrata, por sua vez, defenderam o protesto. O jogador Kaepernick foi cortado do

25 *Gerrymandering* é um recurso frequentemente usado pelo partido que está no poder, em cada um dos Estados (Estados Unidos), que consiste em desenhar o mapa distrital de uma maneira que lhe garanta a eleição de mais deputados do que o partido adversário.

time e não conseguiu ser contratado por nenhum outro clube, decidindo por processar a NFL (Liga de Futebol Americano).

O detalhe é que não havia nada progressista no esporte; porém, a partir do momento em que o protesto começou a ser explorado pela mídia, a NFL se tornou polarizada. Klein cita que uma pesquisa sobre o protesto no jogo mostrou que eleitores democratas mantiveram a visão positiva do futebol americano. Entretanto, a visão favorável desabou, entre eleitores de Trump, para 30%, com posição crítica desfavorável subindo a 60%. O jogador se tornou porta-voz da Nike, que passou a ser boicotada por apoiadores de Trump – o presidente afirmava publicamente que a audiência da NFL "desabou" e que a Nike está sendo "morta por fúria e boicotes". O *fandom* esportivo costuma ser uma identidade que permeia a política. Todos os tipos de partidários gostam de explorar a situação, embora haja uma preocupação de separar esporte e política. Porém, quando a NFL entra em contato com a política, ela se torna parte da política (Klein, 2020).

Klein deu um exemplo da terceira corrente teórica que estuda a polarização, por um ângulo diferente do dos "minimalistas" Fiorina, Abrams e Pope (2004) e do dos "maximalistas" Abramovitz e Saunders (2008). Iyengar, Sood e Lelkes (2012) introduzem uma definição diferente, associando partidarismo e ideologia com base num conceito clássico de distância social, de Emory Bogardus (publicado em 1947). A ideia básica é que os partidários democratas e republicanos estão, cada vez mais, criando um sentimento de antagonismo contra o outro. O alinhamento puramente político é inconsistente nessa análise, que considera os efeitos das campanhas políticas. A principal hipótese está na estrutura dessas campanhas, na exposição de mensagens negativas, em tom hostil ao grupo oponente, promovendo uma visão distorcida e tendenciosa dos partidários em relação aos adversários – o maniqueísmo "nós contra eles" – e uma movimentação nas atitudes políticas das massas e elites (Iyengar, Sood e Lelkes, 2012, p. 421). A isso os autores chamam "polarização afetiva".

As políticas públicas e os temas provocadores de conflito baseados em estatísticas abrem espaço para o conceito de "identidades políticas". Os efeitos sociais das identidades são analisados por meio de dinâmicas de grupos e através do modo como elas se comportam, após gatilhos de convencimento que influenciam seus membros. No caso da política, o grupo precisa avaliar seu próprio partido de forma mais positiva do que o adversário – é o que lhe dá o sentimento de pertencimento, a partir dos efeitos do alinhamento político (Mason, 2015). Duas das pesquisas mais conhecidas são a de Lilliana Mason (2015) e a de Iyengar, Lelkes, Levendusky et al. (2019), que analisam o conceito a partir da base de dados da American National Election Study (Anes) e sua série histórica sobre a opinião dos eleitores democratas e republicanos. Iyengar et al. (2019) tabulam os resultados com quatro medidores de polarização social: termômetro de tendência, viés positivo e negativo, ativismo e raiva ao grupo adversário, a partir de notas que variam entre 0 (frio), 50 (indiferente) e 100 (quente). O resultado é que a diferença é maior quando as pessoas avaliam o próprio partido e o adversário – e essa diferença aumenta no decorrer dos anos.

Os autores apontam uma pesquisa de comportamento do grupo de 2015 para entender como a polarização afetiva, em relação ao partido, influi no resultado a partir de outras variáveis não políticas, como, por exemplo, a econômica e a racial.

> Em um estudo, eles perguntaram aos participantes para selecionar um dos dois candidatos a uma bolsa de estudos universitária. Os candidatos – ambos alunos do ensino médio – tinham credenciais acadêmicas semelhantes, mas diferiam na etnia (branco ou afro-americano) e no partido (democrata ou republicano). Os resultados indicaram pouco preconceito racial; brancos, na verdade, preferiram o candidato afro-americano (55,8%). Mas 79,2% dos democratas escolheram o candidato democrata e 80% dos republicanos escolheram o candidato republicano. Esses resultados se mantiveram equilibrados quando o candidato de fora do partido teve uma média de notas significativamente mais alta (4,0 contra 3,5); a probabilidade de um partidário selecionar o candidato mais qualificado de fora do partido nunca foi superior a 30%. O estudo da bolsa de estudos mostrou que as pistas partidárias exercem forte influência sobre as atitudes apolíticas. (Iyengar et al., 2019, p. 133)

Outra análise questionou como uma pessoa reagiria se seu filho se casasse com alguém de um partido adversário ou tivesse uma ideologia contrária à sua. O resultado mostrou que, nos anos 1960, a reação "infeliz" teve o índice aumentado em 35%, em relação aos cinquenta anos anteriores. O interesse dos autores da corrente da polarização afetiva é saber não propriamente as posições políticas, mas a dinâmica do deslocamento do alinhamento. Os dados revelam que as pessoas normalmente têm dificuldade de combinar sua opinião numa ideologia, porém o efeito do alinhamento facilita essa combinação. Lilliana Mason (2015) afirma que o antagonismo identitário é muito mais forte do que o das posições políticas convencionais. Com base nas evidências, as identidades políticas ampliam o alinhamento, criando grupos políticos mais homogêneos, que se reforçam mutualmente, intensificando a polarização afetiva. No caso dos Estados Unidos, segundo

Mason (2015), isso significa que há um alinhamento crescente das pessoas liberais com o Partido Democrata, e das pessoas conservadoras com o Partido Republicano, reduzindo, por consequência, o número de independentes ou eleitores de filiação dupla. Quando ocorre o alinhamento hegemônico, esses apoiadores deixam de valorizar o próprio grupo e começam a antagonizar mais o grupo adversário.

Para nos afastarmos um pouco dos Estados Unidos, vejamos um estudo detalhado, com discussão teórica, sobre a polarização afetiva na Dinamarca, realizado por Camilla Reestorff (2017). Ela explica que o país nórdico enfrentou as guerras culturais de outros países desde os anos 1970, como aqueles que questionavam a substituição do cânone dinamarquês por um desconstruído, diversificado e global. Porém, a dinâmica das guerras culturais do século XXI é iniciada, segundo a professora, por movimentos políticos do governo sueco após os atentados de 11 de setembro de 2001, nos Estados Unidos. A Dinamarca passou a apoiar a invasão do Iraque e houve mudança no parlamento, que se tornou mais conservador. Para poder governar, o partido vencedor precisou se aliar a outro, conhecido pela defesa anti-imigração.

O governo dinamarquês defendia o Estado-nação e o primeiro-ministro, Anders Fogh Rasmussen, investiu na defesa dos debates sobre valores culturais, e não nas tradicionais políticas econômicas e legislativas. Para o primeiro-ministro, esse chamado às guerras culturais era uma correlação com os eventos internacionais, que incluíam a "guerra contra o terror" dos americanos e a mudança local do sistema político (Reestorff, 2017, p. 10).

Curiosamente, dois dos principais exemplos de guerras culturais na Dinamarca têm relação com cartuns. O primeiro aconteceu em 2005, com a polêmica das caricaturas do jornal conservador *Jyllands-Posten*. O editor de cultura do jornal, Flemming Rose, pediu a quarenta cartunistas um desenho do profeta Maomé. A razão do pedido era demonstrar a dificuldade do escritor Kare Bluitgen em encontrar artistas para ilustrar um livro infantil sobre Maomé, por temor de ameaças e ataques de muçulmanos extremistas – isso foi antes da polêmica capa do jornal satírico francês *Charlie-Hebdo*, de 2011, que resultou num massacre, em 2015. O jornal dinamarquês recebeu doze cartuns acompanhados de um texto sobre liberdade de expressão.

A publicação gerou uma série de protestos, ameaças de morte – que forçaram os cartunistas a viverem escondidos – e uma reação de ministros de dezessete países islâmicos, que pressionaram o governo dinamarquês por punições. Uma campanha internacional pedia o boicote a produtos de empresas dinamarquesas, e as embaixadas da Dinamarca e da Noruega na Síria e no Líbano foram incendiadas.

O segundo exemplo envolveu a polêmica "lei da joalheria", um projeto de lei de 2016 que confiscaria bens, joias e dinheiro de imigrantes em busca de asilo no país. A lei previa que todo valor acima de 10 mil coroas dinamarquesas seria entregue às autoridades do país, com exceção de bens considerados sentimentais. A justificativa era a necessidade de obter dinheiro para bancar as despesas do país com os refugiados – e o governo usou como base uma taxa cobrada aos desempregados para contribuir para pagar as despesas com comida e alojamento.

Em 27 de dezembro de 2016, o cartunista Steve Bell teve seu cartum publicado no jornal britânico *The Guardian*. Intitulado *"Denmark's glory"* ("Glória da Dinamarca"), o desenho mostra o ministro Lars Lokke Rasmussen sendo comparado a um nazista, com a bandeira dinamarquesa camuflada para lembrar uma suástica e uma bandeira pirata, e ainda satiriza as grandes marcas dinamarquesas Lego (blocos vermelhos) e a cervejaria Carlsberg, parodiando o *slogan* "Provavelmente a melhor cerveja do mundo" para "Provavelmente o partido político mais estúpido do mundo" – uma crítica ao Partido Liberal Dinamarquês (Figura 10).

Fig. 10 > Cartum de Steve Bell, *"Denmarks glory"*, que causou polêmica internacional e no governo da Dinamarca.

Fonte: *The Guardian* – 27 de dezembro de 2016.

O porta-voz do partido, Jakob Ellemann-Jensen, tachou o cartum de execrável, antipático e fora de contexto histórico, e houve cobrança do governo por desculpas formais. Reestorff (2017) afirmou que, até a publicação de seu livro, a lei não havia sido aplicada em nenhum caso. O que a levava a acreditar que a lei tinha outro alvo: política midiatizada. Tratava-se do projeto de lei mais polêmico em nome da defesa dos interesses dinamarqueses. A lei da joalheria resultou numa exploração focada e intensificada sobre sua validade ética no contexto dos refugiados, porém essa repercussão ofuscava o fato de que ela fazia parte de um pacote de outras 33 leis de política imigratória que ficaram fora do debate público. A lei se tornou um evento no âmbito da União Europeia, que tentava gerenciar a guerra e o desastre humanitário na Síria.

Reestorff afirma que ambos os exemplos mostram o resultado das guerras culturais em eventos de mídia global. A polêmica lei da joalheria foi notícia no Brasil na revista *Veja*, na *Folha de S. Paulo*, n'*O Globo* e no *Jornal Nacional* (TV Globo).

> Esses eventos compilam e intensificam os debates na mídia: eles estão simultaneamente "situados no tempo e espaço" e são globais no sentido de que eles fazem com que "aqueles que não estão fisicamente presentes sintam como se estivessem e, portanto, se "sujeitam a um regime específico de representação (audiovisual) de mídia que simula a experiência de presença física, ao mesmo tempo que a potencializa tecnologicamente". [...] É importante ter em mente que esses eventos midiatizados e globais estão "situados no tempo e espaço" e, portanto, não somente têm resultados globais e transnacionais, mas também resultam em reflexos locais, por exemplo, sobre identidade nacional e globalização. (Reestorff, 2017, p. 7)

As guerras culturais, segundo Reestorff (2017, p. 10), apresentam três aspectos:

1 – precisam ser entendidas como um conflito político que, à luz da globalização, estão comprometidas com a consolidação ou a negociação da relação entre Estado-nação, fronteiras nacionais, cidadãos e na relação simbólico-nacional;

2 – são conflito político midiatizado modelado para participantes políticos diferentes, com ênfase em figuras visuais e imaginárias;

3 – a reconfiguração da relação simbólico-nacional necessita uma abordagem não apenas de política institucional e representativa, mas sua interseção com as políticas culturais afetivas.

Nesse sentido, as transformações globais e os processos de significação cultural têm resultado em negociações intensas do Estado-nação e da relação simbólico-nacional, incluindo temas que enfatizam o "espírito nacional" e a coerência pelo fortalecimento de símbolos, da cultura e da bandeira nacional. Camilla Reestorff (2017, p. 11-12) chama essa exploração de "nacionalismo tépido", um conceito que captura o sentimento nacionalista que se articula para preservar a existência de um Estado-nação. A polarização afetiva ocorre pela construção de imaginários nacionais que promovem, por meio do debate polêmico e da midiatização, o alinhamento de grupos a identidades políticas.

> A política cultural afetiva pode, como mencionado, ser conceituada como uma prática política de poder que é desempenhada por diferentes participantes dentro de uma arena política midiatizada e atrai representações simbólicas, bem como repetições e rupturas afetivas na tentativa de definir a vida individual dos seres humanos em relação a diferentes formas de comunidades coletivas. (Reestorff, 2017, p. 69)

Uma das formas de entender o "nacionalismo tépido" é saber como as políticas afetivas são promovidas. Na Dinamarca, isso ocorre, por exemplo, por meio da discussão dos cânones inspirada num evento similar sucedido nos Estados Unidos, após a publicação do livro *The closing of the american mind*, de Allan Bloom (1987). O autor estava preocupado com as condições da educação e da cultura que estariam em declínio, causado pelo relativismo. Os dinamarqueses copiaram o debate e, em 1992, um comitê foi criado para responder ao relativismo e ao alegado marxismo/socialismo que influenciariam as crianças nas escolas. Em 1994, um cânone literário foi apresentado, porém o próprio presidente do comitê afirmou que, surpreendentemente, apesar das alegações, uma pesquisa interna revelou que os professores dinamarqueses – apesar do radicalismo apontado – respeitavam o cânone tradicional. Reestorff (2017) diferencia o conceito chamando de "clássicos" ao cânone composto por títulos mais ligados à história da literatura e da arte; enquanto "cânone cultural" é aquele motivado e iniciado pelo sistema político institucional. Tendo o resultado da pesquisa indicado que os professores respeitam os clássicos, e eles são ensinados e lidos, independentemente de canonização, a dúvida passa a ser: o que é cânone, se ele não é matéria de currículo escolar?

A questão do cânone voltou a ser discutida em 2004. De novo, uma crítica ao relativismo na relação com a decadência da cultura e com o homem moderno foi notada nas falas do então ministro da Educação dinamarquês, Brian Mikkelsen: "Nós entramos numa luta contra a ideologia multicultural, que declara que tudo é igualmente bom. Pois, se tudo é igualmente bom, então tudo também é inconsequente, e nós não aceitaremos isso" (Reestorff, 2017, p. 71). Em 2003, o professor de literatura infantil Torben Weinreich escreveu um artigo sobre o cânone da literatura e da literatura infantil, que recebeu intensa cobertura da imprensa. A repercussão abriu margem para a ministra da Educação criar um novo comitê, em 2004, para construir um cânone literário com propostas educacionais. Esse cânone seria, inicialmente, apenas uma base sugerida, porém, em poucos meses, o projeto se tornou de aplicação obrigatória no ensino fundamental. A discussão passou a ser sobre qual seria o seu conteúdo, em vez da real necessidade de se elaborar um cânone.

Não satisfeito com a defesa da literatura dinamarquesa, o ministro da Cultura decidiu instituir comitês, com cinco membros cada um, para a criação de sete cânones, que deveriam reunir doze trabalhos fundamentais nas áreas de arquitetura, pintura, *design*, música, artes visuais, cinema e literatura. A elite cultural procurou fazer *lobby* para a inclusão de mais áreas. Em 24 de janeiro de 2006, o ministro publicou o chamado cânone cultural, com todas as listas, e não sem polêmicas. Um oitavo cânone (o infantil) apareceu e incluía o *Pato Donald*, com o argumento de que o trabalho selecionado fora desenhado por dinamarqueses, logo, seria "cultura dinamarquesa". Curiosamente, a oposição progressista apoiou o cânone cultural, questionando se havia preocupação com questões de gênero. Porém, a principal questão permanece: qual era a intenção política da criação de um cânone cultural?

Ao contrário dos cânones clássicos ligados à literatura e à história, que são parte do currículo obrigatório, o cânone cultural tem sua importância. "Ele induz uma certa noção de cultura nacional e altera a relação de poder entre arte e política" (Reestorff, 2017, p. 71). Enquanto o cânone clássico apresenta uma lista muito diversificada de títulos, o cultural constitui uma relação de trabalhos selecionados e homogeneizados, em linhas temáticas principais. A alteração do equilíbrio entre arte e política é demonstrada quando ao menos dois artistas incluídos no cânone cultural (Klaus Rifbjerk e Poul Henningsen), ambos no início de carreira, faziam parte de um grupo opositor ao modernismo e obtiveram *status* devido à qualidade de suas obras. Porém, esse *status* no cânone cultural (e isso serve para os demais artistas) não leva em conta a força de suas produções, mas sim a legitimação de suas posições como parte de um simbólico nacional.

Em resumo, as listas dessas canonizações retiram os significados históricos e o debate interpretativo de obras de uma série de artistas e os convertem em qualidades definitivas, cristalizadas – não devido ao seu valor estético ou histórico, mas porque são peças que representam o Estado-nação e a cultura nacional. No campo político, o cânone cultural é uma estratégia de reterritorialização como forma de proteger o Estado-nação dos efeitos da globalização.

A Dinamarca criou também, em 2007, um comitê para elaborar um "cânone da democracia", um projeto que teve início fora do governo. Da mesma forma que o cânone cultural, a versão da democracia é uma lista que expressa o "nacionalismo tépido", com 35 marcos históricos, entre os quais Péricles, a Reforma Inglesa, a Constituição dos Estados Unidos, a Revolução Francesa e movimentos femininos do século XIX. A lista serve para a elaboração de um imaginário nacional que, por meio da retórica, seria relacionado a movimentos históricos, tendo como meta a "democracia moderna". Os textos, personagens e eventos representam e simbolizam uma noção particular de cultura nacional, de forma a defender o Estado nacional, nas relações internacionais (Reestorff, 2017). A verdadeira preocupação desses novos cânones, com sua predominância ocidental, é que a globalização constitui um desafio sobre as fronteiras da comunidade política e o quem conta como povo. Trata-se de criar um consenso imaginário para impedir ameaças à democracia vindas do multiculturalismo e da imigração (especialmente dos refugiados muçulmanos).

Um detalhe para reforçar tudo isso é que, embora o cânone da democracia aponte os valores da Dinamarca como uma democracia secular, com a necessária separação entre Estado e Igreja, ele também reforça um discurso segundo o qual a religião não é abandonada. Como Reestorff (2017, p. 105) conclui, "o Cristianismo é enquadrado como uma precondição importante para a sociedade democrática, para a igualdade e para a autonomia individual [...] o que é exemplificado pela inclusão da Epístola aos Gálatas, que trata de representar justiça igual respeitando a lei". Mais uma vez, temos a construção de uma narrativa para construir um consenso de pertencimento, de afetividade política.

O AVANÇO PROGRESSISTA-IDENTITÁRIO

Os movimentos progressistas de matriz identitária avançaram fortemente, nas primeiras décadas do século XXI, devido às políticas afirmativas de acesso a universidades e empresas, aos deslocamentos territoriais por migração forçada ou não, ao poder amplificador das mídias sociais e ao poder de pressão e convencimento no plano social. Para entendermos esse avanço e o que destrava conflitos culturais, devemos começar pelo conceito de "multicultural".

> Multicultural é um termo qualitativo. Descreve as características sociais e os problemas de governabilidade apresentados por qualquer sociedade na qual diferentes comunidades culturais convivem e tentam construir uma vida em comum, ao mesmo tempo em que retêm algo de sua identidade "original". Em contrapartida, o termo "multiculturalismo" é substantivo. Refere-se às estratégias e políticas adotadas para governar ou administrar problemas de diversidade e multiplicidade gerados pelas sociedades multiculturais. É usualmente utilizado no singular, significando a filosofia específica ou a doutrina que sustenta as estratégias multiculturais. "Multicultural", entretanto, é por definição, plural. Existem muitos tipos de sociedade multicultural, como, por exemplo, os Estados Unidos da América, a Grã-Bretanha, a França, a Malásia, o Sri Lanka, a Nova Zelândia, a Indonésia, a África do Sul e a Nigéria. Estes são, de forma bastante distinta, "multiculturais". Entretanto, todos possuem uma característica em comum. São, por definição, culturalmente heterogêneos. Eles se distinguem nesse sentido do Estado-nação "moderno", constitucional liberal, do Ocidente, que se afirma sobre o pressuposto (geralmente tácito) da homogeneidade cultural organizada em torno de valores universais, seculares e individualistas liberais. (Hall, 2013, p. 57)

"Multiculturalismo", por sua vez, é um termo que relaciona uma variedade de articulações, ideias e práticas sociais. Hall (2013, p. 57-58) afirma que o sufixo "*-ismo*" tende "a converter o 'multiculturalismo' em uma doutrina política, 'reduzindo-o uma singularidade formal e fixando-o numa condição petrificada [...] a heterogeneidade característica das condições multiculturais é reduzida a uma doutrina fácil e prosaica". É nesse aspecto que o multiculturalismo é uma ideia questionada pelos conservadores, quando defendem a integridade cultural da nação. Os liberais também questionam o chamado "culto da etnicidade", a desconstrução, a diferença, que ameaçam o universalismo, a neutralidade do Estado liberal, o que colocaria em risco a liberdade individual e a igualdade formal. Os marxistas contemporâneos tendem a criticar a face ativista do multiculturalismo – os identitários – por privilegiarem identidade e cultura, e desprezarem a luta de classes e as questões econômicas que atravessam diversas etnias e gêneros, nos mais diferentes contextos. Outra crítica seria ao multiculturalismo "de butique", com empresas que, explorando a onda para incentivar o consumismo, "celebram a diferença sem fazer diferença" (Hall, 2013, p. 59). Trata-se, como vemos, de um conceito diverso e contraditório.

> Dentro da cultura, a marginalidade, embora permaneça periférica em relação ao *mainstream*, nunca foi um espaço tão produtivo quanto é agora, e isso não é simplesmente uma abertura, dentro dos espaços dominantes, à ocupação dos de fora. É também o resultado de políticas culturais da diferença, de lutas em torno da diferença, da produção de novas identidades e do aparecimento de novos sujeitos no cenário político e cultural. Isso não vale não somente para a raça, mas também para outras etnicidades marginalizadas, assim como o feminismo e as políticas sexuais no movimento de *gays* e lésbicas, como resultado de um novo tipo de política cultural. Não quero sugerir, é óbvio, que podemos contrapor à eterna história de nossa própria marginalização uma sensação confortável de vitórias alcançadas – estou cansado dessas duas grandes contranarrativas. Permanecer dentro delas é cair na armadilha da eterna divisão ou/ou, ou vitória total ou total cooptação, o que quase nunca acontece na política cultural, mas com o que os críticos culturais se reconfortam.
>
> Estamos falando da luta pela hegemonia cultural que hoje é travada tanto na cultura popular quanto em outro lugar. A distinção entre erudito e popular é precisamente o que o pós-moderno global está deslocando. A hegemonia cultural nunca é uma questão de vitória ou dominação pura (não é isso que o termo significa); nunca é um jogo cultural de perde-ganha; sempre tem a ver com a mudança no equilíbrio de poder nas relações da cultura; trata-se sempre de mudar as disposições e configurações do poder cultural e não se retirar dele. Existe uma atitude do tipo "nada muda, o sistema sempre vence", que eu leio como um invólucro protetor cínico, que, lamento dizer, críticos culturais norte-americanos frequentemente utilizam. Um invólucro que, algumas vezes, os impede de desenvolver estratégias que façam diferença. É como se, para se protegerem de uma derrota eventual, precisassem fingir que tudo lhes é transparente e igual ao que sempre foi. [...] Depreciá-la [a invisibilidade] desse modo reflete meramente o modelo específico das políticas culturais ao qual continuamos atados, precisamente o jogo da inversão – nosso modelo substituindo o modelo deles, nossas identidades em lugar das suas – a que Antonio Gramsci chamava de cultura como "guerra de manobra" de uma vez por todas, quando, de fato, o único jogo corrrente que vale a pena jogar é o das "guerras de posição" culturais. (Hall, 2013, p. 376-377)

A visão multiculturalista se combina ao pensamento pós-colonial iniciado pelos intelectuais imigrantes na Europa, que propõem o fim do binarismo da hegemonia europeia com base nas discussões apenas entre homem e mulher, brancos e negros, civilização e barbárie. Eles buscarão o hibridismo cultural dos grupos marginalizados, sendo a mídia um dos principais veículos de avanço – caso dos movimentos do *hip-hop*, do *rap*. Com os efeitos da globalização, a comunicação facilita a transmissão de diferentes culturas e costumes, sem a necessidade de uma integração territorial.

> A cultura como estratégia de sobrevivência é tanto transnacional como tradutória. Ela é transnacional porque os discursos pós-coloniais contemporâneos estão enraizados em histórias específicas de deslocamento cultural, seja como "meia passagem" da escravidão à servidão, como "viagem para fora" da missão civilizatória, a acomodação maciça da migração do Terceiro Mundo para o Ocidente após a Segunda Guerra Mundial, ou o trânsito de refugiados econômicos e políticos dentro e fora do Terceiro Mundo. A cultura é tradutória porque essas histórias espaciais de deslocamento – agora acompanhadas pelas ambições territoriais das tecnologias "globais" da mídia – tornam a questão de como a cultura significa, ou o que é significado por *cultura*, um assunto bastante complexo. (Bhabha,2013, p. 277)

O movimento contra o multiculturalismo encontra eco num outro inimigo focado pelos "novos" conservadores que é rotulado de "globalismo". Embora esse termo, ou variações dele, seja lido, na Europa e na América Latina, trata-se de uma crítica com origem norte-americana das décadas de 1980 e 1990. Vejamos, por exemplo, o que o chanceler brasileiro Ernesto Araújo escreveu num artigo ("Trump e o ocidente"), na revista *Política Externa*, do Itamaraty, no segundo semestre de 2017:

> Não por acaso o marxismo cultural globalista dos dias atuais promove ao mesmo tempo a diluição do gênero e a diluição do sentimento nacional: querem um mundo de pessoas 'de gênero fluido' e cosmopolitas sem pátria, negando o fato biológico do nascimento de cada pessoa em determinado gênero e em determinada comunidade histórica (Araújo, 2017, p. 323).

Quando era presidente dos Estados Unidos, em 2018, Donald Trump, declarou, na Assembleia Geral da ONU, "o fim da ideologia globalista" e seu foco na "doutrina do patriotismo". O "globalismo" não é sinônimo de globalização, e sim um fenômeno observado por conservadores nos movimentos sociais identitários, nas organizações internacionais (Organização das Nações Unidas, Organização Mundial do Comércio,

Organização Mundial da Saúde, entre outras), ONGs e instituições consideradas "esquerdistas" por alguns (imprensa e universidade), que, a partir de uma junção do marxismo cultural com a "revolução gramsciana", estaria por trás das transformações que levam a uma decadência da cultura e da tradição na sociedade. Vejamos um resumo da trajetória histórica desse conceito truncado que afirma que Lukács e Gramsci foram discutidos pela Escola de Frankfurt, e o resultado seria uma teoria que afirma que, não vencendo pela luta de classes, poderia vencer pela cultura. Trata-se de uma deturpação, para quem conhece a obra desses autores, pois eram um grupo que pregava uma estratégia para dominar a cultura e adotavam uma crítica negativista da sociedade de consumo.

A partir do final da década de 1990, o escritor "paleoconservador" William S. Lind publicou diversos textos em que descrevia a evolução de um movimento transnacional que chamou de "marxismo cultural". Sua "teoria" – que vinha sendo cada vez mais debatida em alguns circuitos da direita americana – foi sintetizada na conferência que proferiu em 2000, denominada "Origens do Politicamente Correto", na American University, em Washington D.C.

O que conta William Lind é que, após a Primeira Guerra Mundial, dois intelectuais marxistas – o italiano Antonio Gramsci e húngaro Georg Lukács – procuraram compreender por que razão a revolução socialista não se internacionalizou, conforme previa Lenin. Para Gramsci e Lukács, a cultura ocidental e a religião cristã cegavam a classe trabalhadora e para que a revolução proletária triunfasse seria necessário, antes, destruir a "superestrutura" ideológica do Ocidente.

A nova estratégia do movimento revolucionário comunista, elaborada por Gramsci, preconizava que, ao invés de lutar pela revolução socialista, como ocorreu na Rússia, os marxistas no Ocidente deveriam "empreender uma longa marcha através das instituições" – escolas, imprensa, igrejas, universidades – todas as instituições que influenciavam a cultura.

Quando, em 1919, Bela Kun instalou em Budapeste uma república de sovietes, Lukács foi designado vice-comissário do Povo para a Cultura e a Educação Popular. Defende Lind que o pensador húngaro teria instituído um programa de "terrorismo cultural" que tinha como um dos principais componentes introduzir a educação sexual nas escolas. A república socialista de Bela Kun durou apenas 4 meses. Em 1923, na Alemanha, Lukács participou da "Semana de Estudos Marxistas" organizada pelo jovem marxista e milionário alemão Felix Weil, que ficou fascinado com a abordagem cultural apresentada pelo pensador húngaro.

Felix Weil funda, na Universidade de Frankfurt, o Instituto para Pesquisa Social, posteriormente conhecida por Escola de Frankfurt. Misturando pitadas da psicanálise freudiana com marxismo, Theodor Adorno, Max Horkheimer, Herbert Marcuse e Walter Benjamin defendiam que existia um entrelaçamento entre repressão social, psíquica e sexual. Assim, acreditavam os frankfurtianos que uma consciência revolucionária poderia ser engendrada através da libertação psíquica e de atitudes culturais "mais esclarecidas".

Dois frankfurtianos são com mais frequência acusados por Lind de conspirar contra

> a cultura ocidental: Adorno e Marcuse. A abordagem de "cultura de massa" desenvolvida por Adorno teria provocado uma "perversão cultural" ao expor os fundamentos burgueses do que é geralmente percebido como beleza e qualidade. Marcuse, por sua vez, em seu *Eros e civilização*, atacou frontalmente a ordem sexual enraizada no ocidente, acusando-a de patriarcal e heteronormativa. Suas ideias, defende Lind, tornaram-se precursoras da promiscuidade sexual e do hedonismo. Hoje não são poucos os antiglobalistas que acusam a obra de Marcuse de destruir as velhas estruturas de autoridade da família tradicional. A "new left" e todo movimento de contracultura dos anos 1960 e 1970 seriam herdeiros da Escola de Frankfurt. Mais ainda, os marxistas culturais teriam, seguindo a cartilha de Gramsci, ocupado todas a instituições culturais nos Estados Unidos, das universidades aos estúdios de Hollywood. Ocupando os "meios de pensamento" ao invés dos meios de produção, a nova esquerda estaria implementando seu projeto de destruição da cultura ocidental, ao fomentar o feminismo, o "gayzismo" (termo pejorativo para se referir às bandeiras LGBT+), o ambientalismo, o multiculturalismo, etc. (Magalhães, 2018, https://www.estadao.com.br/cultura/estado-da-arte/quem-tem-medo-do-globalismo/).

A queda do Muro de Berlim e a derrocada soviética tornaram possível a aceitação dessa teoria por parte dos conservadores (especialmente os paleoconservadores), que escolheram novos inimigos, que, hoje, travam as principais batalhas das guerras culturais. Os conflitos ocorrem em momentos de ruptura ou de alto estresse social. Uma tese possível é: quando um governo chega ao limite das políticas econômicas e sociais tradicionais e parte para políticas que beneficiam movimentos identitários e minorias, isso é visto pelo resto da população como privilégio, num momento de crise. Os dinamarqueses começaram a se incomodar com a estrutura dada aos refugiados e imigrantes, cujo valor, alto, é pago por contribuintes locais (esse problema ocorreu em boa parte da Europa).

Nos Estados Unidos, a imigração e a crise dos empregos em Estados afetados pela globalização (com corporações transferindo suas fábricas para a China) criaram um ranço da classe média operária e suburbana, que se viu desprezada, em comparação aos grupos minoritários defendidos por um governo do Partido Democrata (Obama). No Brasil, um movimento parecido aconteceu com as elites recebendo altos subsídios e empréstimos do Banco Nacional de Desenvolvimento Econômico e Social (BNDES), com os mais pobres sendo beneficiados com programas sociais de transferência de renda, como o Bolsa Família, enquanto a classe média se viu pressionada, com o passar dos anos, novamente criando um ranço contra privilégios alheios. Os inimigos passaram a ser os grupos rotulados como identitários.

Os campos engajados pelos progressistas identitários e os conservadores/reacionários têm diferentes tipos de integrantes, que se atritam, a depender da pauta em discussão, normalmente amplificada pela imprensa e pelas mídias sociais. Vamos, primeiro, listar características dos progressistas identitários engajados:

1 Intensa fragmentação: feministas ricas e pobres, brancas e negras, mais abertas ou fechadas com a interlocução fora do movimento; *gays* (ricos e pobres, brancos ou negros, centrais e periféricos, diferenças e preconceitos entre *gays* afeminados ou não, lésbicas, trans etc.; movimento negro e a questão do colorismo; movimentos periféricos, movimentos de refugiados, movimentos de imigrantes e descendentes (japoneses e chineses, por exemplo). E daí entramos em outros tipos de movimentos: meio ambiente, defesa dos animais, veganismo... todos acabam sendo atraídos para o espectro chamado progressista, porém uma parcela considerável é refratária a críticas.
2 Movimentos são críticos a instituições tradicionais de mediação, como a política: movimentos costumam não se aliar com sindicatos, união de estudantes, assembleias estudantis, movimentos populares etc. Parte deles preza por movimentos horizontais, sem liderança.
3 Reversão da narrativa histórica fundadora: passam a criticar a historiografia oficial, combatem forças tradicionais repressoras... polícia, igreja, imprensa, velha política, escola, universidade. Os governos, aos poucos, tentam abarcar leis e propostas desses grupos.

A questão do ressentimento e das identidades em conflito está bem demarcada nos Estados Unidos. Ezra Klein (2010) cita um estudo do cientista político Michael Tesler, que demonstra que o governo Obama não representou a era pós-racial e que apenas a mera presença do presidente racializou a política americana. Por exemplo, a respeito do plano de benefício de saúde apelidado de "*Obamacare*", a divisão entre brancos e negros no que concerne ao seu apoio aumentou vinte pontos em relação à aprovação do programa prometido por Bill Clinton. Até mesmo uma pesquisa acerca da mascote presidencial mostrou o aumento da divisão racial: ao serem confrontados com fotos do cão Bo, da família Obama, americanos racialmente ressentidos diziam gostar mais do cachorro quando informados de que as fotos eram do cão Splash, de Ted Kennedy. Ao contrário do que o senso comum mostra, "de acordo com análises de conteúdo conduzidas por cientistas sociais e de comunicação, Barack Obama, na realidade, discutiu menos o tema raça em seu primeiro mandato do que todos os presidentes democratas desde Franklin Roosevelt" (Klein, 2020). Obama, no entanto, foi privilegiado por uma coalização multirracial que o elegeu por dois mandatos. A mudança é cultural devido, em parte, à maior representatividade na mídia, nas universidades e nas empresas. Todos os grupos identitários ganharam algum espaço (mulheres, indígenas, periféricos, LGBTQIAPN+, entre outros), e isso se refletiu nos resultados eleitorais.

A pesquisadora Amy Chua (2018) analisa o fenômeno do tribalismo político. Ao contrário da percepção, bastante comum, de que os brancos, nos Estados Unidos, são ainda dominantes na política, na economia e na cultura – algo que ocorreu praticamente sem disputas por duzentos anos –, houve uma transformação, no século XXI. Chua explica que, quando uma tribo se torna plenamente dominante, pode perseguir com impunidade, mas também age com generosidade. Um exemplo é como a elite WASP (acrônimo de branco, anglo-saxão e protestante) foi mais inclusiva nos anos 1960, ao patrocinar as universidades mais ricas da Ivy League, abrindo vagas para judeus, negros e demais minorias. Porém, nos tempos atuais, nenhum grupo se sente confortavelmente dominante, mas, sim, atacado ou posto contra outros grupos, nos temas de emprego, benefícios e no direito de definir a identidade na nação. Chua conclui que a democracia evolui para uma competição de grupos de soma zero – puro tribalismo político.

O artigo "*Racial attitudes in response to toughts of white privilege*" (Branscome, Schmitt e Schiffhauer, 2007) demonstra, com evidências empíricas, que incentivar os estudantes universitários brancos a pensar o conceito de privilégio branco pode levá-los a expressar mais ressentimento racial em pesquisas posteriores. O motivo é que a melhor maneira de ativar a identidade de uma pessoa é ameaçá-la, afirmar que ela não merece o que possui e fazê-la considerar que algo pode ser tirado dela (Klein, 2020). O convencimento de alguém para querer perder seu *status* faz parte de uma marcha de justiça social por si só radical. Ezra Klein cita uma frase comum difundida nas mídias sociais sobre o tema: "Quando você está acostumado com privilégios, a igualdade é sentida como opressão" – o que é verdade. Porém, Klein (2020, p. 43) alega que essa afirmação tem dois cortes: "Se é verdade que a perda de privilégios é sentida como opressão, esse sentimento deve ser levado a sério, tanto porque é verdade quanto porque pode ser explorado por demagogos e reacionários".

A identidade branca tem sido alvo de polêmica no âmbito acadêmico. A pesquisadora Ashley Jardina (2019), autora do livro *White identity politics*, menciona que gerações de acadêmicos desacreditaram a ideia de "identidade branca" devido ao seu caráter dominante e à sua maioria numérica, e por considerar que a solidariedade racial entre brancos é invisível e sem desdobramentos políticos (Klein, 2020). Os acadêmicos preferiram focar sua atenção nos afro-americanos, hispânicos e asiáticos.

A obra de Jardina (2019) comprova que essa visão está errada e que a identidade política branca é condicional. O sentimento de "branquitude" emerge em períodos de ameaças e desafios. Nos Estados Unidos, houve uma conjunção entre maior representatividade, campanhas criticando a hegemonia branca (como o "#OscarSoWhite", que cobrava diversidade na premiação da Academia de Artes e Ciências Cinematográficas), mudança demográfica perceptível e um presidente da república afro-americano. Somados, esses elementos teriam alterado a percepção do grupo racial branco, que sentiu seus benefícios em perigo. Ezra Klein (2020) destaca uma nuance da análise de Jardina, a de que o sentido da identidade racial pode ser baseado nas chaves do favoritismo intragrupo e na hostilidade extragrupo. Jardina afirma que o fortalecimento da identidade branca é a defesa do privilégio branco, sem o aumento concomitante de atitudes racistas. Klein defende o que parece uma distinção sem diferença, mas é importante para a compreensão.

Outro dado curioso é que Jardina aponta que entre 30% e 40% da população branca dos Estados Unidos sente um forte e crescente sentido de solidariedade racial, porém a maioria tem esse sentimento sem acompanhar a hostilidade racial. Esse ponto ajuda a explicar por que as políticas anti-imigração de Donald Trump e de outros políticos conservadores conseguem resultados mistos. A maioria das pessoas não se comporta juntando, ao mesmo tempo, preocupações com emprego a seus valores culturais e atitudes como racismo e intolerância. O mesmo vale para o político progressista. A identidade está numa equação que mistura comportamentos populares. Com mais tato e diálogo, é possível agregar mais apoios em temas ligados à identidade.

Depois de fazermos um panorama histórico e teórico pelos grupos liberais/progressistas, chegamos ao ponto de entender quais os locais de maior atuação das militâncias, como elas se formam e quais são suas principais ações, além de apontarmos algumas problemáticas no contexto das guerras culturais. Já comentamos que os jovens são grupos vulneráveis às ansiedades e pressões de uma sociedade em transformação e que, nos anos 1980, as produções cinematográficas mostraram tendências de gosto e escape da vida (Kellner, 2001). Porém, um desafio é apontar o principal lócus dos movimentos e elencar, ao menos em parte, o funcionamento de suas ações. Já discutimos que a instituição "universidade" é alvo de críticas de conservadores, liberais, marxistas e identitários, no debate sobre o "declínio da cultura". As universidades, de fato, podem ser apontadas como locais em que um dos grandes grupos (os identitários) encontram sua maior força formadora e militante.

Os autores que sistematizam as universidades de forma mais interessante, em diálogo com o que analisamos até o momento, são Greg Lukianoff e Jonathan Haidt (2018). Eles citam três inverdades (fragilidade, razão emocional e "nós contra eles") que compõem a formulação teórica que levaria a ações como intimidação, violência e perseguição. As três inverdades e as políticas e os movimentos políticos que se baseiam nelas estão causando problemas nos jovens, nas universidades e nas democracias liberais. Alguns dos problemas seriam as taxas altas de ansiedade, depressão e suicídio, que aumentam de forma acentuada na década de 2010.

Segundo Lukianoff e Haidt (2018), a cultura, em muitos *campi* universitários (com ênfase nos departamentos de Ciências Humanas), torna-se cada vez mais uniforme ideologicamente, comprometendo a capacidade dos estudantes de encontrar a verdade acessando uma ampla variedade de pensadores. Os extremistas de direita e de esquerda estão se proliferando, provocando-se uns aos outros em níveis cada vez mais profundos de ódio. A mídia social canalizou as paixões partidárias e de criação de "cultura do cancelamento" e "*call-out culture*" ("cultura do grito"), o que resulta em qualquer um sendo envergonhado ou humilhado publicamente por dizer algo bem-intencionado que outra pessoa interpreta de forma diferente. O problema é novamente ampliado pelas mídias sociais, que permitem aos cidadãos se refugiarem em bolhas de autoconfirmação, muitas delas com *trolls* provocadores cuja intenção é causar discórdia e divisão.

O lócus não se restringe às universidades. Também está presente no mundo corporativo, no entretenimento, na imprensa etc. Os movimentos identitários se aproveitam e exploram o ambiente das plataformas digitais para formar conexões, visibilizar pautas, explorar narrativas de engajamento e, nas formas mais combativas, denunciar abusos, além de promoverem campanhas de cancelamento virtual a quem se mostre contrário às suas pautas ou, por incidente ou não, seja uma pessoa de algum modo influente que tenha falado algo interpretado como ofensivo ou preceituoso.

Haidt trabalha o conceito de *coddling* ou de pessoas superprotegidas. Não quer dizer que os jovens sejam mimados ou preguiçosos, mas, sim, que os adultos estão fazendo muito mais para protegê-los, e esse exagero pode trazer prejuízos. A primeira das inverdades é a fragilidade. O autor questiona que há um excesso expressivo na lista de possíveis riscos na vida dos jovens. Como exemplo, ele lista um cuidado exagerado em alguns colégios, que proíbem os alunos de levar como merenda alimentos com nozes e amendoim devido aos riscos de alergia – para os colegas. O exagero se deve ao fato de que a medida era tomada mesmo se não houvesse nenhum aluno alérgico na classe. As alergias desse tipo eram consideradas mais raras até meados dos anos 1990. Em 2008, uma pesquisa com 640 crianças revelou, usando os mesmos métodos, o triplo de casos de alergia – e ninguém sabia a razão, mas a resposta mais óbvia era "crianças são vulneráveis". Depois descobriu-se que o aumento do número de casos ocorreu justamente pelo excesso de proteção na década de 1990. Dos alunos protegidos do consumo desses alimentos, 17% se tornaram alérgicos; entre as induzidas ao consumo, somente 3%.

Nas universidades, essa "segurança" envolve a mudança do conceito de "segurança física" para "segurança emocional". Lukianoff e Haidt (2018) descrevem o exemplo da Oberlin College, que, em 2014, introduziu regras para o corpo docente identificar gatilhos para "mostrar aos estudantes que você se importa com a sua segurança". O memorando explica a necessidade de se importar com os sentimentos, de utilizar pronomes neutros "preferidos por cada aluno" (por exemplo, "*zhe*" ou "*they*" para estudantes que não querem que sejam referidos como "*he*" ou "*she*"). O uso pelo professor não existe em respeito ou por ser apropriado emocionalmente, mas porque o professor que usa o "pronome incorreto" impede ou prejudica sua segurança na sala de aula.

Haidt trabalha o conceito de "trauma" nas ocasiões em que, se o professor errar, os alunos podem se desapontar ou ficar nervosos. Mas será mesmo que eles não estão seguros? O autor também questiona o risco de os professores se autocensurarem, com medo de falarem algo pretensamente inapropriado. Outro exemplo envolve um debate promovido por uma universidade com duas feministas sobre o tema "cultura do estupro". Uma das convidadas, Wendy McElroy, é cética em relação aos Estados Unidos serem apontados como tendo uma cultura do estupro, pois ela acredita que outros países, como o Afeganistão, têm esse problema de forma mais endêmica. A própria convidada foi vítima de abusos. O autor afirma que, se alguns estudantes da universidade acreditam na cultura do estupro, nos Estados Unidos, McElroy deveria ser convidada a expor sua visão. Porém, isso poderia ser definido como gatilho traumático? Houve pressão para ela ser desconvidada, pois a presidente da universidade também discordava dessa visão cética. Ela permitiria a exposição, porém sem debates. Os alunos poderiam aprender sobre o tema, sem a confrontação de ideias. Mesmo assim, os alunos criaram uma "sala do conforto", repleta de amenidades, caso algum estudante sofresse com o gatilho da fala da convidada. O assunto foi parar na imprensa e um artigo incrédulo do *The New York Times* questionou: "Os alunos não poderiam apenas não comparecer?". Um dos motivos elencados para o aumento de ansiedade e depressão nas gerações mais jovens teria relação com os *smartphones* e a interação nas mídias sociais.

Outra inverdade é a do raciocínio emocional. Lukianoff e Haidt (2018) questionam nove distorções cognitivas e analisam o conceito de "microagressão", definido como diálogos verbais sutis e comuns, comportamentos e ações, intencionais ou não, que comunicam hostilidade, desprezo, racismo e estereótipos. As pessoas que cometem microagressões por vezes fazem isso sem a consciência de que têm uma visão preconceituosa. Os maiores prejudicados são as mulheres e as minorias e populações historicamente marginalizadas, público que passou a ter cada vez mais acesso à universidade, nas últimas décadas. Eles ouvem frases como "Não fale na sua língua nativa", "A América é um caldeirão", "Eu acredito que a pessoa mais qualificada deveria ganhar o emprego" – provavelmente algumas ficarão ofendidas. O autor afirma que esses estudantes não deveriam assumir a microagressão, mas tomar a palavra e se abrir ao diálogo: "Acho que você não quis ofender ou machucar alguém quando disse isso, mas saiba que há outras interpretações". E o "agressor" também deveria estar aberto a aprender.

Porém, mais comum é o aumento de desentendimentos todos os dias. A microagressão revelou uma mudança moral crucial nas universidades, segundo Haidt, trocando a "intenção" para o "impacto" – o julgamento moral ocorre normalmente quando sabemos a intenção.

> Com base na associação do grupo, se você não gosta das pessoas, se deseja-lhes o mal ou pretende fazer o mal, você é um intolerante, mesmo que deseje ou faça algo que inadvertidamente ou involuntariamente ajude membros desse grupo.
> Porém, se você acidentalmente falar ou fizer algo que um membro do grupo considere ofensivo, mas não tem rejeição ou má vontade na base dos membros do grupo, você não é intolerante, mesmo se você falar algo desastrado ou insensível para o que um pedido de desculpas é apropriado. Uma gafe não torna alguém uma pessoa má ou agressora. (Lukianoff e Haidt, 2018, p. 49)

Uma parte da militância afirma que o preconceito é sobre o "impacto", e não apenas sobre a "intenção" – que, nesse caso, não seria necessária. Lukianoff e Haidt (2018) concluem que, se um membro de um grupo identitário se sente ofendido ou oprimido pela ação de outra pessoa, então, de acordo com o paradigma "impacto *vs.* intenção", ela é culpada de um ato de intolerância. Os autores citam um ensaio do *site* EverydayFeminism.com, que afirma que, "no final, o que a intenção da nossa ação realmente importa, se nossas ações têm o impacto de aprofundar a marginalização ou a opressão daqueles ao nosso redor?".

Na inverdade do "nós contra eles", Lukianoff e Haidt (2018) exemplificam com um caso ocorrido numa faculdade da Califórnia, em 2005, quando uma aluna escreveu um ensaio para uma publicação estudantil sobre sua sensação de marginalização e exclusão. Ela notou que os latinos estavam mais presentes em funções secundárias na instituição (faxineiros, jardineiros, técnicos etc.) do que no corpo administrativo e docente, e que se sentia preenchendo uma cota. No ensaio consta: "O clima do *campus* e a cultura institucional são baseados principalmente no ocidental, branco, cisheteronormativo superior aos valores da classe média alta" ("cisheteronormativo" descreve uma sociedade em que as pessoas presumem que outras pessoas não são transgênero, nem *gays*, a menos que haja informação em contrário). A diretora responsável pelo atendimento aos alunos respondeu ao ensaio dois dias depois:

> Obrigada por escrever e compartilhar este ensaio comigo. Temos muito o que fazer como uma faculdade e comunidade. Você estaria disposta a falar comigo algum dia sobre esses problemas? Eles são importantes para mim e para os funcionários e estamos trabalhando em como podemos servir melhor os alunos, especialmente aqueles que não se encaixam em nosso molde na CMC. Eu adoraria conversar mais com você. Cordialmente... (Lukianoff e Haidt, 2018, p. 58)

Não parece uma resposta hostil. Porém, o uso da palavra "molde" foi suficiente para criar uma revolução de proporções inesperadas. A estudante se ofendeu com o uso da palavra "molde". Ela não procurou a diretora para questionar sua interpretação ou intenção. Ao contrário, ela postou a carta integralmente em seu perfil no Facebook com o comentário: "Eu não me encaixo no maravilhoso molde da CMC! Sintam-se livres para compartilhar!". Seus amigos fizeram isso e rapidamente o *campus* irrompeu num grande protesto, hostilizando funcionários e membros da direção, com estudantes pressionando a demissão da diretora. Os estudantes não aceitaram as desculpas da diretora, em que ela reconhece que escolheu mal as palavras e que a intenção era demonstrar os sentimentos pelo ensaio e providenciar apoio. A diretora não foi demitida, porém nenhum funcionário lhe ofereceu apoio. Com o episódio se tornando assunto no noticiário televisivo e amplificado nas mídias sociais, ela decidiu se demitir.

É o tipo de ocorrência que tem se multiplicado em universidades, não apenas nos Estados Unidos, mas na Europa e no continente americano. Em outro episódio, os alunos fizeram uma manifestação cercando o reitor de outra universidade, que enfrentou a ira de um estudante que reclamou que "o problema era que heterossexuais brancos sempre dominam os espaços", ao que surpreendentemente o reitor respondeu que ele próprio era *gay*. O estudante, não satisfeito, retrucou: "Bem, homossexual... não importa... homens brancos estão no topo da hierarquia" (Lukianoff e Haidt, 2018, p. 73). Trata-se de um tribalismo típico das guerras culturais.

Os autores fazem parte do grupo que reclama da influência negativa de parte da universidade que alimenta o movimento identitário com autores de viés marxista, como Herbert Marcuse. As "políticas identitárias", segundo Jonatahn Rauch, basicamente tratam da mobilização organizada de grupos característicos envolvendo raça, gênero e sexualidade, em vez de partido, ideologia e interesse pecuniário. Esses grupos não são novos, nem particularmente ilegítimos ou apenas de esquerda. Haidt afirma que, no campo da ação, existem dois tipos de políticas identitárias. Um deles é de identidade da humanidade comum, em que os praticantes humanizam seus oponentes e apelam para sua humanidade, enquanto aplicam pressões políticas de outras formas (um caso de sucesso foi uma campanha pró-casamento *gay*, em partes dos Estados Unidos, que exibia valores compartilhados de felicidade, com pessoas representando os conservadores). O segundo é a política de identidade do inimigo comum, em que há uma formação de coalização usando o conceito psicológico inspirado no provérbio beduíno: "Eu contra meus irmãos. Eu e meus irmãos contra meus primos. Eu, meus irmãos e meus primos contra o mundo". Trata-se de uma estratégia para atacar um inimigo comum, e é a política que se tem mostrado crescente nas universidades e fora delas. Embora os identitários a explorem, a política pode ser frequentemente provocada pela extrema direita fora da universidade, que também está comprometida com as políticas identitárias. Em um exemplo citado por Lukianoff e Haidt (2018, p. 67), um estudante publicou um artigo reclamando que os brancos construíram um sistema para perpetuar o racismo e concluiu mencionando "morte aos brancos". A extrema direita se aproveitou da situação e a interpretou como genocídio. O aluno, na verdade, falava, em termos culturais, sobre a dominação branca nos Estados Unidos. O resultado foi que o estudante recebeu fortes críticas, dentro e fora do *campus*. O editor do jornal se desculpou, se retratou e demitiu o autor.

A reitora afirmou que esperava que os editores fizessem bom exercício de julgamento antes de determinar o que seria publicado.

As guerras culturais têm caráter punitivista em movimentos mais radicais e engajados dos grupos conservadores e identitários. É uma maneira de usar uma ação violenta, mesmo que pelo linchamento virtual, para resolver uma situação, visando alterar a norma social. O cancelamento por uma opinião ou comentário preconceituoso de celebridade, político, escritor ou influenciador digital com um número mínimo de seguidores engajados, tendo ou não intenção, resulta num dos tipos de linchamento virtual mais comuns. A visão mais moderada mostra que criticar uma posição preconceituosa atual é muito mais válida do que humilhar e destruir a carreira de alguém cujos comentários foram publicados anos ou décadas atrás. O roteirista e diretor James Gunn, do filme *Guardiões da galáxia* (2014), foi demitido pela Disney, em 2018, por mensagens com piadas provocativas envolvendo estupro e pedofilia publicadas dez anos antes. Gunn não fazia mais esse tipo de comentário e se desculpou pelos seus atos. A Disney, na figura do presidente dos estúdios, Alan Horn, defendeu a demissão afirmando que "as mensagens e atitudes ofensivas descobertas no perfil do Twitter de James são indefensáveis... [Elas] são inconsistentes com os valores de nosso estúdio e nós cortamos nossa relação com ele".

A resposta da Disney é sincera, porém qualquer um que estude seu histórico de produções verá que o estúdio já fez filmes com exemplos que podem ser interpretados como sexismo, racismo e homofobia. Isso ocorre porque os valores e as normas culturais evoluem com o tempo. O impacto público nas mídias sociais foi tão grande que outros artistas passaram a evitar qualquer tipo de contrato para cerimônias de premiações, com medo de que os militantes caçassem mensagens antigas para destruí-los. O ator e comediante negro Kevin Hart, por exemplo, desistiu de apresentar o Oscar, pois havia em seu perfil no X (ex-Twitter) mensagens antigas ironizando homossexuais. É uma situação totalmente diferente da demissão da atriz Roseanne Barr – ela estrelava um seriado na rede ABC, da própria Disney –, que tuitou, em maio de 2018, uma mensagem racista e foi demitida por uma ação de preconceito atual. A Disney reconheceu o exagero, no caso James Gunn, e o recontratou, em 2019, para dirigir *Guardiões da galáxia 3*.

No ano 2000, o presidente Donald Trump fez um pronunciamento, no Dia da Independência, reclamando do problema: "É a cultura do cancelamento, que faz muita gente perder o emprego, destrói a reputação de quem discorda e exige a submissão total de todos os que pensam de outra maneira. Isso corresponde à própria definição do totalitarismo, é completamente alheio à nossa cultura e não tem nenhum cabimento nos Estados Unidos da América".

Ironicamente, 153 dos mais proeminentes jornalistas, escritores e acadêmicos, a maioria ligada à esquerda, como Noam Chomsky e Michael Walzer, além da autora de *Harry Potter*, J. K. Rowling, que se envolveu em polêmicas por opiniões consideradas transfóbicas e por críticas ao movimento feminista radical, apontaram, em artigo na revista *Harper*[26], o perigo das ameaças à liberdade de expressão e do silenciamento do diálogo e dos debates, acusando o "boicote cultural" *on-line* como "intolerância generalizada". A *Harper's Magazine* é uma publicação respeitada, mas que não deixou de ser criticada por parte da militância identitária por ser elitista e pelo fato de a lista de assinaturas ser majoritariamente de "brancos com visibilidade".

O corpo da carta basicamente citava casos de "boicote cultural", silenciamento, destruição de reputações e demissões envolvendo, por exemplo: editores que estariam sendo demitidos por publicar artigos e reportagens controversas (o jornal *The New York Times* tem sido alvo preferencial de críticas, com acusações de que sua redação estaria promovendo um corte editorial identitário, silenciando certos conteúdos e assuntos, especialmente opinativos); livros que foram cancelados pelas editoras por inautenticidade (caso de *American dirty*, criticado por autores latinos porque a autora seria uma mulher branca não mexicana, ou o livro de Woody Allen, cancelado pela editora francesa Hachette após funcionários protestarem devido a denúncias contra o cineasta); investigações sobre professores universitários que citaram trechos racistas de obras literárias no contexto das aulas; e jornalistas impedidos de escrever sobre certos tópicos.

Muitos dos casos citados foram contornados de algum modo, mas, do ponto de vista crítico, talvez a pior parte da cultura do cancelamento ou do boicote cultural seja que ela não é efetiva contra corporações, celebridades ou autoras do nível de J. K. Rowling. Ela acaba tendo efeitos mais destrutivos para profissionais ou pessoas que se expõem nas mídias sociais e não têm suporte institucional ou do capital. Aqui entra também o paradoxo entre as próprias identidades, pois é possível observar o cancelamento da mulher caucasiana que fala algo con-

26 "A letter on justice and open debate." *Harper's Magazine*, 7 jul. 2020 (Publicado na edição impressa de outubro de 2020.) Disponível em: https://harpers.org/a-letter-on-justice-and-open-debate/

troverso sobre asiáticos, o *gay* branco masculinizado que faz uma piada imprópria com *gays* efeminados ou a feminista que questiona a fala de algum interlocutor e o invalida por ser "homem, branco, heterossexual, cisgênero etc.", numa confusão de linguagem com que o grande público não consegue dialogar, assim como não consegue compreender, nem superar os problemas do preconceito.

É evidente que pessoas, especialmente em cargos de liderança, que oprimem ou cometam abusos devem ser afastadas, desde que possam se defender, mas a crítica da carta é que o constrangimento ocorre por divergências de opinião ou por impropriedade de um erro cometido dentro de uma carreira sem problemas. A cultura corporativa, nesse aspecto da controvérsia, não está preocupada com a qualidade do serviço, mas, sim, com a proteção de sua marca – especialmente num mundo industrial de terceirizações. Posto isso, se um funcionário comete um descuido, intencional ou não, independentemente de sua raça, etnia ou gênero, divulgado publicamente e ampliado/discutido nas mídias sociais, e que coloque em risco a imagem da empresa, ele corre o risco de ser demitido, sem grandes chances de defesa. É por isso que as empresas têm investido em treinamentos de funcionários com conceitos antirracistas e contra discriminações, abusos e assédios no ambiente de trabalho.

O cancelamento normalmente tem origem e se encerra nas mídias sociais, também sendo privilegiado pelos algoritmos, que promovem os conteúdos mais sensacionalistas e engajados, fazendo aumentar seu alcance. Os acadêmicos progressistas alegam que as câmaras de eco reforçam certos perfis, e isso pode levar ao radicalismo.

Em uma edição recente do programa *Roda Viva*, da TV Cultura, o músico Emicida relatou que, no final dos anos 1990, uma colunista de um grande jornal havia feito uma acusação estigmatizante ao *hip-hop*. À época, aqueles que poderiam responder não o fizeram porque não tinham espaço ou acesso ao veículo. Hoje, com a rede social, essas vozes têm direito de resposta quando se sentem desrespeitadas pela grande mídia. Talvez a mesma colunista sequer cometesse hoje o mesmo erro de julgamento, pois teria acesso a informações de fora de sua bolha. Quando indagado sobre "cultura do cancelamento", Emicida respondeu: "A pessoa não está sendo cancelada, ela está sendo exposta e responsabilizada pela forma irresponsável como compartilhou um pensamento".

Essa moderação coletiva e orgânica, no entanto, é vista por boa parte do progressismo e do conservadorismo como um cerceamento à liberdade de expressão. O princípio de poder dizer o que se pensa é a base da democracia, e o cancelamento estaria calando as pessoas, criando constrangimentos para que expressem suas opiniões livremente. O direito à liberdade de expressão é um princípio inegociável, e ninguém o contesta. Nem mesmo os movimentos de extrema direita, para os quais a liberdade de expressão autoriza compartilhar *fake news*. A divergência reside sobre quem é o sujeito beneficiado com esse direito (Lago, 2000, https://piaui.folha.uol.com.br/materia/derrubem-as-estatuas/).

Em 2016, ativistas do movimento negro calaram o professor José de Souza Martins, no início de sua aula magna na Faculdade de Filosofia, Letras e Ciências Humanas, questionando o elitismo e a ausência de negros na Universidade de São Paulo. Questões legítimas, porém os ativistas talvez desconhecessem as importantes contribuições do professor para os estudos das dinâmicas do campo da sociologia agrária e da escravidão contemporânea. Martins fez uma crítica ao deslocamento da sociologia na universidade:

> As teorias são as mesmas; nada de novo aconteceu nas ciências sociais, na sociologia em particular, desde o último grande teórico que foi Max Weber. A partir disso, tudo o que se fez depois foi desenvolvimento das possibilidades teóricas daquilo que os clássicos já tinham formulado. [...] Em minha própria escola, num curso sobre relações raciais, a obra de Florestan [Fernandes] não foi incluída na bibliografia, embora ele tenha se tornado um reconhecido sociólogo da questão racial. Gilberto Freyre não só saiu do horizonte, como é satanizado pelas novas gerações porque sua obra colide com o politicamente correto de certos grupos. Minha tese é que, para sair do imobilismo, é importante voltar aos clássicos e reconstituir uma sociologia brasileira a partir dos clássicos, porque o Brasil mudou muito. Temos que nos redescobrir no retorno aos clássicos, sobretudo para rever aquilo que abandonamos. [...]
> Um dos reflexos na sociologia brasileira, sobretudo na formação das novas gerações, é que muitos entendem que pensamento crítico é o pensamento antagônico, sobretudo em relação àquilo de que discordamos por motivos ideológicos ou partidários. O pensamento crítico, na sociologia, é o pensamento que conduz à revisão de interpretações científicas vencidas por novas descobertas, que pedem a revisão do já conhecido e nela as novas questões a desafiar o conhecimento existente. [...]
> Houve uma ideologização da produção do conhecimento sociológico, aquela coisa do politicamente correto, a coisa do engajamento. Mas a prioridade de qualquer trabalho sociológico não é nem engajamento, nem o politicamente correto, da ilusória certeza na linearidade do processo histórico. O sociólogo tem que ser objetivo; esse é um princípio básico da ciência. Houve muita condescendência com esse voluntarismo político que foi muito marcante no Brasil, e que produziu análises que não servem para nada, no fim das contas (Fachin, 2020, http://www.ihu.unisinos.br/159-noticias/entrevistas/592388-os-sociologos-distraidos-e-a-invasao-ideologica-nas-ciencias-sociais-entrevista-especial-com-jose-de-souza-martins).

Em 2020, a antropóloga Lilia Schwartz também foi vítima de linchamento virtual por sua crítica ao álbum visual da cantora Beyoncé. Novamente, os militantes perderam a oportunidade de dialogar e expor a nova face do movimento afrofuturista que permeia a produção *Black is king*.

A crítica, buscando explicações originárias, também é feita por conservadores. Roger Kimball (2010), por exemplo, afirmava, em 1990, que a culpa dessa transformação na mentalidade dos estudantes tem relação com a rejeição e a desconstrução do chamado "cânone clássico", da imposição de novos discursos que o autor rotula de "exóticos" (teoria *queer*, afrocentrismo, estudos jurídicos críticos etc.), imposição de um pensamento "politicamente correto" nos *campi* americanos, em nome da "diversidade" e de uma virtude elevada (Kimball, 2010), que levariam a uma espécie de doutrinamento ideológico. Provavelmente, dessa linha de pensamento surgiram movimentos pressionando por mais controle no conteúdo das disciplinas e dos professores, que tenderiam ao partidarismo, em vários países – no Brasil, esse movimento é conhecido como "Escola sem partido".

Kimball também acusa todo o pensamento do progressismo identitário contemporâneo de se basear numa literatura marxista e pós-moderna (de autores como Jameson, Foucault, Derrida etc.), resumindo os debates a: "toda a vida cultural e intelectual é 'realmente' um coeficiente de relações de poder" (Kimball, 2010, p. 14), com tentativas de rebaixar o cânone ocidental (considerado opressor e negativo) por um novo, baseado no etnocentrismo. Kimball reclama que isso abriu margem para a militância e o uso dos departamentos acadêmicos (novamente ligados às ciências humanas) como palcos de ação política e, numa afirmação reacionária, reclama que o cânone ("antidemocrático" e "elitista") estaria sendo trocado por estudos sobre música popular, desenhos animados, seriados de televisão, entre outros (Kimball, 2010). É evidente que existem estudos sobre esses temas que dialogam com o cânone clássico.

O POLITICAMENTE CORRETO, LUGAR DE FALA, RACISMO ESTRUTURAL, APROPRIAÇÃO CULTURAL E TEORIA *QUEER*

O "politicamente correto" é um dos conceitos que se popularizaram a partir de 1990. Basicamente, descreve ações, expressões ou políticas que evitam ofender, excluir ou marginalizar grupos de pessoas vistas como desfavorecidas ou discriminadas – em especial, os grupos definidos por raça, gênero e orientação sexual. Seu uso se tornou pejorativo ou irônico para expressar excessos nas guerras culturais. O politicamente correto ganhou popularidade após uma série de artigos do jornal liberal *The New York Times*, a partir de 28 de outubro de 1990. O contexto era de várias universidades estarem incluindo e, por vezes, exigindo disciplinas e cursos obrigatórios sobre discriminação racial, políticas afirmativas e casos de direitos civis, substituindo espaços tradicionalmente dedicados a um conteúdo clássico.

Richard Bernstein (1990), no primeiro dos artigos, explica que o conceito de "politicamente correto" seria uma sugestão baseada na ortodoxia stalinista, tratada com ironia e desaprovação, e comumente utilizada, nos Estados Unidos, nos debates sobre o que deveria ser ensinado nas universidades e como as pessoas deveriam se expressar. Ao mesmo tempo que não é levado tão a sério, haveria uma pressão para uma atitude "correta" por parte de professores que tratam de raça, ecologia, feminismo, cultura e relações internacionais. Neste último tema, por exemplo, costuma haver apoio muito forte à soberania da Palestina e simpatia por revoluções em países que, por questões culturais, têm populações e culturas que atacam e desprezam homossexuais, mulheres e até valores ocidentais, o que mostra um dos vários paradoxos enfrentados pelo movimento identitário nas guerras culturais.

Outra questão apontada, embora muitos dos temas sejam importantes e mereçam discussão, é que há um sentimento descrito por acadêmicos conservadores e liberais/progressistas clássicos sobre o que é visto como intolerância crescente, fechamento dos debates e pressão para padronizar um programa radical, sob o risco de ser acusado de sexismo, racismo ou homofobia. Já o termo oposto, o "politicamente incorreto", tornou-se uma arma para movimentos conservadores e reacionários como uma expressão para banalizar preconceitos raciais e reafirmar o sentimento de que a esquerda visa impedir o exercício da liberdade de expressão. O paradoxo aqui é que, embora os movimentos conservadores temam o patrulhamento ideológico por marxistas, eles também gostariam de ter o controle sobre o conteúdo curricular da educação.

No Brasil, o politicamente correto também é alvo de discussões acadêmicas. Nara Cabral Scabin (2018) afirma que, em debates promovidos pelo grupo de pesquisa Observatório de Comunicação, Liberdade de Expressão e Censura da USP, o termo era constantemente citado por pesquisadores da comunicação como "uma forma repaginada e onipresente de censura, como marco civilizatório capaz de transformar a posição de marginalização em que se encontram as minorias sociais" (Scabin, 2018, p. 18). A própria delimitação do termo, por estar envolvido nas guerras culturais, é difícil tarefa – o que Scabin (2018, p. 31) analisa com equilíbrio dado ao objetivo de "mapear os entendimentos atrelados à expressão [...] nos discursos de diferentes agentes sociais que emergem nas narrativas da imprensa, bem como compreender a posição do próprio jornalismo nessas discussões. [...] É preciso manter-se uma abertura e relação à ampla diversidade de sentidos e posicionamentos presentes nos discursos circulantes".

O termo começou a aparecer na imprensa brasileira em 1991 e, até meados da década de 1990, representava um modismo, um estilo de vida, um comportamento originário da discussão norte-americana, porém sem tanto esforço em construir um significado, tarefa deixada nas mãos dos leitores. A *Folha de S. Paulo*, na qual Scabin (2018) se aprofundou para buscar quantidade e tipologia de menções, mostrava que, com o passar dos anos, o termo deslizou da editoria de Comportamento para a de Cultura. Textos com menções mais regulares em política surgiram em 2016, com a eleição de Donald Trump, nos Estados Unidos, assim como o termo começou a ser inserido no debate na sociedade brasileira (Scabin, 2018). O presidente Donald Trump costumava criticar sempre o politicamente correto em seus discursos, como em dezembro de 2017, quando afirmou ser responsável por trazer de volta a expressão "Feliz Natal" (*Merry Christmas*), que fora substituída, por muitas lojas e produtos culturais da mídia, pelo mais inclusivo “Boas festas” (*Happy holidays*).

O conceito de politicamente correto aparece no livro *Liberation education*, em que o autor conservador Dinesh D'Souza (1991) questiona quais seriam as políticas de tratamento diferencial para aceitar grupos diversos nas universidades e o que é estudado. Ele critica a exclusão do cânone de clássicos como Shakespeare, Aristóteles e “autores brancos” das bibliografias, e pergunta: qual seria a justificativa? Isso livraria os estudantes do etnocentrismo, do racismo e da homofobia? E como esse novo currículo, com viés ideológico excludente, prepara os estudantes para a vida? Aqui há uma crítica de que, no extremo, os novos programas também são excludentes ao tentarem incluir representatividade. E sobre a vida no *campus*: as universidades devem promover integração ou separatismo? A crítica é sobre certo desejo de se fechar em grupos identitários em contraponto aos grupos que são considerados dominantes. Mesmo entre os grupos minoritários, há críticas de que alguns são menosprezados. Negros recebem cotas, mas asiáticos e latinos, não. As mulheres não teriam equidade também em certos centros. Haveria, portanto, uma promoção da autovitimização e mudança dos currículos escolares através da linguagem, sem resolver muitos dos problemas reais dessas minorias.

Sobre os efeitos disso na cultura, podemos recorrer novamente ao livro *The closing of the american mind*, que serviu de base para as discussões do cânone cultural, na Dinamarca, e do currículo tradicional, nos Estados Unidos. Nele, Allan Bloom (1987) afirma que uma das razões para a decadência do papel tradicional da família e das ciências humanas se relaciona com o fato de as pessoas não acreditarem que os antigos livros contam a verdade. No máximo, eles são “cultura” (leia-se tédio). Lembramos que Tocqueville afirma que a tradição da democracia é nada mais do que informação. Porém, com a “explosão da informação”, a tradição se tornou supérflua, está morta. Os dois últimos autores formam a base da crítica conservadora ao que ocorre nas universidades e na cultura.

Sem o modelo tradicional e baseado em teóricos desconstrucionistas, vimos o surgimento de uma anarquia institucional e conceitual. Por exemplo, há movimentos que convenceram universidades a elaborar uma padronização de linguagem neutra. Assim, a Universidade de Cardiff[27] criou um dicionário com 34 palavras e frases mais apropria-

27 PELLS, Rachael. University bans phrases such as “mankind” and “gentleman's agreement” in favour of gender-neutral terms. *Independent*. 3 mar. 2017. Disponível em: https://www.independent.co.uk/student/news/university-cardiff-metropolitan-bans-phrases-mankind-gentleman-s-agreement-gender-neutral-terms-free-speech-a7609521.html

dos para uso no âmbito acadêmico, substituindo termos como *mankind* (humanidade), *gentleman's agreement* (acordo de cavalheiros), *forefathers* (antepassados) por expressões de gênero neutro, o que gerou acusações de censura por parte da comunidade acadêmica. Em muitos casos, os termos não têm conotação racista ou sexista, em sua origem ou uso corrente, o que costuma também ser alvo de debates.

Para completar, diversas universidades criaram projetos semelhantes, porém sem padronização, ou seja, uma professora ou um aluno que apresente um trabalho em outra instituição corre o risco de pronunciar ou utilizar um vocábulo considerado "incorreto" em outra lista. Essas palavras não poderiam ser usadas nem dentro do contexto da aula?". Torna-se uma zona cinzenta problemática. Vejamos alguns termos no dicionário de linguagem inclusiva da Universidade Metropolitana de Cardiff:

Termo – Alternativa sugerida
Best man for the job – Best person for the job
Businessman/woman – Businessperson, manager, executive
Chairman/woman – Chair, chairperson, convenor, head
Charwoman, cleaning lady – Cleaner
Craftsman/woman – Craftsperson, craft worker
Delivery man – Delivery clerk, courier
Dear Sirs – Dear Sir/Madam (or Madam/Sir)
Fireman – Fire-fighter
Forefathers – Ancestors, forebears
Foreman/woman – Supervisor, head juror
Gentleman's agreement – Unwritten agreement, agreement based on trust
Girls (for adults) – Women
Headmaster/mistress – Head teacher
Housewife – Shopper, consumer, homemaker (depends on context)
Layman – Lay person
Man or mankind – Humanity, humankind, human race, people
Man (verb) eg man the desk – Operate, staff, work at
Man in the street, common man – Average/ordinary/typical citizen/person – but is there such a person?
Man-hour – Work-hour, labour time
Man-made – Artificial, manufactured, synthetic
Manpower – Human resources, labour force, staff, personnel, workers, workforce
Miss/Mrs – Ms unless a specific preference has been stated – though its common not to use titles at all these days
Policeman/woman – Police officer
Right-hand man – Chief assistant

Salesman/girl/woman – Sales assistant/agent/clerk/representative/staff/worker
Spokesman/woman – Spokesperson, representative
Sportsmanship – Fairmess, good humour, sense of fair play
Steward/ess – Airline staff, flight attendant, cabin crew
Tax man – Tax officer/inspector
Waitress – Waiter, server
Woman doctor (or feminine forms of nouns eg actress, poetess) – Doctor (actor, poet etc.)
Working man, working mother/wife – Wage-earner/taxpayer/worker
Workman – Worker/operative/trades person
Workmanlike – Efficient/proficient/skilful/thorough

Não há padronização na linguagem neutra. No Brasil, há pessoas que usam "x" para indicar gênero neutro (o que causava problemas para quem tem deficiência visual e utiliza *softwares* de leitura), outras usam "e". Assim, palavras como "amigos" podem ser encontradas como "amigxs" e "amigues". Porém, surge outro grande problema para os defensores da linguagem neutra. Quando se usa o gênero neutro em textos que posteriormente farão parte de bancos de dados, acervos e bibliotecas, fica mais difícil encontrá-los, especialmente se cada país definir um, dois ou mais padrões para as palavras. A Suécia, por intermédio de sua Academia, decidiu incluir um pronome neutro no dicionário.

No feminismo, termos como "acolhimento", "protagonismo", "empoderamento", "jornada", "falsa simetria", "patriarcado", "sororidade", "cultura do estupro", "objetificação", *manspreading*, *manterrupting*, *mansplaining*, *bropriating* e *gaslighting* exploram os problemas enfrentados por mulheres com o machismo em situações familiares e de trabalho. Porém, embora se esforcem para combater os problemas divulgando essas situações, os grupos enfrentam uma grande barreira de compreensão no grande público devido à forma (professoral ou acusatória em situação pública) ou em virtude da linguagem (acadêmica demais). A linguagem e a forma de comunicar por vezes são confusas nos movimentos, pois não há um manual – o processo está sempre em evolução.

A contrarreação conservadora/reacionária, com o retorno de Donald Trump à presidência, em 2025, criou uma versão truncada e exagerada da batalha, a que ele chama iniciativas "Woke". O jornal *The New York Times*[28] relacionou ao menos duzentas palavras que devem ser banidas de agências federais. É o caso de "ativismo", "antirracista",

28 YOURISH, Karen; DANIEL, Annie; DATAR, Saurabh; WHITE, Isaac; GAMIO, Lazaro. These words are disappearing in the new Trump administration. *The New York Times*. 7 mar. 2025. Disponível em: https://www.nytimes.com/interactive/2025/03/07/us/trump-federal-agencies-websites-words-dei.html

"crise climática", "diversidade", "LGBTQ", "não binário", entre outras, chegando ao cúmulo de as imagens do avião *Enola Gay* terem sido apagadas das bases de dados. Trata-se da aeronave que lançou a primeira bomba atômica sobre o Japão, em 1945, cujo piloto decidiu fazer uma homenagem à mãe, Enola Gay Tibbets.

Nos debates brasileiros, por exemplo, há quatro casos que costumam gerar controvérsia: "lugar de fala", "racismo estrutural", "apropriação cultural" e "teoria *queer*". O primeiro deles – "lugar de fala" – costuma ser mal interpretado como impedimento de debate se o interlocutor não faz parte de um grupo minoritário. O conceito é definido no livro de Djamila Ribeiro (2019), dialogando com variações como o "lugar de fala do subalterno", de Gayatri Spivak. "Lugar de fala" é lugar social, de localização, dentro da estrutura de poder, e não a partir da vivência especificamente ou da expressão individual. As pessoas também costumam confundir "lugar de fala" com representatividade, o que acaba criando uma visão essencialista de achar que só o negro pode falar de racismo. Isso leva muita gente a dizer, em um debate: "Eu não posso comentar, pois não é o meu lugar de fala!". Todos devem falar, pois apenas assim as relações raciais e de gênero podem ser compreendidas e incorporadas na sociedade.

O conceito de "lugar de fala" é imperfeito, pois cria estratificação de identidades e impedimentos, pois há zonas mistas culturais e econômicas agindo sobre elas. Usemos como exemplo a noção de "colorismo", usada para chamar a atenção para diferentes níveis de preconceito da população negra, cuja medição é dada pelo tom da cor da pele e por características do rosto e do cabelo. O problema de fundo é que a população negra em geral sofre com preconceitos, independentemente do tom da pele, porém criou-se a ideia de questionar a miscigenação para discutir a democracia racial, o sistema de contrastes na sociedade e a busca pelo embranquecimento das pessoas. Se, por um lado, é importante debater o uso social do termo "pardo", por outro, abre-se margem para, no extremo, prejudicar os negros mestiços. No Brasil, há o exemplo, em 2018, da cantora Fabiana Cozza, que recebeu fortes críticas, pois não teria a pele suficientemente escura para interpretar Dona Ivone Lara em um musical.

O segundo conceito que gera controvérsia é "racismo estrutural", segundo o qual a sociedade, tal como é constituída, reproduz parâmetros de discriminação racial tanto na vida dos indivíduos quanto nas instituições (Almeida, 2019). Para Silvio de Almeida (2018) "uma coisa é apontar o racismo estrutural que realmente existe e marca as coisas. Outra é argumentar que qualquer problema é racismo estrutural, pois o problema não vai ser resolvido, não vai acabar". Não se trata de ofensa, impedimento ou violência direta. Racismo é uma forma de normalização e compreensão das relações, constituindo as ações conscientes e inconscientes. Porém, ele extrapola a questão étnica. O racismo precisa ser entendido nas dimensões da política, da economia e da subjetividade. Somente assim as pessoas começarão a entender por que naturalizamos a ausência de negros em certos locais, assim como a presença deles em muitos cargos menos qualificados. Os 39,9 milhões de afro-americanos representam 13,8% da população dos Estados Unidos; no entanto, eles estão muito presentes na mídia, nos esportes, no entretenimento, e, aos poucos, conquistam novos espaços – com a vantagem ou desvantagem das divisões internas da sociedade americana, em que o branco ainda se mantém na maior parte dos cargos de liderança. No Brasil, com 212 milhões de habitantes, 56% da população se declaram negros (pardos e pretos somados), e sua presença nos espaços de maior visibilidade (meios de comunicação) é inferior à dos Estados Unidos. O professor Muniz Sodré (2023) acirrou o debate ao afirmar que o racismo é institucional e intersubjetivo, portanto muito difícil de combater. Ele argumenta que, se o racismo fosse, de fato, "estrutural", já teríamos acabado com ele.

O terceiro conceito é o de "apropriação cultural". No Brasil, ele se popularizou por um incidente, em 2017, quando uma jovem com leucemia, usando turbante, foi constrangida por jovens negras a retirá-lo da cabeça por ela ser etnicamente branca. O relato da jovem nas mídias sociais foi o suficiente para iniciar mais uma típica batalha das guerras culturais. Foi lançada a *hashtag* #VaiTerTodosDeTurbanteSim, grupos de direita se agitaram e chamaram a situação de "racismo reverso"; a esquerda considerou a apropriação uma forma de racismo, os negros consideraram "banalização de um símbolo cultural", e muitas outras pessoas aderiram à "cultura não tem dono" e "tenho direito a usar o que eu quiser". Em 2020, novo incidente ocorreu com a atriz Alessandra Negrini, que sofreu patrulhamento ideológico por se fantasiar de indígena no carnaval.

O conceito de apropriação cultural, em relação ao uso de artefatos culturais (roupas, penteados, instrumentos, costumes), implica um tipo de deturpação do seu sentido original. No exemplo do carnaval, milhares de pessoas saem fantasiadas das mais diversas formas e a maioria não sabe dos efeitos de descaracterização simbólica. Assim como "lugar de fala", é preciso ter bastante cuidado na aplicação desse conceito. Uma de suas limitações importantes é que essas representações culturais não têm essência imutável. A cultura é uma colcha de retalhos que se transporta e dialoga, no espaço e no tempo, e é adaptada e ressignificada, das mais diversas formas. Há um equívoco na análise segundo a qual vestir uma fantasia ou usar algum artefato esvazia seu significado. A crítica normalmente parte do princípio de que a representação é uma visão da cultura opressora; porém, pode ser alegórica. O contexto correto do conceito não é o da troca cultural na dinâmica da globalização, mas, sim, nos mecanismos que adquirem essas representações para perpetuar as relações de poder, mantendo os movimentos (de origem) em posição subalterna.

Uma variação desse conceito é a ressignificação do espaço público e de figuras históricas. Robert Darnton (1990) cita que, em Paris, cerca de 1.400 nomes de ruas que continham referências a um rei, rainha ou santo foram substituídos após a Revolução Francesa. A Place Louis XV, palco das execuções mais espetaculares na guilhotina, foi renomeada Place de la Révolucion. Muito tempo depois, ela seria novamente renomeada para a atual Place de la Concorde. A Catedral de Notre-Dame foi, por algum tempo, o Templo da Razão. Hoje é, novamente, Notre-Dame.

O presidente russo, Vladimir Putin, foi sagaz ao responder à questão de Oliver Stone[29] sobre a ambiguidade na figura de Stalin e a visão de personalidades históricas na sociedade, de acordo com o contexto histórico.

> Havia no passado um político proeminente, Winston Churchill. Ele era fortemente contra o sovietismo. Mas, uma vez iniciada a Segunda Guerra Mundial, ele foi um grande defensor do trabalho conjunto com a União Soviética. Ele chamou Stalin de um grande líder de guerra e revolucionário. E depois da Segunda Guerra Mundial, como se sabe, Churchill iniciou a Guerra Fria. E, quando a União Soviética fez o primeiro teste nuclear, não foi outro senão Winston Churchill quem anunciou a necessidade de coexistência de ambos os sistemas. Ele era uma pessoa muito flexível. Mas acho que no fundo do coração dele, sua atitude em relação a Stalin permaneceu firme, nunca mudou. Stalin era um produto de seu tempo. Pode tentar demonizá-lo o quanto quiser. Tentamos lembrar de seus méritos na vitória sobre o fascismo. Quanto à demonização de Stalin, houve uma pessoa assim na história: Oliver Cromwell. Ele foi um sanguinário alçado ao poder por uma revolução e se tornou um tirano. E seus monumentos ainda estão espalhados por toda a Grã-Bretanha. Napoleão é deificado. Mas o que ele fez? Ele usou o impulso do ardor revolucionário e chegou ao poder. E não apenas restaurou a monarquia, mas se autodeclarou imperador. E levou a França a uma catástrofe nacional, a derrota total. Existem muitas situações e pessoas assim, mais que suficientes na história do mundo. Acho que a demonização

29 *Entrevistas com Putin* – Parte 4 (Diretor: Oliver Stone). Documentário, 2017. Showtime.

> excessiva de Stalin é uma das maneiras de atacar a URSS e a Rússia para demonstrar que a Rússia de hoje tem algo que se origina no stalinismo. Bem, é claro que nós temos essas marcas de nascença. O que estou dizendo é que a Rússia mudou radicalmente. Claro, algo possivelmente permaneceu em nossa mentalidade. No entanto, isso não significa que devemos esquecer todas as atrocidades cometidas sob o stalinismo, a destruição de milhões de nossos compatriotas, os campos de extermínio. Essas coisas não devem ser esquecidas. (Entrevistas com Putin, 2017)

Stalin apagou Trotsky da memória histórica russa. Os franceses tentaram elevar sua imagem de resistência em filmes e livros para apagar a imagem da França colaboracionista de Vichy na Segunda Guerra Mundial. O Brasil ainda tem um problema de origem colonial de não dialogar mais com a cultura latino-americana. São muitos exemplos. O mais atual e relevante talvez seja a controversa retirada das estátuas e dos monumentos, movimento iniciado pelo movimento negro Black Lives Matter ("Vidas Negras Importam"), nos Estados Unidos, após o assassinato de George Floyd, em 2020. O ato da retirada não é aleatório, tem relação com a própria narrativa da nação, nos Estados Unidos. A maioria desses monumentos controvertidos foram instalados no século XIX, em um movimento conhecido como Memória Sulista da Guerra. Trata-se de uma memória de "causa perdida", da honra sulista perdida. Essas representações foram pensadas pelos cidadãos dos Estados confederados como forma de construir sua própria versão da guerra. O norte construiu sua própria versão, em que o progresso industrial e o capital derrubaram o mundo atrasado. Trata-se aqui de visões de mundo em disputa.

A memória sulista é responsável por filmes como *O nascimento de uma nação* (1915), hoje raramente exibido por seu teor racista, e *E o vento levou* (1939), e boa parte de seus "heróis de guerra" confederados são lembrados em estátuas, monumentos, nomes de colégios, praças, avenidas e, até recentemente, como emblema da Marinha dos Estados Unidos. Não significa, entretanto, que hoje a maioria das pessoas contrárias à retirada sejam apoiadoras da segregação, mas, sim, que muitas delas sentem uma ruptura violenta com a retirada de algo que está presente em seu cotidiano por dois séculos. O que os movimentos negros pressionam é pela retirada dessas homenagens, como a do general Lee (existente em várias cidades). A ação gerou disputa nas ruas por movimentos contrários e foi cooptada pelo presidente Donald Trump, que usou um argumento contrário à retirada das estátuas, alegando que a razão usada para retirar o general Lee seria a mesma para eliminar as estátuas de George Washington e Thomas Jefferson (ambos sulistas e escravocratas), dois dos principais pais fundadores dos Estados Unidos. Até as estátuas do "descobridor" Cristóvão Colombo foram retiradas.

O movimento para derrubar estátuas cruzou o oceano Atlântico e chegou à Inglaterra (blindaram a estátua de Churchill), a Portugal (um grupo quis derrubar até a Torre de Belém!) e à Bélgica, com distúrbios e muito debate acadêmico. Como vimos, a destruição e a retirada de monumentos é comum ao longo da história, desde o apagamento de quem caía em desgraça no Império Romano, a derrubada das estátuas de figuras nuas em São Paulo, em nome da decência, nos anos 1960, até as de Vladimir Lenin, com a queda do comunismo. A destruição também indica mudanças na sociedade.

Em São Paulo, ao decidirem pela troca do nome do Elevado Costa e Silva (viaduto conhecido como "Minhocão") para Elevado Presidente João Goulart, os críticos mais conservadores questionaram se a mudança não apagaria uma representação que deveria ser lembrada (pelo aspecto negativo), assim como na Alemanha ainda se mantêm memórias dos períodos nazista e comunista. Os mais progressistas reclamaram da "piada pronta": muita gente quer a derrubada do elevado. Se o demolirem, derrubarão Jango mais uma vez!

A crítica é válida, e não se pode condenar *a posteriori* monumentos e homenagens que estão inseridos em contextos históricos e de pensamento diferentes. No caso das estátuas, a melhor saída, após os distúrbios, parece ser o diálogo com museus e centros culturais para avaliar caso a caso, já que há monumentos cuja retirada não se justifica, enquanto outros são levados para alas de museus e "cemitérios de monumentos".

O quarto conceito se relaciona com a "teoria *queer*", que faz parte dos Estudos de Gênero e Sexualidade. Um dos marcos iniciais, no Brasil, é o artigo "Teoria *queer*: uma política pós-identitária para a educação", de Guacira Lopes Louro (2001), publicado na *Revista Estudos Feministas*. Porém, o grande impacto se deu com a chegada do livro *Problemas de gênero*, da filósofa Judith Butler (2003). Lésbica, judia e formada no contexto feminista dos anos 1980, Butler discute os limites da categoria "mulher". O registro teria se limitado na visão da mulher universal, oriundo ainda da repercussão do livro *O segundo sexo*, de Simone de Beauvoir (1970). A mulher precisa ser vista sob novos registros (negras, brancas, ricas, periféricas), e Butler avança na discussão, questionando o gênero no binarismo existente entre masculino e feminino. É a partir da análise da oposição entre homossexualidade e heterossexualidade que se encaixa a noção de heteronormatividade, que funcionaria de forma a dominar os demais registros, forçando valores e costumes da masculinidade e da feminilidade. Ela representa a situação em que outras formas de orientação sexual, além da heterossexual, são marginalizadas e rejeitadas pelas práticas sociais e políticas. A autora ressignifica Beauvoir, afirmando que não existe mais uma relação biológica que relacione o corpo ao gênero. Seu conceito mais conhecido é o de "performatividade de gênero", que se caracteriza pela repetição de atos, gestos e signos culturais que reforçam os costumes dos corpos masculinos e femininos, tais como os vemos atualmente. Para Butler, gênero é um ato intencional, mas controlado, que depende das experiências vividas pelo corpo, sendo então um gesto performativo que produz significado (Piscitelli, 2002). Mais uma diferença: "Identidade de gênero" é como você se identifica e "Expressão de gênero" é como você se manifesta.

A teoria *queer* é algo recente, com origem no contexto da epidemia da Aids, nos anos 1980. Nos Estados Unidos, a epidemia pode ser interpretada como uma construção social de preconceito contra a revolução sexual porque afetou mais a comunidade *gay*. Naquele momento de reação conservadora, o governo pouco se mexeu para a aprovação de políticas públicas, preferindo a discussão de natureza moral (Miskolci, 2012).

O termo "*queer*", é bom explicar, tem origem pejorativa em seu uso, com conotação de anormalidade. O movimento *gay* e lésbico originário dos anos 1960 era marcado por um grupo de classe média, branca e letrada ávida por aceitação e incorporação social (Miskolci, 2012, p. 25), enquanto o movimento *queer*, que apareceu nos anos 1980 e teria um novo salto em 1993, não fazia uma defesa simples da homossexualidade, mas "a recusa dos valores violentos que instituem e fazem valer a linha da abjeção, essa fronteira rígida entre os que são socialmente aceitos e os que são relegados à humilhação e ao desprezo coletivo". O *queer* criticava os regimes de normalização, por uma perspectiva de diferença, e não de diversidade.

Dois aspectos importantes dos estudos *queer* são: primeiro, o "pressuposto de que a maioria é heterossexual é altamente questionável porque se a homossexualidade é uma construção social, a heterossexualidade também é" (Miskolci, 2012, p. 30), o que romperia o conceito tradicional do binarismo hetero-homo; segundo, a teoria *queer* é uma vertente do feminismo, pois a maior parte dos estudos *gays* eram feitos por homens que não liam as feministas. Essa vertente enxerga o gênero como algo cultural; então, masculino e feminino estão em homens e mulheres (nos dois), independentemente do sexo biológico.

Pela perspectiva das normas e convenções, é possível notar que qualquer pessoa fora do padrão é insultada. Richard Miskolci afirma que aprendemos sexualidades ouvindo injúrias em relação a nós mesmos ou em relação aos outros. A escola é um ambiente onde é comum ouvir xingamentos e humilhações.

> Mas também não é nada agradável alguém que – mesmo não sendo xingado – descobre que seu colega está sendo humilhado e maltratado por causa disso. É assim que as normas se fazem valer. Daí ser simplista resumir essas violências no termo "homofobia" à violência dirigida a homossexuais, pois essas violências se dirigem a todos e todas, apenas em graus diferentes. Essas violências são expressão do heterossexismo, da forma como somos socializados dentro de um regime de terrorismo cultural. Uso esse termo forte, "terrorismo cultural", para ressaltar que se trata de algo coletivamente imposto e experienciado; sobretudo, algo que vai além de atos isolados de violência. (Miskolci, 2012, p. 33)

A mídia costuma chamar de homofobia a ocorrência contra quem foi diretamente atingido pela violência física ou injúria. Porém, ela constitui um fenômeno que envolve a todos – vítima, algoz e testemunhas. Ninguém, no dia a dia, se descreve como *queer*. Trata-se de um termo guarda-chuva que abarca *gays*, lésbicas, pansexuais, entre outros. Um dos grandes desafios do movimento – que está sempre em transformação – é encontrar uma padronização, pois há uma evolução muito rápida das classificações, o que gera ruídos e incidentes que são aproveitados pelas guerras culturais.

O que era o movimento *gay* nos anos 1960 e o *queer* nos anos 1980 evoluíram, no Brasil, para acrônimos como: movimento GLS (*gays*, lésbicas e simpatizantes) – uma tradução da expressão norte-americana *gay friendly*, que teve intuito comercial; movimento LGBT (lésbicas, *gays*, bissexuais, travestis, transexuais e transgêneros) – usado desde os anos 1990; até chegarmos à sigla LGBTQIA+ (de lésbicas, *gays*, bissexuais, transgêneros, *queer*, intersexuais, assexuais e o "+" denotando outros grupos e variações de sexualidade e gênero). Há sempre novos grupos tentando ampliar a sigla, o que torna mais difícil uma comunicação prática sobre eles. Isso gera incidentes devido à falta de compreensão das diferenças e ainda existe preconceito entre os grupos de corte étnico, racial, gênero e econômico, o que expõe exemplos "internos" das guerras culturais.

O movimento LGBTQIA+ avançou sensivelmente em representatividade na mídia, a partir do ano 2000. Quatro exemplos que abordam diferenças intragrupos são as produções televisivas *Queer as folk* (*Os assumidos*), produzida na Inglaterra (1999–2000) e nos Estados

Unidos (2000–2005), sobre o cotidiano de jovens *gays*; a série americano-canadense *The L World* (2004–2009), com amigas mulheres representando homossexuais, bissexuais e transexuais; o *reality show Queer eye for the straight guy* (2003–atual), que promove mudança radical no figurino, na alimentação e no estilo de vida de um convidado – geralmente heterossexual, produção que se tornou grande sucesso comercial; e o *reality show RuPaul's drag race* (2009–atual), que envolve competição de talento de *drag queens*.

O crescente sucesso de produções que lidam com o público "*queer*" ensejou a criação de uma série de programas e séries derivados ou atrativos que tenham a mesma linha. Cantores e celebridades também tentam surfar nessa popularidade, por vezes com interesses apenas financeiros e preconceitos camuflados, ao que militantes chamam de exploração do *pink money* (dinheiro *gay*). É um deslocamento de interesses do mercado que já ocorreu no passado, com o público feminino e os afro-americanos. A partir dos anos 1970, temos a proliferação de séries com protagonismo feminino e negro, como *The Mary Tyler Moore Show* (1970–1977), protagonizado por uma produtora de tevê solteira, de 30 anos, bem-sucedida profissionalmente, e *The Cosby Show*[30] (1984–1990), um grande sucesso de audiência na televisão americana dos anos 1980, retratando uma família de afro-americanos de classe média alta em Nova York.

30 A estrela da série *The Cosby Show*, o comediante Bill Cosby, foi condenado por crimes sexuais em 2018.

O CONTRA-ATAQUE CONSERVADOR REACIONÁRIO

No bloco conservador, há um grupo reacionário, supremacista branco, anti-institucional que, por vezes, transita por teorias da conspiração. Em 25 de maio de 2020, foi amplamente noticiado o assassinato do afro-americano George Floyd, em Minneapolis, por um policial que se ajoelhou em seu pescoço por oito minutos, enquanto ele se encontrava imobilizado de bruços na estrada – Floyd estava desarmado. O crime levou a uma série de protestos e distúrbios que se espalharam pelos Estados Unidos, com desdobramentos em outros países – como Inglaterra e França –, visando chamar a atenção para as ações racistas da polícia contra os afro-americanos.

Alguns reacionários acusaram as ações violentas do protesto de vandalismo e atribuíram as manifestações a grupos extremistas de esquerda ligados ao movimento Antifa – que se opõe ao fascismo por quaisquer meios. Formado por grupos de socialistas, comunistas e anarquistas, esse movimento tende ao anticapitalismo, algo latente em suas ações, o que resulta em críticas por liberais e progressistas, nos Estados Unidos.

O assassinato de George Floyd não foi o primeiro, e muito menos a reação reacionária. Em 1991, a brutalidade policial contra Rodney King, em Los Angeles, resultou nos "Distúrbios de Los Angeles", também com efeitos em todo o território norte-americano, com 58 mortos e 3 mil feridos. Foi nesse contexto de valores dos anos 1990 que o movimento Black Lives Matter se formou.

Em 1993, terroristas da al-Qaeda realizaram um ataque ao World Trade Center, com um caminhão-bomba, que matou seis pessoas e feriu mais de mil. Porém, no mesmo ano, houve o famoso cerco de Waco, quando a Agência de Tabaco, Armas de Fogo e Explosivos (*Bureau of Alcohol, Tobacco, Firearms and Explosives*) cumpriu mandado de busca na sede da seita Ramo Davidiano, uma propriedade a 14 quilômetros de Waco, Texas. O cerco durou 51 dias e envolveu todas as forças de segurança dos Estados Unidos (Guarda Nacional, FBI, Texas Rangers etc.). Houve um incêndio durante o cerco, e o resultado foram 76 pessoas mortas, sendo 24 de nacionalidade britânica. Foi nesse momento que os americanos descobriram que havia um movimento novo, extremista e cristão, que agia nas sombras, conhecido como Movimento Patriota (*Patriotic Movement*), de abrangência nacional e com células até então desconhecidas.

Em 1995, Timothy McVeigh e Terry Nichols praticaram um atentado contra o edifício federal Alfred P. Murrah, no centro da cidade de Oklahoma, causando 168 mortes e 680 feridos, destruindo ou danificando 324 edificações, num raio de dezesseis quadras, com prejuízo de cerca de 624 milhões de dólares. O Atentado de Oklahoma é considerado, depois do "11 de setembro de 2001", o ato terrorista doméstico mais letal dos Estados Unidos. A motivação era a antipatia pelo governo federal e uma insatisfação com incidentes com grupos extremistas como o Cerco de Waco (1993) e o Ruby Ridge (1992), que revelou um vínculo com milícias no Estado de Michigan. Desde então, atos de violência têm ocorrido com alguma regularidade, e um dos que causaram maior repercussão foi o massacre de Charlestown (Carolina do Sul), em 2015, quando um supremacista branco de 25 anos entrou numa igreja metodista episcopal africana e matou nove pessoas.

Esses movimentos mais radicais servem, em parte, como base de apoio dos neoconservadores mais extremistas, antiglobalização, ligados a nomes como os senadores Pat Buchanan, Ted Cruz ou Newt Gingrich. O grupo republicano neoconservador planejou, teoricamente, a guerra contra o terror pós-atentados de 11 de setembro de 2001 no governo George W. Bush. Houve, nesse período, a ampliação da ala libertária do Partido Republicano, liderado pelo senador Ron Paul. Em 2009, um novo movimento fragmentado emergiu no partido Republicano: o Tea Party, mais ligado à direita cristã e aos grupos libertários, que indicaria a vice-presidente (Sarah Palin, republicana do Estado do Alasca) para a chapa de John McCay. Esses grupos são conhecidos como a direita alternativa ou *alt-right* (*alternative right*), que se formam nos Estados Unidos, Europa e América Latina, e se caracterizam pela rejeição ao conservadorismo "clássico" com militâncias em defesa dos brancos, do conspiracionismo, do sexismo, do antissemitismo e contra a integração e a inclusão de imigrantes.

James Hunter (1991), em sua análise que teoriza as guerras culturais, fala em "contrarreação ortodoxa", com o que concordamos em relação ao debate mais contemporâneo, de que não há o que poderíamos chamar de "onda", mas, sim, uma reação conservadora aos avanços dos progressistas, em especial às causas da matriz identitária, no século XXI. O campo conservador engajado nas guerras culturais pode ser dividido assim:

> Interesse econômico e estrutural: Intensa segmentação, liberais (microempresários, profissionais liberais que pagam muito imposto), conservadores (não querem grandes transformações e rupturas). Há uma parcela de pessoas com nível mais alto de estudo e acadêmicos de perfil conservador.
> Egoísmo social e falta de perspectiva: falta de empregos qualificados, transformações tecnológicas, frustração pessoal e social em relação a outras pessoas que estão ganhando (suposto ou real privilégio). Isso é mais sensível na classe média, que perdeu benefícios no processo da globalização. Há uma parcela considerável de anti-intelectuais.
> Antiglobalistas: aproveitam as contradições do campo progressista para sustentar que existem uma agenda ideológica e uma disputa mundial para derrubar a civilização ocidental judaico-cristã. Essa força antiocidente seria capitaneada, segundo essa corrente, por megacapitalistas como George Soros e diversas ONGs que financiam novos movimentos populares que orbitam os governos de esquerda. Criticam imprensa, organismos políticos e multilaterais tradicionais, a escola e parte das denominações religiosas. Alguns estudam o tema, outros têm apenas um verniz intelectual. Uma parte é suscetível a teorias da conspiração. Nesse grupo, há muitos reacionários (desejam reversão de vários tipos de direitos) e cruzados (buscam uma reforma moralizante no plano dos costumes).

De um ponto de vista mais acadêmico, talvez o principal nome da crítica ao progressismo seja o do psicólogo canadense Jordan Peterson. Seus vídeos e debates são difundidos entre conservadores, e os acadêmicos marxistas e progressistas costumam lhe conceder oportunidades de diálogo. Talvez os mais famosos deles tenham sido o psicólogo e linguista liberal Steven Pinker e o filósofo marxista Slavoj Žižek, em 2019. Peterson não teorizou em livro sobre o assunto, porém é um vocal crítico do que chama de movimentos pós-modernistas em vídeos que se tornaram bastante populares no YouTube ou recortados para exibição nas mídias sociais. Vejamos a sua explicação mais difundida:

> Quero primeiramente recomendar um livro a todos aqui: ele se chama *Explaining postmodernism*, de Stephen Hicks (2004). Você precisa entender o pós-modernismo porque é contra isso que você está lutando. Você está enfrentando isso muito mais do que sabe ou pensa, e é uma doutrina muito mais bem-desenvolvida e difundida, perniciosa, niilista e intelectualmente atraente do que ainda chegou à compreensão pública. Ele absolutamente domina as humanidades e, cada vez mais, as ciências sociais nas universidades.

> Alguém uma vez disse, não me lembro, pode ser Friedrich Nietzsche, ele disse que todo mundo é o "expoente inconsciente de um filósofo morto" e, felizmente, os filósofos pós-modernos, a maioria deles, estão mortos, então isso é uma coisa boa, mas isso não significa que suas palavras não sejam continuamente ditas por pessoas que os seguem.
> Não é como se qualquer pessoa fosse absolutamente possuída pelo espírito do pós-modernismo, porque muitas vezes eles não são educados o suficiente para saber todos os detalhes sobre o que os está segurando, mas, se você juntar vinte deles e se forem 5% influenciados pelo ethos pós-modernista, você basicamente tem o espírito de máfia. É um porta-voz dessa doutrina filosófica particular.
> E, se você entende a doutrina, então entende por que as coisas estão progredindo da maneira que estão progredindo. Portanto, vou falar um pouco sobre a doutrina, porque não é opcional entender isso. Isso é fundamental para entender [...]
> Veja os pós-modernistas rejeitarem completamente a estrutura da civilização ocidental. E quero dizer completamente, então posso dar um exemplo, em um termo – Jacques Derrida. Ele é o malandro do movimento pós-modernista e considerava a cultura ocidental – vamos chamá-la de patriarcado - falocêntrica. *Phallo* vem de *phallus*, e essa é a insistência de que o que você vê na cultura ocidental é a consequência da sociedade opressora e egoísta dominada pelos homens.
> Você pode dizer que as sociedades tendem a servir a si mesmas e as pessoas no poder tendem a agir em seu melhor interesse, mas a tendência não é absoluta. Essa é uma das coisas que essas pessoas precisam considerar continuamente. Não faltam falhas na maneira como estruturamos nossa sociedade e, em comparação com qualquer utopia hipotética, é um naufrágio absolutamente sombrio. Mas, comparado ao resto do mundo e à situação difícil de outras sociedades ao longo da história da humanidade, estamos indo muito bem e devemos ser felizes por viver na sociedade em que vivemos.
> Portanto, a primeira coisa que você pode querer saber sobre o pós-modernismo é que ele não tem um pingo de gratidão – e há algo patologicamente errado com uma pessoa que não tem gratidão, especialmente quando se vive no que até agora é o melhor dos possíveis mundos. Portanto, se você não é grato, é movido pelo ressentimento. E o ressentimento é a pior emoção que você pode sentir, além da arrogância. Arrogância, ressentimento e engano. Existe uma tríade do mal para você.
> [...]
> As sociedades ocidentais têm sido absolutamente notáveis em sua capacidade de gerar e distribuir riqueza. Como você pode perceber apenas olhando em volta, levando um pouco em consideração o milagre absoluto que até mesmo um edifício como este representa.
> Portanto, você precisa se educar sobre o pós-modernismo. [...][31]

Peterson também teoriza desdobramentos envolvendo o que chama de "marxismo cultural" e analisa o papel dos seres humanos nesse novo contexto social. Em muitos casos, recortes desses vídeos se tornaram

31 PETERSON, Jordan. Why you have to fight postmodernism. Postado por Tim Hains. 5 jun. 2017. Disponível em: https://www.realclearpolitics.com/video/2017/06/05/jordan_peterson_why_you_have_to_fight_postmodernism.html

uma espécie de serviço de *coach* para empoderar homens no meio multicultural. Uma chave para entender o lócus de ação dos grupos mais engajados é olhar para onde se encontram os mais atuantes.

Há uma relação curiosa com o mundo dos *gamers*, o que explica o interesse de políticos conservadores pelo engajamento desse grupo. Helen Smith (2013) pesquisou no meio *gamer* a razão pela qual homens não querem se casar. Ela inicialmente afirmava que movimentos feministas geralmente encaram os homens mais críticos em relação ao casamento e à mulher como covardes, misóginos ou ambos. De forma abrangente, não é bem isso – mas essas características aparecem em grupos nichados. As respostas geralmente apontam que não casar evita uma sensação de "prisão social" e que há vantagens em permanecer solteiro. Há também certo temor pela pressão social, com relatos de que casamentos foram rompidos porque o marido não conseguia manter uma renda alta e um bom emprego para sustentar a família. Como, nas controvérsias, a Justiça daria maior vantagem às mulheres, muitos homens jovens consideram o casamento uma instituição decadente. O detalhe importante é que, analisando o questionário, a autora chegou à conclusão de que os homens enxergam o casamento como o passo final do amadurecimento.

Smith (2013) aponta o grande interesse de grupos envolvidos no meio *gamer* pela Teoria do Artista da Sedução (*Pickup-Artist Theory*), que trata da hipergamia, um termo que explicaria certa tendência das mulheres que desejam se casar. Nessa "teoria", há tendência de as mulheres se relacionarem com homens dominantes ou de alto *status*, ou de serem seletivas com a escolha do parceiro – o que é biologicamente observado em outras espécies. Porém, essa visão passou a ser explorada de forma cada vez maior por influenciadores, *blogs*, *coaches* de masculinidade, trabalhando classificações de homens. Por exemplo, existiria o homem *alfa* (elite masculina que as mulheres mais desejam), os *beta* (parte da pequena aristocracia, com homens que são populares, porém padecem sem autoconfiança), os *gamma* (servis, caras legais que tentam marcar pontos usando de cavalheirismo falso, elogios e onipresença), os *sigma* (lobos solitários, ocasionalmente confundidos com os alfa) e os *Omega* (perdedores e fracassados) (Smith, 2013). Há variações dessa classificação, muitas vezes simplificadas para melhor entendimento, utilizando apenas os *alfa* e os *beta*.

O que a autora busca entender é a crise desse grupo em relação à rejeição social. Afinal, a hipergamia e essas classificações permeiam grupos de discussão do mundo dos *games*. As variáveis da pesquisa da

Vox Day citada por Smith (2013) envolveram níveis de renda e parceiras sexuais. A pesquisa comprovou que, no grupo de 141 homens, circula a ideia da correlação entre *status* e parceiras sexuais; porém, os homens de mais sucesso e com mais parceiras sexuais são os mais críticos ao casamento, assim como os "virgens" também costumam ser. Porém, a maioria dos que acreditam na Teoria do Artista da Sedução afirma que, se você não for um *alfa*, haverá menos mulheres disponíveis – na base de 24% de homens de sucesso compartilhando um universo de 76% de mulheres. Agora, se existem 76% de homens sobrando, incluindo pessoas com alta rejeição ou porque há menos mulheres para escolher, seria interessante questionar o que os homens de outras classificações, como os *beta*, fazem. A autora suspeita que eles estejam jogando *videogame*!

Uma perspectiva de análise dos dados da Vox Day é que há um estrato de homens, na casa dos vinte anos, que se gradua em bons colégios e simplesmente não se interessa por mulheres. Eles acreditam não ter nada em comum com elas e mentem interesse. Pode-se concluir que os *games* e a pornografia são entretenimento de fácil acesso, menos dispendioso e de mais confiança, o que, na visão de muitos jovens homens, é o inverso das mulheres (Smith, 2013). A autora conclui citando James Taranto, do *Wall Street Journal*, que levantou uma hipótese sobre os homens que preferem *videogames* a mulheres: "Os *videogames* são um simulacro da virtude masculina: desafio, matéria, controle! O conjunto de representatividade desse grupo, atrelado a certa frustração social, resultará em ações contra o progressismo identitário.

Há um extremo violento nesse universo que são os *incels* (celibatários involuntários), grupo de jovens com visão deturpada da vida social e os mais facilmente doutrinados em grupos obscuros de discussão no Reddit, 4chan e outros canais da *deepweb*. Membros do 4chan atacaram e desqualificaram movimentos como o Occupy Wall Street. De lá saíram alguns símbolos, como o Sapo Pepe, personagem criado em 2005 para o ambiente *on-line* pelo cartunista Matt Furie. O personagem foi apropriado, manipulado e se converteu em veículo para mensagens de discurso de ódio, aparecendo em diversos conteúdos difamatórios e de extrema direita.

Esse processo de apropriação também ocorre quando os supremacistas percebem ameaças numa batalha das guerras culturais – como perder espaço para um fenômeno cultural. Quando o filme *Pantera*

Negra (2018) ganhava o *hype* (antes mesmo de se tornar sucesso), os supremacistas adotaram uma estratégia de admitir e subverter a produção cinematográfica, para sustentar, em grupos de discussão, que Estados-nação devem ser organizados etnicamente[32]. A imagem do rei super-humano de Wakanda foi explorada com o uso de um chapéu com a inscrição "Tornar Wakanda grande de novo", em alusão à campanha de Donald Trump. O Pantera Negra, para eles, é de ultradireita, pois o super-herói seria contra a imigração, a diversidade, a democracia e defensor do nacionalismo ético. Eles exploram o afrofuturismo, subvertendo a proposta para debater questões reais da sociedade.

No início de 2014, um movimento *gamer* (do mundo dos *videogames*) surgiu devido a uma controvérsia envolvendo Zoe Quinn, uma desenvolvedora responsável por um jogo insólito. Em "*Depression Quest*", jogo do tipo imersivo no mundo da depressão (experimentado pela própria Quinn), "o objetivo era demonstrar que um *videogame* poderia ser algo mais que aventuras de soldados, ninjas e guerreiros medievais, e que as mulheres seriam capazes de trazer uma contribuição preciosa" (Empoli, 2020, p. 104). Os jogadores "de raiz" não gostaram nada da inovação. Defensores da visão masculinizada do videogame defendiam a perenidade do formato. A situação fugiu do controle quando um ex-namorado de Quinn publicou uma mensagem afirmando que ela havia obtido resenhas positivas devido a um relacionamento com um jornalista da área de *videogames*.

Foi o primeiro tiro de canhão da batalha cultural do mundo *gamer*, que mirou suas armas em direção a Quinn, gerando agressões, ataques violentos, campanhas difamatórias e ameaças de morte. Os *trolls* e demais agitadores da internet descobriram a controvérsia e embarcam nela. Quem ousava defender a desenvolvedora passava a ser alvo de intensos ataques. O *gamergate* teve repercussão na imprensa e levantou debates sobre liberdade de expressão, machismo, direito das mulheres, ética jornalística, além de mostrar a face de um grupo que se mostrou bastante violento, ameaçando mulheres da indústria de *games*.

Em 2017, um movimento semelhante estremeceu o meio das histórias em quadrinhos como efeito das mudanças nas duas principais editoras, Marvel e DC Comics, que por décadas desenvolveram personagens tipi-

32 TIMBERG, Craig; HARWELL, Drew; ZEITCHICK, Steven. Supremacistas brancos adotam Pantera Negra como símbolo de causa étnica. *Washington Post, O Estado de S. Paulo*. 16 mar. 2018. Disponível em: https://internacional.estadao.com.br/noticias/geral,supremacistas-brancos-usam-pantera-negra-para-defender-nacionalismo-etnico,70002229101

camente brancos, homossexuais, masculinos. Na década de 2010, começaram a aparecer novos tipos de personagens, como Miles Morales, o Homem-Aranha negro e latino, a reformulação da Capitã Marvel, retirando atributos sexualizados, Batgirl, com a estratégia de atrair público feminino, e o Homem de Gelo, que se revelou *gay*. Essas inovações, somadas à inserção de mais mulheres na produção de histórias em quadrinhos, resultou num movimento contrário, bastante violento, que inicialmente reclamava da decadência na qualidade dessas produções culturais.

A verdade é que a campanha, que ficou conhecida como *Comicsgate*, era uma oposição violenta à diversidade e ao progressismo na indústria das histórias em quadrinhos – com foco no gênero super-herói. O grupo começou a praticar ataques coordenados via plataformas de mídias sociais, com críticas e ameças contra roteiristas, artistas, novos personagens, editoras, em uma ação que ficou também conhecida como parte do movimento da direita alternativa. O alvo real costumavam ser mulheres, negros, imigrantes e profissionais LGBTQIA+. Essas vítimas, entre elas nomes famosos do meio, como Matt Fraction e Gail Simone, entraram para uma lista negra do que rotulam ser Justiceiros Sociais (*Social Justice Warriors*). Na visão deles, a diversidade está destruindo as histórias em quadrinhos e seria a culpada pela queda nas vendas, o que não é verdade.

O crítico de arte conservador Alexander Adams (2019) afirma que movimentos como o *ComicsGate* seriam alimentados por uma restrição do conceito de liberdade de expressão. Ele usa como exemplo o resultado da polêmica capa do jornal satírico francês *Charlie Hebdo,* a respeito do que as pessoas alegavam que "o ataque estava errado, mas...", relativizando que o jornal deveria restringir seu direito de liberdade. Outra crítica lida com a imposição muito rápida e brutal de uma agenda política, já ocorrida nas artes plásticas, que altera o cânone para uma expressão do tipo identitária, desconstruindo narrativas e personagens já consagrados, na visão dos leitores.

Adams argumenta que o mundo dos quadrinhos sofre de "entrismo cultural" do movimento identitário, com controle editorial, moderação de mensagens, cooptação de grande parte da imprensa especializada, condenação de consumidores, deturpação de oponentes, testes de pureza para criadores e censura a qualquer tipo de crítica. Os movimentos *Comicsgate* e *Gamergate* são importantes para entendermos como os conservadores mais reacionários conseguiram arrematar membros engajados para seus quadros políticos.

Steve Bannon, estrategista político do primeiro governo Trump, banqueiro, produtor cinematográfico e executivo de mídia, foi responsável pela gestão do Breitbart News, um portal de notícias *on-line* com opiniões e comentários de extrema direita. Bannon sabia que não poderia ganhar a batalha cultural contra o *establishment* político com as velhas estratégias, nem se fechando no mundo conservador. O Breitbart News é conhecido por semear escândalos, tendo como foco principal o casal Clinton e as pretensões políticas de Hillary Clinton, nas eleições de 2016. Bannon inovou compilando suspeitas do casal democrata e divulgando no território inimigo – veículos jornalísticos liberais, como o *The New York Times*, o que reverberou na opinião pública (Empoli, 2020). Ele conseguiu fazer a imprensa liberal seguir suas pistas para investigar o que havia de real ou de mentira nas polêmicas do casal Clinton. Só faltava o engajamento espontâneo.

Bannon já havia trabalhado com *videogames* e sabia que, "sob a superfície da *web*, agitam-se correntes invisíveis, mas muito poderosas, alimentadas pela frustração de milhões de indivíduos que se sentem à margem da sociedade e pela 'cólera inata e surda' da América, da qual já falava Philip Roth em *Pastoral americana*" (Empoli, 2020, p. 104). Basta raciocinar sobre a quem pertence o mundo dos *videogames*, se há quem deseje participar com ideias e paixões do núcleo mais duro e purista, ligado a uma subcultura misógina, com ataques violentos e preconceitos. Após anos de engajamento em plataformas populares nesse meio, como 4chan e Reddit, Bannon descobriu que poderia usar o *Gamergate* para recrutar pessoas na batalha contra o *establishment* político e midiático.

Empoli (2020, p. 106) afirma que Bannon encontrou uma face para esse movimento escondido no submundo virtual na figura pitoresca de Milo Yiannopoulos, que tinha todas as características que, em tese, causariam revolta a um nacionalista conservador frustrado: é inglês (estrangeiro), homossexual, bonito e exageradamente seguro de si. Ele arquitetou um plano para subverter as vítimas do *Gamergate* para os *trolls* – "guerreiros contemporâneos que batem contra a censura progressista em nome da liberdade de expressão, que deve ser absoluta". Yiannopoulos seria a face pública em publicações e programas de tevê, acusando as feministas e o politicamente correto de dominarem a cultura dos *videogames*. A escolha de Milo não foi à toa. Suas características pessoais eram de alvo fácil de ataques para preconceituosos, mas se tornava mais difícil para progressistas atacarem violentamente as características de um imigrante e homossexual – que ainda se casaria com um afro-americano. Foi dessa forma que ele defendeu os anônimos da internet que lutam pela defesa da liberdade de expressão.

O que Bannon fez, usando estrategicamente a plataforma Breitbart, foi criar uma ponte para desviar o foco da raiva dos *gamers* e *nerds* para a luta política. Uma entrevista com Donald Trump falava em escândalo dos *e-mails* de Hillary Clinton, ciberataques, *hackering* e inteligência artificial.

> A mensagem que o "Breitbart" faz passar aos gamers e a outros oriundos do universo digital é clara: seu mundo está em perigo, a poderosa máquina do politicamente correto e de censores democratas quer tirar tudo que você mais preza, a liberdade de expressão, o anonimato, ou seja, a essência do que vem definindo até aqui a cibercultura. O único meio de se salvar é fazer política. Unam-se a nós e a Trump para combater o *establishment*, as mídias e a política tradicional, para defender seus direitos e sua identidade. Assim o soberanismo clássico se casa com a forma mais contemporânea de soberanismo digital. Ser "dono de si" não vale apenas para a fronteira do México ou para as entradas de muçulmanos no país. Vale também para o ciberespaço, que deve continuar como é, sem interferências. Os trolls são abertamente convidados a entrar em guerra. E, ao mesmo tempo, Milo se expande para bem além das fronteiras dos fóruns tecnológicos, transformando-se num personagem público integral. (Empoli, 2020, p. 108)

As críticas iniciadas nos *videogames* e nas histórias em quadrinhos se estenderam para outras áreas, arregimentando mais engajamento. Agindo como *troll*, com espaço na mídia, Yiannopoulos foi expulso do Twitter em virtude de uma campanha injuriosa contra o novo filme *Caça-fantasmas* (2016), com protagonistas mulheres. Ele acusou a esquerda de querer ser a polícia do humor e a juíza da sensibilidade das pessoas. A provocação resultou em mais usuários furiosos na batalha cultural. O *troll* máximo, segundo Empoli (2020), foi o próprio candidato Donald Trump, que simplesmente atropelou os adversários convencionais, nas primárias republicanas, com duas manobras: primeiro, chamou imigrantes mexicanos de "estupradores", oferecendo o projeto do muro na fronteira; dias depois, ofendeu o respeitado senador John McCain, afirmando que ele não era um herói de guerra, pois fora capturado. Esse tipo de crítica a um veterano de guerra era inédito.

A onda de indignação nos quadros políticos conservadores e democratas foi grande. A imprensa se animou em explorar a repercussão em busca de audiência, ampliando a exposição de Trump. Os jornalistas aguardavam que Trump desse um passo atrás em Ato de Contrição pública, porém não esperavam uma atitude de *troll* provocador, que seria explorada nos quatro anos de seu mandato.

> É nesse momento que Trump, na contramão, faz algo absolutamente inédito. Não tenta de forma alguma se desculpar e afirma, sem pestanejar, que jamais disse que McCain não era um herói. "Se alguém é prisioneiro, eu o considero um heró ", ele diz. Como assim? Ele disse o contrário. O vídeo está aí! Os jornalistas se alarmam: como é possível que um candidato à Casa Branca negue a evidência? E, no entanto, é assim. Trump supera o incidente McCain com a desenvoltura de um *golden retriever* e continua a conquistar apoios. Segue-se a longa série de gafes aparentes e mentiras comprovadas que o conduzirão triunfantemente às eleições de novembro de 2016. (Empoli, 2020, p. 111)

Trump repetiria a fórmula durante toda a campanha, com insultos machistas contra mulheres jornalistas, imitando um repórter com uma condição congênita nas articulações que o criticou, atacando uma adversária republicana (Carly Fiorina) ao dizer que era feia para o cargo presidencial, e não hesitando em criar apelidos jocosos para os adversários do Partido Democrata e até para os do Republicano: Crooked Hillary ("Hillary Picareta", para sua adversária Hillary Clinton), Pocahontas (Elizabeth Warren), Little Mike (Michael Bloomberg), Crazy Bernie (Bernie Sanders), Little Marco (Marco Rubio), Beautiful Ted (Ted Cruz) e Sleepin' Joe ("Joe Biden Sonolento"). A campanha contra Trump foi literalmente uma briga de pátio do colégio, na hora do recreio. O público mais amplo adorou, em especial os *gamers* e os *nerds* (público iniciado), identificando aquela postura como autêntica, honesta e contrária ao *establishment* político tradicional. Isso potencializou Trump contra o batalhão e o dinheiro da campanha convencional de Hillary Clinton e o levou à vitória. E Bannon tornou-se estrategista-chefe da Casa Branca, entre janeiro e agosto de 2020.

Steve Bannon teve contato com outros dois intelectuais que construíram uma rede de seguidores em seus países: o cientista político Alexandr Dugin, na Rússia, e o escritor Olavo de Carvalho, no Brasil. Bannon é ligado no tradicionalismo esotérico e se aproximou de Dugin por ter visões de mundo semelhantes. O russo é um teórico da geopolítica, ideólogo do movimento eurasiano – nessa corrente, o eixo de poder mundial seria superado por uma civilização russa formada nas categorias europeia e asiática. Bannon gostaria que Dugin se unisse a ele, superando a ideia de eurasianismo, para se aliar aos Estados Unidos. O problema é que Dugin não era tão influente no governo russo quanto se dizia no exterior.

Olavo de Carvalho trabalhou como jornalista na imprensa brasileira e fazia aparições esporádicas na mídia, até os anos 1990. Sua popularidade foi conquistada na internet a partir do *podcast* True Outspeak, cuja versão em vídeo no YouTube, por vezes em recortes de poucos minutos (normalmente com opiniões polêmicas ou provocadoras), atraiu admiradores de uma parcela da população frustrada com os rumos da política brasileira. Ele não tinha a legitimidade acadêmica de Dugin, nem o peso empreendedor de Bannon, mas ocupava um espaço político com os filhos do presidente Jair Bolsonaro, conseguindo apontar nomes conservadores (que a imprensa chamava de "ala ideológica") para ministérios-chave, como Educação e Relações Exteriores. Mesmo com certa influência, permaneceu fora da estrutura do gabinete governamental e, certamente por isso, os atritos foram inevitáveis.

O tradicionalismo que unia os três via o mundo com valores invertidos, com críticas ao secularismo e à globalização, além de suspeitar dos modos convencionais de mudança política. Construíram seu entendimento com base no pensamento de Antonio Gramsci, que afirmava que a cultura pode ser a força política das mudanças. Os três personagens almejavam uma forma não convencional de atrair apoiadores e provocar mudanças políticas. No plano externo, desconfiavam de qualquer força supranacional representada por organizações internacionais, que rotulavam de globalistas. O globalismo seria responsável pelo declínio cultural, perda da hierarquia e homogeneização da sociedade. Havia variações de como isso funcionava e qual era a origem. A tão temida Nova Ordem Mundial, desconstruindo nações e civilizações, era vista como ameaça do liberalismo ocidental por Bannon e Dugin. Olavo de Carvalho dizia que o principal inimigo era o comunismo (Teitelbaum, 2020), o que, de certo modo, o afastava um pouco dos colegas – porém, ele é um crítico das elites. Foi por isso que as áreas culturais, a educação e a mídia ficaram tão visadas por esses grupos engajados.

Em 2017, Steve Bannon fundou o grupo populista The Movement para reunir representantes internacionais e promover valores conservadores e nacionalistas, além de se opor a estruturas supranacionais, como a União Europeia, e às pressões do movimento "globalista" de organismos internacionais. Entre seus membros, havia representantes políticos da Holanda, Hungria, França, Itália e Bélgica. O Brasil era representado por Eduardo Bolsonaro, filho do presidente da República.

"Direita alternativa" (*"alt-right"*) foi uma expressão criada em 2008 para se diferenciar do conservadorismo ameno *mainstream* (Sedgwick, 2019). Um dos principais disseminadores dessa direita radical foi Richard B. Spencer, crítico do multiculturalismo que cobrava dos homens de origem europeia a retomada de suas identidades ancestrais. Spencer também ressalta que o homem não vive pela "liberdade" (a qual, ele insiste, equivale a “consumo” nas sociedades liberais), mas, sim, “por uma pátria, um povo e seu futuro” (Sedgwick, 2019, p. 224). Numa visão de supremacia branca, defendia que os americanos assumissem a identidade “branca europeia” e promovessem uma política de solidariedade racial.

Os instrumentos de ação da direita alternativa envolviam sua estratégia de usar como principal veículo para provocar conservadores e liberais (progressistas) as ideias e linguagens politicamente incorretas, rejeitar o multiculturalismo, desdenhar do capitalismo, pois ele tendia a homogeneizar pessoas e culturas, além de criar uma revolução de mentalidades e valores contra a imigração e a integração (Sedgwick, 2019). Havia um segmento anarcocapitalista, pois ele tomava a elite cosmopolita como inimiga.

No plano partidário, esse grupo se aproveitaria de elementos da “velha direita”, como o racialismo e o antissemitismo, usando estratégias de ação juridicamente válidas e métodos não-violentos. Esses movimentos percebiam o processo de mudança como lento e se aproveitavam dos canais de comunicação na internet para retroalimentar a imprensa. Havia uma diferença importante entre o extremismo supremacista/reacionário e o progressista identitário, do ponto de vista do resultado político. Embora a direita alternativa reconhecesse que a mídia e as universidade eram largamente progressistas, ela entendia que a “raça atravessa linhas de classe”, então os movimentos trabalhavam a questão das identidades de modo que obtivessem mais apoio de pessoas de grupos minoritários do que o senso comum acredita. A popularidade de Donald Trump prova isso. O mais incrível é que “o manifesto prega uma metapolítica como prelúdio de uma revolução de ordem racial e pós-liberal”, emprestando pontos da extrema direita francesa, no aspecto da identidade branca europeia (Sedgwick, 2019, p. 237).

Além do supremacismo branco, havia uma outra doutrina, na direita alternativa, que era “uma forma de supremacia masculina que é centrada na camaradagem de lutadores, e afasta-se das doutrinas patriarcais já estabelecidas, principalmente pela direita cristã. O tribalismo é assim descrito, mas se complementa ao nacionalismo branco numa ideologia de supremacia multifacetada” (Sedgwick, 2019, p. 243). Sobre a metapolítica aplicada à guerra cultural:

> Após a queda do fascismo e do nazismo, valores como liberdade e igualdade não eram mais pensados como a ideologia de uma causa política peculiar. Em vez disso, eles foram entendidos como senso comum transcendente: seu poder era hegemônico. E, assim como Gramsci culpou a cultura por ter tornado a revolução comunista uma impossibilidade na Itália dos anos 1930,

> também a Nova Direita procurou neutralizar o domínio dos valores liberais no Ocidente por meio de campanhas culturais – por meio da metapolítica – com a esperança de forjar um novo consenso e denominador político comum para desenvolver. Havia pouca clareza da Nova Direita quanto ao que contava como "Cultura" neste esquema. A abordagem foi adotada, no entanto, por ativistas em toda a direita radical do início do século XXI, desde o protoblogueiro e produtor da Alt Right, Greg Johnson, ao partido semimilitante Vigrid na Noruega e aos populistas democratas suecos. Com base nas ações deles e de outros, a "cultura" que é o alvo da metapolítica parece ampla, consistindo em plataformas e mídias educacionais, bem como gêneros expressivos como cinema, literatura, arte, teatro e música. (Sedgwick, 2019, p 261)

Trump foi eleito com os votos de eleitores guiados pelo medo de perder *status*, e não simplesmente pela ansiedade econômica. Isso é particularmente sentido pelos operários da classe média dos Estados do *rust belt* (cinturão da ferrugem), no nordeste dos Estados Unidos, justamente a região que mais sofreu com os efeitos da globalização. A perda de *status* foi mais sentida por homens, brancos e cristãos, grupos que se tornaram ressentidos pela invisibilidade governamental das políticas públicas que focaram as minorias. É importante notar que o medo de perder *status* afetou também mexicanos, asiáticos e afro-americanos, nesses Estados mais atingidos. Para comprovar como a questão da identidade passa pelo corte de classe, vejamos como o Partido Republicano (conservador) tem, a cada quatro anos (nas eleições presidenciais), obtido mais eleitores no grupo afro-americano[33]:

2008 – John Mccain – 4% do voto negro;
2012 – Mitt Romney – 6% do voto negro;
2016 – Donald Trump – 8% do voto negro;
2020 – Donald Trump – 11% do voto negro.

A mídia pode até ser vista como progressista para os conservadores, mas a direita alternativa tem uma arma na área da comunicação nada desprezível. Não se trata dos canais de YouTube e *podcasts*, mas de emissoras de rádio, do interior dos Estados Unidos, ou do que chamam de "América profunda", com o segmento da população mais conservadora e religiosa. Boa parte do debate do conflito cultural se dá em programas de grande audiência, de expoentes conservadores como Rush Limbaugh, Sean Hannity, Glenn Beck e Howard Stern. Não é à toa que outros países, percebendo a possibilidade da audiência "oculta", procurem produzir conteúdo para atrair os conservadores.

33 Dados do Pew Research Center.

No Brasil, esse movimento foi visto, nos últimos anos, pela rádio Jovem Pan, pela CNN Brasil e pela Rede TV, com quadros ou programas exclusivos com comentaristas discutindo pautas que, muitas vezes, pecam pela falta de veracidade. A Rússia também tem seus exemplos. Além do controle estatal da emissora Russia 1 e do RT (Russia Today) – canal noticioso internacional visto por 36 milhões de pessoas, em seis idiomas (numa estratégia para concorrer com a CNN e a BBC com visões pró-Ocidente) –, os russos têm como programa de tevê de grande audiência o *Vesti Nedeli*, o mais próximo do padrão Fox News. O âncora, Dmitry Kiselyov, é um crítico notório do Ocidente e não se incomoda em transmitir e comentar todo tipo de teoria da conspiração em relação aos Estados Unidos e aos países da Europa ocidental. Kiselyov foi nomeado pelo presidente Putin para chefiar a agência de notícias internacionais do governo russo, Rossiya Segodnya (Russia Today).

A presença desses comentaristas ou de pseudointelectuais com o intuito de atrair audiência é um grande risco. Muitas vezes, eles dão informações falsas com tamanho analfabetismo ideológico que qualquer debate se torna impossível, porque gera o que podemos chamar de "caos cognitivo". Não há como costurar um debate que leve a alguma convergência de ideias. Embora o público comum consuma, com algum interesse, mas pouco conhecimento, são os *trolls* que se aproveitam para retroalimentar as mídias sociais com provocações e conspirações. Isso é discutido por Angela Nagle (2013), quando ela trata do papel das mídias sociais na formação de uma espécie de atualização das guerras culturais. Outro trabalho é a pesquisa de Whitney Phillips, que faz etnografia, infiltrando-se em vários desses grupos de *alt-right* presentes em listas de discussão *on-line*. Mas nem todos concordam com o uso do termo *troll*. Benkler, Faris e Roberts (2018) preferem o termo *sockpuppets* ("bonecos de meia"), que pode ser interpretado de várias formas, desde a pessoa que deseja tumultuar um tópico ou discussão até as que são pagas para interferir, no caso da Rússia, em discussões, para que o tema se volte aos interesses do patrocinador. *Sockpuppets*, ainda, seriam perfis de pessoas que pretendem ser alguém que não são.

Via de regra, a discussão sobre desinformação apresenta Trump como beneficiário de um esquema de desinformação. Mas há um outro lado dessa história, que é aquela que Trump, como ator do debate – usando o X (ex-Twitter) –, não quer somente comunicar com sua base, mas deseja também uma ferramenta de poder, alimentando uma rede de desinformação. Há riscos potenciais no uso dessa retórica. Nos distúrbios causados por protestos, após a morte de George Floyd, Trump não apaziguou a situação e ainda usou o termo pejorativo *"thug"* ao se referir aos afro-americanos. No caso da pandemia do coronavírus, Trump também insistiu numa retórica que culpava a China, com provocações ofensivas, utilizando expressões como "vírus chinês" e alegando que os chineses estavam também roubando empregos dos americanos. Não surpreendentemente, aumentaram as agressões e as ameaças contra negros e asiáticos nos Estados Unidos, entre 2020 e 2021.

Trump alimentou, com sua retórica, movimentos perigosos, como os Proud Boys (supremacistas brancos) e o QAnon (sigla de "Q Anônimo"), este último considerado uma ameaça doméstica nos Estados Unidos. Os adeptos, muitos deles cristãos evangélicos brancos, acreditavam que Trump fosse uma espécie de líder escolhido para lutar contra uma força secreta, numa batalha contra governantes ocultos do mundo, representados pelas elites culturais, econômicas e políticas que são contra os valores tradicionais dos Estados Unidos. A estratégia consistiu em publicar mensagens em grupos da *deep web* (internet profunda), que resguarda o anonimato, e esperar a repercussão do compartilhamento. Há franjas do QAnon se espalhando por outros países, incluindo o Brasil, o que representa grave ameaça às instituições e aos governos democráticos[34]. No mundo real, observamos a maior ação da direita alternativa na histórica invasão do Capitólio, em 6 de janeiro de 2021, durante os procedimentos para confirmar a vitória de Joe Biden nas eleições presidenciais dos Estados Unidos.

Outra suspeita das manipulações foi a Cambridge Analytica, empresa de mineração e análise de dados, que teria se beneficiado do formato das mídias sociais, que permitem a fragmentação de público, de forma a direcionar propaganda a um público restrito. A empresa havia fornecido ferramentas para propaganda pró-Trump em grupos específicos. Benkler, Faris e Roberts (2018) alegam que há exagero nesses resultados de influência e que há um peso da propaganda da própria Cambridge Analytica, que tem interesse em convencer as pessoas de que ela é capaz de manipular o público,

34 VALFRÉ, Vinícius. QAnon ganha força no Brasil com teorias conspiratórias e apoio a Bolsonaro. *O Estado de S. Paulo*. 29 ago. 2020. Disponível em: https://politica.estadao.com.br/noticias/geral,qanon-ganha-forca-no-brasil-com-teorias-conspiratorias-e-apoio-a-bolsonaro,70003418110

e é isso que ela vende como *marketing* político. Steve Bannon foi vice-presidente dessa empresa.

A maior preocupação, nas guerras culturais, é que a direita alternativa teria se isolado num ecossistema próprio, causando efeitos negativos para o debate público. Benkler, Faris e Roberts (2018) afirmam que o ecossistema midiático está construído com base numa dinâmica de verificação de realidade. Os atores da mídia competem pela verdade dos fatos e pelo "furo" (notícia inédita). Quando um veículo de imprensa publica uma reportagem falsa ou mal apurada, os outros atores competem para desmentir, tentar mostrar que aquilo não tem veracidade ou não está totalmente correto. Na dinâmica competitiva, o veículo que errou passa a ser desacreditado e os demais ganham mais credibilidade. Essa é uma dinâmica de competição positiva.

Os políticos sabem disso e, na medida do possível, sempre tentam vender uma imagem alinhada com posições que atraiam sua base. A imprensa, nesse sentido, constrange qualquer tentativa de mentira, pois, nesse caso, será desmentida. O público também é desafiado, recebendo, em alguns momentos, notícias que fortalecem suas opiniões e suas identidades e, noutros, informações contrárias ao que avalia como correto, em sua visão de mundo.

O ecossistema fechado da direita alternativa cria uma nova dinâmica chamada "*feedback loop*" ("dinâmica de retroalimentação de propaganda"). Benkler, Faris e Roberts (2018) relatam que há agora um sistema na qual os veículos da imprensa não competem mais pela veracidade e pelo ineditismo, mas, sim, por poder de atração e ratificação de identidades. Nessa dinâmica de rede, os políticos não ficam mais constrangidos, e é por isso que figuras como Trump e Bolsonaro alimentam a agenda do que deve ser noticiado. O público, em vez de se sentir desafiado, passa a agir como ator, compartilhando as informações, de forma a pressionar a mídia a publicar os temas que lhe interessam.

A esquerda está num ecossistema mais plural; porém, ela e a direita procuram sempre informações que venham ao encontro de seus interesses. Benkler, Faris e Roberts (2018) afirmam que a direita, nos Estados Unidos, conseguiu construir um aparato, nos anos 1980, 1990 e começo dos 2000, que permitiu uma estrutura de informação que levou a essa dinâmica de retroalimentação de propaganda, criando uma assimetria no debate.

A eleição de Donald Trump (para o primeiro mandato) se verificou contra todas as expectativas iniciais dos partidários republicanos, dos democratas e da própria imprensa. Em quase toda a campanha, a imprensa tratou Trump como personagem folclórico, sem grandes chances no pleito. Após ele vencer, a imprensa passou a bater no presidente, apontando mentiras, preconceitos, ofensas e provocações; porém, sua popularidade se manteve em alta devido à economia, que se mostrava fortalecida. Trump é uma figura midiática, apresentou várias temporadas do *reality show O aprendiz* e costuma sair-se bem em entrevistas embaraçosas. Mais do que isso, ele sabe que a imprensa tende a repetir e a explorar seus atos mais polêmicos, o que lhe dá margem para divulgar sua agenda política.

Nesse ponto, o trabalho da linguagem atrelado à repetição da mensagem faz com que a visão de mundo seja alterada para uma parte do público, especialmente aquela já disposta a concordar com as ideias do político. George Lakoff e Gil Duran (2018) descrevem que a estratégia implica: 1) enquadrar primeiro; 2) repetir com frequência; e 3) levar os outros a repetirem suas palavras, fazendo com que as pessoas ataquem dentro de seu próprio enquadramento. Isso ocorre, primeiro, armando as palavras que serão repetidas pela imprensa. Apelidando Hillary Clinton de "Hillary Picareta" ou afirmando que determinada notícia é *fake*, ele sabe que o tom polêmico será repetido e comentado pela mídia e que só as palavras já fazem o telespectador pressupor que a adversária Hillary "é picareta" e que a notícia "é falsa", antes mesmo das emissoras e jornais a desmentirem. Trump sabe trabalhar expressões e ideias de as guerras culturais, como nestes trechos de seu discurso em que aceitava a candidatura à reeleição, em 2020:

> Devemos recuperar nossa independência dos mandatos repressivos da esquerda. Os americanos estão exaustos, tentando acompanhar as últimas listas de palavras e frases aprovadas e os decretos políticos cada vez mais restritivos. Muitas coisas têm nomes diferentes agora e as regras mudam constantemente. O objetivo da Cultura do Cancelamento é fazer com que os americanos vivam com medo de serem demitidos, envergonhados, humilhados e expulsos da sociedade como a conhecemos. A extrema esquerda quer coagi-los a dizer o que sabem ser falso e assustá-los para que não digam o que sabem ser verdadeiro. Muito triste. Mas no dia 3 de novembro você pode enviar a eles uma mensagem muito trovejante que jamais esquecerão. [...]
> Nossos oponentes acreditam que a América é uma nação depravada. Queremos que nossos filhos e filhas saibam a verdade. A América é a maior e mais excepcional nação da história do mundo. Nosso país não foi construído pela cultura do cancelamento, códigos de fala e esmagadora conformidade. Não somos uma nação de espíritos tímidos. Somos uma nação de patriotas americanos ferozes, orgulhosos e independentes.

> Somos uma nação de peregrinos, pioneiros, aventureiros, exploradores e desbravadores que se recusam a ser amarrados, contidos ou de qualquer forma governados. Os americanos têm aço em suas espinhas, coragem em suas almas e fogo em seus corações. Não há ninguém como nós na Terra.[35]

Outros pontos apontados por Lakoff e Duran incluem a mídia que perpetua mentiras de Trump. Ao repetir o termo *spygate*, que caracteriza falsamente um informante do FBI como espião, a imprensa contribuiu para reforçar um erro difícil de corrigir. Um dos maiores exemplos de pré-campanha foi a insistência de Trump em dizer que Obama não havia nascido no Havaí. A imprensa repercutiu a não notícia em tal proporção que muitas pessoas passaram a acreditar na história.

Há também a estratégia dos "*exemplares proeminentes*", uso de linguagem para ofender e difamar um grupo ou classe de pessoas, atribuindo-lhes qualidades inerentes. Trata-se de parte do método do discurso do ódio e é usado como manipulação para julgar um grupo de pessoas. Por exemplo, fazer menções a depredações cometidas por afro-americanos nos protestos do Black Lives Matter para classificar o grupo de "antifas", movimento antifascista conhecido por adotar a violência e a depredação como parte de seus métodos de protesto. Aliás, os antifas também foram usados para rotular parte dos invasores da direita alternativa no Capitólio, que seriam "militantes infiltrados". Os mexicanos são supostamente bandidos e estrupradores; muçulmanos, pretensamente terroristas, entre outros. São estereótipos transformados em arma retórica por meio da linguagem violenta.

E como bom vendedor, Trump conhece a técnica para evitar arcar com qualquer responsabilidade, usando os termos "talvez", "eu não sei", "veremos" e assumindo compromissos sem implicar responsabilidade. Lakoff e Duran lembram o livro *The art of deal*, que traz um trecho importante, em que Trump discute o uso de hipérboles para simular verdades. Elas podem ser positivas ("grande", "incrível", "o melhor", "enorme") ou negativas ("um desastre", "um fracasso", "o pior de todos os tempos"). Todas as reuniões e decisões políticas são baseadas nas expressões "acordo" e "vencer" – palavras centrais, na sua visão de mundo. No caso do Twitter, seu principal canal de comunicação com sua base de apoiadores, as mensagens são baseadas em quatro tipos:

---

35 Transcrição do discurso de Donald Trump na quarta noite da Convenção Nacional Republicana de 2020. 27 ago. 2020. Disponível em: https://www.rev.com/blog/transcripts/donald-trump-2020-rnc-night-4-speech-transcript

> 1) Enquadramento preventivo, para obter uma vantagem de enquadramento.
> 2) Diversão, para desviar a atenção quando as notícias podem constrangê-lo.
> 3) Desvio: transfira a culpa para os outros.
> 4) Balão de teste: teste o quanto você pode se safar. Relatar e, portanto, repetir os tweets de Trump apenas dá a ele mais poder. Existe uma alternativa. Relate os quadros verdadeiros que está tentando antecipar. Relate a verdade da qual está tentando desviar a atenção. Coloque a culpa onde ela pertence. Arrebente o balão de ensaio. Relate o que as estratégias tentam esconder. (Lakoff e Duran, 2018[36])

A imprensa demorou muito para interpretar a estratégia de Trump e evitar servir de instrumento para a repercussão de polêmicas e da agenda política deturpada. A cumplicidade foi negativa e serviu para amplificar mentiras e provocar divisões na sociedade. Os autores elencam quatro sugestões para a imprensa sair das armadilhas.

> Em primeiro lugar, os jornalistas devem compreender como a propaganda funciona no cérebro e compreender a ciência cognitiva que os marqueteiros de propaganda dominaram implicitamente: *frames*, metáforas, narrativas e princípios básicos do cérebro.
> Em segundo lugar, mantenha um foco de aço no fato de que a democracia americana está sob ataque de uma potência estrangeira, possivelmente com o conluio da campanha do presidente em exercício. Esta é uma crise. Certas regras não se aplicam em uma crise, especialmente a regra de que a imprensa deve amplificar as palavras do presidente, sejam elas quais forem.
> Terceiro, pare de deixar Trump controlar o ciclo de notícias. A coleta de notícias deve ser um assunto sério, controlado por editores cujo poder rivaliza com o de qualquer político. Pare de perseguir seus *tweets* e elevar cada *show* secundário. Comece cada história com a verdade e o contexto do que é realmente importante para os cidadãos em uma democracia. Mais BBC, menos TMZ.
> Quarto, não espalhe mentiras. Não privilegie as mentiras de Trump colocando sua linguagem específica nas manchetes, nas comunicações ou nas hashtags. Não repita as mentiras presumindo que as pessoas saberão automaticamente que são mentiras. As pessoas precisam saber que o presidente está mentindo, mas tome cuidado para não repetir as mentiras porque "uma mentira repetida com bastante frequência se torna verdade". A repetição de mentiras as espalha. (Lakoff e Duran, 2018)

O caso dos exemplares proeminentes é particularmente importante nas guerras culturais porque a direita alternativa consegue deixar os militantes identitários à beira da armadilha. São exemplos apontados como "hipocrisia", como crime hediondo praticado por homossexuais, pessoas brancas que sofreram ataques violentos coletivos por afro-americanos, a policial negra assassinada, que não é lembrada, nem gera comoção.

---

36 LAKOFF, George P.; DURAN, Gil. Trump has turned words into weapons. And he's winning the linguistic war. *The Guardian*. 13 jun. 2018. Disponível em: https://www.theguardian.com/commentisfree/2018/jun/13/how-to-report-trump-media-manipulation-language

A direita alternativa usa, nesses momentos, o *slogan* #TodasAsVidasImportam, para criar a imagem de que os progressistas identitários são seletivos e hipócritas. Os identitários, por sua vez, alegam que a comoção até existe, mas não tem a mesma proporção de outros casos, pois os elencados teriam sido atos de forças dominantes, hegemônicas ou opressivas. É o que chamam de "falsa simetria". É a explicação para que o caso da policial negra assassinada não gere a mesma comoção que a ação de um policial branco assassinando alguém ou abusando de um negro. Isso comprova que os movimentos e grupos engajados não são iguais, e eles agem conforme o caso, o contexto e a repercussão. "Os grupos não são coisas silenciosas, mas o produto provisório de um rumor constante feito por milhões de vozes contraditórias sobre o que vem a ser um grupo e quem pertence a ele" (Latour, 2012 p. 55).

Os movimentos identitários promoveram, nos últimos anos, uma série de campanhas na internet para forçar mudanças nas políticas públicas, na cultura das empresas e nas premiações. Foi o caso do #OscarSoWhite, em 2016, que reclamava da falta da representação de outros grupos étnicos e de mulheres na festa do Oscar, forçando a Academia de Artes e Ciências Cinematográficas a rever normas para promover a inclusão. A decisão não ocorreu sem críticas internas e externas da possível pressão por cotas, que mudaria a forma de produção dos estúdios visando à premiação.

O #MeToo foi desencadeado após a repercussão, em 2017, do relato de assédio sofrido pela atriz Alyssa Milano. Ela usou a expressão "Eu também" (*Me too*), criada pela ativista social Tarana Burke, em 2006. A ação da atriz encorajou outras mulheres a relatar episódios de assédio sexual, o que levou a acusações contra o então todo-poderoso produtor de cinema Harvey Weinstein, que acabou condenado e preso, e ao "cancelamento" do ator Kevin Spacey, também por acusações de abuso sexual. O movimento ganhou repercussão em outros setores da indústria e fora dos Estados Unidos. No Brasil, apresentou características adaptadas à nossa realidade, pois mulheres negras e periféricas sofrem ainda mais abusos. O #MeToo serviu como alerta para a revisão de protocolos nas empresas e para ajudar mulheres em situação vulnerável.

Houve críticas sobre o movimento não estar apenas promovendo uma boa causa, mas contribuindo para uma "caça às bruxas", sem respeitar o Estado democrático de direito. Há casos de homens que foram acusados e injustamente cancelados pela massa engajada, sem possibilidade de defesa. A estratégia punitivista, como vemos, é explorada por ambos os lados nas guerras culturais. Geralmente, os grupos não se comovem por episódios de "falsa acusação" ou "manipulação", em nome da união do movimento. "[...] Toda formação de grupo será acompanhada da busca de um amplo leque de características mobilizadas para consolidar as fronteiras desse grupo contra as pressões adversas dos grupos antagônicos que ameaçam dissolvê-lo" (Latour, 2012, p. 57).

Há dois aspectos negativos que a direita alternativa aponta nos identitários e que também são alvo de crítica destes últimos. Primeiro, a exploração capitalista dos movimentos engajados pelas grandes empresas. O #MeToo e o #BlackLivesMatter foram explorados por empresas para capitalizar suas imagens, muitas vezes sem a devida prova de que os protocolos de admissão, promoção, ouvidoria e relação interna tenham sido, de fato, alterados para melhor. No caso de produtos culturais, nem sempre a exploração promovida de forma forçada é aceita pelos grupos identitários ou faz grande sucesso de público. Foi daí que os críticos conservadores mais ácidos inventaram a expressão "Quem lacra não lucra" (*Go woke, go broke*). Porém, muitas vezes, pode lucrar.

O segundo problema é quando o movimento engajado não repercute publicamente como o esperado, em boa parte por não ter ação fora do ambiente virtual. O consumo excessivo de identidades pode levar à proliferação do que Evgeny Morozov chama de "*slacktivism*" ("ativismo de sofá"). O usuário é levado a crer que seu esforço digital é útil e importante, porém, na maioria das vezes, o impacto social é zero.

> Uma boa maneira de saber se uma campanha digital é séria ou "negligente" é ver o que ela aspira alcançar. As campanhas do último tipo parecem ter como premissa que, dados *tweets* suficientes, os problemas do mundo são solucionáveis; na linguagem dos *geeks* de computador, com olhos suficientes todos os *bugs* são superficiais. Isso é exatamente o que impulsiona tantas campanhas a coletar assinaturas, adicionar novos membros às suas páginas do Facebook e pedir a todos os envolvidos que façam um *link* para a campanha em *blogs* e no Twitter. Isso funciona para alguns problemas, especialmente aqueles que estão vinculados à geografia (por exemplo, realizar serviço comunitário em uma cozinha comunitária local, fazer campanha contra uma resolução aprovada por um conselho municipal local etc.). Mas, com as questões globais, seja genocídio em Darfur ou mudança climática, há retornos decrescentes para a conscientização. Em algum ponto, é preciso converter a conscientização em ação, e é aqui que ferramentas como o Twitter e o Facebook têm muito menos sucesso. (Morozov, 2011, p. 190-191)

Para concluir, há a crítica dos identitários e da direita alternativa sobre o grupo numeroso e, por vezes, silencioso que não se integra ou não apoia claramente uma das causas nas guerras culturais. A figura moderada ficou conhecida como "isentão". O radical do lado conservador dirá que essa figura moderada é claramente um "esquerdista disfarçado". O radical do lado progressista suspeitará que o moderado é um "fascista em potencial". Trata-se de um posicionamento típico do radicalismo de certas discussões, quando certos temas na sociedade estão em ponto da ruptura.

> Com respeito à moral e à doutrina da virtude, os extremistas das margens opostas se encontram e, ao se encontrarem, conseguem achar bons motivos para se contrapor aos moderados: as virtudes guerreiras, heroicas, da coragem e da ousadia contra as virtudes consideradas pejorativamente mercantis da prudência, da tolerância, da razão calculadora, da paciente busca da mediação, necessárias nas relações de mercado e naquele mais amplo mercado de opiniões, de ideias, de interesses em conflito, que constitui a essência da democracia, na qual é indispensável a prática do compromisso. Não é por acaso que tanto os extremistas de esquerda quanto os de direita mantêm sob suspeita a democracia, inclusive do ponto de vista das virtudes que ela alimenta e das quais necessita para sobreviver. No linguajar de uns e outros, democracia é sinônimo de mediocracia, entendida como domínio não só da camada média, mas também dos medíocres. O tema da mediocridade democrática é tipicamente fascista. Mas é um tema que encontra seu ambiente natural no radicalismo revolucionário de qualquer coloração. (Bobbio, 2011, p. 74-75)

George Lakoff (2016) descreve que existem muitas pessoas "biconceituais", com conservadores moderados tendo visões progressistas sobre algumas questões; e progressistas moderados tendo visões conservadoras sobre alguns temas; e isso pode variar de pessoa para pessoa. As duas visões de mundo opostas são aplicadas a diferentes temas, com uma delas mais fortemente aplicada e outra mais defendida. Há outras pessoas que são do tipo "pragmática", dispostas a se comprometerem para se aproximarem o máximo possível de suas crenças mais fortes. Nesses casos, não há "meio" definido como cosmovisão compartilhada por todos os moderados.

Em 2020, Steve Bannon caiu em desgraça, sendo acusado de cometer fraude financeira em desvio de recursos. Em 2022, foi condenado a quatro meses de prisão por não colaborar na investigação sobre a invasão ao Capitólio dos Estados Unidos, em janeiro de 2021. Para seu segundo mandato, Trump tem como estrategista o empresário sul-africano Elon Musk. Dono de grandes empresas, como a Space X, a Tesla e a plataforma X (ex-Twitter), Musk faz parte do gabinete de Trump, sendo um dos líderes do Departamento de Eficiência, responsável por criar mecanismos de agilidade no funcionamento e na economia de custos, nas diversas agências e órgãos governamentais. Musk é uma polêmica figura midiática que abertamente defende uma política de liberdade de expressão total. Porém, essa liberdade contrasta com ideias que misturam o pretenso isolacionismo americano na política externa, com o governo Trump sendo forçado a intervir em diversas guerras pelo mundo, a despeito da retórica de priorizar os assuntos internos dos Estados Unidos. E a cobrar a União Europeia a investir mais em sua própria segurança na Organização do Tratado do Atlântico Norte (OTAN). E realizar incursões na Faixa de Gaza e na Ucrânia com interesses mais ligados às necessidades econômicas e tecnológicas dos Estados Unidos do que às dos países envolvidos.

Não é à toa que, na segunda posse de Trump, em 2025, estivessem presentes na cerimônia os grandes líderes das corporações de tecnologia, como o próprio Elon Musk, Jeff Bezos (Amazon), Mark Zuckerberg (Meta), Sam Altman (Open AI) e Tim Cook (Apple). O setor de tecnologia apoia Trump e necessita de sua ajuda não apenas para impedir os planos de regulação das mídias sociais, especialmente a partir da Europa, mas também para facilitar as políticas de extração de minerais para o desenvolvimento de novas tecnologias, com especial atenção para a inteligência artificial (IA). Jeff Bezos, por exemplo, é proprietário do tradicional jornal *The Washington Post* e ordenou que as páginas de opinião poupassem críticas ao governo Trump. Um dos episódios mais marcantes foi a decisão da cartunista premiada com o Pulitzer, Ann Telnaes, ter se demitido após o rascunho de seu cartum ter sido rejeitado pelo editor do jornal.

O tema de Ann Telnaes foi a peregrinação dos principais CEOs de tecnologia dos Estados Unidos até a famosa propriedade de Trump em Mar-a-Lago, na Flórida, com promessas de apoio irrestrito às políticas do governo que estava para se iniciar. O cartum nunca foi publicado no jornal e acabou sendo divulgado em outras mídias. A autora explica que estava acostumada a discutir sobre edição e pequenas modificações, mas nunca havia tido um trabalho rejeitado por causa de temas. O editor, David Shipley, por sua vez, atribuiu o veto ao fato de outra seção do mesmo jornal estampar uma sátira sobre o encontro dos executivos com Trump[37]. A polêmica resultou em milhares de cancelamentos de assinaturas de leitores tradicionais.

37 FOLKENFLIK, David. A Pulitzer winner quits Washington Post after a cartoon on Bezos is killed. NPR. 4 jan. 2025. Disponível em: https://www.npr.org/2025/01/04/nx-s1-5248299/cartoonist-quits-wapo-over-bezos-trump-cartoon-washingtonpost

MÍDIA, POLARIZAÇÃO E TIPOLOGIA DO JORNALISMO NAS GUERRAS CULTURAIS

A mídia define o "ambiente" em que a discussão pública toma forma. Isso é importante porque esse ambiente predetermina a substância real do que é comunicado. Hunter (1991) faz uma comparação dos três grandes diferentes contextos históricos da comunicação na história dos Estados Unidos. No período colonial da Nova Inglaterra, o único meio de comunicação era o sermão – os fiéis das igrejas ouviam aproximadamente sete mil sermões durante a vida, totalizando cerca de quinze mil horas de audição concentrada. No final do século XVIII e início do XIX, a comunicação pública permanecia sendo os sermões, porém havia discursos veiculados por palestras, jornais, tratados religiosos e panfletos. O panfletarismo era particularmente importante nos Estados Unidos, assim como fora na França. Alexis de Tocqueville (2000, p. 63) menciona "que os partidos não fazem livros para se combater, mas brochuras que circulam com incrível velocidade, vivem um dia e morrem". Esse material, escrito por elites locais, regionais e nacionais, era disseminado pela população alfabetizada, um feito possível pela evolução da tecnologia da impressão. Mesmo naqueles dias, a retórica do discurso público era passional e até mesmo inflamatória.

Entre o final do século XIX e por todo o século XX, livros acadêmicos, artigos longos, editoriais e jornais sérios mantiveram sua importância na oratória política, moral e religiosa. No entanto, novas formas de mídia alcançaram uma audiência muito maior, de forma a eclipsar o poder de comunicação de trabalhos mais acadêmicos. São elas: a mídia do rádio, comerciais de televisão, telejornais, cartas ao leitor, publicidade impressa, mala direta pelo correio. O volume dessa mídia é muito maior e sua capacidade de transmitir imagens é mais poderosa e universal do que antes. É um impacto social que não deve ser subestimado. Essas mídias são controladas e utilizadas por atores e organizações com interesses de poder econômico, para promover e provocar o debate público. Nem todo mundo tinha acesso aos meios de comunicação de massa.

Nosso principal problema é como repensar o jornalismo em meio aos diversos conflitos (guerras culturais), uma revolução digital que nos apresenta benesses e incertezas, e os aspectos de aproveitamento na esfera política. Os aspectos éticos e instrumentais são colocados em xeque na era das propagadas *fake news*. Em junho de 2017, a Universidade de Oxford publicou um relatório (Howard e Wooley, 2017) com os resultados de pesquisa realizada entre 2015 e 2017. O documento analisava a influência das plataformas digitais nos processos democráticos, em diversos países, como Alemanha, Brasil, Canadá, China, Polônia, Taiwan, Rússia e Estados Unidos. O resultado foi que os *bots* (contas automatizadas ou "robôs") podem influenciar processos político-eleitorais, manipulando a opinião pública.

A internet não é, por si, uma plataforma com acesso equilibrado e igualitário, no mundo todo. Ao contrário do que pregava Alan Swingewood (1978), que afirmava que a tecnologia levaria à democratização da cultura, de forma geral as diferenças existentes nos países, seja na economia, na tecnologia e nos níveis de formação educacional, fazem com que a potencialização do engajamento tenha limites.

Manuel Castells (2003) indicou brevemente as características dessa divisão digital, por uma perspectiva global. Elas incluem as diferenças tecnológicas, de conhecimento e econômicas. Mais recentemente, o pesquisador Frédéric Martel (2015) identificou, de forma detalhada, essas diferenças quando analisou os usos e as preferências da internet em locais tão diferentes como Estados Unidos, China, Índia e países do Oriente Médio, seja nas iniciativas particulares, seja nas públicas. A questão da territorialidade (não necessariamente geográfica) é colocada em destaque:

> No Facebook [...] como na maioria das redes sociais, as conversas não são globais – e nunca serão. A própria expressão "mídias sociais" remete à dimensão social, que, para a maioria das pessoas, é uma dimensão de proximidade ou comunidade. Os conteúdos não viajam com facilidade na internet, ao contrário do que se pode pensar. A multidão não existe! No Twitter, no Tumblr, no Path ou no Instagram, redes sociais igualmente americanas, cada usuário personaliza sua conta, escolhendo as pessoas que "segue" (limitadas a um círculo mais restrito de menos de cinquenta amigos íntimos, no caso de Path). Em função dessas assinaturas ou das *hashtags* consultadas – e tudo isso está ligado às línguas faladas, aos centros de interesse e ao país onde se habita – cada qual gera o

> próprio fio de informação. No fim, todas as conversas são singulares. São mais definidas por suas diferenças do que pela uniformidade, embora a ferramenta seja a mesma para todos – e apesar de ser americana. Ao contrário do que se pode pensar espontaneamente, portanto, o digital é essencialmente territorializado. A chave do sucesso na web, inclusive para os gigantes da net, resume-se numa fórmula famosa: *location, location, location* (a frase, originalmente usada pelos agentes imobiliários americanos, significa que, para vender um apartamento, a prioridade é a localização). E por sinal os aplicativos Plans, da Apple, e Google Maps, assim como os mapas interativos das linhas de metrô e dos horários de ônibus do mundo inteiro, estão entre os mais baixados nos *smartphones* (Martel, 2015, p. 418-419)

O chamado *mainstream* (mídia tradicional) é confrontado quando a mídia social abre espaço e legitima movimentos, modismos e personalidades, ampliando a oferta de escolha para o público. Esse excesso de oferta prejudica o livre-arbítrio do usuário, como preconizado nos anos 1950 por David Riesman (1995), que afirmou que a orientação viria do que os outros pensam de nós, optando quase sempre por reflexos das identidades reconhecidas e legitimadas pela multidão. Isso é potencializado pela efemeridade dos conteúdos digitais, pois os debates surgem, explodem e desaparecem em questão de dias.

As mídias sociais ampliaram, por meio de seus algoritmos, o efeito de bolha. Seus usuários se prendem, cada vez mais, a uma bolha limitada a seus próprios pensamentos e demandas. Daí criaram-se as condições para que grupos cada vez maiores de extremistas ou simplesmente ignorantes passassem a ter voz lida, ouvida e compartilhada. Ficou famosa a frase proferida em 2015 pelo semiólogo italiano Umberto Eco ao receber o título de *Doctor Honoris Causa* da Universidade de Turim. Para ele, as redes sociais deram voz a uma "legião de imbecis", que antes estava calada e agora está legitimada. O efeito bolha nos ajuda a compreender por que movimentos internacionais massivos ganharam destaque, porém nem todos se mantiveram por muito tempo ou atingiram o almejado – em que pese o ativismo digital ter mostrado sua força, como bem explica Manuel Castells (2015) em sua obra *Redes de indignação e esperança – Movimentos sociais na era da internet*, ao analisar a Primavera Árabe, os Indignados na Espanha e o movimento Occupy Wall Street nos Estados Unidos.

Utilizando conceitos bourdianos como "campo", "capital" e "poder simbólico", John B. Thompson (2000) produziu uma obra seminal de teorização do escândalo político. Tipificando três modelos de escândalo – o sexual, o financeiro e o do poder –, ele afirma que, com a crescente exposição às novas exigências das tecnologias de informação, os políticos devem redobrar os cuidados para melhorar sua atuação frente a um mundo em que o chamado "capital" se tornou um recurso escasso e valioso. Com o progresso das técnicas de manipulação e produção de escândalos (falsos ou reais) e fácil assimilação do público, reacende-se a importância da produção da notícia. Do ponto de vista da análise midiática, Kellner (2001) correlaciona os aspectos de propaganda da mídia de massa às ansiedades sociais e às ideologias políticas; porém, a tecnologia ainda não estava tão avançada de modo a inverter as dinâmicas de produção e assimilação dos conteúdos, como na atualidade.

Na história, diversas obras abordam a questão dos valores conservadores e progressistas e seu impacto na comunicação de massa[38]. O liberal aristocrata Alexis de Tocqueville (1987) afirmou, em sua *Da democracia na América*, que o futuro seria o império das massas e elevaria a condição democrática, com a redução do abismo entre ricos e pobres como providencial. Os frankfurtianos, como Adorno (1989) e Benjamin (1994), criticavam a cultura de massa como alienação. Conservadores como Ortega y Gasset (2016) criticavam a ascensão das massas e seu perigo para a cultura. Da mesma forma, a perspectiva do *midcult*, de Dwight Macdonald (2011), criticava a cultura de massa que desejava se apropriar da alta cultura. Na década de 1960, Elias Canetti (1995) analisou a relação estreita entre as massas e o poder, em seus diferentes aspectos – do religioso ao bélico. Mas como podemos identificar os momentos históricos de maior debate e de grande transformação social, em nível mundial? Se acreditarmos que o contexto é complexo e envolve elementos políticos, econômicos e culturais, uma boa hipótese é mesmo a de momentos de crise e de grande insatisfação social.

No caso específico do Brasil, vale citar a explicação dada pelo general Golbery do Couto e Silva, chefe da Casa Civil e arquiteto da abertura política do governo Geisel. Ele usou termos da cardiologia para explicar que a sociedade funciona por sístole (fechamento) e diástole

38 "Massa" aqui empregado no sentido de "coletividade de grande extensão, heterogênea, quanto à origem social e geográfica dos seus membros e desestruturada socialmente. Isto é, trata-se de um coletivo, contíguo ou à distância, de indivíduos indiferenciados quanto a normas de comportamento, valores e posições sociais, pelo menos naquilo que diz respeito a uma situação determinada. Assim entendida, a noção se apresenta como útil para distinguir certas formas de agrupamento humano, e de comportamentos coletivos correspondentes, no interior de um contínuo analítico que vai do ajuntamento mais ocasional e efêmero possível – a multidão – até as formas mais altamente estruturadas de grupos sociais". (Cohn, 1973, p. 17)

(distensão)[39]. Cada movimento era seguido pelo outro, sucessivamente. O mesmo pode ser dito para os movimentos entre valores mais conservadores e progressistas aproveitados pela mídia. Não é possível afirmar se estamos num processo de ruptura em escala mundial, como em períodos passados; porém as instabilidades, o aumento da intolerância e os intensos conflitos ocorrem e podem ser analisados.

Termos como "fascismo" e "comunismo" têm sido repetidos pelas militâncias virtuais em anos recentes no jogo da argumentação. Entendimentos foram distorcidos em formulações simplistas como, por exemplo, "nazismo é de esquerda", "pautas progressistas são comunistas", ou pessoas são rotuladas de "fascistas" ou "comunistas" por não concordarem com pautas e ações progressistas, e vice-versa. A própria definição de "direita" e "esquerda", no plano político, se tornou líquida no ambiente virtual. Em sua definição clássica, descrita por Norberto Bobbio (2010), podemos conceituar as duas pela via da igualdade ou a da mudança. Uma seria a esquerda – mais favorável à igualdade; e a direita seria menos favorável à igualdade, embora mais favorável à liberdade. Debates de natureza moral têm emergido e a imprensa enfrenta dificuldades em mediar a informação, devido ao rápido fluxo do debate nas mídias sociais.

A dúvida em relação ao trabalho jornalístico não é nova. Em *Sociologia da comunicação*, o professor Gabriel Cohn (1973, p. 9) já exemplificava com o diálogo: "Seu Filipe, o senhor não acredita que o homem foi à Lua?", "Uai! Tem ilusão pra tudo." O indivíduo alheio aos meios de comunicação básicos é uma anomalia, embora cada vez esteja mais extinto. Quem se expôs, por outro lado, pode nem sempre conseguir interpretar o que lê, ouve ou vê.

O professor José Arbex Junior (2001) afirma que, embora os jovens universitários para quem ministrou palestras soubessem de fatos históricos então recentes, como a queda do Muro de Berlim ou a Guerra

39 "Naquele ano de 77, o governo Geisel havia cassado parlamentares, enquanto nos bastidores resistia às pressões da linha dura personificada pelo ministro do Exército, Sylvio Frota. Em abril, o governo fez o seu movimento de maior agressão à ordem constitucional: fechou o Congresso por 14 dias e emendou a Constituição à força. Era uma sístole. Geisel e o regime tinham grave problema: as eleições daquele ano para governo seriam diretas. Com o Pacote de Abril, não foram. Sob pretexto de fazer uma reforma no Judiciário a que o Congresso resistia, Geisel converteu as eleições em indiretas, criou os senadores biônicos, nomeados, e, entre outras medidas, aumentou a bancada no Congresso dos estados do Norte e Nordeste, onde a Arena, partido do regime, era mais votado. A diástole viria em outubro, com a demissão de Frota e a consolidação do projeto de anistia." Memória Globo. Disponivel em: http://memoria.oglobo.globo.com/jornalismo/primeiras-paginas/o-vaiveacutem-do-autoritarismo-8907906

do Golfo, e lembrassem das imagens, eram incapazes de narrar, de forma contextual, o que haviam visto pela televisão. Certamente, a maioria não consegue identificar a angulação ou possíveis tentativas de manipulação da informação. A função da imprensa não é mostrar a verdade. É jogar uma luz sobre os fatos (Lippmann, 2008), mimetizando a afirmação de Pierre Bourdieu de que os jornalistas têm óculos próprios para enxergar o mundo. O jornalismo não é uma janela do mundo. O historiador Robert Darnton (1990) confirmou isso quando relembrava seus tempos de jovem repórter e descobria que fatos envolvendo negros "não davam matéria" e eram excluídos dos jornais – logo, jornais não são janelas da história.

Aqui pontuamos, resumidamente, os quatro mitos do jornalismo que continuam sendo ensinados e propagados na sociedade. O primeiro é o da imparcialidade. Todo veículo de imprensa tem uma angulação, um viés ideológico, sofre pressões políticas e econômicas e é suscetível, no extremo, de processos de manipulação. No esquema de produção na redação, cada profissional também tem seu próprio viés ideológico, e isso pode, ou não, pesar no conteúdo jornalístico.

Para Manuel Chaparro (2008, p. 114), não é possível dividir os textos entre "informação" e "opinião", já que "a consistência do relato jornalístico exige cada vez mais a elucidação opinativa, assim como a clareza e o sentido do comentário dependem da qualidade das informações que lhe dão sustentação". Chaparro considera inadequada a divisão entre "jornalismo informativo" e "jornalismo opinativo". Segundo ele, não é possível separar a opinião da informação, pois todo processo jornalístico que busca a objetividade passa por processos de edição, revisão e checagem, tornando o trabalho coletivo, o que resulta em decisões subjetivas. "Há opinião em todas as decisões e em cada momento de atribuição de valor aos factos e às coisas" (Chaparro, 2008, p. 115).

Os veículos jornalísticos podem também exercer forte influência na política, o que lhes valeu a expressão "quarto poder", cunhada na Grã-Bretanha, no século XIX (Burke, 2006). Por várias décadas, a revista *Veja*, da Editora Abril, exerceu uma força importante ao revelar informações que podiam ter desdobramentos políticos e de opinião pública. Esse "poder" ajudava, inclusive, a manter certo respeito por parte de seus detratores e a constranger políticos mal-intencionados. Em determinada época, quando o diretor de redação decidiu reduzir drasticamente a sucursal de Brasília para explorar temas culturais e de saúde, o sucesso de vendas não comoveu o então *publisher* Roberto Civita, que afirmou: "A *Veja* não existe se não tiver dentes" (Maranhão, 2016, p. 362). A sucursal de Brasília foi remontada. A Rede Globo de Televisão também é muito citada por sua influência nos diferentes governos, a despeito do viés ideológico de quem está no poder.

O segundo e o terceiro mito têm relação com os conceitos de *fake news* e pós-verdade como fenômenos estritamente recentes. Como já afirmamos, tentativas de manipulação, mentira e deturpações corrigidas posteriormente não são novas. No caso específico das *fake news*, podemos dizer que a diferença costuma ser a de retroalimentação, que normalmente envolve usuários que produzem, manipulam, divulgam e/ou compartilham esse tipo de informação, amplificada pelos algoritmos das mídias sociais. Em resumo, na leitura atual, as *fake news* não são um produto da imprensa, e sim dos usuários no ambiente virtual. Vamos nos ater a esse conceito, a despeito de outros pesquisadores que têm diferentes leituras. Mas a imprensa está sujeita a falhas e ao envolvimento com interesses externos.

Nos anos 1930, por exemplo, havia uma espécie de antepassado das *fake news* na imprensa, quando as manchetes falsas de jornais geraram especulações no mercado de café e reduziram as cotações do produto. Já o conceito de pós-verdade não é novo. Fraser Bond (1959) alega que algumas críticas ao jornalismo já falavam em inexatidão, supressão de partes relevantes, ataques gratuitos ao governo e abertura de espaço para notícias vulgares, no lugar das relevantes. Peter Burke (2017) afirma que isso não foi inventado em 2017 e que o termo já aparecia em 1992. A expressão "*spin doctors*" já era empregada no jornal *The New York Times*, nos anos 1940, e até mesmo um ensaio sobre propaganda fascista de George Orwell, publicado em 1942, pode ser considerado como uma premonição da era da pós-verdade. O próprio Burke foi inspirado a escrever sobre o tema ao saber que a ex-primeira-ministra britânica Margaret Thatcher estava usando os serviços de uma agência de publicidade.

Perseu Abramo (2003) publicou um ensaio em 1988, ainda na era pré-internet, sobre os padrões da manipulação na grande imprensa. Ele afirmava que, em alguns casos, específicos de reportagens jornalísticas, o público pode não receber a informação real por padrões de ocultação (ausência de fatos reais na produção da notícia), de fragmentação (seleção de aspectos ou particularidades gerando descontextualização), padrões da inversão (após os fatos descontextualizados, pode haver a reordenação do que é importante na notícia), padrões de indução (ver o fato como querem que seja visto, requerendo ação conjunta de diversos veículos jornalísticos) e o padrão global (com características próprias de veículos massivos, como rádio e televisão, de seguir uma lógica, mostrar um fato, exibir a fala da sociedade e ouvir a tomada de decisão da autoridade, muitas vezes encerrando o assunto sem a resolução esperada).

Trinta anos depois, Rogério Christofoletti (2018) revisou o trabalho de Abramo, agora no contexto da comunicação digital, adicionando alguns padrões ao conceito complexo da manipulação da informação. O primeiro deles seria o padrão do abrandamento, "um conjunto de estratégias discursivas ou de enunciação que atenuam títulos ou textos, esvaziando parte da contundência de fatos ou declarações" (Christofoletti, 2018, p. 70). O segundo seria o padrão de escamoteamento, semelhante ao de ocultação, porém com contornos próprios – aqui, na impossibilidade de ignorar a publicação de um fato, há o cuidado em restringir os sentidos, omitindo dados e personagens e retirando personagens e detalhes inconvenientes que são minimamente importantes para a compreensão total da notícia. Outro padrão seria o do embaralhamento, que se caracterizaria por uma série de estratégias da redação, com o objetivo claro de confundir e desorientar os leitores por meio de artifícios narrativos e estéticos, com mais peso na etapa de edição da produção jornalística. Por exemplo, durante a campanha presidencial de 2020, nos Estados Unidos, a Fox News ficou conhecida por apoiar candidatos conservadores e o candidato à reeleição presidencial Donald Trump. Porém, o senso comum erra quando analisamos puramente o conteúdo noticioso factual. No segundo semestre de 2020, o adversário democrata, Joe Biden, começava a enfrentar denúncias obscuras de favorecimento de seu filho Hunter. A CNN norte-americana, editorialmente anti-Trump, fez cobertura bastante discreta do candidato democrata e dos assuntos que o orbitavam. Seu foco era na crítica a Trump nas notícias e nos debates opinativos. A Fox News dedicava espaço mais equilibrado aos dois candidatos no aspecto noticioso, embora focasse em pautas negativas de Joe Biden no opinativo.

Os títulos e manchetes devem ser precisamente claros, pois "a maioria dos leitores de um jornal lê apenas o título da maior parte dos textos editados. [...] O título deve ser uma síntese precisa da informação mais importante do texto" (*Manual da redação* – Folha de S. Paulo, 2021). A mesma regra serve para os títulos das manchetes do jornalismo na internet. Muitas vezes, devido ao *paywall* – a barreira digital para limitar a leitura integral aos assinantes –, o leitor só tem acesso à manchete e ao início do texto. Isso, aliás, é uma grande trava na batalha contra a desinformação no ambiente virtual. Vejamos dois casos: o primeiro envolvendo uma acusação falsa referente à vereadora assassinada Marielle Franco, e o segundo, a declaração do presidente Jair Bolsonaro na Assembleia Geral da ONU.

Caso 1: Marielle Franco
"Desembargadora acusa Marielle Franco de 'engajamento' com bandidos" (*O Globo*)
"Desembargadora: Marielle foi eleita pelo Comando Vermelho" (*Exame*)
"'Ela estava engajada com bandidos', diz desembargadora do RJ" (*Poder360*)
"Desembargadora posta que Marielle 'foi eleita pelo Comando Vermelho'" (*O Globo*)

Caso 2: Jair Bolsonaro
Na ONU, Bolsonaro acusa "campanha de desinformação" contra o Brasil. (*O Globo*)
Bolsonaro diz que Brasil é vítima de campanha de desinformação sobre a Amazônia. (*Correio Braziliense*)
Bolsonaro se defende na ONU sobre pandemia e queimadas. (*Folha de S. Paulo*)

No primeiro caso, os textos das matérias deixam claro que a desembargadora não tinha uma fonte confiável que embasasse essa acusação. A *Veja* ainda inseriu a informação no subtítulo ("Com base em *fake news*"), porém as manchetes omitiam que a informação não tinha base factual. O importante, no caso, era os veículos destacarem que a mentira estava sendo compartilhada pelas mídias sociais, especialmente em grupos de WhatsApp. O segundo caso é parecido. As manchetes omitiam que se tratava de uma mentira dita pelo presidente na ONU, embora as reportagens descrevessem corretamente o que de fato ocorreu. De novo, as manchetes foram usadas na rede de desinformação dos grupos de interesse.

Nesse aspecto, entram novos atores, como as agências checadoras que prestam o serviço de verificar e apurar a veracidade de informações. No caso 1, a agência Aos Fatos destacou em manchete: "Não, Marielle não foi casada com Marcinho VP, não engravidou aos 16 e não foi eleita pelo Comando Vermelho", com grande audiência. Embora queiram mostrar que o jornalismo está correto, o lado negativo é que esse tipo de trabalho das agências checadoras reforça um entendimento errôneo de que a imprensa publica informação falsa, o que aumenta a desconfiança pública.

Há casos em que a manipulação é feita para orientar cidadãos na causa correta. Pesquisadores do Centro de Estudos de Comunicação e Sociedade da Universidade do Minho[40] revelaram que 92% dos jornalistas portugueses assumem que tentaram orientar os cidadãos para comportamentos indicados pelas autoridades de Portugal, o que pode ter contribuído para o sucesso do controle da pandemia de covid-19 no país.

Outras vezes, o veículo jornalístico é vítima do falso profissionalismo, como o caso da jornalista Janet Cook[41], que fabricou uma reportagem (*"Jimmy's world"*, em 28 de setembro de 1980) sobre a vida do menino de 8 anos, Jimmy, que seria viciado em heroína de terceira geração, levando a falsa repórter a ganhar o prêmio Pulitzer. Após intensa pressão e humilhação de editores de outros jornais, Ben Bradlee (conhecido do caso Watergate do governo Nixon), publicou, na capa e em quatro páginas internas, um longo texto do *ombudsman* Bill Green explicando como ocorreu todo o processo que levou à descoberta da fraude. Vale lembrar que a fraude foi descoberta devido à checagem feita pelo jornal *Toledo Blade*, onde a repórter havia trabalhado. Discrepâncias foram percebidas nas notas sobre a biografia dela. Janet era negra e interessava ao *Post* contratar profissionais de grupos minoritários. Outro ponto foi que a prefeitura e o Departamento de Saúde passaram a buscar o garoto para tratamento, porém a repórter não revelou sua fonte e teve apoio do jornal alegando a Primeira Emenda sobre liberdade de expressão – o que foi muito criticado pela comunidade afro-americana e por ativistas da cidade.

Esse conjunto de características que envolvem as falhas e possíveis manipulações de *fake news* e pós-verdade, ajudam a entender o aumento da descrença pública em relação à imprensa. O Instituto Reuters[42], por exemplo, fez uma pesquisa e revelou que o Brasil é o país em que a maior porcentagem de entrevistados (43%) dá preferência às notícias parciais que "compartilham do seu ponto de vista". Nos Estados Unidos, são 30%, e no Reino Unido, 13%.

Henry Jenkins chama a atenção para movimentações ocorridas ainda no início do século XXI, como o caso da democracia participativa nas eleições dos Estados Unidos, em 2004, que seria muito ampliada nas eleições seguintes. Nesse episódio, a cultura popular

---

40 "Investigadores do CECS estudam mediatização da covid-19." Universidade do Minho. 17 jun. 2020. Disponível em: http://www.cecs.uminho.pt/investigadores-do-cecs-estudam-mediatizacao-da-covid-19

41 SAGER. Mike. The fabulist who changed journalism. *Columbia Journalism Review*. Primavera de 2016. Disponível em: https://www.cjr.org/the_feature/the_fabulist_who_changed_journalism.php

42 "As trust in news falls around the world, a new report looks at the trade-offs involved in trying to regain and retain it." Reuters Institute and University of Oxford. 3 dez. 2020. Disponível em: https://static.poder360.com.br/2020/12/trust-in-news-reutersdez2020.pdf

assumiu novas responsabilidades ao instruir o público sobre o que estava em jogo nas eleições e incentivá-lo a participar do processo. As eleições de 2004 representaram um momento de transição na relação entre a mídia e os políticos, com o público passando a fazer parte do jogo sujo e as equipes de candidatos perdendo parte do controle sobre o processo político (Jenkins, 2013). Nessa mesma época, Jenkins apontou que, de acordo com uma pesquisa da Pew Foundation, no ano 2000, 39% ficavam sabendo das campanhas políticas através dos noticiários de tevê e do rádio. Em 2004, esse número já havia caído para 23%. Ao mesmo tempo, o número de jovens informados sobre esse tema por programas de comédia, como *The Daily Show* e *Saturday Night Live*, subiu de 9% para 22% (Jenkins, 2013). Não parece difícil acreditar que, no Brasil, houve fenômeno semelhante, com jovens da última década obtendo informação política de programas como *Pânico* e *Custe o que Custar (CQC)*.

A situação se torna complexa com a evolução tecnológica e a interação entre leitores e telespectadores, consumidores e produtores de opinião, e o conteúdo legitimado das empresas tradicionais do jornalismo (*CNN*, *The New York Times*, *The Guardian*, *BBC*, *Reuters*, *Globo* etc.), em suas múltiplas plataformas. Em 2011, o analista Jeff Sonderman, do Poynter Institute, publicou as três tendências que pautariam o jornalismo a partir de 2012, todas refletindo, de algum modo, o uso de algoritmos e sistemas semânticos:

> 1 A emergência de narrativas para além do texto autoral, sustentadas por diversas camadas informativas a exemplo do Storify e do ProPublica. A tendência, portanto, é que o público seja um colaborador na captação noticiosa, que o jornalista assuma o papel de ouvinte da sociedade e de curador, e que as notícias sejam narradas pela sociedade por meio de um jornalista ao invés da tradicional narrativa de um jornalista para a sociedade;
> 2 O uso do Facebook e outras plataformas de mídias sociais (tipicamente constituídas por algoritmos) como o melhor meio de publicação e disseminação de notícias; e
> 3 O predomínio de *tablets* e *e-readers* (representando a mobilidade do leitor) como o principal meio de acesso informativo (Saad Corrêa e Bertocchi, 2012, p. 133-134).

Estão incluídos nessa equação os novos atores, produtores e debatedores de informação – os influenciadores digitais. Deles fazem parte militantes, jovens idealistas, indivíduos em busca de fama ou da polêmica, intelectuais e empresas constituídas por grupos de produtores de conteúdo. No campo jornalístico, há os representantes da imprensa alternativa e da imprensa militante – desde *blogs* até produtores independentes de jornalismo cidadão (*blogs* locais e temáticos) e maiores, como a Mídia Ninja, e jornalistas veteranos (muitos fora das empresas tradicionais). Podem-se igualmente incluir organizações que divulgam informações confidenciais e sensíveis, como a WikiLeaks, e empresas privadas, como a Cambridge Analytica, que combinam mineração e análise de dados com estratégia de comunicação, para auxiliar processos eleitorais. Finalmente, surgem as agências checadoras de notícias, usando critérios de comparação e verificação de fontes.

Na disputa retórica, há figuras populares em todos os campos ideológicos. No campo progressista, há nomes como Felipe Neto, Leonardo Sakamoto e Cynara Menezes. No conservador, Olavo de Carvalho (2014), cujos livros passaram a ser tão procurados quanto os do escritor conservador britânico Theodore Dalrymple (2014; 2015). A imprensa tradicional, com sua crise de modelo empresarial, abriu mais espaço para jornalistas e comentaristas de cunho liberal e conservador, como Reinaldo Azevedo (ex-*Veja* e atual rádio BandNews FM), e o historiador Marco Antonio Villa (Jovem Pan). O ângulo mais conservador e o enfoque no comentário, até então ausentes ou mais discretos no Brasil, repetem uma fórmula que atrai audiência nos Estados Unidos – o campeão de audiência no rádio é o conservador Rush Limbaugh; na tevê, a rede Fox News, que superou a moderada CNN.

A inclusão digital no Brasil é baseada principalmente no uso dos *smartphones* e do aplicativo WhatsApp. Essa popularidade ocorreu devido ao uso, por profissionais liberais, da telefonia celular. O WhatsApp veio substituir plenamente o envio caro de mensagens pagas (torpedos) e a troca constante de *chips* das operadoras de telefonia. Segundo os dados da Anatel, em janeiro de 2021 havia no Brasil 35,8 milhões de pessoas com acesso à banda larga fixa; 235,4 milhões, à telefonia móvel; 14,6 milhões, à tevê por assinatura, e 29,3 milhões, à telefonia fixa. Os dados revelam discrepância de acesso com base na renda, pois planos de uso de dados com acesso ao WhatsApp são mais baratos do que o acesso geral – e a maioria dos usuários não costuma acessar ou pagar por *websites* noticiosos.

Trata-se de uma grande revolução comunicacional, com diferentes graus de impacto em todo o planeta. O mundo da comunicação e do entretenimento sofreu o impacto da dominância das corporações de tecnologia do Vale do Silício. O Google se transformou no maior centro de acesso a informações e o Facebook, uma ferramenta capaz de derrubar mais governos do que apoiou (Wu, 2012). O Brasil é um dos países que mais consomem notícias a partir das mídias sociais. As pessoas mais instruídas tendem a observar as fontes de confiança; porém, as menos instruídas costumam avaliar prioritariamente quantos compartilhamentos e comentários o *post* tem, para então se engajar e compartilhar entre amigos e parentes, sem qualquer checagem. Há uma combinação propiciada pela neutralidade da rede, que permite acesso sem preferências, com o analfabetismo funcional e digital de seus usuários na hora de consumir e compartilhar informações.

As corporações de tecnologia como Google, Amazon e Facebook utilizam *big data* para reconfigurar o modo de fazer publicidade, a fim de ampliar o efeito emocional e de convencimento. A partir de modelos de inteligência artificial e algoritmos, é possível elaborar modelos para transmitir tipos específicos de mensagens para convencimento positivo e negativo (Kramer, Guillory e Hancock, 2014). É o tipo de estratégia usada nos conflitos culturais com viés político eleitoral para influir em mobilização social. Em pesquisa que analisou o fluxo de mensagens para 61 milhões de usuários durante as eleições congressuais de 2010, nos Estados Unidos, constatou-se que o fato de o usuário admitir posição política ou inserir um selo com autoidentificação eleitoral em seu perfil influenciava positivamente contatos diretos e indiretos (amigos dos amigos), podendo levar a mudanças no mundo real, no caso, uma eleição (Bond et al., 2012).

O quarto mito contemporâneo é o da crise do jornalismo. Muitos profissionais e acadêmicos da área da comunicação falam em "crise"; porém, esse é um problema discutido há décadas e se tornou lugar-comum. Na década de 1990, por exemplo, jornais e revistas exploraram a estratégia dos classificados e dos fascículos para atrair e fidelizar leitores. Porém, a estratégia dos fascículos já era utilizada pela Editora Abril com sucesso havia pelo menos duas décadas. As discussões de crise também passam pelas inovações tecnológicas, interferindo na natureza do ofício, nas formas de expressão e nos modos de consumo, além das "mudanças jurídicas que, no caso brasileiro, desregulamentaram o exercício da profissão, vedando a reserva de mercado aos diplomados pelo sistema universitário" (Mello, 2012, p, 161). Há também a discussão já analisada aqui das mídias sociais e da produção de informação por mais emissores, fragmentando a audiência.

A crise envolvendo credibilidade também não é nova. Muitos jornais brasileiros começaram a investir, a partir dos anos 1980, na contratação da figura do ombudsman, que podemos descrever como um representante do leitor dentro das redações – um ouvidor com mandato empregatício, estável, com poder de apontar e analisar falhas e omissões, além de comparar coberturas com veículos jornalísticos concorrentes (Costa, 1991). Porém, o *ombudsman* não tem poder de transformar a prática de redação ou exigir retratações ou direitos de resposta, limitando-se a apontar os problemas em sua coluna fixa e a informar colegas e superiores.

Um dos problemas do excesso de informação é o efeito de saturação que pode resultar em sonegação ou submissão de informações (Serva, 2001), tendo em vista a natureza efêmera e a busca constante por informações novas no ambiente digital. Parece-nos evidente que a imprensa *mainstream* precisa se adaptar às rápidas transformações da mídia. Há pesquisadores que defendem a mudança dos paradigmas da prática do jornalismo, especialmente nos veículos tradicionais (impressos). Uma mudança crucial envolve mudar a dinâmica de zeladoria para uma curadoria das informações noticiosas (Essenfelder, 2012), o que foi adotado por muitos jornais. Trata-se de focar menos na afirmação de que o jornal reúne todas as informações de fatos acontecidos nas últimas 24 horas para o que os jornalistas do veículo consideram mais importante: noticiar e analisar, com mais profundidade, os fatos ocorridos nas últimas horas.

Há alguns novos modelos praticados no jornalismo, especialmente no rádio, na televisão e na internet, que se fortaleceram a partir de 2010 no ambiente das guerras culturais. Apresentamos aqui resumidamente uma tipologia desses formatos observados e analisados:

O primeiro tipo é o "jornalismo comentado". Trata-se de um modelo muito utilizado por emissoras de rádio e televisão. Não é algo novo. Era costume acionar um comentarista específico para determinado tema de sua especialidade. Atualmente, as emissoras chamam dois, três ou mais comentaristas para debater assuntos políticos e culturais, de preferência com viés polêmico. Não apenas é um chamariz de audiência, como funciona de atrativo em temas típicos das guerras culturais.

Nem sempre, porém, os comentaristas debatem de forma a apresentar contrapontos ou divergem significamente dos colegas. É comum vermos, na Jovem Pan, na CNN Brasil e na Globo News, um painel com quatro ou cinco pessoas comentando, sem muitas informações ou pontos de vista diferentes. Isso tende a facilitar certa identificação com uma audiência específica, naquele momento. O melhor exemplo disso é a Fox News, nos

Estados Unidos; porém, a rádio Jovem Pan (que também transmite em vídeo no YouTube) talvez seja o melhor exemplo brasileiro de formatação de programas comentados focados em nichos de audiência, sejam eles moderados ou mais radicalizados. Uma razão econômica para apostar nos comentaristas é a redução de custos com profissionais na redação.

Nas guerras culturais, os comentaristas são os *knowledge workers* citados por James Hunter (1991), que são explorados por militantes que "recortam" trechos de áudios e vídeos para compartilhar em grupos de WhatsApp e demais mídias sociais. O segundo tipo é o "jornalismo *reality show*". Trata-se da evolução do jornalismo de infotenimento, surgido nos anos 1980, "destinado às matérias que visam informar e entreter, como, por exemplo, os assuntos sobre estilo de vida, as fofocas e as notícias de interesse humano – os quais atraem, sim, o público" (Dejavite, 2007, p. 2). Isso deriva também de segmentos do jornalismo marrom (*yellow journalism*) ou sensacionalista, que busca pautar temas polêmicos, geralmente casos violentos ou envolvendo celebridades.

No entanto, o que vemos atualmente é um desdobramento do modelo explorado em 1995, com a cobertura do crime e do julgamento do atleta e ator O. J. Simpson, nos Estados Unidos. Isso significou, para o jornalismo, uma reviravolta no declínio da audiência e na forma de reportar. O caso representava uma história multifacetada envolvendo assassinato, sexo, raça e celebridade, que viria a se tornar um "megaespetáculo", com repercussão internacional (Thussu, 2008). É também significativo que há uma mudança clara nas prioridades das corporações de mídia que lidam com jornalismo, em mesclar infotenimento e lucro, tornando o jornalismo um novo tipo de negócio. Desde então, o jornalismo televisivo (especialmente dos canais 24 horas) passou a investir pesadamente em longas coberturas de crimes e de ações de guerra – a Guerra do Golfo de 1991 foi o primeiro grande exemplo desse gênero.

Essa junção de jornalismo orientado para o lucro e infotenimento com propaganda política afetou a agenda de notícias. Bill Kovach e Tom Rosenstiel (2003) levantam quatro razões para isso: o ciclo de notícias 24/7, com seu apetite por programação "ao vivo"; a proliferação de canais e redes de notícias, com gerenciamento de pautas que possam ser promovidas; uma indústria da notícia movida pela audiência que promove uma "mentalidade *blockbuster*"; e a preferência por reportagens dramáticas com entretenimento nas pautas mais sérias da editoria política.

A CNN, um dos mais conhecidos canais noticiosos internacionais, tem como presidente, desde 2010, Jeff Zucker, executivo com larga experiência na rede de tevê aberta NBC, nos Estados Unidos, desde 1989, onde ocupou cargos diversos, e subiu de produtor a presidente do grupo NBC Universal Television. Sua contratação pela CNN tem relação com sua capacidade de ampliar a audiência da NBC com novos projetos de séries e *reality shows*. A CNN passaria a ser gerida com a mente de um executivo do entretenimento na formatação de parte de sua programação. Alguns modelos foram exportados por canais estrangeiros e incorporados pelas concorrentes. Entre as características desse tipo de jornalismo estão: programas criados em torno da personalidade do apresentador-jornalista; contratação de especialistas e comentaristas populares; promoção de debates que causem emoção; e aplicação da lógica da competição em coberturas de julgamentos, decisões do Congresso, número de mortos ou feridos em acidentes e tragédias, contagens regressivas com blocos de comentários atraindo público e análise de dados contextualizados em casos de desastres naturais. Nos debates eleitorais, os canais costumam entrevistar ou fazer pesquisa de opinião digital ao vivo e discutir o desempenho dos candidatos.

No Brasil, os canais noticiosos já incorporam muitas dessas características. Decisões no Supremo Tribunal Federal são acompanhadas e debatidas ao vivo, com um placar dos votos dos juízes; o baixo volume de água do Sistema Cantareira, responsável pelo abastecimento de água da Região Metropolitana de São Paulo, é contabilizado negativamente, todos os dias, em tom digno dos Cavaleiros do Apocalipse; importantes votações no Congresso também são mostradas com placar digital ao vivo; debates entre comentaristas são medidos de acordo com o número de comentários e *likes* (aprovação).

O extremo negativo é quando o infotenimento convertido no modelo *reality show* resulta na ambição do canal noticioso em modelar não apenas sua programação e os formatos dos programas, mas as próprias notícias, em busca de um nicho específico da audiência, com o propósito deliberado de fidelizá-lo (Anderson, 2004). O canal norte-americano Fox News é um bom exemplo de estratégia construída para manter um nicho de audiência conservadora por mais tempo diante da televisão. Para constatar que esse tipo de jornalismo gera lucro, a saída de Trump da presidência resultou em forte queda de audiência dos principais veículos jornalísticos, de acordo com o levantamento da ComScore e da Nielsen[43]: a CNN perdeu 50% da audiência no horário nobre, o jornal

43 BOWDEN, John. News rating, traffic plummet post-Trump. *The Hill*. 22 mar. 2021. Disponível em: https://thehill.com/homenews/media/544410-news-ratings-traffic-plummet-post-trump

The Washington Post teve quase 25% menos visualizações contra menos 17% em janeiro e fevereiro do *The New York Times*. O canal MSNBC perdeu mais de 25% da audiência e a Fox News, apenas 6%.

Há o tipo de "jornalismo imediato" ou instantâneo, muito visto nos portais noticiosos da internet ou em perfis de profissionais de jornalismo e comentaristas nas mídias sociais. O jornalismo *on-line* tem um longo histórico com problemas que ainda não foram devidamente resolvidos. Há ainda erros de digitação e de português, falhas de apuração e de edição, e pior: por vezes, notícias ainda não devidamente concluídas com qualidade para publicação. Estratégias de *clickbait* (conteúdo destinado a fisgar usuários para conteúdos por vezes enganosos, ainda que nem sempre falsos) com a finalidade de lucrar com a publicidade *on-line*, e de fragmentação, resumindo ao máximo e dividindo em diferentes páginas ou telas uma notícia, podem alienar o leitor e resultar em graves consequências para a credibilidade de um veículo jornalístico.

O quarto tipo é o "jornalismo declaratório", uma prática de produção de reportagens jornalísticas com base apenas nas declarações das fontes de informação. Pode ser considerada uma praga contemporânea do jornalismo político, mas é observada em diversas editorias. Esse gênero é bastante adotado, pois pode apontar uma ação, denúncia futura ou decisão inesperada, com poder de influir em ações políticas. O problema não é aproveitar a declaração da fonte, e sim não se aprofundar nas apurações e ouvir novas fontes e acessar outras informações, como rezam os manuais da práxis jornalística, evitando-se assim notícia falsa. A declaração não deve ser noticiada como dado único de um fato. E ainda pode causar um efeito de falsa imparcialidade, quando o jornalista explora declarações de adversários na forma de notícia. A pressa do jornalismo *on-line* e a falta de recursos das redações tornam o jornalismo declaratório uma solução cada vez mais adotada.

Há muitos casos de apurações baseadas em declarações que trouxeram prejuízos para a sociedade. Em casos recentes, nos governos Donald Trump e Jair Bolsonaro, as declarações de fontes dadas como notícia foram várias vezes revertidas em decisões que não raro parecem deliberadas para causar descrédito na imprensa. Uma fonte revela em declaração uma crise num setor e a troca de determinado ministro por outro. Isso pode ser verdade ou não, mas, noticiado dessa forma, o governo pode reverter o efeito nocivo do que foi divulgado.

Outro problema é quando os veículos de imprensa repercutem em bloco o "furo" de notícia dado por um colega, sem a devida checagem ou continuidade de apuração. Em maio de 2017, aconteceu um caso exemplar no Brasil. O colunista Lauro Jardim revelou trechos de um diálogo comprometedor do presidente Michel Temer, com base na delação de Joesley Batista, dono do grupo JBS. As manchetes afirmavam que o presidente havia "avalizado" uma mesada para o ex-presidente da Câmara dos Deputados, Eduardo Cunha. O detalhe é que não havia nos áudios nenhuma literalidade do presidente dando seu aval. O executivo havia gravado secretamente a conversa com o presidente da República, antes de fechar acordo de delação premiada. Naquele momento, não se sabia o contexto das falas do presidente. Em resumo, os veículos reproduziram o "furo" sem ouvir os áudios e sem saber se os diálogos citados eram literais. Nesses momentos em que o país sofre com denúncias consecutivas de um governo em crise, o jornalismo tende a agir com a noção de "império da urgência", mencionada por Darcy Arruda Miranda (1994), autor de livros sobre a lei da imprensa. O jornalismo, agindo como o império da urgência, precisa dar satisfação ao público. Essa urgência, entretanto, não pode superar a obrigação da precisão da apuração. Após a análise dos áudios pela perícia federal, as informações se mostraram verdadeiras, mas isso revelou o risco de não se obedecer ao rigor da apuração jornalística.

Finalmente, temos o "jornalismo militante", que muitas vezes se confunde com o chamado "jornalismo independente", cuja falsa premissa é a imparcialidade. No âmbito virtual, os maiores concorrentes dos veículos tradicionais do jornalismo são os *sites* que praticam um jornalismo militante, buscando complementar (aspecto positivo), desmentir (o resultado varia em qualidade) e engajar nichos de público mais propensos a consumir esse tipo de conteúdo. Há vários tipos de *websites*, com estruturas de trabalho e propostas ideológicas diferentes, como Mídia Ninja (rede descentralizada de esquerda), Jornal da Cidade (pró-Bolsonaro), Terça Livre (conservador) e Intercept Brasil. Os três primeiros têm a capacidade de manipular informações e dar mais voz a personagens que tenham pouco ou nenhum espaço na mídia *mainstream*. O Intercept Brasil, por outro lado, embora possa incorrer em erro, é considerado "independente". O principal cuidado com esse tipo de jornalismo é saber qual a lógica da apuração e qual o propósito da notícia. Isso é algo que o público leigo não costuma compreender nem na lógica do jornalismo padrão.

Por exemplo, o Intercept Brasil publicou informações de um *hacker* no caso que ficou conhecido como "Vaza Jato", o vazamento de conversas realizadas no aplicativo Telegram entre o ex-juiz Sergio Moro e o promotor Deltan Dallagnol, com outros integrantes da força-tarefa da Operação Lava Jato. Devemos elencar perguntas pertinentes ao caso divulgado como notícia, pois ela teria (como teve) influência na reviravolta dos julgamentos da Operação Lava Jato. Havia risco na publicação dessas informações? O *hacker* entregou todas as informações? O *Intercept* publicou tudo? Caso contrário, por que julgou as demais informações irrelevantes? Qual tipo de apuração e checagem foi feito para certificação da segurança? São perguntas importantes sobre ética e práxis jornalísticas que não podem ficar no ar até que, depois, a Justiça, enfim, confirme que as informações vazadas são verdadeiras. O leitor precisa ter segurança quando a notícia é publicada. Nesse ponto, é preciso cautela maior com veículos militantes e ditos independentes.

Para concluir, gostaria de retomar o fundamento ético dos primeiros estudos para formar os profissionais de jornalismo na década de 1950. Já constava da obra de Fraser Bond (1959, p. 2) que uma imprensa livre não pode estar sujeita a qualquer pressão, seja ela governamental ou social. "Somente o apoio do público pode ser aceito como critério seguro – as publicações desprestigiadas encontrarão poucos leitores que delas tirem proveito, e cedo cessarão de existir." A imprensa deve ser independente, trabalhar com isenção de sua intenção, ser exata, honesta, responsável e decente.

No artigo "*Media and political polarization*", o pesquisador Markus Prior (2003) examina se uma imprensa mais partidária contribuiu para a polarização política e levou os americanos a apoiar candidatos políticos. O Congresso e novos veículos da imprensa têm apresentado mais mensagens partidárias e uma contínua oferta de notícias mais distribuídas. Apesar de as atitudes políticas de muitos americanos terem permanecido moderadas, evidências apontam para alguma polarização entre os politicamente envolvidos.

A proliferação de opções na mídia reduziu a fatia de eleitores menos interessados e menos partidários. Porém, evidencia que uma correlação causal entre mais mensagens partidárias e alterações de atitude ou comportamento ainda é uma hipótese discutível. Problemas de mensuração atrasam a análise da exposição seletiva partidária e suas consequências. Ideologicamente, a exposição a notícias unilaterais, segundo Prior (2003), pode estar largamente confinada a um pequeno porém altamente engajado e influente segmento da população. Não há forte evidência de que a mídia partidária esteja fazendo os americanos comuns mais partidários.

Alguns pontos revelados nesse artigo são importantes. As elites políticas promovem a mídia partidária. A CNN, mais conhecido canal noticioso dos Estados Unidos, começou a operar em 1980, mas só foi enfrentar concorrência décadas depois, com Fox News e MSNBC. Pela pesquisa, a CNN era vista como tendo a cobertura mais centrista para as campanhas políticas de 1992 e 1996 (Prior, 2013). O autor afirma, usando dados da pesquisa Nielsen, que, na década de 2010, o canal conservador Fox News teve a maior audiência entre os noticiários, porém sua audiência no horário nobre, em casos da época, giravam em torno de 2 milhões de pessoas ou 0,7% da população, e o programa com maior audiência (3 milhões) era o conservador opinativo *The O'Reilly Report*. Um dado interessante é o número de pessoas atingidas pelos canais noticiosos 24 horas. A audiência, no horário nobre, dos três canais combinados (Fox News, CNN e MSNBC) soma 1,1% da população ou 1,4% de adultos nos Estados Unidos (Prior, 2012).

Há diferença entre a audiência rotativa e a que se mantém mais tempo assistindo a um programa. A CNN tem mais visualizações únicas, o que a torna mais vista do que a Fox News. Porém, a Fox News conseguiu manter um público selecionado por mais tempo. E, mais uma vez, os números podem enganar, porque há o público que está apenas "zapeando os canais". Uma comparação dos picos de audiência de um a seis minutos indica que 35% dos espectadores da CNN e 30% dos da Fox News assistem a menos de cinco minutos de conteúdo desses canais por mês (Prior, 2013). Há outro estudo que analisa especificamente o cenário da imprensa nos Estados Unidos em 2018. Ele constata que a demanda por notícia varia de acordo com a afinidade da organização jornalística do canal. Num cenário analisado por Iyengar e Hahn (2009), conservadores e republicanos preferem assistir à Fox News e rejeitam a CNN e a MSNBC. De maneira inversa, liberais e democratas preferem assistir à CNN e à MSNBC, rejeitando a Fox News. Essa preferência por afinidade partidária não ocorre somente para pautas políticas, mas também para outras, como turismo e crimes/cotidiano.

A tendência de selecionar notícias baseadas na concordância antecipada também se fortaleceu entre os partidários politicamente engajados. De modo geral, os resultados de Iyengar e Hahn (2009) indicam que há maior proliferação de novos canais de mídia e aumento de opções de comunicação que podem contribuir para ampliar a polarização da audiência dos noticiosos. O estudo também analisou as marcas noticiosas: CNN e NPR (rede pública de tevê americana) se consideram centristas, porém a preferência de audiência é tradicionalmente dos liberais/democratas; BBC (a rede pública britânica) foi usada por ser um canal estrangeiro. Dividindo as notícias, percebe-se que a marca do canal tem forte impacto em algumas pautas apresentadas (política, relações raciais, Iraque, turismo, esportes e crimes). A audiência tende a ignorar reportagens "anônimas", e a Fox News foi a marca com o maior impacto, sendo mais atrativa para a estratégia de cultivar uma audiência conservadora para aumentar uma fatia de mercado. Em 2021, é o tipo de estratégia que vimos no Brasil, com a Rede TV e a rádio Jovem Pan apostando em programas nichados especialmente para esse público conservador. Os liberais, por sua vez, têm aversão à Fox News, mas não convergem para um único canal como a CNN ou a NPR.

Ainda segundo o estudo de Iyengar e Hahn, os programas de maior audiência tendem a ser os que apresentam pautas focadas em críticas à oposição política partidária. Fox News, CNN e MSNBC usam essa estratégia. Quando a audiência está polarizada, notícias mais provocativas promovem sucesso no nicho de mercado. Outra consequência é o efeito de "câmara do eco" – a notícia serve para reforçar as crenças e atitudes existentes. Durante os períodos de governos conservadores-republicanos (George W. Bush, por exemplo), havia a crítica do "viés liberal" progressista sobre as dúvidas a respeito do núcleo de inteligência de Washington afirmar que existiam armas de destruição em massa como justificativa para invasão do Iraque. Aliás, mesmo a imprensa liberal demorou a questionar seriamente esse tema. Após a revelação do erro, 30% dos democratas e mais de 10% dos independentes mudaram de opinião sobre o governo vigente, porém os republicanos permaneceram acreditando. Entre junho de 2003 e outubro de 2004, o índice de conversão foi de menos de 5 pontos (Iyengar e Hahn, 2018).

Já vimos, nos debates do campo conservador reacionário, os *trolls* da direita alternativa, o ecossistema midiático deles e a estratégia de Donald Trump, que representam um esquema político e comercial de manipulação e desinformação. Outros atores da manipulação e desordem informacional são fornecidos por Benkler, Faris e Roberts (2018), com viés mais institucional e tecnológico. A tese dos autores é que existe uma polarização política assimétrica, com concentração maior no campo conservador. Os liberais/progressistas são mais abertos e se conectam mais à grande imprensa e a grupos diversificados (Benkler, Faris e Roberts, 2018).

As chamadas com *links* sensacionalistas que atraem leitores para algo normalmente sem importância ou totalmente manipulado para causar dano se tornaram um novo modelo de negócio, explorado pelo formato de monetização da publicidade direcionada. O *Wall Street Journal* fez uma investigação e descobriu um grupo de adolescentes na Macedônia que tinha em mãos dezenas de *websites* sensacionalistas ligados a um grande número de compartilhamentos (Benkler, Faris e Roberts, 2018). Essa é a técnica utilizada por *sites* ligados aos grupos reacionários americanos Infowars e Drudge Report.

Hackers russos foram acusados como suspeitos pela manipulação na eleição de Donald Trump contra Hillary Clinton. Alguns relatórios confirmam a participação a partir de *bots* (robôs) no Twitter como forma de propaganda supostamente anti-Clinton. As acusações dizem que a origem dos ataques está em território russo e poderia haver financiamento de governo. A desculpa seria aproveitar um momento de fraqueza na União Europeia e os Estados Unidos fragmentados, permitindo que os russos turbinassem sua diplomacia para reduzir os dados da crítica internacional pelo populismo do capitalismo de estado liderado por Vladimir Putin (Benkler, Faris e Roberts, 2018).

Os algoritmos seriam responsáveis por moldar comportamentos e direcionar notícias nas mídias sociais, de acordo com a preferência dos usuários, de forma a oferecer somente o que eles gostariam de ler. Um dos argumentos mais fortes é o do "filtro bolha", que leva ao efeito de "câmara de eco", citada por Cass Sustein em texto publicado em 2001 no *site* Republic.com e por Eli Pariser, no livro *The filter bubble*, de 2011:

> A capacidade da internet e da mídia social de permitir que as pessoas selecionem o que lêem, veem e ouvem irá interagir com nossa tendência sociopsicológica básica de buscar evidências que se encaixem em nossos preconceitos (viés de confirmação), reunir-se com outros que são como nós (homofilia) e evitar informações que não se enquadrem no que sabemos e gostamos de ouvir confirmado. Além disso, baseando-se principalmente no trabalho experimental nas ciências comportamentais, Sunstein argumentou que quando as pessoas falam apenas com pessoas que pensam como você, e não ficam expostas a pontos de vista e argumentos opostos, exceto no contexto de argumentos de oposição, cada grupo fica mais enraizado em seus próprios pontos de vista e percepções. A fragmentação do ecossistema da mídia leva à polarização tanto no sentido de esferas segre-

> gadas quanto no sentido de versões cada vez mais extremas das visões opostas que vêm à tona. A inovação na intervenção de Pariser foi mudar a agência dos diversos usuários que optam por se autossegregar para as empresas que projetam os algoritmos de engajamento. Para Sunstein, o que levou à polarização foram as escolhas que as pessoas faziam quando ofereciam a capacidade de consumir apenas notícias tendenciosas e sair apenas com aliados. Pariser argumentou que foram as escolhas algorítmicas das mídias sociais e das empresas de internet que levaram as pessoas a essas práticas de consumo de mídia e comunicação. O que nos leva a ver o conteúdo que reforça nossas visões não foram nossas próprias escolhas, mas algoritmos que nos observaram, aprenderam nossas respostas e nos alimentaram mais daquilo que aumentou nosso engajamento. Embora em ambos os argumentos a solução fosse fazer com que as empresas de internet e mídia social nos servissem dietas de informação mais variadas, no caso de Sunstein isso sugeriu que as empresas nos cutucam para ver coisas para as quais não gravitamos naturalmente. (Benkler, Faris e Roberts, 2018, p. 290)

Mas nem todos os autores concordam com o argumento tecnológico. Elizabeth Dubois e Grant Blank (2018) demonstram, com dados coletados, que o efeito da câmara de eco é, na verdade, reduzido pela multiplicidade de meios de informação com conteúdo e perspectivas diversificados. Os autores dizem que o interessado em políticas e "dietas" de mídia diversificadas tem a tendência de evitar as câmaras de eco. Em resumo, o argumento tecnológico seria muito restrito ao papel das corporações de tecnologia enquanto mediadoras, quando a análise demonstra algo diferente no ambiente múltiplo midiático.

Sobre partidarismos nos Estados Unidos, Colleoni, Rozza e Arvidsson (2014) chegaram a dados do Twitter que demonstram que há oito vezes mais republicanos seguindo perfis oficiais do partido em relação aos democratas. Porém, o número de usuários identificados como democratas compartilha conteúdo na linha partidária dez vezes mais do que os usuários republicanos. A discussão, portanto, seria mais incidental do que originária de espaços políticos. Os conservadores republicanos seguem mais figuras do partido, mas expressam menos suas ideias na corrente de discussão. Embora o Twitter seja visto como espaço propício para uma câmara de eco, como fonte de notícias ela mostraria menos intensidade de homofilia[44].

No artigo de Guess, Lyons, Nyhan e Reifler (2018) também são destacadas limitações para a hipótese de câmara de eco nas mídias sociais. Os autores apontam que apenas uma pequena fração da população está no Twitter, e a própria natureza dos usuários de participarem

44 Homofilia é a tendência dos indivíduos de se associar e de criar vínculo com outros semelhantes

de plataformas ideologicamente diversificadas pode até mesmo reduzir os efeitos de polarização – isso ocorreria entre grupos de usuários engajados. Os autores também afirmam que os dados de uso e comportamento da empresa Nielsen mostram duplicação de audiência em vários grupos, o que também significaria menos fragmentação e seria uma prova de que há mais "centristas" ou moderados consumindo informações. A importância do contexto social é demonstrada usando o clássico modelo da teoria da comunicação de duplo fluxo (*two-step flow*) de Lazarsfeld, Berelson e Gaudet desenvolvida nos anos 1940, em que formadores de opinião prestariam atenção nas informações partidárias e da mídia para repercutir em espaços com maior audiência de pessoas que não têm tempo, acesso ou interesse em acompanhar as fontes. Essas informações coincidem com a análise de James Hunter (1991), que defende o processo de polarização pela ação das elites políticas e culturais e pelos formadores de opinião.

A conclusão dos autores é que a teoria da câmara de eco com argumento estritamente tecnológico teria relação com o fato de ela ser discutida primordialmente por jornalistas, colunistas, comentaristas, acadêmicos, lideranças políticas e culturais politicamente engajados. São personalidades que, no debate nas mídias sociais, são desproporcionalmente visíveis. O resultado seria um debate público sobre o consumo de notícias que está preso numa câmara de eco sobre câmaras de eco que resistem a correções das evidências rigorosas da pesquisa de dados. Uma segunda razão da narrativa persistente é que as pessoas partem para o senso comum devido aos aparentes desacordos na literatura científica. Isso ocorre porque as evidências variam conforme o método e a abordagem dos pesquisadores. Compartilhar *links* é uma ação diferente de como as pessoas navegam para consumir notícias (Guess, Lyons, Nyhan e Reifler, 2018, p. 15).

O ranço, a frustração ou a raiva contemporâneos podem ser entendidos, segundo psicólogos, como o "afeto narcisista por excelência", com origem numa sensação de solidão e de impotência, típica da figura do adolescente ansioso em busca de aprovação e temendo a ideia de estar inadequado (Empoli, 2020, p. 76). As mídias sociais representariam a amplificação dessa frustração diante do abismo entre a mediocridade dessa autoimagem e a imagem idealizada e manipulada pelos outros, sempre exibindo o melhor de si e o sucesso profissional e social. Talvez isso explique por que os sites de pornografia e os conspiratórios têm tanta audiência.

Giuliano da Empoli (2020) afirma que o conspiracionista sempre promoverá mensagens lisonjeiras, compreendendo quem cultiva alguma raiva, e traçará uma justificativa. A culpa não é do raivoso que está consumindo aquela conspiração, e sim dos outros, mas ele pode se tornar um soldado para entrar na batalha da justiça (seja ela cultural ou não). O curioso é que esse movimento quase sempre começa com coisas banais, como Empoli ilustra: a discussão de italianos sobre o ato de dar o troco errado nas compras, que acabou gerando um movimento coletivo.

As mídias sociais não têm como foco disseminar conspirações, mas sua arquitetura possibilita a exploração delas com base nas polêmicas, na raiva, na indignação, tudo o que gera engajamento, cliques, compartilhamentos, visualizações que mantêm usuários por mais tempo na tela. O resultado para as corporações de tecnologia é o aumento do faturamento publicitário e o uso da intensa base de dados que acumulam com o tempo.

> Um recente estudo do Instituto de Tecnologia de Massachusetts (MIT) demonstrou que uma falsa informação tem, em média, 70% a mais de probabilidade de ser compartilhada na internet, pois ela é, geralmente, mais original que uma notícia verdadeira. Segundo os pesquisadores, nas redes sociais a verdade consome seis vezes mais tempo que uma *fake news* para atingir 1.500 pessoas. Temos, enfim, a confirmação científica da frase de Mark Twain, segundo a qual "uma mentira pode fazer a volta ao mundo no mesmo tempo em que a verdade calça seus sapatos"! (Empoli, 2020, p. 78-79)

Surge, no debate público, a ideia de um papel influenciador da imprensa nas eleições, pois ela teria destinado muito mais tempo para atacar ambos os candidatos, focando a imagem negativa deles. No contexto de descrença das instituições, o candidato mais populista (Trump) teria se beneficiado desse papel da imprensa de tentar atacar os dois lados. Daniel Hallin (1986) argumenta que podemos enquadrar as reportagens em três esferas. Na do consenso, existe acordo generalizado quanto a um assunto ou posição (exemplos: a democracia é a melhor forma de governo; o capitalismo é uma boa maneira de promover o crescimento econômico). Nesse caso, nem vale a pena entrar em discussões. Na esfera do desvio, existe acordo generalizado sobre a inadmissibilidade de determinada posição (exemplos: relações sexuais entre adultos e crianças não deveriam ser permitidas; a propriedade coletiva de todos os bens é a melhor maneira de pôr fim à desigualdade). Nesse caso, tampouco vale a pena entrar em discussões.

A esfera da controvérsia legítima (às vezes muito estreita) abarca os debates padronizados em uma sociedade, e os jornalistas devem se mostrar neutros em relação aos tópicos sobre os quais é legítimo debater (exemplo: cortes de impostos para os ricos resultarão em crescimento econômico). Afaste-se da esfera da controvérsia legítima e caia na esfera de desvio e sua posição se tornará invisível nas discussões da mídia tradicional (Hallin, 1986). Jay Rosen, professor de jornalismo da Universidade de Nova York, afirma: "Quem quer que tenha opiniões enquadradas na esfera do desvio – segundo definição dos jornalistas – sentirá a imprensa como um adversário na luta por reconhecimento. [...] Não é que seja um debate de apenas um lado; é que não existe debate".

Em 1964, a revista norte-americana Esquire deu destaque ao que chamou de "novo sentimentalismo" e o choque de valores de uma sociedade em transformação. Em 2019, a mesma revista publicou uma edição importante dando destaque a uma nova transformação na sociedade, descrevendo atitudes e valores que pressionam os grupos dominantes. A capa "Um garoto americano" (*An American boy*) apresenta ao leitor como é, para um garoto, crescer sendo branco, de classe média, e na era das mídias sociais, dos tiroteios e protestos, da masculinidade tóxica, do #MeToo e em um país dividido (Figura 11).

O garoto Ryan Morgan, de dezessete anos, mora numa cidade de maioria branca, conservadora, que deu 67% dos votos a Trump na primeira eleição, no Estado de Wisconsin. No entanto, sua família é moderada, o que, nesse contexto, é considerado praticamente liberal. Ryan afirma que sabe o que não pode fazer, mas não sabe o que pode fazer. Ele relata situações em que arruma problemas por opinar ou comentar, deixando alguém sempre incomodado ou ofendido. Embora relate que os colegas se tornaram mais politizados, aumentou também a polarização em temas políticos e identitários, a ponto de influenciar a formação dos grupos de amigos. O efeito é amplificado pelas mídias sociais, que tornam discussões entre duas pessoas um evento de discussão pública muito maior, e pelas ações de "cancelamento", de mandar os colegas se calarem por não pertencerem a grupos "minoritários". Há também os efeitos narcisistas das mídias sociais, de ostentação, de autocensura (devido ao chamado "politicamente correto") e de exclusão.

Fig. 11 > A revista *Esquire* dedica capa a um novo sentimentalismo e foi vítima das guerras culturais. A despeito da polêmica, a reportagem comprova mudanças na sociedade americana (rosto coberto por nós).

Fonte: *Esquire* – Março de 2019.

A revista mostra que, nas pressões sociais, 33% dos garotos adolescentes dizem que a sociedade espera que eles tratem suas emoções de forma tradicionalmente masculina (leia-se "forte e silencioso"). O índice de suicídios entre eles subiu 44% entre 2007 e 2016, de 6,1 mortes para 8,8 por 100 mil habitantes. Entre as garotas, o aumento foi de 127%, de 1,5 para 3,4 mortes por 100 mil habitantes. A proporção de casos de delinquência envolvendo garotos nas cortes juvenis dos Estados Unidos representa 72%. Na educação, 44% é a proporção de estudantes homens na faculdade (redução de 58% em relação há cinquenta anos), 14% dos garotos foram diagnosticados com Transtorno do déficit de atenção com hiperatividade (ADHD) no momento que se graduaram no ensino médio. A revista descreve que a escola de Morgan trata os assuntos políticos de maneira plural, com boa aceitação dos alunos. Ele afirma ser contra o aborto e contra a distribuição de preservativos na escola para prevenção de gravidez. Questionado se, no caso de um casal, ambos tivessem a mesma renda e um deles precisasse largar o emprego para cuidar do filho, a escolha dele seria a mulher. No entanto, defende a igualdade no casamento e o direito de alistamento militar, independentemente da orientação sexual. No assunto sexo, 41% dos garotos do ensino médio afirmam ter praticado sexo (garotas são 38%) e 93% dos garotos afirmam ter visto pornografia *on-line* antes dos dezoito anos (garotas são 62%). Na área eletrônica, 59% dos adolescentes afirmam que já foram vítimas de *cyberbullying* (garotas são 60%), 97% deles jogam *videogames* (garotas são 83%). Garotos gastam em média 6 horas e 41 minutos na frente de uma tela contra 6 horas e 39 minutos das garotas. Garotas enviam mais mensagens de texto, 69, contra 39 dos garotos, diariamente.

Ryan pratica caça, algo muito comum para adolescentes em boa parte dos Estados Unidos. Perguntado sobre tiroteios e massacres nas escolas, não consegue explicar por que os atiradores são sempre garotos brancos. Sua relação com a meia-irmã é fria – ambos passam mais tempo olhando a tela do *smartphone*. Adora assistir futebol americano, mas detesta que as regras tenham mudado para reduzir *tackles*, a jogada cujo objetivo é retirar a bola do controle adversário, e descreve o ato de pará-lo fisicamente ou lutar com ele no chão. No fim da reportagem, o garoto revela ter uma atitude diferente, quando está nas montanhas, da que tem na cidade de West Bend. Gosta de ambas e diz não ter dificuldade de trocar uma pela outra. Talvez esteja aí uma prova do conflito entre os valores culturais de origem e os da modernidade do sentimentalismo do século XXI. O perfil mostra que, embora ainda existam privilégios sacramentados, a sociedade americana apresenta uma evolução.

Ironicamente, a revista foi alvo das guerras culturais. Diversos influenciadores e usuários das mídias sociais criticaram-na por promover uma pauta sobre "homens brancos" no mês da história negra nos Estados Unidos. Afirmaram que esse perfil já é pautado frequentemente na mídia e que o melhor seria promover a pauta de um grupo sub-representado. A repórter Jennifer Percy comentou que a capa da revista foi inadequada. Ela queria destacar como "ainda há muito trabalho a fazer para educar garotos sobre a herança do privilégio masculino branco. [A reportagem] mostra que os anos da adolescência são o período ideal para fazer a mudança". O editor-chefe, Jay Fielden, decidiu ampliar a ideia do perfil de estudantes para mostrar também mulheres, negros, LGBTQIA+ etc. A polêmica serviu para confirmar o novo sentimentalismo que domina o debate cultural. Porém, a revista não conseguiu prever que uma nova reação conservadora ocorreria nos Estados Unidos e em vários países do mundo. O retorno de Donald Trump à presidência e o crescimento de políticos mais radicais pretensamente antissistema, em vários países, exploram a polarização como efeito de distração devido à dificuldade na resolução política dos problemas econômicos e sociais.

TIPOLOGIA DOS DEBATES NAS MÍDIAS SOCIAIS COM AS HISTÓRIAS EM QUADRINHOS

Analisaremos quatro casos que envolveram charges e uma história em quadrinhos. A charge pode ser definida como "um texto de humor que aborda algum fato ou tema ligado ao noticiário. De certa forma, ela recria o fato de forma ficcional, estabelecendo uma relação intertextual" (Ramos, 2010, p. 21). Para Roberto Elísio dos Santos (2012, p. 80), "a charge (normalmente uma sátira ou crítica política) é um comentário ilustrado feito com base em um fato recorrente que tenha se tornado notícia publicada em jornais diários e revistas semanais, ou veiculada em telejornais", tendo efeito de curto prazo, por vinculação direta ao fato.

A proposta é descrever cada caso para que possamos sistematizá-los em relação ao engajamento digital. Vamos dividi-los em quatro tipos. O primeiro é o debate fechado, padrão mais conhecido pelo diálogo entre duas ou mais pessoas na imprensa *mainstream*, com pouca ou nenhuma interferência de discussão externa. O segundo é a apropriação ou adulteração de cartuns, modo em que a produção gráfica é modificada para fins de provocação e discussão política. O terceiro tipo é a discussão atomizada e polarizada, padrão mais comum de discussão nas mídias sociais (como Facebook, Twitter etc.). Determinado tema mais polêmico viraliza, torna-se alvo de discussão atomizada e, finalmente, se polariza, com opiniões extremas que ganham protagonismo. Na maioria dos casos, não há espaço para o entendimento e o contraditório. Em algumas situações, o debate é quebrado ou a polêmica é reduzida com o apoio de informações reveladas pela imprensa *mainstream*. O quarto e último caso envolve o engajamento que pressiona a imprensa. É o inverso do terceiro tipo. Nessa situação, a imprensa *mainstream* é que polemiza e os usuários das mídias sociais pressionam a publicação para que revise ou refaça seu conteúdo. Há um componente moral nessa pressão, seja envolvendo o politicamente correto, imprecisões com mentiras dos personagens envolvidos, seja até mesmo a angulação dada pelo autor da reportagem ou do cartum. Esse quarto tipo também funciona como ferramenta de crítica em relação à imprensa *mainstream*, pois as críticas muitas vezes incluem acusações de má apuração ou de má intenção na veiculação. No entanto, em diversos casos, o erro parte de falhas ou omissões que envolvem terceiros: mentiras, omissões ou falhas de entrevistados ou do conjunto de personagens ouvidos na reportagem. Nesse ponto, temos de levar em consideração a importância do jornalismo bem-estruturado e com práxis devidamente adaptada aos tempos contemporâneos.

DEBATE FECHADO NA IMPRENSA MAINSTREAM

Em 18 de agosto de 2015, a cartunista Laerte teve uma charge publicada na *Folha de S. Paulo*. Tal charge (Figura 12) teve como fato temporal as manifestações favoráveis ao *impeachment* da presidente Dilma Rousseff. No desenho, manifestantes vestidos de amarelo se unem a figuras mascaradas para tirar *selfies* (fotografias). Laerte relaciona os policiais que faziam a segurança da manifestação e eram alvo da tietagem com um crime ocorrido na cidade de Osasco (uma chacina com 17 mortos). Os criminosos eram membros da Polícia Militar e da Guarda Civil Metropolitana)[45].

Fig 12 > Charge de Laerte relaciona tietagem com chacina de Osasco.

Fonte: *Folha de S. Paulo*.

45 Os envolvidos foram condenados em primeira instância em 22 de setembro de 2017.

Na página de Opinião, no dia seguinte (Opinião do leitor, 2015), leitores criticaram a intenção da charge. Um dos leitores chamou de "execrável, de extremo mau gosto. O cartunista demonstra que já condenou a PM pela chacina, antes mesmo da investigação concluída, e que generalizou, ao sugerir que todo policial militar é criminoso". Um segundo leitor afirmou: "Minha repulsa à charge de Laerte, que há muito cruzou a fronteira entre o humor crítico e a mais vulgar militância". Um terceiro elogia dizendo que "mostra a alienação de grupos que se apresentam nas passeatas como defensores de um Brasil com menos corrupção, focando, para isso, quase exclusivamente o 'Fora, Dilma' e o 'Fora, PT'".

Embora a charge tenha sido alvo de críticas nas mídias sociais, o maior embate se deu mesmo via mídia tradicional. Reinaldo Azevedo, então colunista no *website* da revista *Veja*, publicou uma pesada crítica, em 24 de agosto de 2015, intitulada "A campanha de ódio contra os que pedem 'Fora Dilma'. O caso do/da cartunista Laerte. Ou: A última da baranga moral!". Antes mesmo da crítica, Azevedo afirma que Laerte Coutinho, como expressão política, é um farsante. E completa: "E nem me refiro ao fato dele ter decidido parar de se vestir de homem para ser baranga da vida. Fosse uma sílfide, sua ética não seria melhor. Não é a mulher horrenda que há nele que o faz detestável, mas o que há de estúpido. [...]"[46]. Azevedo critica a charge "porque atribui a milhões de pessoas que vão às ruas comportamento e escolhas criminosas" e "porque associa a Polícia Militar, como instituição, ao crime". Esses pontos da crítica são válidos para a discussão, porém o autor aproveitou a oportunidade para relacionar, de forma dura, a condição sexual e de gênero e a posição política da cartunista para criticar o reducionismo da charge.

Em 23 de agosto, Laerte (2015b) se pronunciou na coluna Ombudsman da *Folha de S. Paulo* (da qual Azevedo também é colunista) afirmando:

> Não existe imagem genérica de manifestantes ou de policiais. São grupos constituídos por pessoas com grande diversidade de propósitos. Toda redução será, em algum grau, injusta – mas charges não podem deixar de fazê-las, porque trabalham com representações simbólicas.
> Muitos manifestantes tiraram *selfies* ao lado de PMs e as reproduziram fartamente nas redes sociais, transformando esse gesto num ícone de todas as marchas até agora. Essas pessoas não estavam confraternizando com soldados específicos – estavam demonstrando apoio a uma corporação que vem sendo apontada como uma das mais

46 Reinaldo Azevedo, *Veja* e Jovem Pan foram condenados a pagar indenização por danos morais contra Laerte, em dezembro de 2016.

envolvidas em mortes de pessoas, no país (segundo esta *Folha*, no primeiro semestre, foram 358 mortes "em confronto").
Os recentes assassinatos apontam, segundo as investigações, para ação motivada por vingança, por parte de policiais. O que busquei foi juntar as pontas desses fatos sociais e estimular a reflexão.
Reconheço que produzi uma imagem agressiva, mas não a considero ofensiva. Acho que está à altura da gravidade do momento que atravessamos.
Peço desculpas a quem se sentiu ofendido.
(Laerte Coutinho, 2015)

Azevedo considera o pronunciamento "asqueroso", criticando a lógica da cartunista e a multiplicação de textos, no colunismo, que associam as manifestações dentro da lei a um ato criminoso. Relaciona o reducionismo afirmado por Laerte ao mesmo praticado pelo nazismo em relação aos judeus (Figuras 13 e 14).

Fig. 13 e 14 > "Reduções" sobre os judeus que eram publicadas pela imprensa alemã durante o nazismo.

Fonte: Blog Reinaldo Azevedo na *Veja*, 24 de agosto de 2015.

Laerte e Reinaldo ainda trocaram farpas após a cartunista afirmar, em post no Facebook, que tem a síndrome de Estocolmo platônica e que teria um "tesão desgraçado" pelo então colunista da *Veja*. A polêmica da charge foi alvo de análise da *ombudsman* da *Folha*, Vera Guimarães Martins (2015). Ela levantou a questão de que, nos meses anteriores, o jornal recebera diversas reclamações de leitores apontando um suposto desequilíbrio nos cartuns da página de Opinião (A2), observando que eles majoritariamente tendiam à "esquerda", o que na época era visto como pró-governo (Dilma Rousseff). A *ombudsman* não entrou no mérito da discussão ideológica, porém decidiu avaliar a charge por ter provocado tamanha reação. Destacamos o trecho a seguir:

> [...] Não por acaso, logo após a publicação do cartum, começou a circular pelas redes sociais uma versão apócrifa, com as "representações simbólicas" trocadas. Uma inversão facilitada pela leitura rasa: se tirar *selfie* com PM é apoiar assassinatos, quem defende Dilma e Lula é conivente com a corrupção. Para desqualificar o adversário, vale apelar a ideias simplistas e sofismas que encaixotam na mesma fôrma unidimensional gente de todo tipo. O leitorado mais equilibrado não engole essa dicotomia simplista nem uma diversidade calcada em polos opostos. "A verdade é que alternar opiniões de radicais dos dois lados não atende àqueles que procuram algum bom senso na busca de uma sociedade mais unida e democrática", escreveu Ivan Casella.
>
> Parte dos leitores cobra, com razão, a responsabilidade do jornal, que afinal autorizou a publicação.
>
> A Direção de Redação informa que monitora textos e imagens para detectar situações que possam implicar crimes contra a honra (calúnia, injúria e difamação). "Nestes casos, procura-se o autor previamente para alertá-lo das consequências possíveis. A charge não incorreu nesse risco, embora tenha conotado um ataque forte e bastante discutível contra parcela significativa da população e do nosso público leitor Em seu compromisso com o equilíbrio e a pluralidade, a *Folha* tem procurado veicular as reações, como atestam as edições do Painel do Leitor de quarta (19) e quinta (20)." (Martins, 2015)

O que nos interessa é constatar que esse debate se concentrou entre Reinaldo Azevedo e Laerte Coutinho, com a opinião dos leitores, reverberando no caminho tradicional da crítica via *ombudsman* do jornal. Trata-se do que podemos chamar de padrão convencional das discussões e repercussões na imprensa *mainstream*, sem efeitos relevantes de agentes externos, como o engajamento nas mídias sociais.

ADULTERAÇÃO E APROPRIAÇÃO DE CARTUNS

Durante o período de manifestações do *impeachment* em 2015, o cartunista Ivan Cabral teve uma charge sua, intitulada "Como acabar com um protesto de coxinhas"[47], publicada no *Novo Jornal*, do Rio Grande do Norte, em 13 de março de 2016. No desenho (Figura 15), um grupo de manifestantes fugia assustado devido ao arremesso contra eles de um livro de história. Poucos dias depois, em 19 de março, às 21h55, um auxiliar administrativo fluminense adulterou a charge e a compartilhou no Facebook. Na versão modificada, um grupo de manifestantes de esquerda, todos trajados de vermelho, é dispersado com o arremesso de uma carteira de trabalho (Figura 16).

Fig. 15 > Charge original de Ivan Cabral publicada no *Novo Jornal*.

Fig. 16 > Charge adulterada compartilhada no Facebook.

47 "Coxinha" é um termo jocoso e pejorativo, com origem na gíria paulista e referente a pessoas que são "bem arrumadas" e "certinhas". Em anos recentes, ganhou a conotação de pessoa que ostenta padrão de vida mais elevado e adota posturas políticas conservadoras. O termo "mortadela" é o contraponto, dado aos simpatizantes de políticas e personalidades de tendência progressista (esquerda política). Tem origem em militantes que se alimentavam com pão e mortadela em manifestações dos movimentos sociais.

Isso foi o bastante para que a nova versão se tornasse ainda mais popular do que a original, em parte devido ao compartilhamento de personalidades como a jornalista Rachel Sheherazade. Segundo Cabral, a internet é quase um mundo sem lei e muita gente fez esse tipo de coisa. Embora tenha sido um trabalho de humor irônico, o autor foi ameaçado de morte por um usuário do Twitter. "Tudo me parece uma grande bravata, destempero verbal, viabilizado por essa tensão nacional. Acho que esse episódio serve como amostragem da violência feita por um número crescente de pessoas, contra qualquer um que ouse não defender o *impeachment*", ponderou Cabral, após as ameaças, no dia 21 de março.

A tensão "coxinhas" contra "mortadelas", respectivamente os manifestantes pró e contra o *impeachment* de Dilma Rousseff, foi potencializada quando a mídia tradicional se aproveitou dos rótulos para analisar o andamento das manifestações. A revista *IstoÉ* chegou a publicar a charge adulterada de Cabral na edição 2423 de 18 de maio de 2015. Embora o autor da adulteração tenha se retratado, os efeitos dela dão um bom exemplo de como a tensão social é potencializada pelo compartilhamento desse tipo de material.

Há diversos casos de adulteração ou apropriação. Um dos mais conhecidos e repercutidos na imprensa foi o da tira Armandinho, criação de Alexandre Beck, por uma página no Facebook intitulada "Armandinho morrendo violentamente". Na página, que ganhou 6 mil seguidores em dois dias, eram publicadas paródias da tira em que o menino protagonista sempre morria após sua tirada final (Figura 17). Segundo

Fig. 17 > Versão adulterada de Armandinho se aproveitava dos temas culturais em discussão nas mídias sociais.

o criador da página, Tom Magalhães (na época mestrando em direito pela UFRJ), a apropriação era mais ligada ao fator irritante do menino do que propriamente ao de suas mensagens.

Criada em meio à tensão nacional, a página foi usada na guerra cultural que se travava entre os usuários progressistas e conservadores do Facebook e demais mídias sociais. Em um *post*, o próprio Magalhães esclareceu:

> Muita gente [está] interpretando essa página como se fosse contra o Armandinho por ele ser "de esquerda" ou "comunista" ou por ser a favor dos direitos humanos, do feminismo, ou o caramba a quatro e, portanto, como uma página "de direita". A interpretação é livre, e o texto quando cai na rede é peixe, [para] ser interpretado da forma que for interpretado. Mas queria deixar claro que nossa opinião é que essa interpretação é burra, porque o fato de o Armandinho ser irritante não tem nada a ver com uma ou outra posição política estar certa ou errada. Será que interpretar isso aqui como outra pregação, só que de uma ideologia oposta, não é meio babaca? (Tom Magalhães em HQFan, 2016).

Alexandre Beck conversou com Magalhães por telefone e explicou que a paródia o havia incomodado porque expressaria valores opostos aos do original, além de usar o personagem para pregar a violência. Dada a notificação extrajudicial recebida, Magalhães não se sentiu mais à vontade para gerenciar a página da paródia. Isso, no entanto, não impediu que os fãs da versão apropriada criassem novas páginas e grupos fechados para produzir e distribuir suas próprias paródias envolvendo o Armandinho, retroalimentando as discussões sobre valores progressistas e conservadores.

Outro caso de apropriação ocorreu quando personagens de desenhos animados e das histórias em quadrinhos foram utilizados como ferramentas de crítica política com viés cômico. No Brasil, foi bastante comum comparar políticos como José Serra e o ex-presidente Michel Temer com o personagem Sr. Burns, do seriado *Os Simpsons*. A rede BBC reportou que as autoridades chinesas pressionaram por restrições na circulação de imagens e animações do ursinho Winnie the Pooh (McDonell, 2017). O personagem seria usado pelo público jovem nas mídias sociais chinesas para ridicularizar o presidente Xi Jiping. As montagens mais conhecidas mostram o presidente chinês caminhando com o ex-presidente dos Estados Unidos Barack Obama (comparado ao Tigrão) e o frio aperto de mãos entre o líder chinês e o primeiro-ministro japonês Shinzo Abe (comparado ao Ió).

O incômodo do governo chinês foi confirmado quando o longa-metragem *live-action Christopher Robin* teve o lançamento desautorizado sob alegação não oficial de ferir sensibilidades políticas locais, embora o excesso de filmes estrangeiros que solicitam autorização de exibição também possa ter contribuído para a decisão (Siegel, 2018).

DISCUSSÃO ATOMIZADA E POLARIZADA

Em meio à guerra cultural e à tensão política, temos um caso de uma história em quadrinhos da turma da Mônica. O alvo da polêmica foi basicamente um único painel da história "Dentuça, Eu?" (Figura 18), publicada na edição nº 94 da revista *Turma da Mônica Jovem*, lançada em maio de 2016. O quadro, retirado do contexto, foi encaminhado a uma expoente personalidade conservadora brasileira com voz influente nas mídias sociais, o professor Olavo de Carvalho, também conhecido como guru do governo Bolsonaro. Sem ter tido acesso ao conteúdo integral e reverberando as críticas de seus seguidores sobre a cultura de gênero, Carvalho fez uma dura crítica à publicação por difundir um "discurso abortista":

Fig. 18 > Quadro de história em quadrinhos polarizou seguidores nas mídias sociais.

Fonte: *Turma da Mônica Jovem* nº 94.

> Comunistas, como bons psicopatas que são, sabem imitar perfeitamente os sentimentos bons das pessoas normais, para conquistar sua confiança e depois, quando estão desprevenidas, inocular nelas o veneno, o ódio revolucionário. No aguardo do momento certo de virar o jogo, podem esperar dez, vinte, trinta anos, gerações inteiras. A "Campanha do Betinho", que começou simulando caridade até transfigurar-se no obsceno "Fome Zero", foi um exemplo clássico. A transformação da inocente Revistinha da Mônica num odiento discurso abortista é outro. (Carvalho, 2016)

A crítica serviu de estopim para o patrulhamento e os ataques pessoais contra a Mauricio de Sousa Produções e a roteirista Petra Leão (e, posteriormente, também contra o próprio Olavo de Carvalho). Carvalho não desdobrou o tema em diversos *posts*, como costuma fazer em outras ocasiões, mas sua crítica atiçou seguidores radicais, incluindo outras personalidades mais provocativas do campo conservador. Segundo afirmou a roteirista, "comecei a receber mensagens grosseiras pelo Twitter. Até então, eu nem sequer fazia ideia de que alguém podia atribuir qualquer outro sentido ao quadrinho, que não fosse a mensagem original: que no corpo de uma pessoa (homem ou mulher), apenas a própria pessoa pode mandar". A história lidava não com aborto, e sim com a pressão dos amigos para que Mônica usasse um aparelho dentário. Mônica responde que não, utilizando a expressão "Meu corpo, minhas regras". O patrulhamento, nesse caso, foi direcionado a uma suposta agenda feminista. A própria roteirista afirma que, diversas vezes, as histórias abordam temas tidos como feministas, pois Mônica, como protagonista, enfrenta uma realidade que faz parte da vivência de qualquer mulher, e que todos merecem ter direitos iguais. Instada a se pronunciar, a Mauricio de Sousa Produções afirmou:

> Na revista *Turma da Mônica Jovem* n. 94, os melhores amigos da Mônica ficam opinando se ela deve ou não usar um aparelho dentário, por uma questão estética. No entanto... essa é uma decisão que cabe única e exclusivamente à Mônica. E a sua turma entende, aceita e respeita isso. Porque gosta dela do jeito que ela é. Há mais de 50 anos, as histórias em quadrinhos da Mauricio de Sousa Produções são feitas para divertir e entreter, mas também para levantar discussões saudáveis, sempre com muito respeito a todos.

Uma característica interessante desse caso é que não houve embate direto entre Olavo de Carvalho, a roteirista Petra Leão e a Mauricio de Sousa Produções. Embora as duas últimas tenham se pronunciado para esclarecer a questão, o debate nas mídias sociais se deu entre seus seguidores – progressistas ou conservadores –, jogando a história em quadrinhos no turbilhão da batalha virtual sobre agendas consideradas progressistas (feminismo, igualdade racial e de gênero etc.).

O ENGAJAMENTO PRESSIONA A IMPRENSA

O quarto caso envolve o nadador olímpico Ryan Lochte e uma charge publicada na revista *The New Yorker*. Os Jogos Olímpicos do Rio de Janeiro começaram em 5 de agosto de 2016 e, cabe lembrar, foram foco de uma cobertura bastante crítica da imprensa internacional – apontando atrasos, estouro de orçamento, acusações de corrupção e problemas nas obras da Vila Olímpica e das instalações esportivas. Após uma cerimônia de abertura simples, porém cativante e elogiada, a imprensa alterou o tom e passou a dar confiança à organização dos jogos.

No dia 14 de agosto, Lochte e três companheiros do time de natação americano foram se divertir num clube noturno e, na volta, teriam sido vítimas de um assalto à mão armada. O caso ganhou rapidamente repercussão internacional e resultou num levante de críticas contra a escolha do Rio de Janeiro para sediar a competição. Embora o nadador tenha mantido a história, a imprensa descobriu que havia lacunas na narrativa, e o caso rapidamente se mostrou uma farsa que envolvia depredação e discussão com seguranças somadas à dificuldade de comunicação. A revista *The New Yorker* foi uma das vítimas da história, tendo publicado, em 15 de agosto, uma charge de Benjamin Schwartz (2016) em que os nadadores identificavam o assaltante portando medalhas no pescoço (Figura 19).

Embora a reação inicial nas mídias sociais tenha sido bastante negativa para o Rio de Janeiro e para os jogos, a reviravolta no caso mostrou o potencial de pressão dos usuários. No início, houve críticas e a usual polarização, porém as novas informações resultaram numa virtual união dos usuários, que cobraram nas mídias sociais para que a imprensa tratasse o caso de outra forma. A *The New Yorker* foi uma das pressionadas (Judson, 2016) e o resultado foi a publicação, quatro dias depois, de uma nova versão da charge (Figura 20), que corrigia a anterior, mostrando um guarda dizendo: "Eu acho que vocês, caras, estão do lado errado do vidro" (*The New Yorker*, 2016).

Tendo levantado os quatro casos, cabe retomá-los brevemente para fins de sistematização. Trata-se de quatro exemplos diferentes de debates e reações. O primeiro, um debate fechado entre Reinaldo Azevedo e Laerte, basicamente se restringiu aos dois, com o acompanhamento de seguidores e comentários da *ombudsman* do jornal. O segundo caso mostrou exemplos de adulteração e apropriação de charges por usuários do Facebook, com a gravidade da questão do desrespeito aos direitos autorais. O terceiro envolveu a *Turma da Mônica Jovem* e pode

Fig. 19 e 20 > Charges sobre o caso Ryan Lochte no Rio publicadas, respectivamente, em 15 e 19 de agosto de 2016.

Fonte: *The New Yorker*, 2016.

ser resumido como uma discussão atomizada, com pontos de partida bem-definidos e posterior discussão polarizada em dois grandes grupos, que defendiam e atacavam, de acordo com o seu viés ideológico. O quarto caso, envolvendo o nadador americano, dá um exemplo de debate quando polos distintos se unem nas mídias sociais para cobrar uma posição de retificação por parte da imprensa.

Com exceção do primeiro, destaca-se o papel secundário da imprensa tradicional *mainstream* ao repercutir, com a rapidez adequada, a elucidação dos casos. No quarto deles, alguns veículos fizeram autocrítica de seus processos de apuração baseados de forma excessiva no jornalismo declaratório. Do ponto de vista das mídias sociais, ressalte-se que as quatro discussões envolvem o engajamento em temas sobre minorias, movimentos e manifestações sociais ou a relação entre países ricos e pobres – o que parece reafirmar o teor relacionado às chamadas "guerras culturais", polarizadas entre os campos progressistas e conservadores, em seus diversos matizes. No fim, observamos a disputa entre a cultura do consumo contra a cultura da autenticidade, relacionada aos "nichos" de identidade. Este livro será aprofundado futuramente; porém, podemos concluir citando que "as culturas da autenticidade e da reclamação são, em seus movimentos de superfície, culturas de afirmação, culturas ativas, o que as diferenciaria da cultura do consumismo e do narcisismo. Na realidade, podem terminar como versões destas ao estimularem a dependência em relação a um molde preparado" (Coelho, 2005, p. 179).

O IMPACTO NA CULTURA POP

As guerras culturais também apresentam possibilidades positivas. Uma delas está em exemplos de produção cultural na cultura pop. Na ideia de multiculturalismo, há sempre a discussão sobre o impacto da representatividade no *mainstream* cultural. Stuart Hall (2013) observa as dificuldades das estratégias de lidar com o essencial referente ao negro, o caráter diaspórico e uma estética, sem existir uma política cultural. O primeiro ponto foi a negação do binarismo, no caso dos negros da diáspora britânica, entre "negro" ou "britânico", porque o "ou" permanece o local de contestação constante. O melhor é o uso do "e" para gerar a lógica do acoplamento e porque isso não esgota todas as identidades. Na visão de Hall, o momento essencial é fraco, pois naturaliza a diferença e confunde as características históricas e culturais com o que é genético, natural e biológico. O significante negro possui um conjunto de experiências históricas distintas que ajuda a construir repertórios alternativos, por isso a direção criativa deveria focar na diversidade, e não na homogeneidade da experiência negra.

> Tendemos a privilegiar a experiência enquanto tal como se a vida negra fosse uma experiência vivida fora da representação. Só precisamos, parece, expressar o que já sabemos que somos. Em vez disso, é somente pelo modo no qual representamos e imaginamos a nós mesmos que chegamos a saber como nos constituímos e quem somos. Não há como escapar de políticas de representação, e não podemos lidar com a ideia de "como a vida realmente é lá fora" como uma espécie de teste para medir o acerto ou o erro político de uma dada estratégia ou texto cultural. E não será surpresa para você que eu considere que "negro" não é, na realidade, nenhuma das duas coisas. Não é uma categoria de essência. Portanto, essa maneira de compreender o significante flutuante na cultura popular negra é insatisfatória.
> [...]
> [Um dos pensamentos é que] essa cultura popular, mercantilizada e estereotipada como é frequentemente, não constitui, como às vezes pensamos, a arena onde descobrimos

quem realmente somos, a verdade da nossa experiência. Ela é uma arena profundamente mítica. É um teatro de desejos populares, um teatro de fantasias populares. É onde descobrimos e brincamos com as identificações de nós mesmos, onde somos imaginados, representados, não somente para o público lá fora, que não entende a mensagem, mas também para nós mesmos pela primeira vez. (Hall, 2013, p. 384-386)

A questão da representação negra e de outros grupos sub-representados na mídia sempre foi alvo de discussão acadêmica e dos movimentos liberais e progressistas. Atualmente, há empenho na vinculação da agenda antirracista ao identitarismo, porém existem resultados obtidos anteriormente pelos segmentos hegemônicos. Nancy Fraser (2018), em seu artigo, analisa o que descreve como "neoliberalismo progressista", um bloco de poder, surgido no contexto dos anos 1980 de Ronald Reagan, tendo em mente o modelo econômico vigente de concentração de renda. Por essa visão, haveria espaço para o reconhecimento da diferença, seja ele de gênero, etnia ou classe, construído na meritocracia da lógica do *American way of life*. Fraser (2018) afirma que é nesse momento que os termos "diversidade" e "empoderamento" entram para o vocabulário político. Nessa mesma lógica, aos poucos, as corporações começam a notar que poderiam lucrar com a inclusão e a representatividade enquanto estratégia comercial (Thomas e Ely, 1996). Não apenas pelo anúncio positivo da política afirmativa, mas porque isso cria um ambiente vantajoso para o consumo futuro.

A primeira diferença é sentida na mídia. Nesse sentido, a partir dos anos 1990 é percebida maior presença de negros e mulheres apresentadores e protagonistas de seriados e filmes. Nos anos 2000, foi a vez de a representação homossexual ganhar seu espaço. Essa dinâmica se desdobrará aos poucos, nos diferentes setores da indústria, em maior ou menor escala, mantendo nichos ainda restritos devido ao preconceito e às dificuldades de acesso; porém, há críticas sobre as empresas que promovem comerciais com negros e mulheres, mas seus quadros de executivos não refletem sua imagem pública. Thomas e Ely (1996) afirmam que a diversidade transcende a questão ética para a qualidade de gestão e traz um arcabouço informativo dessa diversidade para os projetos internos das empresas. Porém, os choques identitários são sentidos dentro das estruturas corporativas.

Na indústria do entretenimento norte-americano, a partir dos anos 1980, a representação negra aumenta lentamente, na música pela ascensão do *rap* e na tevê e no cinema pelos seriados com elenco majoritariamente negro (visando a esse público) ou em papéis secundários em séries com elenco majoritariamente branco. Uma das exceções, no caso do cinema, eram os filmes do comediante Eddie Murphy. Porém, é nesse mesmo período que a mídia começa a dar voz aos negros sobre suas lutas, discursos sociais, medos e sofrimentos comuns a partir do cinema independente nos filmes de Spike Lee (Kellner, 2001). Seus filmes apresentam uma estética construída com mensagens morais que transmitem mensagens e imagens éticas ao público. Um dos filmes que melhor exploram essa lógica é *Faça a coisa certa* (1989), que se propõe mostrar a experiência urbana dos negros a partir de uma perspectiva negra.

Nos anos 2010, temos uma mudança sensível nas produções midiáticas. Entrava para o vocabulário progressista a palavra "*woke*". termo político de origem afro-americana para descrever uma consciência em relação a questões sociais (*stay woke* ou "continue acordado"), que ganhou disseminação devido à morte do jovem negro Michael Brown, na cidade de Ferguson, no Missouri. O termo também é associado ao movimento Black Lives Matter, responsável por amplificar seu uso. Aos poucos, *woke* foi apropriado por outros movimentos, no sentido de buscar consciência para seus grupos, e também passou a ser criticado por conservadores, no plano das ações de pressão, como paranoia sobre questões de justiça racial e política, tornando-se foco de *memes*, brigas e campanhas.

Liberais-progressistas clássicos e conservadores fazem críticas constantes ao que chamam de "formas extremas de censura", sinalização de virtude e cultura do cancelamento para quem discorda ou tem opinião contrária, tornando *woke* sinônimo de identidade radical, com base em disputas sem espaço para discussão. Por exemplo, o Conselho de Educação da cidade de San Francisco se reuniu para trocar os nomes das escolas, buscando representatividade. Porém, eles excluíram do debate os historiadores (supostamente, pois teriam visão do grupo dominante) e retiraram das escolas nomes até então pouco envolvidos em polêmicas desse tipo, como Abraham Lincoln. A cidade, que é majoritariamente progressista, se dividiu e começou uma guerra cultural na educação. O autor conservador Douglas Murray (2019) pondera que, apesar dos objetivos razoáveis, o movimento vinculado ao *woke*, ou seja, grupos que disputam posições de forma intransigente e com tentativas de censura, tornou o termo motivo de zombaria, fazendo com que as pessoas não quisessem mais ser descritas assim. Até mesmo o ex-presidente Barack Obama se mostrou incomodado com as pressões ao afirmar que "essa ideia de pureza e de que você nunca se compromete e está politicamente acordado, e todas essas coisas — você deve superar isso rapidamente. O mundo é uma bagunça. Existem ambiguidades. Pessoas que fazem coisas realmente boas têm falhas"[48], o que gerou críticas de movimentos identitários. Qualquer movimentação na indústria de entretenimento que pareça forçada ou executada sob pressão é vista como movimento *woke*: *remakes* de filmes com a troca da etnia ou do gênero de personagens, atores ou atrizes escalados por supostas cotas (a franquia recente de *Star wars* foi criticada por isso) e banimento ou censura de produções antigas com representações negativas de conotação racista, sexista e homofóbica.

Um caso extremo foi quando o texto "*The hill we climb*", da jovem poeta negra Amanda Gorman, lido na posse do presidente Joe Biden, rendeu polêmica quando editoras da Espanha e da Holanda contrataram tradutores para publicar sua obra. A tradutora holandesa Marieke Lucas Rijneveld foi "cancelada" por ativistas do movimento negro por ser uma "autora branca" (o que a inviabilizaria para o trabalho). Na Espanha, o tradutor catalão Victor Obiols foi descontratado, provavelmente por não ser negro nem mulher. A ironia é que o poema trata de um novo país que seja uma união "comprometida com todas as culturas/cores/personagens e/condições". Adam Smith, na obra *Teoria dos sentimentos morais*, afirma que "aquilo que nos torna humanos é a capacidade de nos colocarmos no lugar do outro. Para usar as palavras de Smith, é através dessa 'simpatia' que somos capazes de imaginar as alegrias e os sofrimentos de nossos semelhantes. A moralidade procede daqui: se somos capazes de imaginar as provações dos outros, temos obrigação de evitar. Porque, em certo sentido, nós somos eles". (Coutinho, 2021)

Polêmicas à parte, o *mainstream* cultural abriu as portas para o movimento afrofuturista, com resultados muito positivos. Trata-se de um movimento estético que combina ficção científica, tecnologia e temas ligados à diáspora negra. O ensaio pioneiro de Mark Dery (1994), ele mesmo escritor de ficção científica, questiona por que há tão poucos escritores negros desse gênero, que explora o encontro com o outro, algo que seria interessante para as questões afro-americanas. A resposta comum é de um estranhamento desses escritores devido aos efeitos da diápora negra na modernidade, incluindo a destruição do passado e o apagamento das histórias de origem.

48 Mensagem em vídeo compartilhada no Twitter em 30 de outubro de 2019. Disponível em: https://twitter.com/thehill/status/1189409128587956226

Kellen Silva e Jaqueline Quadrado (2016) descrevem o problema de as culturas africanas serem desvalorizadas e malcompreendidas – o uso dos termos "África" e "afro" leva aos estereótipos de um continente que é diversificado. Não são mais adequadas generalizações e o uso de termos imprecisos, como "etnias", "colonialistas" ou "tribos" (Mudimbe, 2019). Os fundamentos do afrofuturismo aparecem ainda nos anos 1960, quando o poeta e compositor de *jazz* Sun Ra incorporou às suas composições elementos que remetiam ao espaço e, ao mesmo tempo, à sua ancestralidade africana (inspirado numa experiência extraterrestre vivenciada por ele). Edson Rangel (1996) cita o estudo da professora Lisa Yaszek, que observa o uso de ficção científica com elementos de desconstrução no tema racial e de gênero, já no final do século XIX. A fase atual (a partir de 1980) explora o tema do afrofuturismo em revistas, publicações *on-line* e filmes.

> Segundo Ytasha L. Womack, afrofuturismo é "uma reelaboração total do passado e uma especulação do futuro repleta de críticas culturais [...] uma interseção entre imaginação, tecnologia, futuro e libertação" (2013). Womack reúne visões de profissionais diversos, tais como o da curadora Ingrid LaFleur, que vê o Afrofuturismo "como um modo de encorajar a experimentação, reimaginar identidades e ativar a libertação". Já Kênia Freitas diz que "é um movimento que abrange diversas narrativas de ficção especulativa – aquela que se propõe a especular sobre o futuro ou o passado – sempre da perspectiva negra, tanto africana quanto diaspórica". É notável que em todas as definições enfatiza-se o necessário protagonismo de personagens e autores africanos ou afrodescendentes. Essa distinção é pertinente, uma vez que o afrofuturismo se estrutura para suprir uma ausência. As ficções fantástica e científica *mainstream*, apesar de serem gêneros que supostamente prezam pela experimentação e imaginação, acabam sempre contando as mesmas histórias, protagonizadas pelos mesmos personagens da mesma cor, gênero e orientação sexual, com base nos mesmos imaginários, mitologias e cosmovisões. (Kabral, 2018)

O escritor Fábio Kabral (2018), autor dos livros afrofuturistas *O caçador cibernético da rua 13* e *A cientista guerreira do facão furioso*, publicou uma série de ensaios que discutem o afrofuturismo na produção cultural, resumindo suas características principais. Trata-se de narrativas que recuperam valores (ancestralidade, mitologia, conhecimentos tecnológicos e científicos) dos povos africanos, historicamente subjugados, para projetar futuros para a população negra, no contexto dos avanços tecnológicos, além da inserção da estética negra do que é considerado moderno e desejável. O melhor resumo seria "recria o passado, transfere o presente e projeta um futuro negro pela ótica negra".

Essa mudança de perspectiva é importante. Kabral aponta a afrocentricidade, que entende o mundo como multicultural e diverso, com várias formas de pensar. O povo negro é o agente nas novas narrativas, e não mero figurante em um mundo eurocentrado, o que é imposto como padrão de universalidade. Pela perspectiva da afrocentricidade, o livro *The hero with an African face: mythic wisdom of traditional Africa*, de Clyde W. Ford, destaca que os mitos africanos não são apenas contos e folclores, mas épicos que foram perdidos pela modernidade. Analisando as questões da diáspora africana, Ford diz que os negros tentam reconstruir seu mundo perdido, e a mitologia teria o poder de curar o trauma histórico, restabelecendo a harmonia que se encontra à beira do caos. A importância do herói ou super-herói com rosto africano não é algo banal. Os mitos, por essa perspectiva, são vistos como verdade, porém não como fatos, mas como metáforas. Para Ford, a perspectiva mítica começa onde termina a investigação científica. As novas histórias afrofuturistas são representações simbólicas do que os negros da diáspora enfrentam no cotidiano. Ytasha Womack (2013) menciona os mais diversos cruzamentos já experimentados do afrofuturismo, nos mais diversos gêneros artísticos, literários e formatos midiáticos, comprovando as potencialidades do movimento.

Do ponto de vista da exploração comercial, precisamos ter em mente que as criações estão sujeitas ao arcabouço cultural de quem as cria e/ou quem as banca financeiramente. Produções como *Pantera Negra* (2018), *Black is king* (2020) e até mesmo *Um príncipe em Nova York 2* (2020), este último desenvolvendo mais o reino mítico de Zamunda, são exemplos. Embora esses filmes aumentem a representatividade africana, temos, por vezes, nessa visão mítica, muitos valores e idealizações baseados em estereótipos e visões culturais viciadas. Muitas vezes, isso é mostrado como uma estética exagerada, com a sexualização de personagens negros, resoluções de conflitos de fundo tribal misturado a elementos transnacionais de militarismo e autoritarismo, experimentado em alguns regimes de países africanos. Esse problema do arcabouço cultural decerto varia conforme o *ethos* cultural do autor – ele, vivendo no Brasil ou na França, carregará aspectos e valores positivos e negativos para a sua obra.

É preciso fazer uma leitura atenta das diferentes marcas culturais, temporais e geográficas. Utilizando as histórias em quadrinhos, por exemplo, temos perspectivas africanas diferentes, se analisarmos uma produção angolana, nigeriana, guineense, moçambicana ou sul-

-africana. A leitura, da perspectiva afrocentrada, leva a entender o contexto social e histórico e, por vezes, a traduzir suas convenções e códigos para compararmos à nossa perspectiva ocidentalizada eurocêntrica. Uma perspectiva das histórias em quadrinhos com personagens negros no Brasil também apresenta uma evolução de suas representações racistas, secundárias, periféricas e, por fim, protagonistas (Chinen, 2019). No caso das produções ocidentais, há também a questão dos negros na produção dessas histótricas em quadrinhos protagonizadas por negros. Analisando a produção *mainstream* nos Estados Unidos, as histórias em quadrinhos têm fornecido material para o cinema hollywoodiano. Ao examinarmos determinado gênero, como o dos super-heróis, percebemos uma variedade de tipos que mostra uma evolução da representatividade.

Em 1966, Stan Lee e Jack Kirby criam o Pantera Negra, ainda um personagem secundário do *Quarteto fantástico*. O primeiro afro-americano é o super-herói Falcão, das histórias do *Capitão América*. Desde então, a Marvel Comics lançou uma série de personagens negros conhecidos, como Luke Cage, Misty Knight (ambos criados no contexto de conflito e pobreza dos anos 1970), Blade, Nick Fury Jr., Tempestade (da série *X-Men*) e Riri Williams (Coração de Ferro). A Image Comics tem o Spawn e o Aço. A DC Comics lançou o Raio Negro, o Cyborgue, o Batwing, a Vixen, o John Stewart (o Lanterna Verde negro) e o Senhor Incrível.

Recentemente, já lidando com o contexto dos movimentos sociais mais contemporâneos, há uma criação da editora independente Milestone Comics do personagem Super-Choque (Static), de 1993 – o garoto foi originalmente inspirado no Homem-Aranha e teve uma série de animação com quatro temporadas. Em 2021, a própria Marvel atualizou o Homem-Aranha com a criação de Miles Morales, um garoto afro-americano de ascendência porto-riquenha, que alcançou grande público com o longa-metragem de animação *Homem-Aranha no aranhaverso* (2018). Em 2020, a Sony e a Insommiac Games, licenciadoras do personagem, exploraram sua imagem em apoio do movimento Black Lives Matter.

Porém, nenhum filme obteve o sucesso arrebatador de *Pantera Negra*, lançado pela Marvel em 2018. O filme foi produzido com um cuidado especial pela Disney, que sabia que tinha em mãos algo importante e que teria desdobramentos na indústria do cinema hollywoodiano. Tratou-se de produção muito cara (200 milhões de dólares), e que lidava com o tema do afrofuturismo, misturando a realidade americana da Califórnia com o reino mítico de Wakanda. A produção ganhou ainda mais repercussão com a morte precoce do ator Chadwick Boseman, fazendo *Pantera Negra* faturar 1,3 bilhão de dólares nos cinemas. O sucesso comprova que a mídia tem o poder de apostar em novidades de modo a promover atualizações, ainda que lentas, nos valores e costumes da sociedade.

Ezra Klein (2020) acredita numa reviravolta demográfica nas próximas décadas. O poder político usualmente está uma década atrasado em relação à demografia do voto. Hoje, mais eleitores brancos e mais idosos representam uma fatia relevante do eleitorado. Durante a era Obama, o eleitor branco cristão representou a menor fatia. A partir de 2024, os desejos das casas legislativas e as composições dos colégios eleitorais devem ampliar o voto branco rural cristão, dando a essa coalizão mais poder político.

O poder cultural na mídia ocorre uma década adiantado na demografia, com marcas e produções de tevê, cinema e *streaming* buscando consumidores mais jovens, urbanos e diversificados. Klein destaca por que o intervalo do Super Bowl (a final do campeonato de futebol americano, que tem o intervalo comercial mais caro da tevê americana) se torna tradicionalmente o espaço para comerciais que geram controvérsia, no que ficou rotulado como publicidade *woke*. O autor cita o comercial da Gillette com garotos e homens adultos se comportando de forma inapropriada com mulheres, tendo ao fim a justificativa na frase *Boys will be boys* ("Garotos serão garotos"). O grande trunfo do comercial é o *slogan* final *Is this the best a man can get?* ("Esse é o melhor que um homem pode alcançar?"). A reação foi rápida. Homens se sentindo marginalizados, criticados e acusados em vez de serem inspirados, encorajados e empoderados, disse um executivo de marcas ao *Wall Street Journal*. O *marketing* da Gillette pretendeu vender uma visão realista do que ocorre na atualidade e focou na inspiração da mudança de que a frase "Garotos serão garotos" não é uma desculpa – Pankaj Balla, diretor da Gillette na América do Norte, afirmou que "para a Gillette, isso não é realmente uma controvérsia" (Klein, 2020, p. 41). É uma decisão de negócios. Marcas querem estar onde a cultura está caminhando, não onde ela já esteve. Mas a maioria das pessoas vive mais a cultura do que lucrando dela, e elas experimentam as mudanças de costumes refletidas na publicidade e nos filmes lançados como uma mudança de poder que as excita ou irrita. O resultado é que a esquerda percebe um poder cultural e demográfico que pode ocasionalmente ser traduzido no poder político. E a direita mantém o poder, mas se percebe gradualmente mais desprezada e ofendida culturalmente.

Com o retorno de Donald Trump à presidência dos Estados Unidos,, com intensa pressão contra as políticas de inclusão e diversidade, as corporações se anteciparam a qualquer tipo de regulação externa e começaram a reverter ou camuflar suas diretrizes, ao mesmo tempo que tentam contornar a visão de que operam mirando apenas o consumidor de um espectro político e cultural.

GUERRAS CULTURAIS NO REINO UNIDO E NO BRASIL

Até aqui, vimos muitas análises e explicações para as guerras culturais nos Estados Unidos, como os principais grupos atores das batalhas culturais se formam e agem e como a imprensa e a mídia se comportam no contexto do engajamento nas mídias sociais. Neste tópico, pretendemos avançar um pouco e analisar como as guerras culturais funcionam, em dois casos em contextos diferentes. Enquanto os norte-americanos estão centrados no tradicionalismo cristão da narrativa da nação e no populismo político de Trump, veremos que as guerras culturais no Reino Unido bebem muito do conservadorismo clássico e das discussões em torno da imigração e da relação com o bloco europeu, enquanto as do Brasil têm origem num reacionarismo anti-intelectual e *antiestablishment*.

O CASO BRITÂNICO: BREXIT

A monarquia britânica funciona como uma solda das quatro nações do Reino Unido (Inglaterra, País de Gales, Escócia e Irlanda do Norte) e os países da Commonwealth (Comunidade das Nações). Seu tradicionalismo histórico foi construído com base no conservadorismo liberal (Hobsbawn, 2020), que é o que lhe traz características fundamentais para entendermos como funcionam suas dinâmicas, nas políticas domésticas e externas.

O Reino Unido tem uma particularidade em relação aos vizinhos europeus, que é ser uma ilha. Essa posição insular influi significantemente em sua política externa. Nas guerras napoleônicas, a Inglaterra se aliou à Prússia contra a França. No contexto da Primeira Guerra Mundial, o mundo era pluripolar, com quatro potências terrestres (França, Império Austro-Húngaro, Prússia e Rússia) e uma marítima (Inglaterra). Os ingleses também mantinham um império fora do território europeu, não tendo maiores interesses na região mais próxima. O que sempre lhes interessa é o equilíbrio de poder no sistema internacional, de forma que não surja uma única potência que ameace o seu império e o seu domínio dos mares. A Alemanha surge como a potência que colocará em risco o equilíbrio europeu, buscando o poder geral. Resta aos ingleses se unir agora aos franceses para impedir o estabelecimento do poder alemão.

Historicamente, a Inglaterra se une a potências menores ou sob ameaça para impedir um império universal. O problema é que ela já não consegue sozinha garantir sua segurança, e isso explica a entrada dos Estados Unidos como aliado. Os norte-americanos também são isolacionistas e, como república, criticam as velhas monarquias europeias (promoveram a Doutrina Monroe para proteger o continente americano). Porém, o que garantia essa segurança era a frota naval britânica no oceano Atlântico. A aliança entre americanos e ingleses se dá para proteção do equilíbrio de poder. Os Estados Unidos não entram na guerra para derrotar os alemães, e sim para impedir futuras guerras. Foi quando surgiu a ideia da Liga das Nações. Essa organização não funcionou e o Tratado de Versalhes resultou na Segunda Guerra Mundial. Mais uma vez, a Alemanha emergiu, ameaçando o equilíbrio de poder na Europa. A Inglaterra se aliou aos Estados Unidos e, posteriormente, à União Soviética, para restaurar o sistema. A criação da ONU e a formação da União Europeia foram fundamentais para evitar novos conflitos.

A Inglaterra sempre teve uma postura cética ante a União Europeia. Não abandonou sua moeda, a libra esterlina, pelo euro; não quis se submeter às regras do bloco, e os mais críticos temem ser dominados economicamente pela Alemanha ou controlados pelos burocratas franceses e belgas. No século XXI, com os problemas da globalização, o aumento da imigração, a entrada de refugiados e a falta de empregos fora das grandes cidades, houve pressão sobre o Partido Conservador para promover um referendo popular para avaliar a saída do Reino Unido da União Europeia – o que ficou conhecido como Brexit. O então primeiro-ministro, David Cameron, tinha como estratégia usar a promessa da realização do referendo como maneira de fortalecer o partido no Parlamento, na próxima eleição. O partido conquistou a maioria dos assentos, o referendo foi realizado e, para surpresa dos políticos e dos londrinos, o voto a favor do Brexit venceu. Cameron havia feito campanha contra a saída do bloco e se viu obrigado a renunciar. Sobrou para os sucessores, os primeiros-ministros Theresa May e Boris Johnson, a árdua tarefa de costurar um acordo de retirada que não criasse ainda mais prejuízos ao Reino Unido (Figura 21).

Do ponto de vista da comunicação, o Brexit é visto como exemplo das guerras culturais pelo uso das mídias sociais e tradicionais para difundir e repercutir informações imprecisas e falsas. Os principais alvos eram os imigrantes e os refugiados, com os céticos prometendo que fora do bloco haveria maior controle das fronteiras e redução de bilhões em custos nos serviços públicos, aumentando a disponibilidade de empregos. Um dos principais expoentes da batalha cultural era o deputado eurocético Nigel Farage, do Partido da Independência do Reino Unido (UKIP), famoso por seus discursos beligerantes e irônicos no Parlamento europeu.

O Reino Unido sempre foi o mais eurocrítico dos países europeus e o mais hesitante. Além disso, ao contrário de outros países, a elite po-

Fig. 21 > O Brexit começa numa dinâmica de guerras culturais e termina com incertezas nas mãos de Theresa May e Boris Johnson.

Fonte: Paolo Calleri – 18 de dezembro de 2018.

lítica estava dividida em relação ao Brexit. Uma parcela importante do Partido Conservador apoiava a saída da União Europeia, e esse partido constitui um dos pilares do sistema partidário inglês. Um referendo (e/ou plebiscito) poderia ser imprevisível, pois outros valores se somam na decisão das pessoas, incluindo o julgamento do governo corrente.

A pesquisadora Sara Hobolt (2016) afirma que, no caso do Reino Unido em particular, a campanha para sair da União Europeia em torno do referendo foi marginal no sistema político, embora parte do Partido Conservador tenha aderido de maneira tímida. Todo o resto do *establishment* do Reino Unido defendeu a posição da permanência na União Europeia, incluindo o Partido Trabalhista, o Partido Liberal-Democrata, os partidos locais da Escócia e todos os sindicatos patronais e trabalhistas. Havia uma espécie de consenso, com exceção de uma fatia dos conservadores e de franjas do Partido Trabalhista. E foi por causa desse consenso das elites do *establishment* que a campanha teve natureza antielitista. A retórica antielite é um dos traços do populismo, e por isso foi estratégica nesse caso.

Por um lado, Hobolt (2016) assevera que a campanha colocou os valores e a soberania nacional em oposição à suposta entrega delas a Bruxelas (sede da União Europeia), mas também opunha o povo às elites, que teriam interesse na permanência e na entrada de imigrantes no mercado de trabalho inglês, o que descaracterizaria a identidade nacional, mas também beneficiaria as elites financeiras de Londres, em oposição à classe trabalhadora. Foi a "Inglaterra profunda" contra as elites, que temiam interesses entranhados com a elite internacional europeia.

Podemos analisar o Brexit a partir de duas hipóteses. A primeira é que ele foi influenciado em si mesmo, ou seja, se julgou o papel da União Europeia em relação ao Reino Unido ou estava sendo julgado o governo conservador que ocupava o poder no momento, de forma a se avaliar a classe política como um todo.

A ciência política se divide em duas correntes que enfatizam que nesse tipo de referendo prevalece o assunto propriamente dito (a política pública) – as vantagens e desvantagens da integração do Reino Unido da União Europeia ou um julgamento do governo por meio do referendo, ou ambos. Hobolt (2016, p. 1264) sustenta que houve uma combinação desses fatores, que podem ser aferidos por meio de pesquisa de opinião. Nela se verifica que várias hipóteses se confirmam, estando entrelaçadas e combinando questões preponderantes de política pública com as de julgamento de classe política, porque elas foram promovidas de forma mais populista.

Outra hipótese foi a oposição entre vencedores e perdedores da globalização. E, se verificarmos a demografia do voto a favor e contra a saída, confirmamos que essa hipótese tem apoio nas evidências confirmadas por Hobolt (2016, p. 1265). Pessoas mais jovens e integradas votaram pela permanência. As mais velhas e não integradas votaram pela saída. As pessoas ricas e escolarizadas votaram pela permanência. As mais pobres e da classe trabalhadora votaram para sair, o que confirma essa tendência. A hipótese define um Reino Unido dividido.

Uma outra discussão envolve o conflito entre a identidade nacional e a identidade europeia. A pesquisadora demonstra que, quando se mede o voto pela autoidentificação como inglês ou europeu, quanto mais alta a intensidade do sentido como inglês (mais até do que como britânico), mais se votou a favor de saída. E, quanto mais intenso era o sentimento pela identidade europeia, mais se votou pela permanência na União Europeia.

Uma terceira hipótese trata do impacto da União Europeia. Quando se perguntou sobre as teses da campanha, por exemplo: "A União Europeia mirou a identidade britânica?" Quanto maior a intensidade na resposta, mais apoio pela saída do bloco. Com a pergunta: "A União Europeia tornou o Reino Unido mais próspero?", a maior intensidade resultou em apoio à permanência. Desse modo, constatamos um fluxo da campanha em que um lado tinha a defesa da soberania popular e da identidade nacional contra os supostos benefícios econômicos e o risco de sair da União Europeia, com maior tendência de voto pelo Brexit.

Houve o entrelaçamento dessa dinâmica porque muitos concordaram com os argumentos tanto para permanecer como para sair da União Europeia. Os mais velhos, os menos escolarizados e a classe trabalhadora industrial foram "esquecidos" no processo de integração, enquanto as elites financeiras do setor de serviços aderiram ao bloco de maneira mais intensa. Um traço importante é que, quanto menos se confiava nos políticos, mais a pessoa queria sair da União Europeia, e isso está muito relacionado à natureza da campanha, que teve um traço populista forte, caracterizando a União Europeia como um projeto de uma elite estrangeira corrupta ou de uma elite nacional aliada a uma elite estrangeira que roubava a soberania e a identidade inglesas (na Inglaterra, o sentimento anti-Brexit foi mais forte) (Hobolt, 2016). O nacionalismo e o tradicionalismo se somam à xenofobia e ao populismo, em ações para manipular os votos do referendo, o que podemos classificar como mais um exemplo das guerras culturais.

O referendo britânico não é apenas um fenômeno insular. Embora o euroceticismo seja mais forte entre os britânicos, há um sentimento crescente de críticos na União Europeia. Muito dessa frustração tem relação com preocupações que envolvem não apenas a imigração e a entrada de refugiados, mas a perda da identidade nacional. Geralmente, esses críticos são pessoas com menos educação e uma posição mais vulnerável no mercado de trabalho. O Brexit promoveu ações semelhantes de crítica e pressões por referendos em outros países, como a Frente Nacional francesa, de Marine Le Pen, o Movimento 5 Estrelas, da Itália, e o primeiro-ministro da República Tcheca sugerindo a saída do bloco e a proteção da autonomia e da identidade nacionais.

Pesou no referendo do Brexit o conservadorismo britânico, com origem no tradicionalismo. Roger Scruton (2015) pensa o conservadorismo como uma ideia que se origina quando nos damos conta de que não somos autossuficientes. É, portanto, um defensor dos valores conservadores do tradicionalismo, defendendo a monarquia britânica por ela apresentar uma noção de perenidade e de ligação entre todos os homens. Diferencia-se dos liberais ao sustentar que os direitos dos indivíduos não devem sobrepor à tradição, não se podendo refazer a sociedade de uma hora para outra. Esse é um dos motivos para a construção teórica contrária à legislação da União Europeia, que tende a regular todo tipo de produto e transação, seja o nome, o tipo, o peso ou toda espécie de detalhe comercial.

Scruton é contra ideologias totalizantes e defensor da família e das demais instituições. Porém, afirma que ser conservador é uma ideia moderna, portanto não é ser reacionário. O liberal pensa no indivíduo como alguém com capacidade de transformar a sociedade. A liberdade é respeitada pelo conservador, porém não é o centro da discussão. A defesa é pelo poder da individualidade baseada no mito conservador do respeito ao passado e ao futuro, da tradição, do organicismo e do ceticismo. O filósofo proferiu uma palestra[49] que ilustra bem o pensamento conservador no tema do Brexit, descrevendo três razões para defendê-lo. A primeira é a recusa em ceder a soberania e a liberdade, defendidas arduamente e com as próprias vidas, em duas guerras, no século XX:

> Isso levanta a questão aqui discutida sobre o que é ser europeu. Meu amigo P. Bogestein disse considerar-se europeu porque nasceu num país da União Europeia. Essa é uma definição extraordinária. Eu me considero europeu, primeiro, porque nasci num país europeu, num país da União Europeia, que ainda não existia naquela época. Mas, mais importante, porque sou herdeiro da fé Cristã, da Lei Romana e da civilização da Europa, manifestadas em suas instituições, universidades e seus parlamentos, nos seus procedimentos políticos, que, para mim, é o fato mais importante de minha educação. Acho que meu país possui essas características – tradições europeias, assim como qualquer outro país da Europa. E fez mais que qualquer outro país europeu para defendê-las. Inevitavelmente, não penso que o que quer que o povo britânico tenha feito para sair da União Europe a o torne menos europeu. Ao contrário, muitos britânicos dirão ser precisamente nossa natureza europeia que nos faz mover na direção na qual estamos indo. Ficamos contra a União Europeia porque ela não representa a Europa. Não representa a Europa que conhecemos e amamos, que nos fez esta entidade civilizada que somos. Ou pelo me-

49 SCRUTON, Roger. Brexit: yes or no? Nexus Masterclass. 26 nov. 2015. Disponível em:https://www.youtube.com/watch?v=Bvlg8YK3iSU

nos alguns de nós... Deixem-me dizer o que imagino fazer os britânicos tão pessimistas a respeito da União Europeia. Existem três grandes razões, que não são discutidas frequentemente, mas que imagino serem conhecidas por quem está aqui. A primeira é a situação pós-guerra. Nós, britânicos, tivemos sucesso na defesa de nossa soberania contra a agressão nazista e nosso país não foi ocupado. Todas as outras nações, exceto Espanha, Portugal e Suécia, que ficaram em algum tipo de neutralidade, foram derrotadas e sofreram ocupação durante a guerra. Isso teve grande diferença na influência psicológica nos britânicos, principalmente na geração de meus pais, que lutou aquela guerra, protegeu o país e ficou com o senso de dever cumprido na proteção de nossa liberdade, independência e soberania de um grande perigo, frente ao qual muitos países sucumbiram. Isso indica que começamos com premissas diferentes, premissa de que nós permanecemos donos de nossa liberdade e defendemos nossa liberdade. E, fazendo isso, defendemos a Europa e os valores europeus frente ao perigo de perdê-los por ação dos nazistas. Claro, depois houve o perigo dos comunistas, mas isso é um assunto que veio depois, para muitos de nós. Então, os motivos para nós, britânicos, cedermos nossa soberania para uma entidade política transnacional são inevitavelmente diferentes e nem sequer existem de forma alguma. Não seriam, portanto, os mesmos motivos que os alemães têm ou que os franceses têm, que sobreviveram à ocupação e desejavam uma nova forma de reconciliação. Nós não precisávamos de reconciliação porque não fomos ocupados. Então, nossos pais perguntavam se a guerra teria valido a pena, cedendo agora àquilo que defendemos, depois de dedicarmos nossas vidas e propriedades defendendo? Penso que essa pergunta sempre está na mente dos britânicos, como uma razão de estarem céticos em qualquer tentativa de lhes tirarem a soberania nacional. Essa é a primeira grande razão de os britânicos serem céticos.

A segunda razão crítica do conservadorismo britânico favorável ao Brexit é o horror de colocar em risco um sistema jurídico no qual a lei não é imposta de cima para baixo:

A segunda grande razão é que nosso país sempre teve um tipo diferente de governo e um tipo diferente de lei do resto da Europa. O resto da Europa, não todo o resto, sofreu grande transformação imposta por Napoleão. A imposição sobre a Europa de soberanias externas, Constituições, a Jurisdição Napoleônica – o "Code Napoleon". Seus países tinham um belíssimo conjunto de leis, leis romano-holandesas, que sobreviveram até hoje, mas somente em regiões que foram parte do Império Britânico, porque nós as roubamos de vocês... Sobrevivem no Zimbábue (ex-Rodésia) e na África do Sul. Esqueçam isso, mas o fato é que a Holanda é governada por um tipo de legislação napoleônica, na qual a lei é imposta de cima para baixo por decisão dos legisladores e atua para baixo através da capilaridade da sociedade. Em meu país, a lei não é... não foi imposta de cima, mas, sim, criada nos tribunais. Tão logo são criadas, surge uma questão importante. Os britânicos consideram os tribunais apenas como "descobridores" de leis. Lá, você leva uma disputa a um juiz, algo que está em disputa. Coloca-o diante do juiz e, se ele for imparcial e agir de acordo com os princípios da justiça natural do tribunal, então ele vai descobrir a solução legal, mesmo que nunca tenha havido causa igual anterior. O Parlamento terá então a tarefa de ratificar aquela lei, se ela for levada ao Parlamento, mas isso praticamente nunca acontece. É extraordinário que tenhamos construído um sistema de baixo para cima, a partir da solução de conflitos entre pessoas comuns. Apenas então, com a intervenção de legisladores, a lei é imposta de cima para baixo. Você pode entender isso ao comparar a responsabilidade sobre produtos na lei inglesa, com as leis e os regulamentos criados para isso pela Comissão Europeia e pela Corte de Justiça da União Europeia. Nós temos uma só lei, que nem sequer é uma lei, é apenas uma decisão de um tribunal, no caso Donahue *vs* Stevenson, declarando que, se alguém coloca à venda um produto ao público em geral, ele é o primeiro responsável por todas as consequências adversas provenientes do consumo desse produto. Essa foi uma decisão de um tribunal de "*common law*" que foi suficiente para gerar um sistema completo sobre responsabilidade sobre produtos, sem consultar o Parlamento. É claro que o Parlamento participa, mas só quando existem dificuldades adicionais. Essa inovação específica poupou-nos de todos os problemas que afligiram os países europeus durante o período entre as duas grandes guerras. Esse é um ponto muito importante de ser lembrado, nosso sistema legal é estruturalmente diferente dos sistemas jurídicos adotados na Europa. Nele há grande dificuldade em acomodar coisas como as decisões dos tribunais de justiça europeus. E certamente causa sentimento de revolta entre pessoas comuns, quando são submetidas a um regime jurídico, com vasta quantidade de páginas, coisa à qual não estão acostumadas. Isso é importante, na minha visão, porque dá a impressão de que estamos sendo governados por alguém de fora. Por alguém que não entende isso, que só sabe regulamentar e não sabe regular conflitos. A regulamentação produz conflitos tanto quanto os resolve. A lei comum (*common law*) só resolve conflitos. Essa é a segunda grande razão que faz nosso país ser cético em relação à União Europeia.

Finalmente, a terceira razão é a consequência ao controle de fronteiras de um território pequeno, e a cada dia mais densamente povoado por imigrantes europeus, cuja entrada no país não pode ser proibida.

A terceira característica, e talvez a mais importante quanto às outras duas, é que nós falamos o idioma internacional. De fato, estamos tão imersos em falar o idioma que praticamente não falamos qualquer outro. Somos uma comunidade "monoglota" e ignorante, com dificuldades de compreender qualquer outro idioma, que não o nosso próprio. Mas o idioma que falamos é o primeiro que qualquer outra pessoa aprende [além de seu idioma nativo]. Qualquer pessoa razoavelmente educada, de qualquer parte da Europa, consegue mover-se em nosso país e estabelecer-se em nosso território. Ao mesmo tempo, nosso território é pequeno, muito pequeno, e por isso muito amado, porque lutamos por ele em duas guerras mundiais. Essa foi a grande mensagem de propaganda que temos desse lindo país, que precisa ser salvo. Quem já viajou pelo interior da Inglaterra sabe o que isso significa. É bastante amado e protegido por antigas instituições e iniciativas, sobre as quais falarei amanhã em Amsterdam, num seminário organizado pela União Europeia, caso estejam interessados. Nosso pequeno território é mais densamente povoado (o território da Inglaterra, pelo menos) do que a Holanda. Vocês não imaginariam isso. Então estamos praticamente frente a um cerco, face à provisão de livre movimentação da União Europeia, que traz mais de meio milhão de pessoas por ano ao nosso pequeno país. Essas provisões são parte do tratado, bem no núcleo do tratado, quase impossíveis de mudar. São motivo das maiores objeções dos britânicos, que consideram ter perdido o controle de suas fronteiras e agora hospedam vasta quantidade de pessoas, a maioria das antigas repúblicas comunistas do leste da Europa, que competem por empregos, é claro, mas também por casas, causando como efeito uma enorme crise habitacional que não sabemos como resolver.

Vamos voltar à primeira grande razão: a defesa da nossa soberania em tempos de grandes emergências. As pessoas se perguntam: como manteremos nossa soberania, se perdemos a capacidade de controlar nossas fronteiras? Não podemos impedir a vinda de quem não queremos em nosso país e nem favorecer quem queremos convidar. Essas três características que meu país apresenta não são replicadas em qualquer outro país, são as principais causas pelas quais os britânicos estão insatisfeitos. Vocês podem questionar esse sentimento de insatisfação nesses assuntos. Podem pensar que são primitivos e envolvem, de alguma maneira, uma exagerada consciência nacionalista, de que o resto do mundo já se libertou. Acho esse argumento injusto porque esse sentimento vem do apreço a uma ordem política de mais de mil anos. Nós não somos nacionalistas, e a prova disso é que nem sequer somos uma única nação. Somos quatro nações reunidas no Reino Unido. Nenhuma delas, exceto a Escócia, que recentemente expressou sentimentos nacionalistas em termos beligerantes, acredita em compartilhar essa tradição política e a terra que ocupa, e também compartilhar as leis a que me referi.

Scruton também faz a crítica conservadora ao processo do Brexit, apontando observações que põem em conflito os campos mais nacionalistas e xenófobos contra os cosmopolitas liberais.

Temos de adicionar a esses três fatos duas observações básicas. A primeira é que a União Europeia, no seu entusiasmo em dissolver fronteiras, deixou-se desprotegida contra migrações em massa. O sentimento de remorso dos alemães tornou isso pior ainda. Não há razão para esconder o quanto estamos preocupados com as consequências de alguns gestos de Angela Merkel, em semanas recentes. Não há limite para a quantidade de pessoas a quem queremos dar boas-vindas? Se isso é verdade, somos forçados a receber mais multidões, com os poucos recursos que temos a oferecer, ou a permitir a transferência completa de populações, num país que lutou contra essa mesma coisa? O tal de "espaço vital" e as ambições de seus vizinhos? Vamos ignorar fatores como conhecimento, religião, adaptabilidade e cultura, ao incorporar novas comunidades em nosso meio? Esse é um grande problema que a União Europeia criou e nos proíbe, de muitas maneiras, de discutir.

A segunda observação é o fato de sermos governados por um tratado, isso é nos colocar em situação de não podermos nos adaptar às mudanças. Cada nação pode identificar seus problemas, resolvê-los e adaptar-se, se puder tomar iniciativas próprias. Essa é a maneira normal como as nações encaram seus problemas, tentando adaptar-se a mudanças circunstanciais e caminhando para o futuro. Aprovam leis, criam instituições e discutem o assunto de forma a tomar suas próprias decisões. Se não puderem tomar suas decisões, como poderão adaptar-se? Tratados precisam das assinaturas de todos os membros para mudar qualquer compromisso básico. Foram tratados assinados há mais de 50 anos, por pessoas que já morreram, numa situação que já não existe mais. Por que devemos continuar a ser governados por aquilo, em vez de tomarmos nossas próprias decisões, por nossos próprios parlamentos, de acordo com nossa sensibilidade de como são nossos problemas? Verdadeiramente, isso é irracional. Quando Lenin impôs o comunismo, no que viria a ser a então União Soviética, ele destruiu todas as instituições nas quais as oposições podiam tomar forma. Não só parlamentos, mas também as instituições legais, aboliu os tribunais, as profissões legais e todo o resto. Não havia mais como retroceder e a União Soviética durou mais de 70 anos até, finalmente, bater no muro de tijolos que a destruiu. Criar um sistema político sem mecanismos de retrocesso e sem capacidade de mudar, de acordo com as necessidades de cada momento, é um grande erro político. É um erro criar uma ordem política que não consegue reconhecer erros. Esse é o erro que penso que a União Europeia cometeu ao comprometer todos os seus procedimentos a tratados assinados em uma situação que já não existe mais.

Existe um forte sentimento da existência não só de um déficit democrático no processo europeu, déficit que muitos países admitem existir, mas também um déficit de legitimidade de todo o processo. O processo europeu confisca a soberania nacional dos países, sem oferecer qualquer coisa em troca. O pessoal tem um bocado de argumentos econômicos... argumentos econômicos muito complicados, aos quais ofereço duas réplicas, antes de terminar, porque sei que vocês não concordaram com nada do que eu disse até agora. Então, não quero acrescentar mais coisas para vocês não aceitarem. Antes de tudo, os argumentos econômicos não tomam uma direção única. A união aduaneira amplia o comércio e favorece a prosperidade, mas o regime de regulamentos da União Europeia conspira contra eles, dando vantagens competitivas aos países da costa do oceano Pacífico e controlando as horas e as condições de trabalho, de forma que torna os países da União Europeia menos competitivos, na moderna economia global. Esse assunto é complexo e descobri que os especialistas não conseguem concordar uns com os outros. As evidências da história, na minha visão, é que todos os economistas são autointitulados autoridades e que todos os seus julgamentos estão errados. Bom, isso é apenas a minha visão...

A segunda réplica a isso é que a argumentação não é sobre economia, é sobre identidade. Quem somos nós? Imagine convencer pessoas a compartilhar suas casas e suas terras com famílias cujas maneiras e valores elas não conseguem aceitar, com o argumento de que duplicarão suas riquezas, se as aceitarem. A resposta será: Ok, certo, ficaremos duplamente ricos, mas não teremos o que realmente queremos, que é o amor entre nós, o apego a esta terra, a capacidade de governar-nos a nós próprios e o nosso estilo de vida. Essa parece ser uma resposta perfeitamente racional. Uma grande pergunta que se apresenta é a de se não existiriam outros valores a considerar, além dos estritamente econômicos? No mundo em que vivemos, os políticos, se fizermos essa pergunta, eles logo trazem argumentos econômicos. Dizem que será melhor se fizermos isso do que se fizermos aquilo e assim por diante... mesmo sabendo que questões econômicas vêm depois de outras questões. Questões como integridade, soberania e liberdade. É sobre isso que estamos tratando.

Concluindo, se as guerras culturais nos Estados Unidos envolvem basicamente o conflito entre populismo nacionalista e tradicionalismo de vertente cristã contra movimentos liberais e identitários, o conflito na Inglaterra apresentou, de um lado, uma dinâmica formada por grupos do tradicionalismo conservador clássico – aliados ao grupo nacionalista xenofóbico contrário aos liberais trabalhistas – e, do outro, o multiculturalismo europeu, considerado culpado pelos males da sociedade causados pela globalização.

O CASO BRASILEIRO: A ELEIÇÃO DE JAIR BOLSONARO

Em 2021, o Brasil permanecia num período político instável, cujo contexto de conflitos culturais poderia ser encontrado na década anterior. É tentador querer analisar a partir das Jornadas de Junho de 2013, cujas manifestações variadas e com interesses difusos criaram, e ainda criam, mais dúvidas do que certezas na cabeça de muitos pesquisadores. Observando os casos já analisados nos Estados Unidos e na Inglaterra, sabemos que as guerras culturais precisam de dois lados definidos.

O que podemos afirmar é que, entre as décadas de 1970 e 2000, não existia um grande grupo conservador que fizesse frente ao marxismo no âmbito acadêmico, em que pesem a socialdemocracia (de viés liberal) que aqui desembarcou na década de 1980, a União Democrática Ruralista e alguns segmentos reacionários que tiveram influência na Constituinte 1987-1988. Novos movimentos de tendência progressista surgiram a partir dos anos 1990. No plano das ideias, havia hegemonia da esquerda, que suplantou velhos nomes da direita, que ainda tinham algum espaço, principalmente na imprensa, até a década de 1950. Eram poucos os nomes declaradamente conservadores com repercussão, tais como o jornalista Paulo Francis.

Na universidade, os conservadores tinham mais espaço também até a década de 1950, com a fleuma do academicismo europeu, a moda do bacharelismo e o catolicismo mais reacionário, que ainda tinha forte influência na política brasileira. A mudança ocorreu nos anos 1960, com a chegada do grupo formado por Fernando Henrique Cardoso, Florestan Fernandes, Paul Singer, José Arthur Gianotti, entre outros nomes da Universidade de São Paulo que virariam a chave para o viés de esquerda.

Mesmo no contexto da redemocratização, a Igreja Católica representava a maior força conservadora em atuação no Brasil. A partir da segunda metade da década de 1970, setores da Igreja Católica estiveram na linha de frente na derrocada da ditatura militar, com nomes como dom Helder Câmara, dom Paulo Evaristo Arns, dom Aloísio Lorscheider, dom Pedro Casaldáliga, entre outros, que elaboraram relatórios denunciando torturas ocorridas no regime (caso de *Brasil: nunca mais*). Porém, a mesma Igreja Católica conseguiu impedir a estreia, nos cinemas brasileiros, do filme *Je vous salue, Marie*, de Jean-Luc Godard, em 1985. Conseguiu também convencer o presidente Sarney a vetar o lançamento de *A última tentação de Cristo*, de Martin Scorsese, em 1988, por deturpação de figura sagrada. O filme de Scorsese, que havia sofrido boicote semelhante nos Estados Unidos, acabou estreando com atraso no Brasil, em 17 de novembro de 1988, sem causar barulho. Somado a flancos conservadores dos costumes e símbolos nacionais, foram episódios isolados que envolveram grupos específicos de pressão.

O ano de 2013 é fundamental para entendermos as guerras culturais no Brasil. As manifestações populares, com origem virtual nas mídias sociais, conhecidas como as Jornadas de Junho de 2013, foram alvo de obras que analisaram seu papel social (Figueiredo, 2014), a forma do protesto (Bucci, 2016), a cronologia dos fatos (Judensnaider et al., 2013) e a tática política dos Black Blocs (Morgenstern, 2015). Na época, duas correntes explicativas tentavam justificar as reclamações. A primeira é que haveria um cansaço e um limite programático, após dois mandatos presidenciais do Partido dos Trabalhadores (PT). Dilma Rousseff estava na metade de seu primeiro mandato e se tornara incapaz de oferecer políticas públicas para elevar a qualidade dos serviços públicos, após se aprofundar no presidencialismo de coalizão (Abranches, 2018). A segunda explicação, mais ligada à esquerda militante, reclamava da ausência de pobres nos protestos e a justificava como uma conspiração da direita e de forças conservadoras, aliadas a forças internacionais. A face pública dessa corrente foi a declaração da filósofa Marilena Chauí de que a pequena burguesia (a classe média) é "fascistizante", porém esse estrato da sociedade é dividido entre setores retrógrados; outros são hesitantes; e outra – mais educada – é afinada com a esquerda política (Fausto, 2016)[50].

As classes médias são normalmente responsáveis por impulsionar mudanças políticas. Foi assim no movimento Diretas Já, no *impeach-*

---

50 FAUSTO, Ruy. Reconstruir a esquerda – Um balanço crítico da experiência histórica e algumas ideias para o futuro. *Revista Piauí*. out. 2016. Disponível em: http://piaui.folha.uol.com.br/materia/reconstruir-a-esquerda/

ment de Fernando Collor, nas Jornadas de Junho de 2013 e nos protestos pró-*impeachment* de Dilma Rousseff. A diferença é o engajamento a partir dos movimentos sociais em rede, com o ciberespaço se tornando uma ágora eletrônica global para a discussão de movimentos étnicos, identitários, nacionalistas e político-partidários. As mídias e plataformas sociais digitais não são sinônimas ou precursoras da ação em rede. Não são um motor, em si, de mudanças substantivas, mas, sim, uma característica acessória das transformações sociais em curso. Os movimentos de 2013 (e os posteriores, pró e contra o governo federal vigente) se compõem de grupos tão díspares e contraditórios quanto liberais, sindicalistas, estudantes, anarquistas, progressistas e defensores da intervenção militar. Uma hipótese seria a inabilidade das forças políticas para resolução das demandas sociais, resultando na consolidação de um grupo mais volumoso que cobrava medidas anticorrupção.

Manuel Castells (2003) afirma que os movimentos sociais da era da informação se caracterizam pela centralidade nos valores culturais e no preenchimento do vazio deixado pela crise das organizações verticalmente integradas da era industrial. O protesto contra a Organização Mundial do Comércio (OMC), em Seattle, Estados Unidos, em 1999, foi o primeiro exemplo desse tipo de manifestação, reunindo grupos contraditórios tais como os operários e os ecopacifistas, feministas, entre outros. Outro ponto importante foi que a relação entre privacidade e liberdade no ciberespaço, na primeira fase da internet, solapou a soberania nacional e o controle do Estado, cuja ação só é possível devido à proteção do núcleo jurídico global das corporações de tecnologia que está nos Estados Unidos (Castells, 2003).

A incapacidade política de resolver crises múltiplas causou uma ruptura entre governantes e governados, criando movimentos de deslegitimação da representação política e ameaçando a democracia liberal. O problema está muito acima da divisão clássica entre direita e esquerda, com movimentos nos Estados Unidos, na Espanha, na Coreia do Sul, na Europa, em Hong Kong questionando partidos e a democracia parlamentar com o lema "Não nos representam". O primeiro grande exemplo é o movimento *Occupy Wall Street* ("Ocupe Wall Street"), protestando contra a ganância, a corrupção e a influência do setor financeiro no governo dos Estados Unidos. O *slogan* pretensioso do movimento bradava "Nós somos os 99%", em alusão ao fato de a maior parte da riqueza estar concentrada em 1% da população. O protesto foi inspirado nos movimentos da "Primavera Árabe", série de protestos iniciada no Cairo, em 2010, cujo ápice foi nos primeiros meses de 2011, a começar pela Tunísia, ainda em janeiro daquele ano. O "Movimento dos Indignados", na Espanha, se iniciou em 15 de maio de 2011.

Surgiram, nesse momento, lideranças e grupos que negavam as formas partidárias tradicionais, na forma dos movimentos alternativos que deslizam entre o radicalismo de esquerda e a extrema direita. Na Grécia, surgiu o partido Syriza; na Espanha, o Podemos – além de novas ações dos movimentos independentistas na Catalunha; na Itália, o Movimento 5 Estrelas e a Liga Norte emergem; e, no Brasil, lideranças políticas lançam a Rede (Marina Silva), a Raiz (Luiz Erundina), o Novo (com lideranças liberais) e o MBL (Movimento Brasil Livre), este último o único que não se vendeu como partido, com seus membros eleitos por legendas existentes, sendo muito beneficiado pelo engajamento virtual (Empoli, 2020, p. 81). Nos Estados Unidos, surgiu o movimento *Tea Party*, com a ala mais radical do Partido Republicano. Em várias partes do mundo, figuras polêmicas, como Matteo Salvini, Beppe Grilo, Sarah Palin e Donald Trump, emergiram no clima de insatisfação popular, no que Manuel Castells (2018) chamou de "ruptura", pois suas propostas ultrapassavam os limites institucionais estabelecidos. Até mesmo a eleição de Emmanuel Macron, na França, representou uma ruptura na relação cordial dos franceses com os partidos tradicionais.

Na Espanha, o movimento social 15-M, também conhecido como "Protesto dos Indignados", clamava, em 2011, por mudanças na política e na sociedade espanhola, após os efeitos perversos da crise financeira mundial de 2008, que resultou em forte desemprego entre os mais jovens. No Brasil, as Jornadas de Junho de 2013 não foram iniciadas por um grupo conservador, nem por um movimento tradicional de esquerda. O Movimento Passe Livre (MPL) existe desde 2005 no país e ganhou força em São Paulo, em 2006. Considera-se "um movimento social autônomo, apartidário, horizontal e independente, que luta por um transporte público de verdade, gratuito para o conjunto da população e fora da iniciativa privada"[51]. Não contabiliza o número de militantes e se organiza em assembleias pela internet. Não inclui reivindicações fora da "carta de princípios", como propostas de cunho racial e de distinção de gênero.

---

51 Informação na página inicial do *site* oficial do MPL: http://www.mpl.org.br.

A causa originária dos protestos de 2013 foi o aumento de 20 centavos nas tarifas do transporte público (ônibus e metrô), na capital e no Estado de São Paulo. A posição da mídia foi de crítica ao vandalismo dos protestos, que escalaram em volume nos dias 6, 7 e 11 de junho de 2013, com desdobramentos em centenas de cidades. Sob ataque, a imprensa só mudou de posição após os violentos episódios envolvendo a Polícia Militar, em São Paulo, e, mesmo assim, repórteres passaram a retirar a identificação (as canoplas) dos microfones e, para se protegerem, alguns fizeram a cobertura do alto dos prédios, o que pode ser chamado de "jornalismo de edifício". Os manifestantes, por sua vez, rejeitavam a presença institucional de sindicatos e partidos, tornando qualquer mediação muito difícil. Até o fim de junho, as manifestações foram retroalimentadas pelas pautas do reajuste no transporte público, os gastos exorbitantes com a Copa do Mundo, a má qualidade dos serviços públicos em geral e a repressão policial violenta aos protestos. Aos poucos, grupos (conservadores) mais definidos começaram a pautar a "luta contra a corrupção" (o impedimento da aprovação da PEC 37, na época chamada de "PEC da impunidade"), dando poder exclusivo à polícia para realizar investigações criminais, retirando essa possibilidade do Ministério Público; e (apoiados pela esquerda) impedindo projetos como os da "cura *gay*", a defesa de um marco regulatório dos meios de comunicação, a desmilitarização das polícias, entre outros.

As mídias sociais pesaram favoravelmente na repercussão e na orientação de novos protestos. Dois "atores" desses protestos merecem destaque. O primeiro deles são os membros do movimento Black Bloc, que geralmente apareciam com ação mais violenta, ao fim dos protestos pacíficos, por vezes acusados de serem elementos infiltrados; e o segundo era o Anonymous Brasil (grupo anônimo *on-line* descentralizado e conhecido pelo hacktivismo), cujo vídeo *As 5 causas* ganhou repercussão na imprensa e chegou a ser considerado, por alguns jornalistas, como responsável pela liderança das manifestações. O governo federal, perdido, não soube como dialogar com a massa em protesto e levantou-se a possibilidade de uma ação estrangeira de guerra híbrida (estratégia militar que combina elementos de guerra política, desinformação, intervenções externas e ciberguerra), pois a Turquia enfrentava manifestações semelhantes e o então primeiro-ministro, Erdoğan, chegou a entrar em contato com o Brasil para discutir a suspeita de tentativa de golpe de Estado, jamais comprovada.

As Jornadas de Junho de 2013 representaram o fim do discurso triunfalista, do Brasil maravilha e da imagem internacional da potência emergente estável. O governo mostrava-se despreparado e não conseguia avançar reformas necessárias, sem os devidos acertos na sociedade e com os entraves do presidencialismo de coalizão (Abranches, 2018). Entre 2013 e 2015, consolidou-se, no Brasil, uma tempestade perfeita, combinando problemas econômicos, altas nos impostos, estelionato político-eleitoral e midiatização da Operação Lava Jato, que escancara um sistema de corrupção no país e uma assimetria nas relações entre os poderes, que perdura até hoje. O Supremo Tribunal Federal (STF), antes com pouca repercussão, ganhou protagonismo inédito, já a partir do julgamento do Mensalão. Com a lentidão e a omissão do Congresso, passou a legislar em uma série de temas, causando atritos em diversos setores da sociedade. A assimetria entre os três poderes já existia, mas tomou nova proporção midiática e política a partir desse período.

Na própria mídia e entre formadores de opinião, há uma evolução na interpretação dos temas, que cria, aos poucos, um binarismo semântico, em diversas situações, com a popularização das palavras "vândalos", "pacifistas", "mortadela", "coxinha", "lacração", "mito", "fascista", "comunista", entre outras. Na publicidade, tivemos a reversão da imagem de país emergente, a exploração comercial da expressão "O gigante acordou", e as empresas levaram em consideração o *status* impaciente da população, naquele momento, especialmente em relação à Copa das Confederações, que seria realizada em 2013.

Uma hipótese para explicar tamanha insatisfação tem relação com as transformações profundas da globalização, que trazem novidades e desordenamentos tecnológicos e trabalhistas no campo do emprego (economia compartilhada), além de deslocamentos geográficos entre indústrias transnacionais. A partir dos anos 2010, passamos a ter muito mais empregos considerados inúteis ou substituíveis, o que o antropólogo David Graeber (2018) rotulou de *bullshit jobs*, que seria uma resposta da elite rentista para impedir uma rápida ruptura no *status quo* da sociedade.

O período da redemocratização, com a Constituição de 1988, se provou um processo de difícil regulação para resolver todos os problemas do povo brasileiro, tais como a ampliação de conquistas e direitos e uma pequena melhoria na distribuição de renda. Entre 1950 e 1980, o Brasil cresceu aproximadamente 4% *per capita* ao ano, e, de 1980 para 2020, aproximadamente 1%, em média. Mesmo avaliando o período de "prosperidade econômica" nos dois mandatos do governo Lula, menos afetado até mesmo pela crise financeira mundial de 2008, as políticas econômicas privilegiaram basicamente três frentes: empréstimos para grandes corporações, crédito facilitado para a classe média e Bolsa Família (programa de distribuição de renda) para os mais pobres. Não houve nenhuma alteração profunda na estrutura tributária e de desenvolvimento industrial no país. O resultado é que, embora a renda tenha sido temporariamente aumentada para uma quantidade considerável da população, a desigualdade não foi reduzida (Souza, 2018). Tanto que basta uma crise para os mais pobres sofrerem mais as consequências dessa omissão. Na esfera cultural, um destaque da transformação brasileira pode ser exemplificado pela novela *Avenida Brasil*, exibida em 2012 pela Rede Globo e licenciada por 140 países. A trama girava em torno de uma família da classe média ascendente da época, tornando-se muito popular nos países latino-americanos.

O problema da desigualdade, da falta de empregos, da desindustrialização e das políticas públicas que ajudam certos segmentos parece fornecer uma equação que explica as consequências encontradas no plano cultural. Ao analisarmos o que aconteceu nos Estados Unidos e no Brasil, observamos que há um limite político para resolver certos problemas econômicos e estruturais do país. A saída, nesse momento, costuma ser apostar em políticas públicas que ajudam certos segmentos que recebem uma atenção maior da mídia, causando um efeito de afetividade política, elemento das guerras culturais (Reestorff, 2017). Temos, nesse ponto, políticas afirmativas de cotas nas universidades e em certos setores do serviço público, financiamento estudantil, projetos de leis que recebem muita atenção política e da mídia referente às mulheres, aos grupos LGBTQIAPN+, causas do movimento negro, regulamentação com multas em temas ambientais, reajustes e favorecimentos aos funcionários do serviço público (especialmente os de maior remuneração), investimentos em ciclovias e projetos não poluentes.

Há uma percepção deturpada na sociedade de que os problemas que afetam grupos da classe média não minoritária, profissionais liberais, igrejas, pequeno e médio comércio e profissionais sem espaço no mercado de trabalho não são vistos pelo governo[52]. Na campanha da eleição do primeiro mandato de Trump, ele era visto por apoiadores como o candidato que presta atenção nas demandas desse grupo ignorado,

52 "IBGE, classe média, antipetismo: tentando entender o caminho." O cafezinho. 7 out. 2019. Disponível em: https://www.ocafezinho.com/2019/10/07/ibge-classe-media-antipetismo-tentando-entender-o-caminhao/

chamado de "maioria silenciosa". Essa reação não é ignorada pelo Congresso. As políticas identitárias funcionam como uma chave que aciona uma reação conservadora. Isso pode ser constatado no trabalho de Marta Machado e Débora Maciel (2017), que descreve a reação social produzida pelas políticas públicas identitárias, quando elas se tornam o foco de atenção governamental (e da mídia), devido à redução da capacidade das políticas distributivas de renda.

Analisando o tema do aborto, as autoras apontam o aumento de projetos reativos contrários, tão logo um favorável seja apresentado. Entre 1989 e 1994, o tema do aborto recebeu oito projetos contrários e catorze favoráveis. Entre 1995 e 2003, os projetos contrários aumentaram para treze, contra seis favoráveis. Esse tipo de movimentação congressual é observado também em temas da união homoafetiva, educação sexual nas escolas, descriminalização das drogas, políticas afirmativas, entre outros. Podemos afirmar que esse debate dos valores morais e dos costumes serve de base para candidaturas conservadoras.

Enquanto a militância de esquerda se acostumou a rotular qualquer adversário de "fascista", os candidatos conservadores são efetivos em se conectar com demandas tradicionais de certos setores (segurança pública, agronegócio e igrejas, por exemplo), usando artifícios afetivos. O então deputado Jair Bolsonaro se beneficiou da intensa cobertura midiática do atentado a faca em Minas Gerais. Porém, não podemos esquecer que o deputado era uma figura polêmica, já conhecida e explorada pela própria mídia. Bolsonaro foi efetivo na guerra cultural, escolhendo interlocutores perfeitos para construir sua imagem. Contra a deputada federal Maria do Rosário, conseguiu desconstruir a ideia dos direitos humanos porque várias falas dela "defendiam bandidos" e explorou confrontos com o deputado Jean Wyllys, não numa dicotomia gay/antigay, mas no fato de que parcela considerável da população acredita que existam temas que são responsabilidade da esfera familiar[53].

O campo progressista poderia ter trabalhado o tema de outra forma, mas preferiu o embate pela desqualificação nos temas morais. Esse talvez seja o motivo principal de o movimento "#EleNão!", promovido por mulheres durante a campanha eleitoral, não ter atingido quem já havia optado pelo candidato Bolsonaro. A imprensa, por sua vez, também apostou na estratégia da desqualificação moral e do constrangi-

53 "Datafolha: Eleitor de Bolsonaro se preocupa mais com corrupção e valores da família." *Folha de S. Paulo*. 7 set. 2022. Disponível em: https://www1.folha.uol.com.br/poder/2022/09/datafolha-eleitor-de-bolsonaro-se-preocupa-mais-com-corrupcao-e-valores-da-familia.shtml

mento nas sabatinas e nos debates eleitorais. Não deu certo porque candidatos de viés conservador navegam facilmente por temas críticos aos movimentos identitários, com retórica por vezes chula, porém com fácil recepção por seu eleitorado. A imprensa passa a ser vista com desconfiança e, tal como com Trump nos Estados Unidos, Bolsonaro aprendeu as melhores formas de atacar o jornalismo. O uso de informações de fontes oficiais e palacianas passou a representar um risco, pois, uma vez reportada, o presidente pode desmentir, com a finalidade de minar a credibilidade do jornalismo profissional. Outro risco são os chamados "vazamentos oficiais para jornalistas", que, mais uma vez, servem ao propósito de serem desmentidos oficialmente. Trump, Bolsonaro e outros políticos desse tipo usam essa estratégia para conferir credibilidade apenas ao seu próprio grupo, explorando seus canais de comunicação, como perfis no X (ex-Twitter), no Facebook e em grupos no WhatsApp.

Outro apontamento importante é que o deslocamento de eleitorado para o candidato Bolsonaro também se assemelha, na crítica aos representantes políticos, ao que aconteceu nos Estados Unidos e na França. Em 2016, nos Estados Unidos, o mapa da classe trabalhadora sindicalizada que tradicionalmente vota em candidatos democratas no meio-oeste do país optou por Trump. Em 2017, na França, regiões tradicionalmente ligadas ao voto socialista migraram para a extrema direita da Frente Nacional, ao verem seus interesses diminuídos no conflito cosmopolitismo *vs.* nativismo e globalização *vs.* nacionalismo.

Bolsonaro, portanto, segue a fórmula de Trump, no sentido de se tornar figura preferida para encarnar o sentimento antiestablishment. Por isso, não interessa a ele agregar apoios partidários. Ele o faz agregando grupos que aceitam sua retória por conta da afetividade política e de elementos retóricos nacionalistas e beligerantes. Idelber Avelar (2021) afirma que esses grupos são formados pela "polimilícia", neologismo do conjunto entre a polícia e as milícias do Rio de Janeiro; pelo "partido do boi", com o rico agronegócio, que vinha se afastando aos poucos do governo Dilma devido à crise política e econômica e, aqui, serve como base econômica da campanha; e pelo "partido teocrata", reunindo uma parte dos evangélicos que atraem multidões periféricas mobilizadas, não se tratando de fundamentalistas, mas de um grupo buscando capturar o Estado pelo discurso, explorando os temas da liberalização dos costumes, pautas LGBTQIAPN+ e demais conquistas das minorias.

Avelar (2021) também cita o "partido da Lava Jato", formado por juízes de direito, procuradores e delegados federais, grupo que se junta tardiamente à coalizão de Bolsonaro, mas com um elemento capitalizável para as eleições naquele momento – o antipetismo, provavelmente o maior responsável por sua vitória, em que pese o fato paradoxal de o então presidente Lula ainda liderar as pesquisas. O "partido do mercado" deu a ele o verniz palatável, após o aval do economista Paulo Guedes, que se tornou seu "superministro" da Economia. Finalmente, o "partido dos *trolls*", responsável pela violência da linguagem, com origem num bloco radical de usuários da internet, incluindo olavistas (com pessoas que assistiram aos cursos e vídeos de assuntos gerais de Olavo de Carvalho – e de outras figuras no mesmo estilo – e montaram seus próprios canais, com milhões de visualizações e seguidores), monarquistas, militaristas radicais, incels, terraplanistas, entre outros, que atuam nas mídias sociais de forma a sabotar qualquer possibilidade de diálogo, simplesmente impondo obstáculos para impedir uma argumentação racional iluminista. O melhor exemplo disso é a dificuldade no diálogo sobre as vacinas e os tratamentos da covid-19. O engajamento afetivo entre seus apoiadores só funciona na base do antagonismo permanente.

Parte dos membros do governo Bolsonaro leva a sério a tese do "globalismo" ligado ao chamado "marxismo cultural", cuja maior influência teórica crítica é Olavo de Carvalho (2014), cujo estilo de linguagem parece inspirado nos radialistas conservadores dos Estados Unidos, e com visão de mundo ancorada numa vasta leitura, em que critica o marxismo, inspirando a chamada ala ideológica bolsonarista. Provavelmente muito pouco de sua retórica acadêmica foi apropriada pela maioria de seus seguidores. Sua maior audiência foi atraída por recortes de vídeos com provocações antiestablishment e críticas jocosas sobre políticos, religiosos, intelectuais e artistas. Suas obras apontam para um novo tipo de imperialismo global que busca manipular mentes e transformar valores e costumes na coletividade. Os ministros da Educação (Abraham Weintraub) e das Relações Exteriores (Ernesto Araújo) nos parecem ser os mais influenciados por essa corrente, que é forte, como vimos anteriormente, como a direita alternativa nos Estados Unidos. Trata-se, no plano internacional, de uma estratégia de ceticismo em relação aos organismos multilaterais e a projetos das pautas dos costumes que interfiram na soberania nacional. No plano doméstico, dá-se especial atenção à pretensa "doutrinação esquerdista" nas escolas e universidades. Para isso, deputados conservadores, com a ajuda da bancada evangélica, apostam em projetos como "Escola sem partido", *"Home schooling"* ("Ensino doméstico"), redução nos investimentos no setor cultural e até mesmo tentativas de banimento ou censura de certos conteúdos dos livros didáticos. Uma das principais vítimas é a teoria pedagógica de Paulo Freire, usada na formação de professores (Hartman, 2015).

A bancada religiosa no Brasil tenta replicar uma influência comparável à existente no Congresso dos Estados Unidos. Com a esquerda no poder entre 2003 e 2016, no Brasil, movimentos sociais e grupos políticos presentes nos bairros periféricos foram em parte enfraquecidos, em uma espera por ações de governo, que se mostraram falhas ou insuficientes. O espaço foi preenchido pelas igrejas neopentecostais, conforme constata a pesquisa "Percepções e valores políticos nas periferias de São Paulo" (2017)[54], da Fundação Perseu Abramo (vinculada ao Partido dos Trabalhadores). A pesquisa revela que, nos territórios periféricos, as respostas mostram o Estado como principal inimigo – todos seriam vítimas do Estado, que cobra impostos excessivos e não investe em serviços de qualidade. Essa população valoriza a meritocracia e se orienta com a motivação de "serem alguém" em relação ao trabalho, à família e à religião. A pesquisa também revela que a família é o grande alicerce e a solução para os problemas individuais e coletivos, e é vista como antídoto para a crise moral da sociedade.

Quanto à religião, embora a fidelidade da ida às celebrações varie na amostragem, a religiosidade é bastante presente no discurso de todos e, junto com a família, é considerada central na vida dos entrevistados. A religião também fornece o principal espaço de sociabilidade nas periferias, dá orientação moral e funciona como "selo de honestidade". Entretanto, a pesquisa revela que as pessoas têm uma prática menos "conservadora" do que o discurso associado às igrejas, permitindo certa tolerância para o que consideram desvios – a pesquisa revela que todos os entrevistados apresentam criticidade em relação à fé cega e não seguem ao extremo as palavras do líder religioso. Há também um "caldo cultural ideológico" diversificado entre os religiosos.

Finalmente, a população periférica considera que a solução para a política é a moralização, a aplicação de eficiência do mercado ao Estado. Embora elogiem as políticas públicas do PT, muitos avaliam insuficiência e falhas, pois podem beneficiar quem não precisa – uma crítica à falta de fiscalização. O resultado indica que há menos presença de um "neoliberalismo" enraizado ou de um conservadorismo,

54 O estudo afirma que tem metodologia eficaz para indicar tendências a respeito do pensamento médio dos públicos-alvo escolhidos, mas não tem a finalidade de mensurar quantitativamente quais opiniões são mais frequentes.

no sentido estrito, e mais um liberalismo particular das classes populares que precisa ser melhor compreendido. Jair Bolsonaro garantiu sua vitória na eleição presidencial com uma diferença de 11 milhões de votos evangélicos (Alves, 2018).[55]

Num cenário incerto, na década de 2010, os jovens da periferia (85%) seriam conhecidos, em 2013, como geração "nem nem" (conceito pejorativo que aparece em reportagens desse então), aqueles que não estão nem no ensino médio/universidades, nem no mercado de trabalho, e se contrapõem ao que era chamado por intelectuais de "vazio cultural" periférico. Pelo contrário, ocorreu uma floração cultural nos costumes, nas modas de grife da cultura local, na música (*rap*, *hip-hop* e *funk* "carioca"), e uma visão de deslocamento social com direito a uma imagem promovendo, em muitos casos, mais a ostentação do que a contestação (Frederico, 2013). As classes médias e as elites só perceberam essa mudança quando ocorreu o fenômeno dos "rolezinhos" nos *shopping centers* e parques públicos, com multidões de jovens periféricos ocupando espaços até então não visualizados, a partir de encontros marcados pela internet, num verdadeiro *flash mob*, com consequências policiais. O fenômeno serviu para escancarar as desigualdades sociais e as carências por espaços culturais e de entretenimento nas periferias.

No campo progressista e no que tange à nossa análise sobre os grupos envolvidos nas guerras culturais, é importante citar que, a exemplo dos Estados Unidos[56], o Brasil também registrou uma alta considerável no número de ingressantes no ensino universitário, na última década. Segundo o Censo da Educação Superior de 2011, o número de matriculados saltou de 3 milhões, em 2001, para 6,37 milhões, em 2010. O censo de 2020 indica que 2009 teve 1,7 milhão de ingressantes em cursos presenciais e 332,4 mil nos cursos a distância; em 2019, o número de ingressantes em cursos superiores foi de 2 milhões no ensino presencial e de 1,5 milhão nos cursos a distância. Segundo levantamento do Instituto Nacional de Estudos e Pesquisas Educacionais Anisio Teixeira (Inep), há 8,6 milhões de alunos registrados no Censo

---

55 ALVES, José Eustáquio Diniz. O voto evangélico garantiu a eleição de Jair Bolsonaro. *Revista IHU-On-Line*. 2018. Disponível em: http://www.ihu.unisinos.br/188-noticias/noticias-2018/584304-o-voto-evangelico-garantiu-a-eleicao-de-jair-bolsonaro

56 A pesquisa do Pew Research Center revela que, entre os anos 2000 e 2020, a presença de latinos mais que dobrou nas universidades dos Estados Unidos. Esse crescimento ocorreu com a população de origem afro-americana e asiática, em que pesem as dificuldades encontradas com os altos custos de vida e da manutenção no ensino superior. MORA, Lauren. Hispanic enrollment reaches new high at four-year colleges in the U.S., but affordability remains an obstacle. Pew Research, 7 out. 2022. Disponível em: https://www.pewresearch.org/short-reads/2022/10/07/hispanic-enrollment-reaches-new-high-at-four-year-colleges-in-the-u-s-but-affordability-remains-an-obstacle/.

da Educação Superior 2019, sendo 6,5 milhões no ensino particular – muitos favorecidos pelas políticas afirmativas de cotas, Fies, Prouni e Enem. De 2009 a 2019, o total de matrículas subiu 43,7%.

Quanto às ações do governo Bolsonaro, podemos afirmar que são de difícil conceituação, mas costumam se contrapor a todas as instituições de uma democracia representativa constitucional. São contra pluralismos (buscavam agradar prioritariamente seu eleitorado), enxergam a imprensa como inimiga, costumam medir forças com o Congresso e com o Supremo Tribunal Federal, são anticientíficas (atrasaram políticas de saúde durante a pandemia da covid-19) e anticulturais (desprezavam artistas e cientistas). Esses dois últimos itens são bem exemplificados pela incapacidade deliberada de combater a pandemia da covid-19, no Brasil, em constante conflito com autoridades médicas, prefeitos e governadores dos Estados, forçando contrapontos e negacionismos em relação a cientistas e ajudando na disseminação de informações falsas e deturpadas. Cabe aqui uma correlação com a ideia de necropolítica (Mbembe, 2011), que discute que o Estado tem a liberdade de colocar em risco de morte parte de sua população em prol de um discurso de ordem. Trata-se, aqui, da negação dos cânones da ciência.

A guerra cultural existente no Brasil não é idêntica à dos Estados Unidos ou à da Inglaterra, mas há algumas características comparáveis, do ponto de vista teórico. A semelhança com os Estados Unidos está mais nas discussões sobre costumes e influência religiosa. Na Europa, as discussões focam mais no tema da imigração. A disputa cultural, no governo Bolsonaro, não é a mesma de viés tradicionalista, calcada na tradição de um mito fundador do Brasil. Há uma tese do professor João Cezar de Castro Rocha (2021) que considera que a guerra cultural bolsonarista estaria fundamentada no tripé da popularização do que ele chama a "retórica do ódio", promovida por Olavo de Carvalho; a Doutrina de Segurança Nacional, com foco no inimigo interno; e a exploração da narrativa revanchista e revisionista do golpe de 1964.

A hipótese da narrativa revisionista de 1964 é interessante porque a tese da hegemonia cultural da esquerda no Brasil encontra provas em alguns documentos da época. Roberto Schwarz, em ensaio de 1978 no qual analisava a situação cultural brasileira no início da ditadura, afirma:

> Em 1964 instalou-se no Brasil o regime militar, a fim de garantir o capital e o continente contra o socialismo. [...] Entretanto, para surpresa de todos, a presença cultural da esquerda não foi liquidada naquela data, e mais, de lá para cá não parou de crescer. A sua produção é de qualidade notável nalguns campos, e é dominante. Apesar da ditadura da

> direita, há relativa hegemonia cultural da esquerda no país. Pode ser vista nas livrarias de São Paulo e Rio, cheias de marxismo, nas estreias teatrais, incrivelmente festivas e febris, às vezes ameaçadas de invasão policial, na movimentação estudantil ou nas proclamações do clero avançado. Em suma, nos santuários da cultura burguesa, a esquerda dá o tom. Essa anomalia – que, agora, periclita, quando a ditadura decretou penas pesadíssimas para a propaganda do socialismo – é o traço mais visível do panorama cultural brasileiro entre 1964 e 1969. Assinala, além de luta, um compromisso. (Schwarz, 2008, p. 71)

João Cezar de Castro Rocha (2021) aponta *Orvil* (2012) ("livro" escrito ao contrário), publicação secreta do exército liderado pelo ministro do Exército de José Sarney, Leônidas Pires Gonçalves, como uma versão própria dos eventos do regime militar. Elaborado entre 1985 e 1988 pelo Centro de Informações do Exército, *Orvil* visava refutar denúncias de violações de direitos humanos pelo Exército. Em julho de 1970, a publicação descrevia as discussões de um simpósio tratando de trocas de experiências e aperfeiçoamento do Codi. No item chamado "A batalha perdida" na comunicação, alerta para o risco da divulgação de notícias envolvendo subversivos e atos terroristas, também para evitar deixá-los em evidência junto à opinião pública.

O AI-5 (Ato Institucional nº 5) é criticado na publicação por deteriorar as relações entre os órgãos de segurança e os meios de comunicação. Outra falha seria a desatenção dos órgãos de segurança com os líderes de grupos sociais, como o clero e o magistério. A censura teria prejudicado a própria ditadura, pois não informaria à população para aceitar como "verdade os fatos que lhes fossem oferecidos de forma racional ou emocional" (*Orvil*, 2012, p. 456). Essas informações seriam transmitidas depois, vindas do exterior e de forma maciça (orientadas pela esquerda). Somado à péssima repercussão do AI-5 no exterior, o foco das críticas atingiu primeiro o próprio governo, apresentado como mais uma "brutal ditadura militar latino-americana". A premissa de "infiltração gramsciana"[57] nas instituições e em importantes setores para "fazer a revolução" por meio da cultura está presente no *Orvil* e faz parte da explicação teórica por trás da retórica beligerante de Olavo de Carvalho, dos demais influenciadores conservadores e membros do governo.

Porém, embora o AI-5 tenha causado muitas dificuldades para a imprensa e os setores culturais, não podemos afirmar que houve de fato um conflito cultural, ainda mais quando os documentos aqui expostos falam em assimetria e hegemonia da esquerda, sem muita efetividade

57 Ideia de aparelhamento de instituições inspirada em Antonio Gramsci, que resultaria, por essa corrente ideológica conservadora, no crescimento da hegemonia de esquerda.

nas ações das forças no comando do governo brasileiro. Para termos a guerra cultural, é preciso existir, primeiro, uma cisão na sociedade e, segundo, a formação de dois lados para que haja conflito cultural. Não surpreende que Bolsonaro, repetindo Trump, sempre procure um contraponto. Na política, é com o ex-presidente Lula.

Somente no século XXI é que começamos a observar uma movimentação de intelectuais e interessados na literatura conservadora. Embora, nos anos 1990, já circulassem obras de autores como Roberto Campos, Paulo Francis e Olavo de Carvalho, boa parte delas tinha atenção reduzida na universidade brasileira. Na década seguinte, nomes conservadores e de viés liberal ganharam mais espaço na imprensa para discutir temas culturais e políticos. Alguns dos nomes mais conhecidos são Reinaldo Azevedo, Luiz Felipe Pondé e João Pereira Coutinho. Nos anos seguintes, há a formação de uma polarização no mercado de livros de política e ciências sociais, com o aparecimento de obras traduzidas de Theodore Dalrymple, Roger Scruton, Mortimer Adler, Lionel Trilling, entre outros. Isso é comprovado por pesquisa do Monitor do Debate Político no Meio Digital, da Universidade de São Paulo.

> O resultado mostra que, entre os livros de política e ciências sociais, há praticamente dois mercados separados, com livros de esquerda, de um lado, e livros de direita, do outro. Dentro de cada um desses dois grandes grupos, analisamos os subagrupamentos de títulos comprados conjuntamente. Na esquerda, verificamos um aglomerado de títulos sobre temas políticos abordados de uma perspectiva progressista, entrelaçados com outro contendo as obras de Karl Marx e da teoria marxista. Sobreposto a eles, há ainda outro subgrupo com os títulos sobre feminismo, questões raciais e temas LGBT. Os títulos de direita formam um único grande grupo. Quando analisamos sua estrutura interna, vemos um gradiente que vai dos títulos sobre liberalismo até os títulos sobre conservadorismo, com os livros de Olavo de Carvalho no centro. Nos dois maiores *clusters*, de esquerda e de direita, predominam títulos atacando o campo adversário: na esquerda, os títulos acusam a direita de ser fascista e de destruir a democracia; na direita, os títulos acusam a esquerda de ser idiota e homicida. Não notamos essa polarização entre os livros de filosofia. (Heinen, Ribeiro e Ortellado, 2020, p. 1)

Considerando a cisão na sociedade, nas Jornadas de Junho de 2013, podemos afirmar que o conflito com dois lados definidos, com *knowledge workers* ("influenciadores") de todos os grupos em torno de temas com pautas morais, começou a aparecer e a ser midiatizado com mais frequência ao longo dos anos seguintes, amplificados pela popularidade das mídias sociais, do YouTube e do WhatsApp. Em setembro de 2017, uma campanha iniciada nas mídias sociais protestava e cobrava o Banco Santander por patrocinar uma exposição, em Porto Alegre, com tema inadequado ao público infantil. A mostra "Queermusem", com mais de 270 obras de noventa artistas, foi classificada por detratores como um "incentivo à pedofilia, zoofilia e contra os bons costumes", por conta da repercussão de algumas pinturas. Pressionado, o Santander decidiu encerrar a exposição, o que promoveu um intenso debate sobre preconceito, censura, o papel da arte, o boicote e o apoio estatal à cultura. Em São Paulo, outro movimento de boicote cancelou a performance do artista fluminense Wagner Schwartz, que se apresentou no Museu de Arte Moderna (MAM), com a performance *La bête*. A polêmica ocorreu após a circulação, nas mídias sociais, de uma imagem mostrando uma criança interagindo com o artista nu. Poucos dias depois, a exposição de Pedro Moraleida, vista por mais de 6 mil pessoas, foi alvo de protestos em Belo Horizonte. Religiosos e militantes na internet acusavam as obras de incentivarem pornografia e pedofilia. A exposição, no Palácio das Artes, era destinada a maiores de dezoito anos.

Em setembro de 2019, o prefeito do Rio de Janeiro, Marcelo Crivella, solicitou a apreensão de uma *graphic novel* da Marvel Comics, *Vingadores – A cruzada das crianças*, por causa de um beijo *gay* que aparecia numa das páginas da publicação "destinada às crianças". A Justiça não tardou a revisar o ato de censura, mas a publicação (que era produção menor na Bienal do Rio) se tornou um grande sucesso de vendas devido à polêmica, e a imagem do beijo *gay* nos quadrinhos foi midiatizada à exaustão (Figura 22).

Em janeiro de 2020, um desembargador determinou que a Netflix retirasse de seu catálogo o *Especial de Natal Porta dos Fundos: a primeira tentação de Cristo*. O pedido de suspensão foi solicitado pela Associação Centro Dom Bosco de Fé e Cultura e havia sido negado na primeira instância jurídica. O desembargador, porém, decidiu pela retirada não por haver prova de incitação ao ódio público, por parte da produtora. Para "acalmar os ânimos" da sociedade, entendeu ser "mais adequado e benéfico" suspender a exibição.

Em todos esses exemplos, observamos traços de conflitos de teores moral e religioso contra produções culturais, algo típico das guerras culturais. Porém, o acionamento da Justiça para retirar do ar ou do ambiente virtual críticas ao governo representa um segundo estágio dessas guerras, com a tentativa de cerceamento da liberdade de expressão. Isso resulta no acirramento nos dois campos de conflito e até em ações inesperadas das plataformas digitais, caso dos embates jurídicos e algorítmicos de empresas como Meta, Google e X (ex-Twitter).

"A charge (normalmente uma sátira ou crítica política) é um comentário ilustrado feito com base em fato recente e limitada ao tempo de veiculação", enquanto "o cartum [...] permanece engraçado mesmo depois de décadas de sua publicação, porque aborda situações atemporais, privilegiando o comportamento humano e suas contradições" (Santos, 2012, p. 80-81). A representação humorística, na história brasileira, contempla a crítica ácida, o deboche e o escárnio. "O riso ganha uma função social, pois rimos para restabelecer os elementos vivos que compõem a própria sociedade" (Saliba, 2002, p. 22). Vejamos três exemplos que sofreram tentativas de censura.

O Ministério da Justiça acionou a Polícia Federal e a Procuradoria Geral da República para que investigassem uma charge de Renato

FOLHA DE S.PAULO

DESDE 1921 ★ ★ ★ UM JORNAL A SERVIÇO DO BRASIL

ANO 99 ★ Nº 33.029 SÁBADO, 7 DE SETEMBRO DE 2019 EDIÇÃO NACIONAL ★ CONCLUÍDA ÀS 21H42 ★ R$ 5,00

Crivella tenta censurar HQ com beijo gay, mas é barrado

O prefeito do Rio, Marcelo Crivella (PRB), anunciou na noite de quinta que recolheria uma obra de quadrinhos com um beijo gay, exposta na Bienal do Livro. Ontem, enviou fiscais à procura de títulos com suposto conteúdo pornográfico — a equipe nada achou. Em liminar, a Justiça vetou qualquer apreensão. **Ilustrada A14**

ANÁLISE
Renan Quinalha
Argumento de que obra fere o ECA não se sustenta **A18**

ANÁLISE
Diogo Bercito
Polêmica cheira a mofo; heróis gays existem há muito **A18**

Bolsonaro se alinha mais a evangélicos ante rejeição

Diante de uma avaliação popular em queda, Jair Bolsonaro iniciou articulação para se aproximar ainda mais de evangélicos. O grupo é a aposta dele para se blindar de retaliações no Congresso e fortalecer a campanha à reeleição. O presidente tem indicado religiosos a cargos públicos e concedido benefícios fiscais a templos. **Poder A4**

A cena da HQ 'Vingadores - A Cruzada das Crianças', da Marvel, alvo do prefeito do Rio

País espera crescimento abaixo de 2% em 2020

Datafolha aponta queda no otimismo com a situação econômica; para 59%, Brasil não volta a reagir tão cedo

Economistas de importantes bancos e consultorias têm revisado suas projeções de crescimento para níveis inferiores a 2% em 2020. Se o cenário se concretizar, será o quarto ano consecutivo em que o Brasil verá expansão abaixo dessa marca.

Fatores como a recente desaceleração da economia global, a guerra comercial entre China e Estados Unidos, a crise política e financeira na Argentina e um volume muito baixo de investimentos no Brasil contribuem para a reavaliação.

Ontem, o Bradesco reduziu de 2,2% para 1,9% sua previsão para o próximo ano. "Essa mudança é ligada principalmente ao cenário externo", diz Fernando Honorato Barbosa, economista-chefe da instituição.

A expectativa de recuperação caiu também entre a população. Pesquisa Datafolha mostra que 40% dos brasileiros avaliam que a situação do país vai melhorar, patamar mais baixo em um ano. Em dezembro de 2018, 65% dos entrevistados estavam otimistas. **Mercado A27**

Aras se aproximou do governo após liberar licitação

Indicado para assumir a Procuradoria-Geral da República, Augusto Aras se aproximou do governo em março ao liberar a licitação do tramo central da Ferrovia Norte-Sul — que um mês antes recomendara suspender. **Poder A6**

Garoto torturado em mercado usa crack e vive na rua

Jovem torturado em supermercado da zona sul de São Paulo foi parar nas ruas quando ainda era muito pequeno. Não sabe ler nem escrever e sobrevive pedindo esmolas. Juiz avalia deixá-lo sob os cuidados do irmão. **Cotidiano B5**

Covas assina novos contratos de ônibus, e greve acaba em SP B3

Fig. 22 > Cena do beijo da *graphic novel Vingadores – A cruzada das crianças* é midiatizada após tentativa de censura pelo prefeito Crivella, na Bienal do Rio de Janeiro.

Fonte: *Folha de S. Paulo.*

Aroeira (Figura 23). O governo usou como justificativa tratar-se de crime de calúnia e difamação ao presidente da República por associá-lo ao nazismo. O desenho foi publicado no site Brasil 247 e compartilhado no X (ex-Twitter) do jornalista Ricardo Noblat, também acionado. O Supremo Tribunal Federal tem recusado a premissa das dezenas de denúncias com base na Lei de Segurança de Nacional. A reação a essa abertura de inquérito levou à campanha #SomosTodosAroeira, resultando no movimento Charge Continuada, com dezenas de cartunistas replicando o tema original de Aroeira, levando a questão a ter repercussão internacional.

Fig. 23 > Ministro da Justiça pediu investigação sobre o chargista Renato Aroeira e o Blog do Noblat por arte crítica ao governo.

Fonte: Renato Aroeira.

Um *post* na página pessoal de Rafael Corrêa foi deletado em 19 de janeiro de 2020. Ele continha sua charge (Figura 24). O argumento apresentado pelo Facebook foi que "esta publicação viola nossos padrões sobre organizações e indivíduos perigosos. Portanto, ninguém mais pode vê-la". O Facebook possui mecanismos de censura com base em "denúncias" de usuários e análise algorítmica das imagens. Um caso conhecido envolvia a retirada sistemática de *posts* com imagens de mulheres com os seios expostos, mesmo se fossem pinturas ou fotos artísticas. Imagens violentas de perseguições policiais e de crimes também são retiradas. Qualquer imagem, mesmo crítica, envolvendo a suástica, corre sério risco de ser removida. Segundo a professora Mariangela Gomes Setti[58], da Universidade Tecnológica Federal do Paraná (UTFPR), isso ocorre porque uma imagem específica apresenta um padrão bem-definido, o que torna fácil a busca algorítmica, de modo a identificar padrões semelhantes. As mensagens de texto ainda não podem ser classificadas. Os algoritmos, no entanto, não são neutros, o que causa sérias distorções nos critérios de censura. Isso já provocou debates sobre censura política, machismo e discriminação racial.

Fig. 24 > A charge de Rafael Corrêa foi apagada, em 19 de janeiro de 2020, de sua página pessoal no Facebook. Foi liberada após pedido de reavaliação.

Fonte: Rafael Corrêa.

58 SOUZA, Marcelle. Até quando as redes sociais vão censurar os mamilos femininos? UOL. 2018. Disponível em: https://www.uol.com.br/tilt/noticias/redacao/2018/12/c1/ate-quando-as-redes-sociais--vao-censurar-mamilos-femininos.htm

O doutrinador, história em quadrinhos criada por Luciano Cunha, narra a história de um tipo de vigilante e tem relação com o tema da luta contra a corrupção de políticos e empresários. Seu sucesso decorre da proximidade de sua linguagem com as mídias sociais e com a cultura dos *memes*. Foi lançada no formato de *webcomics*. Muitos militantes progressistas reclamaram que não se deve dar repercussão ou comentar a obra para evitar sua visibilidade. O argumento é que os alvos seriam políticos reais, como a ex-presidente Dilma Rousseff, naquele momento enfrentando grandes pressões políticas. Também argumentavam que o título era consumido pela direita. O anti-herói foi criado em 2008, mas só ganhou popularidade durante as manifestações de 2013 (Figura 25).

Fig. 25 > A HQ *O doutrinador*, criação de Luciano Cunha, foi adaptada para uma série de tevê e para o cinema, em 2018. Militantes de esquerda defenderam silenciamento.

Fonte: Divulgação.

No Brasil, as guerras culturais no ambiente virtual funcionam de forma diferente da dos Estados Unidos, com usuários engajados da direita e esquerda consumindo notícias do jornalismo *mainstream*, funcionando como força mediadora. A diferença é que os mais conservadores e engajados consomem e compartilham mais as informações, em seus grupos de amigos, porém não são um grupo isolado, como ocorre nos Estados Unidos.

Os professores Pablo Ortellado e Marcio Moretto Ribeiro (2018) afirmam que os estudos sobre polarização no Brasil ainda estão muito concentrados nos processos eleitorais, o que resulta em pouco entendimento sobre a polarização na sociedade civil. Os poucos trabalhos existentes utilizam dados coletados da chamada "esfera pública digital". Uma das estratégias dos grupos engajados no conflito é a manutenção de *websites* que mimetizam portais de notícia na estrutura, com o intuito de difundir notícias falsas. Há um verdadeiro ecossistema de *websites* antipetistas ou antiesquerdistas, responsáveis por boa parte do que é compartilhado, buscando maior engajamento político de usuários propensos a concordarem com a mensagem. Isso ocorre em paralelo com os *blogs* amigos do governo que a imprensa brasileira convencionou chamar de "gabinete do ódio", do governo Bolsonaro, uma versão reversa do que, no passado, era conhecido como "*blogs* sujos", isto é, produtores de notícias que recebiam verba publicitária de governos petistas.

Outra ação típica das redes, no Brasil, é o uso de *bots* ("robôs"), "perfis operados por *software* para produzir e/ou compartilhar conteúdo nas redes sociais. Eles são mais utilizados no Twitter do que no Facebook devido ao destaque dado por aquela plataforma aos temas quentes, os '*trending topics*'" (Ortellado e Ribeiro, 2018, p. 7). Por fim, um instrumento mais sofisticado de manipulação nas redes é a ação de contas falsas ou "personas", resultado de *softwares* automatizados para explorar "perfis construídos com precisão demográfica e psicológica com o intuito de interagir com pessoas reais, conquistar laços afetivos e influenciar a opinião em comunidades que debatem política. Um mesmo operador pode operar até 20 perfis falsos" (Ortellado e Ribeiro, 2018, p. 7). São operações tipicamente usadas para definir eleições, mas também construir afeições em temas morais ligados às guerras culturais.

As guerras culturais, no Brasil, são, portanto, caracterizadas por elementos diferentes daqueles dos Estados Unidos e da Inglaterra. Trata-se de um movimento caracterizado pela intensa exploração do conflito, para a manutenção da força do governo em conquistar apoiadores por meio da estratégia das guerras culturais afetivas, com elementos reacionários, quando busca revisar a narrativa histórica do período da ditadura militar brasileira.

LIBERDADE DE EXPRESSÃO E LIBERDADE DE IMPRENSA

Aqui, vamos analisar questões referentes à liberdade de expressão, à liberdade de imprensa, aos argumentos conservadores e progressistas e às interpretações para a crise da democracia representativa.

Nas guerras culturais, a reação imediata aos que reclamam da arte é dizer que eles "não sabem o suficiente sobre a arte" (Hunter, 1991, p. 239) ou simplesmente que "não ligam para a arte". Trata-se da crítica elitista do *outsider* cultural julgando algo que ele não conhece. O real significado é que tais sentimentos reafirmam a característica básica das guerras culturais: a completa separação entre as comunidades ortodoxa e progressista, nesse caso, naquilo que constitui a arte. "Os progressistas e o *establishment* artístico expõem uma certa arrogância em acreditar que suas definições de 'mérito de arte séria' devem ser aceitas por todos, e isso os leva a categorizar diversos conservadores culturais como '*know-nothing*', '*yahoos*', '*neanderthals*', 'fascistas', 'terroristas culturais'" (Hunter, 1991, p. 240).

A resposta dos progressistas a esses críticos rapidamente evolui para uma segunda ação coletiva, que revela a indignação espontânea, passional e unificadora, tão profunda quanto a expressada pelos ortodoxos em reação à crítica de seus ideais. Independentemente das circunstâncias ou mídias, o protesto ortodoxo evoca entre os progressistas o grito de "censura". Por exemplo, temos os casos de manifestações de associações e discussões para leis no Congresso para regulamentar normas para filmes, músicas, exposições, programas de tevê e publicações. Tudo é visto como tentativa de censura: projeto de lei condenando quem queimar a bandeira americana, boicotes ao fomento do Estado a produções culturais e a cinemas, pressão econômica a hotéis que disponibilizam filmes "adultos" etc. A saída para os artistas progressistas é invocar a liberdade de expressão e a Constituição.

James Hunter (1991) apresenta um editorial da publicação *Christianity Today* sobre a atuação da mídia e do *establishment* das artes:

> [Elas usam] a liberdade de expressão como um meio de desprezar padrões de decência pública comum. Não devemos jogar a toalha. Os cristãos devem se unir para montar uma contraofensiva por meio de nossas famílias, igrejas, escolas e outras instituições. As questões legais em torno dos padrões públicos podem ser complexas, mas os imperativos morais não são. Não devemos abandonar o círculo do debate público para aqueles que usariam a liberdade de expressão como uma desculpa para ser tão moralmente ofensivos quanto "querem" ser (Hunter, 1991, p. 242).

A situação se torna interessante quando a acusação de censura é direcionada aos progressistas por vozes ortodoxas. Segundo Hunter, os conservadores reclamam que progressistas e uma educação liberal estabelecem censura pela exclusão de disciplinas de religião tradicionais da bibliografia de escolas públicas. O mesmo tipo de censura "de fato" ocorre quando a grande imprensa adere a uma posição editorial de recusar resenhar livros escritos por católicos conservadores ou protestantes evangélicos, ou se recusam a dar a eles o reconhecimento merecido ao não incluir essas obras em suas listas de "mais vendidos". Por exemplo, o escritor evangélico Francis Schaeffer vendeu mais de 3 milhões de cópias de seus livros nos Estados Unidos. Mesmo assim, suas obras nunca foram resenhadas no *New York Times Book Review* ou na revista *Time*, assim como nunca incluídas em listas de mais vendidos. O mesmo ocorreu com o livro *Late great planet Earth*, de Hal Lindsey, a obra de não ficção mais vendida na década de 1970 e que também nunca foi resenhada ou incluída em listas (Hunter, 1991).

Um lado diz que a obra é arte, o outro diz que não é. Um diz que o trabalho tem apelo estético e literário duradouro, o outro diz que atrai somente os interesses econômicos de uma subcultura divergente. Cada lado vai invocar a questão da censura e da liberdade de expressão. Nas guerras culturais, o que diz respeito à liberdade de expressão se torna uma questão de "quem está sofrendo mais na situação". Hunter (1991) afirma que ambos os lados promovem a censura.

Exposições foram fechadas por alegada obscenidade. O radialista Andy Rooney foi suspenso da rede CBS, em 1990, por comentários negativos contra os *gays*; grupos universitários proíbem, em nome de seus padrões de comunidade, observações e expressões alegadamente contra minorias. Hunter questiona se os progressistas usariam seu peso para apoiar uma visão jurídica para defender um código similar, proibindo a expressão de não patriotas, antirreligião e os materiais sexualmente explícitos. "Em ambos os lados da guerra cultural, o conceito de 'padrões da comunidade' é invocado como uma arma ideológica para silenciar vozes impopulares. Compreender como os padrões de uma comunidade moral podem ser tão diametralmente opostos aos padrões de outra nos leva às raízes da própria guerra cultural" (Hunter, 1991, p. 247).

Temos um paradoxo que envolve ser intolerante com intolerantes, defender a censura de quem deseja censurar, em nome da defesa da democracia. Vamos usar exemplos brasileiros de 2017. Um grupo de direita invadiu uma aula sobre a Revolução Russa, na UERJ, exaltando Jair Bolsonaro e ameaçando agredir os alunos. Militantes de esquerda entraram em confronto com os de direita contra o boicote à exibição do filme sobre Olavo de Carvalho, intitulado *O jardim das aflições*. Cineastas de esquerda defenderam a não exibição do filme no Festival de Cinema de Pernambuco. Não apenas a esquerda abraçou o estilo do autoritarismo, como se deixou cair na armadilha na qual a direita se comporta melhor, agregando insatisfeitos em torno de uma indignação.

Na concepção teórica clássica de Stuart Mill, há três fontes de despotismo na sociedade: o Estado, o costume e a opinião pública. O autor apresenta uma dimensão filosófica sobre a importância da defesa do direito de expressão, mesmo quando sabemos que o interlocutor está errado. São três os motivos. O primeiro é o da falibilidade. Com as nossas imperfeições, não temos como ter informação sobre tudo e, portanto, estamos sujeitos ao erro, e nisso a liberdade de expressão é salutar. O segundo motivo são as imprecisões que existem, mesmo quando nossa opinião pode estar correta. A opinião do outro é importante para nos mostrar onde está a falha. O terceiro motivo é que, para que nossas opiniões corretas não se tornem dogmas, é importante e saudável o contraponto. Atualmente, encontramos pessoas que, de forma séria ou não, acreditam em terraplanismo. A liberdade de expressão nos dá as ferramentas para relembrarmos por que acreditamos que a Terra é redonda – ou geoide, para os mais precisos.

Na obra *Sobre a liberdade*, Stuart Mill (2017) afirma que, se apenas uma pessoa contrariasse todos os homens de opinião semelhante, não haveria legitimidade se tentasse silenciar essa posição solitária, pois, se o fizesse, silenciaria a humanidade. Não se trata de liberdade sem limites. A vida em sociedade prevê limites ao que e quando falar, e, de maneira ideal, o limite ocorre quando causa prejuízo a alguém. É o que o autor chama de "princípio do dano", quando, por exemplo, um indivíduo está alcoolizado, e o Estado não pode interferir em atos que ele faça contra si próprio. Porém, caso o dano seja a outrem (família ou desconhecidos na rua), o Estado pode interferir.

Mill também fala do paradoxo da escravidão. Havendo liberdade geral, uma pessoa poderia ter o direito de se vender como escrava? Mill diz que o Estado deveria impedi-la, pois não seria uma contribuição à sua liberdade se ela estiver autorizada a abrir mão de sua liberdade. A liberdade não poderia renunciar a si mesma. Ainda que um crítico chamasse a atenção para a existência da escravidão, seriam necessárias leis para isso.

A liberdade de expressão, no sentido contemporâneo, está ligada à Declaração Universal dos Direitos Humanos da ONU, de 1948 (Cassela, 2012). Os direitos humanos são explorados negativamente por forças políticas e punitivas, deturpando seu sentido original. A declaração em si é fruto da junção de dois fatos. O primeiro foi a abertura dos campos de extermínio, ao fim da Segunda Guerra Mundial, que resultou num sentimento de consenso sobre uma ação que condenasse e impedisse a repetição do genocídio nazista. O segundo fato é a formação da opinião pública, que, por sua vez, surgiu com a formação das classes médias e das revoluções nas tecnologias das comunicações, que transformaram a imprensa – agora com notícias, e não apenas artigos opinativos. A declaração também tem como finalidade dar uma resposta a essa opinião pública.

No artigo XIX da Declaração Universal dos Direitos Humanos consta: "Todo ser humano tem direito à liberdade de opinião e expressão; esse direito inclui a liberdade de, sem interferência, ter opiniões e de procurar, receber e transmitir informações e ideias por quaisquer meios e independentemente de fronteiras". Esse direito foi adotado pelas constituições de muitos países democráticos.

O Brasil já garantia a liberdade de expressão na Constituição do Império, o que foi preservado até a Constituição de 1937, destituída no período do Estado Novo de Getúlio Vargas. Em 1953, Vargas editou a Lei da Imprensa (2.083/1953), regulamentando a aplicação de leis para os crimes de imprensa e para a repressão à liberdade de imprensa. Na Constituição brasileira de 1988, a liberdade de manifestação do pensamento foi incluída como direito fundamental e intransferível, inerente a todas as pessoas.

> Art. 1º A República Federativa do Brasil, formada pela união indissolúvel dos Estados e Municípios e do Distrito Federal, constitui-se em Estado Democrático de Direito e tem como fundamentos:
> V – o pluralismo político.
> Art. 5º Todos são iguais perante a lei, sem distinção de qualquer natureza, garantindo-se aos brasileiros e aos estrangeiros residentes no País a inviolabilidade do direito à vida, à liberdade, à igualdade, à segurança e à propriedade, nos termos seguintes:
> IV – é livre a manifestação do pensamento, sendo vedado o anonimato;
> VIII – ninguém será privado de direitos por motivo de crença religiosa ou de convicção filosófica ou política, salvo se as invocar para eximir-se de obrigação legal a todos imposta e recusar-se a cumprir prestação alternativa, fixada em lei;
> IX – é livre a expressão da atividade intelectual, artística, científica e de comunicação, independentemente de censura ou licença.
> Art. 220 A manifestação do pensamento, a criação, a expressão e a informação, sob qualquer forma, processo ou veículo não sofrerão qualquer restrição, observado o disposto nesta Constituição.
> § 2º– É vedada toda e qualquer censura de natureza política, ideológica e artística. (Constituição Brasileira, 1988, p. 3-5)

No caso da imprensa, há uma crítica dos próprios jornalistas quando a liberdade de expressão é colocada em debate. A liberdade de expressão pode ser definida como a liberdade de opinião pessoal (do indivíduo), e a liberdade de empresa (jornalística) é a liberdade de informação dos órgãos de comunicação de notícias. Qual é o limite da liberdade na publicação de uma informação? Roberto Civita, *publisher* da revista *Veja*, dizia que explorar gratuitamente notícias de filhos de governantes era passar dos limites (Maranhão, 2016). O jornal satírico francês *Charlie Hebdo* (Figura 26) publicou, na capa, um cartum com o profeta Maomé que resultou em graves atentados em Paris. O jornal relevou os riscos? A liberdade de expressão justifica as mortes?

Fig. 26 > O jornal satírico provoca o debate ético sobre os limites da liberdade de expressão e os riscos de segurança. Na capa, o jornal combina elementos do assassinato de George Floyd com as críticas sobre a família real feitas por Meghan Markle e pelo príncipe Harry, após deixarem a monarquia britânica.

Fonte: *Charlie Hebdo*, 12 de março de 2021.

Eric Barendt (2007) apresenta quatro argumentos para um princípio de liberdade de expressão, a fim de justificar proteção especial contra regulações e repressões.

> I) Preocupação com a importância da descoberta da verdade;
> II) Liberdade de expressão como aspecto autorrealizável: é um direito do ser humano se expressar – ideia mais ligada à autonomia perante o Estado. Essa liberdade de expressão é listada ao lado de outras liberdades fundamentais, como a religiosa, a de pensamento e a de consciência. Porém, a expressão pode ferir os outros, por exemplo, causando danos, a reputação ou infringindo direitos de propriedades privada ou intelectual.
> III) Participação dos cidadãos na sociedade. Noção de autogovernança da liberdade de expressão como meio indispensável da descoberta da verdade política. A maior ameaça para a liberdade é um povo inerte. A discussão pública é um dever político. Nisso temos a noção da 1ª Emenda da Constituição dos Estados Unidos de que ela protege o direito de todos os cidadãos no entendimento de problemas políticos, para que todos participem efetivamente no exercício da democracia, cujo limite seria marcado pela maioria legislativa em governos democráticos, que poderia redefinir limites. Trata-se de um limite tão fundamental que não pode retirar o direito de as minorias se expressarem ou resistirem. Nessa perspectiva, ataques difamatórios, discurso de ódio e discursos extremistas sobre a legitimidade das instituições podem ser todos tolerados, pois o Estado não pode determinar os limites do debate público.
> IV) Suspeição de governo. Trata-se de um argumento "negativo" da teoria da liberdade de expressão. Discute a suspeita de governos e os males da regulação. Na história, há diversos casos de tentativas de limitar a liberdade de expressão. Estados e Igrejas, caso da Católica na Europa e América Latina (em regimes autoritarios, os discursos da Igreja eram assimilados na legislação). Isso é mais evidente quando o tema envolve discurso de ódio que promova distúrbios ou publicação de conteúdos sexualmente explícitos afetados por leis proibindo discursos extremistas ou pornografia *hardcore*. Isso poderia ser usado para abranger discursos radicais e ideias subversivas. (Barendt, 2007, p. 6-23)

Esse quarto argumento leva os juízes e as cortes a criarem teorias para distinguir os tipos de discursos e de ações governamentais. Corporações de mídia podem censurar ou criar regulamentações para não exibir comerciais de cigarro e bebida alcoólica ou até mesmo tirar do ar pronunciamentos do presidente (no caso de Donald Trump, em janeiro de 2021) para evitar riscos à segurança pública.

Ao contrário dos Estados Unidos, há países que proíbem o discurso de ódio. A Alemanha também proíbe os símbolos nazistas. A harmonia racial (e étnica) é mais importante do que a tolerância absoluta, no contexto da liberdade de expressão, nas leis alemãs. No Brasil, não existe lei específica sobre o discurso de ódio; no entanto, consta na Constituição brasileira "promover o bem de todos, sem preconceitos de origem, raça, sexo, cor, idade e quaisquer outras formas de discriminação", o que pode resultar em multas ou privação da liberdade. As pessoas que incitam ou cometem discriminação, preconceito, discursos de ódio, atos racistas e atos de violência ferem a Constituição e estão sujeitas a penalidades.

A liberdade de expressão (individual) difere da liberdade de imprensa, uma expressão de interesse público, com mediação, pela qual o cidadão pode exercer seu direito quanto ao conhecimento da verdade. A liberdade de imprensa ou "liberdade institucional" (Barendt, 2007, p. 417) é diferente da expressão discutida por Stuart Mill. O trabalho aqui é coletivo, fruto da produção em grupo, e não da individual. Não reflete as perspectivas de alguém em particular e não há um debate de forma comum, tendo em vista que sua publicação visa satisfazer o interesse público. O conteúdo é protegido pela liberdade de expressão, mas a responsabilidade autoral é mais complicada, pois a identificação nem sempre é fácil. Uma reportagem costuma passar por várias mãos. E a situação fica mais complexa no caso de tabloides e programas sensacionalistas, que não buscam sempre mostrar a verdade. Os veículos com angulação favorável a certos políticos ou governos também fogem da cobertura objetiva. O que temos, portanto, é que toda a mídia é protegida pela liberdade de expressão, porém não está imune aos limites legais.

Essa dificuldade de identificação autoral, em casos debatidos na esfera jurídica, é que levou os jornais e emissoras de rádio e tevê a criarem regulamentações internas ou conjuntas com empresas concorrentes, até para fugirem de uma regulamentação estatal. Uma das regras é o "direito de resposta", de preferência no mesmo tempo e espaço da publicação original. Mas quem tem o benefício da liberdade de expressão: o jornalista, o editor ou os proprietários dos veículos de comunicação?

Nessa discussão, Eric Barendt (2007) elenca três perspectivas da liberdade de imprensa.

I) Relação com a liberdade de expressão e de imprensa em que ambas são equivalentes. Se um governo banir um programa jornalístico de TV, ele fere as liberdades de expressão e de imprensa.

II) Liberdade de imprensa teria um significado distinto de liberdade de expressão. As empresas teriam condições especiais (direitos e privilégios) que ultrapassam a liberdade de expressão. E o dono da verdade pode escolher qual viés editorial adotar, podendo explorar o direito para ferir o interesse público no plurarismo da informação (valor fundamental na liberdade de expressão). Isso ocorre quando a imprensa não oferece espaço ao contraditório, recusa direito de resposta ou quando há concentra-

ção da mídia com poucos concorrentes, e os empresários se revelam contrários à regulação que protege a competição e o pluralismo.
III) Liberdade de expressão não é distinta de liberdade de imprensa, quando é reconhecida por proteger instituições da mídia e seus proprietários. A liberdade de imprensa deveria ser protegida somente "ao nível que promove certos valores no núcleo do nosso interesse na liberdade de expressão de forma geral". A liberdade da mídia é um instrumento, e não um direito humano fundamental. Os privilégios especiais deveriam ser reconhecidos somente quando promovem os valores da liberdade de expressão, em particular o interesse público no pluralismo e nas suas fontes de informação. (Barendt, 2007, p. 419-422)

Aqui, cabe destacar a comparação que Eric Barendt faz da Justiça nos Estados Unidos e na Alemanha. A Suprema Corte americana não distingue os direitos de liberdade de imprensa. Tudo segue na órbita da Primeira Emenda. A imprensa tem o mesmo nível de proteção de quem a processa. E a corte já recusou o direito constitucional de jornalistas de manterem o sigilo da fonte. A jornalista Judith Miller ficou presa por 85 dias por não revelar uma fonte que lhe passou informações erradas sobre o caso polêmico do programa de armas de destruição em massa no Iraque informado pela inteligência do governo dos Estados Unidos. A mesma Suprema Corte deu ganho de causa ao jornal *Miami Herald*, defendendo a Primeira Emenda pelo direito editorial de recusar a publicação de um direito de resposta por ataque pessoal, o que a leva a uma distinção. Os Estados Unidos adotam a primeira perspectiva elencada na maioria dos casos. Segundo Barendt (2007), os alemães fazem o oposto, não hesitando em distinguir a liberdade de imprensa (*Pressefreiheit*) e a liberdade de transmissão (*Rundfunkreiheit*) da liberdade de expressão. A independência da imprensa é entendida desde a aquisição da informação até sua disseminação (de notícia e opinião) e inclui a proteção de fontes e cautelas contra ameaças econômicas e de boicote político.

Em outro caso clássico de censura política, o jornalista Edward Kennedy foi punido e perdeu o emprego por ter dado um furo de notícia mundial: revelou à Associated Press o fim da Segunda Guerra Mundial, em 7 de maio de 1945. O jornalista descumpriu ordem de embargo militar na Europa, que não queria a notícia da rendição alemã nos jornais por mais 36 horas, para impedir uma manchete de "vitória soviética". A imprensa teria de aguardar uma cerimônia de capitulação em Berlim, com a presença de oficiais militares alemães, e não seus representantes, e com a presença de soviéticos e dos aliados ocidentais. Com a notícia no *The New York Times*, os militares permitiram que os demais jornais publicassem apenas citando essa fonte, o que enfureceu jornalistas e isolou Kennedy, que recebeu apoio de apenas um colega. Kennedy nunca se arrependeu da decisão e a Associated Press se desculpou oficialmente apenas em 2012.

Porém, a Corte alemã deixa claro que a liberdade de imprensa não representa direitos especiais de liberdade de expressão a jornalistas individualmente. A disseminação de opinião e da informação na imprensa é coberta pelos mesmos direitos da liberdade de expressão de toda a população. A preocupação não é com a instituição (empresa) e sim com o conteúdo a ser usado na comunicação. A Corte alemã adota a terceira perspectiva da liberdade de imprensa.

Posição semelhante tem o Brasil, que também equivale as liberdades de expressão e de imprensa, buscando instrumentos para penalizar individualmente eventuais abusos, com base em calúnia, injúria e difamação. A Lei de Imprensa – nº 2.083, de 12 de novembro de 1953 – foi revisada na ditadura militar pela Lei de Imprensa, nº 5.250, de 9 de fevereiro de 1967. Acabou julgada inconstitucional pelo STF, em 2009, pois continha dispositivos autoritários tais como o art. 2º: "É livre a publicação e circulação, no território nacional, de livros e de jornais e outros periódicos, salvo se clandestinos (art. 11) ou quando atentem contra a moral e os bons costumes". A não revisão ou criação de um arcabouço jurídico apropriado ao jornalismo retirou algumas proteções específicas, agora julgadas de acordo com a jurisprudência, tal como a regulação de abusos e a responsabilização pela empresa – respectivamente os artigos 12 e 28:

> Art . 12. Aqueles que, através dos meios de informação e divulgação, praticarem abusos no exercício da liberdade de manifestação do pensamento e informação ficarão sujeitos às penas desta Lei e responderão pelos prejuízos que causarem.
> Parágrafo único. São meios de informação e divulgação, para os efeitos deste artigo, os jornais e outras publicações periódicas, os serviços de radiodifusão e os serviços noticiosos.
> Art . 28. O escrito publicado em jornais ou periódicos sem indicação de seu autor considera-se redigido: I - pelo redator da seção em que é publicado, se o jornal ou periódico mantém seções distintas sob a responsabilidade de certos e determinados redatores, cujos nomes nelas figuram permanentemente;
> II - pelo diretor ou redator-chefe, se publicado na parte editorial;
> III - pelo gerente ou pelo proprietário das oficinas impressoras, se publicado na parte ineditorial.
> § 1º Nas emissões de radiodifusão, se não há indicação do autor das expressões faladas ou das imagens transmitidas, é tido como seu autor:
> a) o editor ou produtor do programa, se declarado na transmissão;
> b) o diretor ou redator registrado de acordo com o art. 9º, inciso III, letra b , no caso de programas de notícias, reportagens, comentários, debates ou entrevistas;

c) o diretor ou proprietário da estação emissora, em relação aos demais programas.
§ 2º A notícia transmitida por agência noticiosa presume-se enviada pelo gerente da agência de onde se origine, ou pelo diretor da empresa.

A liberdade editorial e o direito de não revelar as fontes são dois elementos importantes da liberdade de imprensa. Na mídia impressa e *on-line*, não há muita discussão sobre esses dois pontos; porém, no rádio e na tevê aberta existem as concessões públicas nos países democráticos. Essas emissoras concessionárias devem, em tese, primar pela imparcialidade e pelo tratamento equilibrado dos problemas políticos. Há para isso uma série de regulações e comitês que controlam e padronizam o uso de linguagem e nível de exposição para conteúdos violentos e sexuais. Há também preocupação para o espaço informativo – o Brasil, por exemplo, cobra tempo mínimo de conteúdo jornalístico diário –, abrangência de área geográfica e responsabilidades para a exibição de debates, pronunciamentos e campanhas de políticas públicas.

A exploração da publicidade também pode ser regulada. O Brasil tem normas para restringir comerciais de cigarro e bebida alcoólica na televisão e no rádio. O Reino Unido não permite publicidade política na BBC, somente no meio privado e impresso. A intenção é limitar o impacto de grupos com alto poder aquisitivo com interesses políticos de influenciar a opinião pública. Temos mais polêmicas se lembrarmos a censura a comerciais sexualmente provocativos, a pressão de organizações não governamentais que investem em comunicação contra grandes indústrias e a estratégia religiosa de comprar espaços na grade de programação (quando não a emissora) para evangelizar o público.

O século XXI nos apresenta o complexo tema da liberdade de expressão na internet. Em tese, é um ambiente democrático para produzir e consumir informação, onde é muito mais difícil uma regulação com normas e condutas. Lembremos que a França e a Alemanha penalizam o discurso de ódio, que circula livremente nos Estados Unidos, com base na segurança da liberdade de expressão da Primeira Emenda da Constituição americana (Barendt, 2007). Uma pessoa pode ter ganhado uma causa em seu país por ter sua reputação manchada por outra, vivendo no exterior, porém a justiça daquele país pode não facilitar o cumprimento da indenização.

No ciberespaço, há uma sugestão de que não se pode ou não se consegue obedecer ou fazer cumprir regras e leis nacionais. As diferentes interpretações da liberdade de expressão das legislações de cada país são de difícil conciliação. Os poucos avanços nesse sentido ocorrem com intensa cooperação internacional, até agora com mais sucesso nos temas da pornografia infantil e do terrorismo. O que as corporações de tecnologia tentam fazer é elaborar e atualizar, a todo momento, os "termos de uso". O extremo é exemplificado pelos ciberataques, que a cada ano se tornam um novo meio de ameaça no plano internacional. E daí caímos em outro debate: essas corporações deveriam receber regulação semelhante às emissoras de rádio e televisão com concessão pública? A internet deve ser reconhecida como fórum público?

As corporações de tecnologia Twitter (antes de ser adquirida por Elon Musk), Meta (Facebook e Instagram), Alphabet (Google), entre outras, baniram os perfis do ex-presidente Donald Trump durante a transição em 2021, por receio de incitar violência e possíveis danos à segurança pública. Em outro exemplo, juízes já tiveram de debater se as bibliotecas públicas e universidades têm o direito de limitar o acesso aos conteúdos de certos *websites*, pois isso seria incompatível com a liberdade de expressão (Barendt, 2007). Alguns juízes entendem que a internet não é um fórum público para defender essas restrições – incluindo empresas que limitam o acesso de conteúdos aos seus funcionários, algo que atualmente, com os *smartphones*, se tornou menos eficiente.

Na Austrália, o Facebook enfrentou controvérsia ao decidir impedir que seus usuários compartilhassem conteúdo noticioso em plena pandemia, após o governo australiano ter decidido cobrar as corporações de tecnologia pelo conteúdo que circula em suas plataformas. O resultado foi péssimo para o Facebook, pois ficou provado que sua estratégia pode causar riscos potencialmente nocivos num mundo democrático.

A discussão sobre responsabilidade e conteúdo digital não é nova. Em 29 de agosto de 2007, o jornal *O Estado de S. Paulo* promoveu um debate[59] sobre a proliferação e a popularização dos *blogs* informativos na internet. Os jornalistas e convidados foram muito otimistas acerca da circulação das informações sem controle. O professor Gilson Schwartz (USP), supervisor do meu pós-doutorado, foi praticamente voz única ao criticar corretamente os limites do jornalismo no ambiente digital e da busca dos leitores por credibilidade e responsabilidade apurada pela imprensa. A qualidade e a relevância não são exclusividade da plataforma digital, mas elas precisam nortear a discussão sobre o que é de fato validado para consumo informativo. Para isso, Schwartz

59 "Estadão x blogueiros – Responsabilidade e conteúdo digital. *O Estado de S. Paulo*. 29 ago. 2007. Disponível em: https://www.youtube.com/watch?v=-gK5Chpj4-g

defende a discussão da separação entre espaço público e opinião pública. O espaço público evolui com o desenvolvimento do capitalismo, e o problema é que o número de emissores cresceu assustadoramente no espaço digital. Porém, a opinião pública não atingiu ainda a qualidade esperada em relação à quantidade de informações compartilhadas.

Como poderíamos definir o *status* da internet no campo da comunicação? Para Eric Barendt (2007), ela pode ser similar, mas não é idêntica à imprensa. Não é possível regular a internet do mesmo modo que emissoras de rádio e tevê, pois sua lógica é diferente – as redes concessionárias são intrusivas na casa das pessoas. A internet se assemelha aos serviços de mensagem telefônica, requerendo ação positiva do usuário para acessar seu conteúdo. A tevê a cabo também é diferente, pois fornece conteúdo agindo como *gatekeeper* do material que transmite. A internet funciona com base no acesso aberto.

A internet não seria um fórum público, ainda de acordo com Barendt (2007), pois os indivíduos não têm acesso fácil e o espaço é organizado por empresas privadas, que podem impedir ou cobrar pelo acesso. Não havendo ação estatal, não poderia ser invocada a Primeira Emenda ou qualquer instrumento jurídico de liberdade de expressão. Há casos de juízes que negaram o direito de livre expressão de empresas que enviavam mensagens não solicitadas (*spam*) por *e-mail*.

As empresas também têm o direito de bloquear *spam*. Da mesma forma que uma biblioteca pública instala terminais de computadores para consulta, o acesso deve ser garantido sem a possibilidade de censurar o acesso individual a qualquer conteúdo, pois não há liberdade de expressão de outra forma. Outro problema é a imunidade dos provedores de serviços da internet sob o controle de terceiros. A consequência é a dificuldade da identificação da autoria de mensagens caluniosas, isso quando a empresa não decide simplesmente apagar as mensagens ou banir usuários em vez de se comprometer com o pagamento de indenizações. Em 2021, outra polêmica surgiu quando a Amazon, a Apple e a Google (provedoras de acesso) removeram o aplicativo Parler, que vinha sendo adotado por apoiadores de Donald Trump, alegando descumprimento dos termos de uso. Todas essas são questões complexas que tornam relevante a discussão sobre liberdades de expressão, imprensa e internet.

Sobre a discussão nas universidades e demais espaços da sociedade, precisamos aceitar que as pessoas não são perfeitas, têm más ideias e histórias pessoais complexas. Piers Benn (2021, p. 142) observa que "muitas vezes se ataca a forma tradicionalmente liberal do ideal promovido. Não é algo fantasioso. Seria mais fácil defender um ambiente liberal se isso lhe é agradável e vantajoso". Na lógica das guerras culturais, o ideal pode ser atacado por ser de alguma forma considerado supremacista ou algo vantajoso para privilegiados. Em paralelo, as pessoas levam tempo para perceber outras em posições vulneráveis, falas de conotação racista, além dos comentários ou piadas machistas, sexualmente degradantes e preconceituosas. É nesse ponto que se discutem os limites da liberdade de expressão, o que uma pessoa pode ou tem permissão para dizer.

Numa crítica à posição de setores das universidades, Benn (2021) afirma que, no ambiente acadêmico (e também em alguns grupos identitários), tornou-se lugar-comum atrelar o tema da liberdade de expressão a algo que se tornou "coisa da direita". No passado, era mais comum que se debatesse qualquer tema, mesmo que isso viesse a ofender incidentalmente alguma pessoa da plateia. Hoje, é o extremo oposto, com a universidade dominada por pessoas que produzem "ataques sofisticados" ao ideal de liberdade conquistado nos anos 1960, embora esses professores costumem negar. Para o autor, a atmosfera moral necessita de civilidade com respeito às crenças, diferenças e atitudes. Essa civilidade não inclui apontar, de forma condenatória (no sentido do "cancelamento" ou do banimento), alguém que seja ignorante, reacionário ou muito emotivo.

O paradoxo do convencimento, segundo Benn (2021), encontra problemas nas novas epistemologias com a visão de que ninguém tem o direito de falar ou mesmo de ter uma opinião sobre um assunto relativo à experiência coletiva de determinado grupo, a não ser que seja autorizado pelo próprio grupo. Aí enfrenta-se um problema. Been (2021) questiona como é que os grupos feministas e os movimentos negros e LGBTQIAPN+ persuadirão pessoas para se juntarem às suas causas? Um exemplo positivo descrito é o do movimento "Black Lives Matter" (Vidas Negras Importam), que conseguiu atrair muitos jovens brancos, todos aceitos no grupo. "Essas pessoas foram convencidas, apresentadas com argumentos e evidências, de que continua havendo um sério problema de racismo nos Estados Unidos" (e noutros países).

Esses argumentos com capacidade de convencimento são aqueles que têm apelo a qualquer pessoa com capacidade racional, qualquer que seja a origem racial e social, mesmo que não concorde com todos os pleitos do movimento – no caso, o racismo existe, é negativo e é uma ideia acessível a todos.

> As pessoas usam a razão e apelam para as evidências para chegar a conclusões que outros acham mal orientadas ou mesmo profundamente ofensivas. Mas a única solução racional para isso é apontar os erros de raciocínio e as falhas de percepção, que podem muito bem ser causados por preconceitos de algum tipo, e tentar fazer com que adquiram melhores crenças. Mas isso nos traz de volta à ideia de que a crença na investigação desinibida e na disseminação de seus frutos é em si duvidosa, ou da "direita".
> A resposta óbvia é perguntar aos esquerdistas se eles consideram suas próprias crenças verdadeiras e, em caso afirmativo, se esperam persuadir os outros a respeito delas. Se a resposta for sim para ambas as perguntas, a próxima e óbvia pergunta é como eles se propõem a persuadir os outros. Os esquerdistas revolucionários podem não estar interessados em persuasão, mas apenas em tomar o poder. Mas a maioria dos esquerdistas não é revolucionária. Procuram persuadir os outros e até ganhar eleições democráticas, embora possam ficar irritados por terem de discutir injustiças profundas em tom sereno, como se fossem questões de mera curiosidade. Mas a persuasão verbal deve permitir a dissidência. Dogmáticos de todos os matizes adoram falar. Às vezes, eles permitem perguntas. Mas o verdadeiro teste de boa-fé é se eles permitem o acompanhamento de suas respostas. Uma vez que haja acompanhamentos, a discussão continua e ideias inesperadas podem surgir. Algumas dessas ideias podem ser perturbadoras ou parecer ultrajantes. Eles podem parecer obviamente produtos da ignorância ou do preconceito. Mas essas coisas são totalmente expostas apenas pela explicação paciente de maneira que não patrocinam ou envergonham aqueles que as propõem. (Been, 2021, p. 143-144)

Voltemos ao caso de George Floyd, morto por um policial em 2020, estopim das manifestações em diversas cidades dos Estados Unidos. Benn (2021, p. 144) afirma que "ninguém decente irá negar o terrível crime, e ninguém vai negar a história de racismo e preconceito contra a população negra nos Estados Unidos. Num ambiente calmo, todas as questões que permeiam o assunto devem ser respondidas racionalmente. Algumas costumam irritar militâncias, mas são perguntas naturais, em alguns setores da sociedade. Perguntas como: o que é mesmo racismo estrutural e qual a sua relação com o crime? Há mesmo comprovação de racismo por desigualdade de renda entre brancos e negros? O policial cometeu o crime por racismo ou ele já tinha um histórico de violência contra outros grupos, inclusive brancos? E ainda mais polêmico e potencialmente ofensivo, pode surgir uma pergunta assim: se os negros podem ser racistas ou se os brancos são vítimas de "racismo reverso". Na maioria dos casos, a pessoa geralmente responde que isso não existe, sem qualquer outra explicação. Benn (2021, p. 145) assevera que, "muitas vezes, essas perguntas serão levantadas por pessoas racistas ou que pregam discurso de ódio, mas elas requerem respostas responsáveis no ambiente racional".

O ambiente racional é aquele que permite que as pessoas dialoguem sem tabus, temor de censura ou autocensura ou sensação de que não se pode comentar por não ter permissão ou por não ser politicamente correto. Piers Benn (2021) sustenta que se acabe com esse ressentimento. Se há verdade entre os progressistas, eles devem ser capazes de resistir ao escrutínio racional, e, lembrando Stuart Mill, há gradualmente alguma verdade em ambos os lados de uma disputa. Para um exemplo brasileiro, os grupos identitários foram críticos ao identificarem no *reality show* Big Brother Brasil, em 2021, alguns integrantes com militância distorcida, incapaz de debater em ambiente racional e fornecendo as respostas corretas. É evidente que, ao contrário do que o senso comum afirma, o *reality show* não é um recorte da sociedade brasileira ou de suas identidades. Trata-se de um recorte feito pela produção de um programa da Rede Globo de Televisão, visando ao resultado comercial.

A ideia de discussão aberta não é de "direita", mas, como já vimos e Piers Benn também aponta, muito do problema da universidade ocorreu quando a esquerda rejeitou essa ideia e foi atraída pelas piores variedades da política de identidade. Os críticos mais vocais do campo conservador – por exemplo, Olavo de Carvalho, no Brasil, e Jordan Peterson, nos Estados Unidos – rotulam esse movimento de "marxismo cultural", um termo impróprio porque o marxismo não é teoria relativista.

> Alguém relativista de esquerda terá dificuldade em apontar objetivamente que suas ideias são melhores do que os da direita. A crítica se dá pelos conservadores e progressistas clássicos como ideias sob um "guarda-chuva" pós-moderno, e isso seria a culpa pelos males culturais que observamos hoje na sociedade. [...] Uma armadilha é que ao desprezar ideias tradicionais de ciência, liberdade de pensamento e da discussão aberta, a esquerda faz uma associação com a "direita". Isso é percebido pelos conservadores e reacionários, e a consequência é que eles próprios passarão a se ver como defensores da razão e da verdade. (Benn, 2021, p. 146)

Para concluirmos a questão da liberdade no campo político, podemos tratar dos livros que analisam a crise da democracia representativa publicados nos últimos anos. Cada um deles traz contribuições para a discussão das guerras culturais e vamos apontar aqui alguns pontos.

Em *O povo contra a democracia*, Yascha Mounk (2019) trabalha o tema da desconfiança dos cidadãos sobre seu sistema político e, por isso, forças políticas querem eliminar a representação e todas as instâncias de mediação. É nessa eliminação que o líder se torna a única forma de expressão e de comunicação com a massa. Nessa dinâmica, a pretensão populista se torna a única representante da vontade popular, e a luta passa a ser entre o povo real e seus inimigos. Mounk cria um tipo novo de democracia para caracterizar essas novas forças populistas de esquerda e direita. Elas seriam as democracias iliberais, com a perda de vozes adversárias e descontruindo as instituições em nome da vontade popular. Nesse contexto, as lideranças passam a executar um plano de conflito permanente com a imprensa, com o Congresso, com a Suprema Corte e com qualquer adversário político. Embora a caracterização do autor esteja correta, é controverso afirmar que uma democracia iliberal seja de fato uma democracia. Seria uma forma de encaixar regimes autocráticos, como a Rússia, que internamente gozam de popularidade e de um sentimento positivo.

Outro ponto seria um recado para os movimentos identitários que deveriam substituir o "eu sou uma mulher" ou "eu sou um negro" por "eu sou um cidadão", para poderem reivindicar sua posição de minoria na esfera do debate político. A razão para isso é que populistas como Trump e Bolsonaro se alimentam das pautas identitárias e do politicamente correto. A organização da sociedade tende a acontecer com as paixões assentadas. Mounk classifica como democracia porque, nessa dinâmica populista, o líder busca a "vontade do povo"; porém, na verdadeira democracia, há o pressuposto do "valor negativo" justamente para evitar tiranias. Hitler e Mussolini tiveram grande apoio popular, porém ambos eliminaram seus inimigos internos e demoliram a democracia interna de seus países, gradualmente. A vontade pode ser da maioria, mas é preciso defender as minorias e as instituições democráticas. Um dos maiores problemas da crise representativa do século XXI, segundo Mounk, é que o chamado *lobby* político (algo natural em democracias) passou a ser confundido com corrupção e com o que ele chama de "corrupção natural do sistema". As elites políticas lucram e as políticas públicas são redirecionadas de acordo com as pressões dos grupos de interesse. Numa visão populista, os legisladores viraram reféns desses grupos, e logo o sistema não funciona.

Steven Levitsky e Daniel Ziblatt (2018) apontam quatro indicadores de comportamento autoritário que emergiram nos últimos anos. O primeiro é a rejeição das regras democráticas do jogo cuja maior regra é a alternância de poder. Temos a negação de legitimidade do oponente político, com a lógica do inimigo que precisa ser exterminado, e não vencido. Há aumento da tolerância com a violência, com governantes defendendo o povo armado (milícias) e com protestos violentos (como a invasão do Capitólio após a derrota de Donald Trump, nos Estados Unidos). Finalmente, a propensão a restringir liberdades civis de oponentes, incluindo a mídia, diferentemente da crítica, visa deslegitimar a imprensa e os adversários políticos.

A ex-chanceler dos Estados Unidos, a democrata Madeleine Albright (2018), escreveu sobre a emergência do populismo e do fascismo, chamando atenção para as linhas tênues que existem na percepção das pessoas sobre a fragilidade da democracia. Albright não acredita que os atores mais discutidos pelos autores, os populistas e os elitistas, sejam responsabilizados como vilões, no debate sobre o futuro da democracia. Na visão dela, os elitistas são uma ameaça mais letal à liberdade do que os populistas, mas considera os dois termos muito imprecisos e mal usados, a ponto de perderem o sentido. Já o fascismo é algo mais tangível, existindo dois tipos: os que dão ordens e os que obedecem a elas, com uma base popular que lhe dá condições para marchar e ameaçar – e para fazer com que medos e esperanças de gente comum se tornem tirania é preciso uma combinação de dinheiro, ambição e ideias deturpadas. Sem esse apoio, não existiriam Hitler ou Mussolini.

Albright afirma que boa parte dos movimentos políticos de importância são, em algum grau, populistas, mas isso não os torna fascistas ou intolerantes. A transformação ocorre não por ideologia, mas pela disposição de fazer o que for necessário para atropelar os direitos dos outros, obtendo vitória e obediência. Por isso, as pequenas agressões, o silenciamento de fontes e a retirada de direitos fundamentais, como a liberdade de expressão, são sinais de alerta para o avanço de líderes que, de maneira geral, são de "aparência menor".

Para uma experiência com alunos de pós-graduação, Madeleine Albright fez um exercício para testar sua percepção de sinais do fascismo avançando nos Estados Unidos, de modo que fosse possível impedi-lo. Ela cita três pesadelos:

> No primeiro, bilionários reacionários conspiram, monopolizam plataformas de mídia e fazem jorrar recursos em campanhas de candidatos favorecidos que, ao assumir, certificam-se de selecionar juízes complacentes. Entram em vigor leis para proibir a imigração de muçulmanos, criminalizar o aborto, restringir de forma injusta o direito ao voto, direcionar recursos de escolas públicas para particulares e abrir poços de petróleo de um lado, do outro, por toda parte. O presidente passa a ter total autoridade para emitir ou revogar concessões de rádio e televisão, ampliar Guantánamo para receber suspeitos de crimes em território doméstico e impedir investigações sobre si mesmo. Do nascimento à morte, um número cada vez maior de cidadãos passa a vida em uma câmara de eco conservador onde assistem apenas à Fox News, memorizam o catecismo da Breitbart.com e aprendem somente o que direitistas bitolados querem que

> saibam. Por fim, as mudanças climáticas avançam, inundações épicas devastam nossas cidades e milícias civis fortemente armadas se organizam para proteger propriedades privadas, incitadas pela promessa do perdão presidencial caso alguém puxe o gatilho em "legítima defesa".
> Pesadelo número dois: liberais ricos de Hollywood e Nova York investem dinheiro em candidatos favorecidos que, ao serem eleitos, conspiram para impor padrões rígidos de correção política em todas as principais instituições da sociedade – governo, polícia, mídia, esportes, teatro, universidades e salas de aula de jardins de infância. Qualquer um que viole essas leis não escritas e vagas ou seja acusado de tê-lo feito é rotulado de intolerante e é demitido. Oradores de direita têm presença barrada em aglomerações públicas porque seu exercício de liberdade de expressão pode ferir a sensibilidade de antifascistas armados de porretes. Banheiros separados por sexo são proibidos por serem discriminatórios, e terroristas cruzam nossas fronteiras aos borbotões porque não seria possível impedi-los sem traçar perfis raciais. Cai a Segunda Emenda, proíbem-se os combustíveis fósseis e um número cada vez maior de cidadãos passa suas vidas inteiras em uma câmara de eco socialista, aprendendo somente o que fascistas liberais querem que saibam.
> Pesadelo número três: o país é atingido por múltiplos ataques terroristas, milhares morrem e radicais islâmicos residentes nos Estados Unidos assumem a responsabilidade. Um presidente abalado implora aos cidadãos para confiar no governo e não fazer justiça com as próprias mãos. Mesmo reconhecendo a necessidade de endurecer, a Casa Branca se recusa a deter muçulmanos ou fechar mesquitas. Na esteira de mais um ataque terrorista, e outro, e outro, um jovem orador carismático aparece na televisão – e no Twitter – e acusa os líderes dos dois partidos de covardia. Clama por uma revolução para libertar o país das mentiras que vêm exaurindo sua determinação e restringindo sua potência. Jura esmagar e destruir os terroristas como fizeram com homens, mulheres e crianças inocentes imoladas em seus ataques repugnantes. Compromete-se a um batismo de fogo que trará um grande despertar, o renascimento da América de antigamente – independente, orgulhosa, valente, pura, digna da bênção de Deus. Suplica aos ouvintes para preparar suas mentes e corpos para as lutas vindouras – não só contra terroristas, mas contra quem lhes faz apologia e facilita as ações. Alerta que os inimigos já estão prontos para atacar, e a única opção seria antecipar-se a eles. "Não podemos hesitar!", grita. "Vão nos chamar de bárbaros, e estão certos. Queremos ser bárbaros. É um título honrado. Vamos endurecer nossos corações e retomar nosso país!" (Albright, 2018, p. 234-236)

Ao fim da descrição, a "professora" Albright perguntou à turma da Universidade Georgetown se um movimento fascista poderia criar bases significativas nos Estados Unidos. Um aluno respondeu de imediato: "Sim. Por estarmos tão certos de que isso não é possível". A base dessa defesa tem relação com a crença nas instituições democráticas, que ignora a corrosão lenta que elas podem sofrer. O problema é que, se a sociedade não tomar cuidado, um dia acorda e encontra na rua um Estado semifascista. Essa crença cega nas instituições explica por que democratas, republicanos e outras correntes menores não sabem lidar com figuras como Donald Trump, e o mesmo ocorre com políticos populistas e reacionários de outros países.

Quando uma liderança consegue criar uma base, fica difícil combatê-la sem entender suas origens. A popularidade dessas lideranças não costuma ser alta, porém as brigas da política convencional tornam os índices de popularidade ainda mais medíocres para congressistas, o que abre as portas para um Trump surgir. Cria-se um desequilíbrio que faz com que o poder judiciário, geralmente o mais discreto dos poderes numa democracia representativa, seja mais acionado e discutido.

O modo de consumir notícias também mudou. Deixou de ser uma seleção editorial e não há mais comentaristas de escopo intelectual com acesso à grande audiência. As pessoas hoje consomem informação em uma rede muito maior de fontes, com algumas confiáveis e outras não – e muitas vezes temos certeza de que é o outro que está se deixando enganar por *fake news* ou manipulação. Albright alerta que as forças que levam a esse movimento que estremece as bases democráticas não morrem com a derrota ou a saída de um Donald Trump ou de qualquer líder semelhante. As forças permanecem e são sentidas por um bom tempo.

> De forma mais geral, temo que estejamos nos desconectando dos ideais que por tanto tempo nos inspiraram e uniram. Quando rimos, é cada vez mais uns dos outros do que uns com os outros. A lista de tópicos que não pode ser discutida sem acabar com uma reunião de família ou na faculdade só aumenta. Não nos limitamos a discordar; ficamos embasbacados com as visões que outros julgam ser o óbvio ululante. Parecemos viver no mesmo país, mas em galáxias distintas – e falta à maioria de nós a paciência para explorar o espaço entre elas. Tudo isso nos enfraquece e, de fato, nos torna mais suscetíveis. Os três pesadelos citados acima são exagerados, como tendem a ser as paisagens dos sonhos. Contudo, as emoções e atitudes por eles refletidas são reais e fazem parte de uma hostilidade crescente entre nós que não parecemos saber reverter. Não é preciso tanta imaginação para conceber circunstâncias – outra grande recessão, um escândalo de corrupção, tensões raciais, mais atentados terroristas, assassinatos, uma série de desastres naturais ou o mergulho repentino numa guerra inesperada – que causem rupturas grandes demais para nossa Constituição, a linha e agulha da democracia, remendar. (Albright, 2018, p. 242)

A vitória presidencial acachapante de Donald Trump sobre a oponente Kamala Harris, em 2024, após a desastrosa candidatura do democrata Joe Biden, criou nova tensão mundial, que alterou o movimento do pêndulo ideológico. Temendo os processos de regulamentação das redes sociais na Europa e na América Latina, as corporações de tecnologia se uniram em apoio ao novo governo dos Estados Unidos. As demais corporações passaram a reduzir ou ocultar suas políticas afirmativas e de diversidade. Com um horizonte de novas guerras bélicas e tarifaços recíprocos entre os Estados Unidos e dezenas de países visando aumentar zonas de comércio e influência política, as guerras culturais permanecem ativas em novas frentes de batalha.

CONSIDERAÇÕES FINAIS

A experiência do pós-doutoramento foi um processo muito especial. Foi o momento em que reavaliamos nossa produção acadêmica e nos esforçamos na adaptação a um novo ambiente e a uma nova rotina. A ideia para a pesquisa surgiu naturalmente das observações e discussões rotineiras que envolviam assuntos que hoje, entendo, estão no centro das atenções das discussões das guerras culturais.

Os pós-doutorandos têm um *status* muitas vezes nebuloso na estrutura das universidades, especialmente no Brasil. Não somos alunos iniciantes ou em formação, e sim colegas procurando ampliar os horizontes de pesquisa. Não somos profissionais vinculados, não podemos assumir disciplinas integralmente, somos dependentes de bolsas e fomentos de pesquisa, e nem sempre o estágio conta pontos em concursos e processos seletivos. Porém, devemos reconhecer as possibilidades diferenciadas de acessar diferentes grupos de pesquisa, fazer novos contatos com pesquisadores no exterior e pesquisar acervos com a concentração necessária para elaborar um bom trabalho. Nessa jornada, preciso registrar a gratidão por ter participado de discussões tão proveitosas com os colegas do Diversitas, da Cidade do Conhecimento, do Fórum Acadêmico de Estudos Lúdicos (FAEL), dos Acadêmicos da Animação (ADA), do Observatório de Histórias em Quadrinhos (USP), entre outros.

De todas as hipóteses teóricas sobre as guerras culturais, a que mais me parece interessante para analisar os casos citados neste livro é a vertente "afetiva" da autora dinamarquesa Camilla Reestorff (2017). Para que a sociedade retome certa estabilidade, é preciso estarmos atentos às estratégias afetivas da retórica e dos argumentos políticos para atender grupos insatisfeitos. O maior desafio ao longo do processo foi entender as conceituações teóricas e históricas, além da compreensão das diferenças principais entre os grupos conservadores e progressistas, o que ainda causa muita confusão na discussão com colegas.

A pesquisa compreendeu análise teórica, revisão bibliográfica, participação em eventos, congressos e debates, investigação em acervos, o que considero uma experiência completa. Uma quantidade considerável de livros e artigos é recente, o que representou um esforço hercúleo de trabalho. Embora a bibliografia do conservadorismo seja mais antiga, os livros foram editados no Brasil quase ao mesmo tempo que as obras que tratam das questões ligadas aos movimentos identitários. Embora boa parte das referências deste último grupo tenha origem norte-americana, autores brasileiros começaram a discutir os temas no contexto nacional.

Outro ponto importante é a posição do conservadorismo na disputa político-cultural. Há uma onda conservadora mundial ou uma potencialização dos valores conservadores, consequência da insatisfação popular com diversas questões políticas, econômicas e culturais? Acredito mais na segunda hipótese. E o progressismo em suas diversas vertentes? Está deslocado da política tradicional em nichos específicos? Por que ocorrem cada vez mais choques e repercussões com temas aparentemente banais? Talvez parte da solução seja sairmos das bolhas digitais e procurarmos um espaço de discussão racional. Porém, é inegável a importância cada vez maior dos influenciadores digitais, dos acadêmicos e dos formadores de opinião da mídia tradicional, e, nesse ponto, os progressistas levam vantagem – para o bem e para o mal.

A midiatização é importante e envolve cada vez mais temas e ações de nossa vida cotidiana. Existem problemas na comunicação, como analisamos na pesquisa: literacia digital (temos analfabetismo digital), problemas de acesso e visibilidade, bloqueios de informação relevante, entre outros. O jornalismo precisa rever aspectos originários da práxis, buscando aprimorar ferramentas e procedimentos de checagem.

REFERÊNCIAS BIBLIOGRÁFICAS

ABRAMO, Perseu. *Padrões de manipulação na grande imprensa*. São Paulo: Fundação Perseu Abramo, 2003.

ABRAMOWITZ, Alan; SAUNDERS, Kyle. Is polarization a myth? *The Journal of Politics*, v. 70, n. 2, p. 542-555, 2008.

ABRANCHES, Sérgio. *Presidencialismo de coalizão*: raízes e evolução do modelo político brasileiro. São Pauo: Companhia das Letras, 2018.

ADAMS, Alexander. *Culture war*: art, identity politics and cultural entryism. Exeter: Imprint Academic, 2019.

ADORNO, Theodor W. A indústria cultural. *In*: COHN, Gabriel (org.). *Comunicação e indústria cultural*. São Paulo: T. A. Queiroz, 1989.

ALBRIGHT, Madeleine. *Fascismo*: um alerta. São Paulo: Planeta, 2018.

ALLCOTT, Hunt; GENTZKOW, Matthew. Social media and fake news in the 2016 election. *Journal of Economic Perspectives*, v. 31, n. 2, p. 211-236, 2017.

ALMEIDA, Silvio. A reflexão do estado racista (conversa em vídeo). Casa do Saber, 2018. Disponível em: https://www.youtube.com/watch?v=mlzfqrFxbmM

_______. *Racismo estrutural*. São Paulo: Pólen Produção Editorial, 2019.

ARAÚJO, Ernesto. Trump e o Ocidente. *Cadernos de Política Exterior*. Ano III, n. 6, p. 323-357, 2017.

ARBEX JR., José. *Showrnalismo*: a notícia como espetáculo. São Paulo: Casa Amarela, 2001.

AVELAR, Idelber. *Eles em nós*: retórica e antagonismo político no Brasil do século XXI. Rio de Janeiro: Record, 2021.

BARENDT, Eric. *Freedom of speech*. 2. ed. New York: Oxford University Press, 2007.

BARROS FILHO, Clóvis de. *Ética na comunicação*. 7. ed. São Paulo: Summus, 2016.

BARZUN, Jacques. *From dawn to decadence*: 500 years of western cultural life – 1500 to the present. New York: Harper Collins, 2001.

BASINGER, Jeanine. *The movie musical!* New York: Knopf, 2019.

BAUDRILLARD, Jean. *Simulacros e simulação*. São Paulo: Relógio D'Agua, 1991.

_______. *O sistema dos objetos*. São Paulo: Perspectiva. 2009.

BAUMAN, Zygmunt. *Vigilância líquida*. Rio de Janeiro: Zahar, 2013.

BEAUVOIR, Simone. *O segundo sexo*. São Paulo: Difusão Europeia do Livro, 1970.

BELL, Daniel. *The coming of post-industrial society*. New York: Basic Books, 1999.

BENJAMIN, Walter. A obra de arte na era de sua reprodutibilidade técnica. *In*: BENJAMIN, Walter. *Magia e técnica, arte e política*. 7. ed. São Paulo: Brasiliense, 1994. (Obras escolhidas, 1)

BENKLER, Yochai; FARIS, Robert; ROBERTS, Hal. *Network propaganda*: manipulation, desinformation, and radicalization in American politics. New York: Oxford University Press, 2018.

BENN, Piers. *Intellectual freedom and the culture wars*. London: Palgrave Macmillan 2021.

BENTON, Robert; NEWMAN, David. The new sentimentality. *Esquire*. ju . 1964.

BERLIN, Isaiah. Os dois conceitos de liberdade. *In*: HARD, H.; HAUSHEER, R. (org.). *Estudos sobre a humanidade*. São Paulo: Companhia das Letras, 2002.

BERMAN, Marshall. *Tudo que é sólido desmancha no ar*. São Paulo: Companhia das Letras, 2007.

BERNSTEIN, Richard. Ideas & trends. The rising hegemony of the politically correct. *The New York Times* (online). 28 out. 1990. Disponível em: https://www.nytimes.com/1990/10/28/weekinreview/ideas-trends-the-rising-hegemony-of-the-politically-correct.html?pagewanted=all

BHABHA, Homi K. *O local da cultura*. Belo Horizonte: Editora UFMG, 2019.

BISKIND, Peter. *Easy riders, raging bulls* – Como a geração sexo-drogas-e-rock´n roll salvou Hollywood. São Paulo: Intrínseca, 2009.

BLOOM, Allan. *The closing of the American mind*: how higher education has failed democracy and impoverished the souls of today's students. New York: Simon & Schuster, 1987.

BOBBIO, Norberto. *Liberalismo e democracia*. São Paulo: Brasiliense, 2000.

_______. *Direita e esquerda*: razões e significados de uma distinção política. São Paulo: Editora Unesp, 2011.

BOBBIO, Norberto; MATTEUCCI, Nicola; PASQUINO, Gianfranco. *Dicionário de política*. 13. ed. Brasília: Editora UnB, 1998.

BOGGS, Carl; POLLARD, Tom. *The Hollywood war machine*: U. S. militarism and popular culture. Routledge: New York, 2016.

BOLTON, Richard. *Culture*: documents from the recent controversies in the arts. New York: New Press, 1992.

BOND, Fraser F. *Introdução ao jornalismo*. Rio de Janeiro: Agir, 1959.

BOND, R. et al. A 61-million-person experiment in social influence and political mobilization. *Nature*, 489, p.

295–298, 2012. Disponível em: https://doi.org/10.1038/nature11421

BOXWELL, D. A. Kulturkampf, now and then. *War literature and the arts*, v. 12-1, 2000.

BRANSCOME, Nyla; SCHMITT, Michael; SCHIFFHAUER, Kristin. Racial attitudes in response to thoughts of white privilege. *European Journal of Social Psychology*, v. 37, p-203-215, 2007.

BUCCI, Eugênio. *Sobre ética e imprensa*. São Paulo: Companhia das Letras, 2000.

_______. *A forma bruta dos protestos*: das manifestações de junho de 2013 à queda de Dilma Rousseff em 2016. São Paulo: Companhia das Letras, 2016.

BURKE, Peter. *Uma história social do conhecimento*: de Gutenberg a Diderot. Rio de Janeiro: Zahar, 2003.

BURKE, Peter; BRIGGS, Asa. *Uma história social da mídia*: de Gutenberg à internet. Rio de Janeiro: Zahar, 2004.

BURKE, Peter. *Uma história social do conhecimento II*: da enciclopédia à Wikipédia. Rio de Janeiro: Zahar, 2012.

BUTLER, Judith. *Problemas de gênero*: feminismo e subversão da identidade. Rio de Janeiro: Civilização Brasileira, 2003.

CANDIDO, Antonio. *Os parceiros do Rio Bonito*: estudo sobre o caipira paulista e a transformação dos seus meios de vida. Rio de Janeiro: Ouro sobre Azul, 2010.

CANETTI, Elias. *Massa e poder*. São Paulo: Companhia das Letras, 1995.

CARVALHO, Olavo de. *O mínimo que você precisa saber para não ser um idiota*. 13. ed. Rio de Janeiro: Record, 2014.

_______. Post sobre a Turma da Mônica Jovem. 28 jun. 2016. Disponível em: https://www.facebook.com/carvalho.olavo/photos/a.275188992633182.1073741828.275181425967272/657883627697048/?type=3&permPage=1

CASTELLS, Manuel. *A galáxia da internet*: reflexões sobre a internet, os negócios e a sociedade. Rio de Janeiro: Zahar, 2003.

_______. *A sociedade em rede*: a era da informação, economia, sociedade e cultura. São Paulo: Paz e Terra, 2007.

_______. *Redes de indignação e esperança*: movimentos sociais na era da internet. Rio de Janeiro: Vozes, 2013.

_______. *Ruptura*: a crise da democracia liberal. Rio de Janeiro: Zahar, 2018.

CENNI, Franco. *Italianos no Brasil*. 2. ed. São Paulo: Martins, 1975.

CHAPARRO, Manuel Carlos. *Pragmática do jornalismo*: buscas práticas para uma teoria da ação jornalística. 3. ed. São Paulo: Summus, 2007.

_______. *Sotaques d'aquém e d'além mar*: travessias para uma nova teoria de gêneros jornalísticos. São Paulo: Summus, 2008.

CHINEN, Nobu. *O negro nos quadrinhos do Brasil*. São Paulo: Peirópolis, 2019.

CHRISTOFOLETTI, Rogério. Padrões de manipulação no jornalismo brasileiro: fake news e a crítica de Perseu Abramo 30 anos depois. *RuMoRes*, [S. l.], v. 12, n. 23, p. 56-82, 2018.

CHUA, Amy. *Political tribes*: group instinct and the fate of nations. New York: Bloomsbury, 2018.

COELHO, Teixeira. *Guerras culturais*. São Paulo: Iluminuras, 2000.

_______. *Moderno pós-moderno*: modos & versões. São Paulo: Iluminuras, 2005.

COHN, Gabriel. *Sociologia da comunicação*: teoria e ideologia. São Paulo: Pioneira, 1973.

COLLEONI, Elanor; ROZZA, Alessandro; ARVIDSSON, Adam. Echo chamber or public sphere? Predicting political orientation and measuring political homophily. Twitter using big data. *Journal of Communication*, v. 64, n. 2, p. 317-332, 2014.

COSTA, Caio Túlio. *Ombudsman*: o relógio de Pascal. 2. ed. São Paulo: Geração Editorial, 2006.

COUTINHO, João Pereira. *As ideias conservadoras explicadas a revolucionários e reacionários*. São Paulo: Três Estrelas, 2014.

_______. Espelho, espelho meu. *Gazeta do Povo*, 16, 2021. Disponível em: https://www.gazetadopovo.com.br/vozes/joao-pereira-coutinho/traducao-poema-amanda-gorman/

COUTINHO, Laerte. Charge. Opinião. *Folha de S. Paulo*, 18 ago. 2015. Disponível em: http://www1.folha.uol.com.br/fsp/opiniao/229925-charge.shtml

D'SOUZA, Dinesh. *Illiberal education*: the politics of race & sex in campus. New York: The Free Press, 1991.

DALRYMPLE, Theodore. *A vida na sarjeta*: o círculo vicioso da miséria moral. São Paulo: É Realizações Ed., 2014.

_______. *Nossa cultura... ou o que restou dela*: 26 ensaios sobre a degradação dos valores. São Paulo: É Realizações Ed., 2015.

DARNTON, Robert. *O beijo de Lamourette*: mídia, cultura e revolução. São Paulo: Companhia das Letras, 1990.

_______. The true history of fake news. *The New York Review of Books* – NYR Daily. Disponível em: http://www.nybooks.com/daily/2017/02/13/the-true-history-of-fake-news/ Acesso em: 13 fev. 2017.

DEBORD, Guy. *A sociedade do espetáculo*. 4. ed. Rio de Janeiro: Contraponto, 1997.

DENISON, Rayna. It's a bird! It's a plane! No, It's DVD! In: GORDON, Ian et al. (org.). *Film and comic books*. Jackson: University Press of Mississippi, 2007.

DERY, Mark (org.). "Black to the future: interviews with Samuel R. Delany, Greg Tate, and Tricia Rose". *Flame wars*: the discourse of cyberculture. Durham e Londres: Duke University Press, 1994.

DIMAGGIO, Paul; EVANS, John; BRUSON, Bethany. Have American's social attitudes become more polarized? *The American Journal of Sociology*, v. 102, n. 3, p. 690-755, 1996.

DONALD, Brooke. Stanford researchers find students have trouble judging the credibility of information online. *Ed. Stanford.* Disponível em: https://ed.stanford.edu/news/stanford-researchers-find-students-have-trouble-judging-credibility-information-online Acesso em: 26 jun. 2017.

DUBOIS, Elizabeth; BLANK, Grant. The Echo Chamber is overstated: the moderating effect of political interest and diverse media. *Information, Communication & Society*, v. 21, n. 5, 2018.

DUNCAN, Randy; SMITH, Matthew. *The power of comics*: history, form & culture. New York: Continuum, 2009.

EAGLETON, Terry. *A ideia de cultura*. 2. ed. São Paulo: Editora Unesp, 2011.

EKSTEINS, Modris. *A sagração da primavera*: a grande guerra e o nascimento da era moderna. Rio de Janeiro: Rocco, 1991.

EMPOLI, Giuliano da. *Os engenheiros do caos*: como as fake news, as teorias da conspiração e os algoritmos estão sendo utilizados para disseminar ódio, medo e influenciar eleições. São Paulo: Vestígio, 2020.

ENTREVISTAS COM PUTIN (documentário). Dir. Oliver Stone. Ixtlan Productions, 2017.

ESSENFELDER, Renato. *O editor e seus labirintos*: reflexos da crise de paradigmas do jornal impresso. 266 f. Tese (Doutorado em Comunicação) – Escola de Comunicações e Artes, Universidade de São Paulo, São Paulo, 2012.

EVANS, John H. Have American's attitudes become more polarized? An update. *Social Science Quaterly*, v. 84, n. 1, p. 71-90, 2003.

FACHIN, Odília. *Fundamentos de metodologia*. 4. ed. São Paulo: Saraiva, 2003.

FACHIN, Patricia. Os sociólogos distraídos e a invasão ideológica nas ciências sociais. Entrevista especial com José de Souza Martins. *Instituto Humanitas Unisinos* (online), 24 fev. 2020. Disponível em: http://www.ihu.unisinos.br/159-noticias/entrevistas/592388-os-sociologos-distraidos-e-a-invasao-ideologica-nas-ciencias-sociais-entrevista-especial-com-jose-de-souza-martins

FAUSTO, Ruy. Reconstruir a esquerda: um balanço crítico da experiência histórica e algumas ideias para o futuro. *Revista Piauí*, n. 121, p. 57-61, out. 2016. Disponível em: http://piaui.folha.uol.com.br/materia/reconstruir-a-esquerda/

FERNANDES, Florestan. *A revolução burguesa no Brasil*: ensaio de interpretação sociológica. São Paulo: Globo, 2005.

_______. *A integração do negro na sociedade de classes*. São Paulo: Global, 2008. v. 1 e 2.

FIGES, Orlando. *Uma história cultural da Rússia*. Rio de Janeiro: Record, 2017.

FIGUEIREDO, Rubens (org.). *Junho de 2013*: a sociedade enfrenta o Estado. São Paulo: Summus, 2014.

FIORINA, Morris; ABRAMS, Samuel J. Political polarization in the American public. *Annual Review of Political Science*, v. 11, p. 563-588, 2008.

FIORINA, Morris; ABRAMS, Samuel; POPE, Jeremy. *Culture war?* The myth of a polarized America. New York: Pearson, 2004.

FRACOLLA, Bruna. Por que progressistas não entendem conservadores? *O Estado de S. Paulo* (online). 04 mai. 2025. Disponível em: https://estadodaarte.estadao.com.br/filosofia/por-que-progressistas-nao-entendem-conservadores/

FRASER, Nancy. Do neoliberalismo progressista a Trump – e além. *American Affairs*, Trad. Paulo C. Neves . v. 1., n. 4, p-46-64, 2018

FREDERICO, Celso. Da periferia ao centro: cultura e política em tempos pós-modernos. *Estudos Avançados*, v. 27, n. 79, p. 239-255, 2013.

FREYRE, Gilberto. *Casa-grande & senzala*: formação da família brasileira sob o regime da economia patriarcal. São Paulo: Global, 2006.

FUKUYAMA, Francis. A humanidade chega ao fim da história. *O Estado de S. Paulo*, 29 out. 1989.

GRAMSCI, Antonio. Cadernos do cárcere, 6 vols. Edição de Carlos Nelson Coutinho, com a colaboração de Luiz Sérgio Henriques e Marco Aurélio Nogueira. Rio de Janeiro: Civilização Brasileira, 1999-2002.

HABERMAS, Jürgen. Mudança estrutural da esfera pública: investigações quanto a uma categoria da sociedade burguesa. Rio de Janeiro: Tempo Brasileiro, 2003.

HAIDT, Jonathan. *The righteous mind*: why good people are divided by politics and religion. Vancouver, USA: Vintage Books, 2012.

HALL, Stuart. *A identidade cultural na pós-modernidade*. 11. ed. Rio de Janeiro: DP&A, 2011.

_______. *Da diáspora*: identidades e mediações culturais. Belo Horizonte: Editora UFMG, 2013.

HARARI, Yuval. *Sapiens*: uma breve história da humanidade. São Paulo: L&PM, 2015

HARTMAN, Andrew. *A war for the soul of America*: a history of the culture wars. Chicago: The University of Chicago Press, 2015.

HARVEY, David. *Condição pós-moderna*: uma pesquisa sobre as origens da mudança cultural. 18 ed. São Paulo: Edições Loyola, 2009.

HEINEN, Eduarth; RIBEIRO, Marcio; ORTELLADO, Pablo. *Nota técnica 4* – Polarização no mercado de livros de ciências sociais e política. Monitor do Debate Político no Meio Digital. São Paulo: USP, 2020.

HICKS, Stephen. *Explaining postmodernism*: skepticism and socialism from Rousseau to Foucault. Tempe, USA: Scholargy Publishing, 2004.

HOBOLT, Sarah. The Brexit Vote: a divided nation, a divided continent. *Journal of European Public Policy*, v. 23, n. 9, p. 1259-1277, 2016.

HOBSBAWM, Eric. *Era dos extremos*: o breve século XX: 1914-1991. São Paulo: Companhia das Letras, 1995.

_______. *A era das revoluções*: 1789-1848. São Paulo: Paz e Terra, 2011.

_______. *A invenção das tradições*. 13. ed. Rio de Janeiro: Paz e Terra, 2020.

HOLANDA, Sergio Buarque de. *Raízes do Brasil*. São Pauo: Companhia das Letras 1995.

HOLLANDA, Heloisa Buarque de. *Explosão feminista*: arte, cultura, política e universidade. São Paulo: Companhia das Letras, 2018.

HOWARD, Philip N.; WOOLEY, Samuel C. Computational propaganda worldwide: executive summary. *Computational Propaganda Research Project*. Working Paper n. 2017.11. University of Oxford, 2017.

HUGHES, Robert. *Cultura da reclamaçao*: o desgaste americano. São Paulo: Companhia das Letras, 1993.

HUNTER, James. *Culture wars*: the struggle to define America – Making sense of the battles over the family, art, education, law, and politics. New York: Basic Books, 1991.

HUNTINGTON, Samuel. Civilizações ou o quê? Paradigmas do mundo pós-Guerra Fria. *Revista Política Externa*, v. 2, mar. 1994, p. 169-178.

HQFAN. A breve vida da página "Armandinho morrendo violentamente". hqfan, 2017. Disponível em: http://www.hqfan.com.br/2015/06/a-breve-vida-da-pagina-armandinho.html.

IYENGAR, S., LELKES, Yphtach; LEVENDUSKY Matthew et al. The origins and consequences of affective polari-

zation in the United States. *Annual Review of Political Science*, v. 22, p. 129-146, 2019.
IYENGAR, Shanto; HAHN, K. Red media, blue media: evidence of ideological selectivity in media use. *Journal of Communication*, n. 59, p. 19-39, 2009.
IYENGAR, S.; SOOD, Gaurav; LELKES, Yphtach. Affect, not ideology: a social identity perspective on polarization. *Public Opinion Quarterly*, v. 76, n. 3, p. 405-431, 2012.
JAMESON, Fredric. *Pós-Modernismo*: a lógica cultural do capitalismo tardio. São Paulo: Ática, 1996.
JARDINA, Ashley. *White identity politics*. Cambridge, England: Cambridge University Press, 2019.
JENKINS, Henry. *Cultura da convergência*. São Paulo: Aleph, 2009.
JOHNSON, Paul. *Tempos modernos*: o mundo dos anos 20 aos 80. Rio de Janeiro: Instituto Liberal, 1990.
JUDENSNAIDER, Elena; ORTELLADO, Pablo et al. *Vinte centavos*: a luta contra o aumento. São Paulo: Veneta, 2013.
JUDSON, Margaret. This 'New Yorker' corrects its Ryan Lochte cartoon & alters the victim of the crime. *Bustle*, August 19, 2016. Disponível em: https://www.bustle.com/articles/179579-this-new-yorker-corrects-its-ryan-lochte-cartoon- alters-the-victim-of-the-crime. Acesso em: 15 mar. 2017.
JUNQUEIRA, Mary. Os discursos de George W. Bush e o excepcionalismo norte-americano. *Revista Margem*. n. 17, p. 163-171, jun. 2003.
_______. *Estados Unidos:* Estado nacional e narrativa da nação (1776-1900). São Paulo: Edusp, 2018.
KABRAL, Fábio. Afrofuturismo: ensaios sobre narrativas, definições, mitologia e heroísmo (online). *Medium*, 12 jul. 2018. Disponível em: https://medium.com/@ka_bral/afrofuturismo-ensaios-sobre-narrativas-definicoes-mitologia-e-heroismo-1c28967c2485
KELLNER, Douglas. *A cultura da mídia* – Estudos culturais: identidade e política entre o moderno e o pós-moderno. Bauru: Edusc, 2001.
KIMBALL, Roger. *Radicais nas universidades*: como a política corrompeu o ensino superior nos Estados Unidos da América. São Paulo: Peixoto Neto, 2010.
KIRK, Russell. *The conservative mind:* from Burke to Santayana. Washington D.C.: Regnery, 2001.
KLEIN, Ezra. *Why we're polarized*. New York: Simon & Schuster, 2020.
KOVACH, Bill; ROSENSTIEL, Tom. *Os elementos do jornalismo*: o que os jornalistas devem saber e o público exigir. São Paulo: Geração Editorial, 2003.
KRAMER, Adam; GUILLORY, Jamie; HANCOCK, Jeffrey. Experimental evidence of massive-scale emotional contagion through social networks. *PNAS*, v. 111, n. 24, p. 8788-8790, jun. 2014.
LAATS, Adam. *Fundamentalism and education in the scopes era*: God, Darwin, and the roots of America's culture wars. New York: Palgrave Macmillan, 2010.
LAERTEVISÃO. Ombudsman. *Folha de S. Paulo*, ago. 2015. Disponível em: http://www1.folha.uol.com.br/fsp/ombudsman/230505-laertevisao.shtml Acesso em: 22 maio 2017.
LAGO, Miguel. Derrubem as estátuas. Quem reclama da "cultura do cancelamento" está cego para a cultura do outro. *Revista Piauí* (online), n. 168, set. 2020. Disponível em: https://piaui.folha.uol.com.br/materia/derrubem-as-estatuas/
LAKOFF, George. *Moral politics*: how liberals and conservatives think. Chicago: University of Chicago Press, 2016.
LAKOFF, George; DURAN, Gil. Trump has turned words into weapons. And he's winning the linguistic war. *The Guardian* (online), 13 jun. 2018. Disponível em: https://www.theguardian.com/commentisfree/2018/jun/13/how-to-report-trump-media-manipulation-language
LATOUR, Bruno. *Reagregando o social*: uma introdução à teoria do ator-rede. Salvador: Edufba, 2012.
LEVITSKY, Steven; ZIBLATT, Daniel. *Como as democracias morrem*. Rio de Janeiro: Zahar, 2018.
LEWIS, Richard. *The American Adam*: innocence, tragedy and tradition in the nineteenth century. Chicago: The University of Chicago Press, 1959.
LINS DA SILVA, Carlos Eduardo. Puritanismo, individualismo e pragmatismo na resposta americana ao terror. *Política Externa*, v. 10, n. 3, dez./jan./fev., p. 32-47, 2001/2002.
LIPOVETSKY, Gilles. *O império do efêmero*: a moda e seu destino nas sociedades modernas. São Paulo: Companhia das Letras, 2009.
LIPPMANN, Walter. *Opinião pública*. Petrópolis: Vozes, 2008.
LLOSA, Mario Vargas. *A civilização do espetáculo*: uma radiografia do nosso tempo e da nossa cultura. Rio de Janeiro: Objetiva, 2012.
LUKIANOFF, Greg; HAIDT, Jonathan. *The coddling of the American mind*: how good intentions and bad ideas are setting up a generation for failure. New York: Penguin Books, 2018.
LYOTARD, Jean-François. *A condição pós-moderna*. 15. ed. Rio de Janeiro: José Olympio, 2013.
MACDONALD, Dwight. *Masscult and midcult*: essays against the American grain. New York: New York Review Books, 2011.
MAGALHÃES, David. Quem tem medo do globalismo? *O Estado de S. Paulo* (online), 2018. Disponível em: https://www.estadao.com.br/cultura/estado-da-arte/quem-tem-medo-do-globalismo/ Acesso em: 4 maio 2025.
MARANHÃO, Carlos. *Roberto Civita. O dono da banca:* A vida e as ideias do editor da Veja e da Abril. 1. ed. São Paulo: Companhia das Letras, 2016.
MARCONDES FILHO, Ciro. *Dicionário da comunicação*. 2. ed. São Paulo: Paulus, 2014.
MARTEL, Frédéric. *Smart:* o que você não sabe sobre a internet. Rio de Janeiro: Civilização Brasileira, 2015.
MARTINS, Vera Magalhães. A vida em preto e branco. *Folha de S. Paulo*, ago, 2015. Disponível em: http://www1.folha.uol.com.br/fsp/ombudsman/230506-a-vida-em-preto-e- branco.shtml.
MASON, Lilliana. "I disrespectfully agree": the differential effects of partisan sorting on social and issue polarization. *American Journal of Political Science*, v. 59, n. 1, p. 128-145, 2015.
McCOMBS, Maxwell. *A teoria da agenda*: a mídia e a opinião pública. Petrópolis: Vozes, 2009.

McDONNEL, Stephen. Why China censors banned Winnie the Pooh. *BBC News*, 17 jul. 2017. Disponível em: https://www.bbc.com/news/blogs-china-blog-40627855.

MEDINA, Cremilda. *Notícia*: um produto à venda. São Paulo: Summus, 1978.

MELO, José Marques de. *História do jornalismo*: itinerário crítico, mosaico contextual. São Paulo: Paulus, 2012.

MERQUIOR, José Guilherme. Liberalismo antigo e moderno. Rio de Janeiro: Nova Fronteira, 1991.

MILL, John Stuart. *Sobre a liberdade*: a sujeição das mulheres. São Paulo: Companhia das Letras, 2017.

MIRANDA, Darcy Arruda. *Comentários à Lei de Imprensa*: Lei 5.250, de 1967, sobre a liberdade de manifestação do pensamento e da informação. 3. ed. São Paulo: Revista dos Tribunais, 1995.

MISKOLCI, Richard. *Teoria queer*: um aprendizado pelas diferenças. Belo Horizonte: Autêntica/ Universidade Federal de Ouro Preto, 2012.

MOOG, Vianna. *Bandeirantes e pioneiros*: paralelo entre duas culturas. Rio de Janeiro: José Olympio, 2011.

MORE, Thomas. *A utopia*. São Paulo: Penguin Books, 2018.

MORGENSTERN, Flávio. *Por trás da máscara*: do passe livre aos black blocs, as manifestações que tomaram as ruas do Brasil. Rio de Janeiro: Record, 2015.

MOROZOV, Evgeny. *The net delusion*: the dark side of internet freedom. New York: PublicAffairs, 2011.

MOUNK, Yascha. *O povo contra a democracia*: por que nossa liberdade corre perigo e como salvá-la. São Paulo: Companhia das Letras, 2019.

MUDIMBE, Valentin Yves. *A invenção da África*: gnose, filosofia e a ordem do conhecimento. Petrópolis: Vozes, 2019.

NAGLE, Angela. *Kill all normies*: online culture wars from 4Chan and Tumblr to Trump and the alt-right. Washington: Zero Books, 2017.

NASCIMENTO, José Conegundes; MACIEL, Licio. *Orvil tentativas de tomada de poder.* São Paulo: Schoba, 2012.

NEVEU, Erik. *Sociologia do jornalismo*. São Paulo: Edições Loyola, 2006.

NUNOMURA, Eduardo Yoshio. *O mensalão impresso*: o escândalo político-midiático do governo Lula nas páginas de *Folha* e *Veja*. 210 f. Dissertação (Mestrado em Comunicação) – Escola de Comunicações e Artes, Universidade de São Paulo, São Paulo, 2012.

NYE, Joseph S. *Bound to Lead*: the changing nature of American power. New York: Basic Books, 1991.

O´SULLIVAN, Judith. *The great American comic strip*: one hundred years of cartoon art. New York: Bullfinch Press, 1990.

OAKESHOTT, Michael. *Rationalism in politics*. London: Methuen, 1962.

OPINIÃO DO LEITOR. *Folha de S. Paulo*, 19 ago. 2015. Disponível em: http://www1.folha.uol.com.br/fsp/opiniao/229999-painel-do-leitor.shtml.

ORTEGA Y GASSET, José. *A rebelião das massas*. Trad. Felipe Denardi. Campinas, SP: Vide Editorial, 2016.

ORTELLADO, Pablo; RIBEIRO, Marcio Moretto. *Polarização e desinformação online no Brasil*. Análise n. 44. São Paulo: Friedrich Ebert Stiftung, 2018.

ORTELLADO, Pablo. Esquerda e direita fazem defesa seletiva da liberdade de expressão. *Folha de S. Paulo*, out. 2019. Disponível em: http://www1.folha.uol.com.br/colunas/pablo-ortellado/2017/10/1927691-esquerda-e-direita-fazem-defesa-seletiva-da-liberdade-de-expressao.shtml?utm_source=facebook&utm_medium=social&utm_campaign=compfb

PAINE, Thomas. *Senso comum e os direitos do homem*. Porto Alegre: L&PM Pocket, 2009.

PERCEPÇÕES E VALORES POLÍTICOS NAS PERIFERIAS DE SÃO PAULO. São Paulo: Pesquisas Fundação Perseu Abramo, 2017.

PETERSON, Jordan. *12 regras para a vida*: um antídoto para o caos. Rio de Janeiro: Alta Books, 2018.

PHILLIPS, Whitney. *This is why we can't have nice things*: mapping the relationship between online trolling and mainstream culture. Cambridge, USA: MIT Press, 2015.

PINKER, Steven. *O novo iluminismo*: em defesa da razão, da ciência e do humanismo. São Paulo: Companhia das Letras, 2018.

PISCITELLI, Adriana. Re-criando a (categoria) mulher? In: ALGRANTI, Leila (org.). A prática feminista e o conceito de gênero. *Textos didáticos*, n. 48, p. 7-42, nov. 2002.

PRIOR, Markus. Media and political polarization. *Annual Review of Political Science*, v. 16, p. 101-127, 2013.

PUSTZ, Matthew. *Comic book culture*: fanboys and true believers. Jackson (USA): University Press of Mississippi, 1999.

QUINTON, Anthony. *The politics of imperfection*. London: Faber and Faber, 1978.

RANGEL, Edson. Afrofuturismo e questões políticas do negro na ficção científica. *Revista do Audiovisual*, n. 5, jan./jul., 2016, p. 129-148.

REESTORFF, Camilla. *Culture war*: affective cultural politics, tepid nationalism and art activism. Chicago: Intellect Bristol, The University of Chicago Press, 2017.

RIBEIRO, Darcy. *O povo brasileiro*: a formação e o sentido do Brasil. São Paulo: Companhia das Letras, 1995.

RIBEIRO, Djamila. *Lugar de fala*. São Paulo: Pólen Produção Editorial, 2019.

RIESMAN, David. *A multidão solitária*. São Paulo: Perspectiva, 1995.

ROBB, David L. *Operation Hollywood*: how the Pentagon shapes and censors the movies. Amherst, New York (USA): Prometheus Books, 2004.

ROCHA, João Cezar de Castro. *Guerra cultural e retórica do ódio:* crônicas de um Brasil pós-político. Goiânia: Editora e Livraria Caminhos, 2021.

SAAD CORRÊA, Elizabeth; BERTOCCHI, Daniela. A cena cibercultural do jornalismo contemporâneo: web semântica, algoritmos, aplicativos e curadoria. *Revista Matrizes*, ano 5, n. 2, p. 123-144, jan./jul. 2012.

SAAD CORRÊA, Elizabeth. Centralidade, transversabilidade e resiliência: reflexões sobre as três condições da contemporaneidade digital e epistemologia da Comunicação. CONGRESSO INTERNACIONAL IBERCOM, São Paulo, 2015.

SAID, Edward W. *Orientalismo*: o Oriente como invenção do Ocidente. São Paulo: Companhia das Letras, 2007.

SALIBA, Elias Thomé. *Raízes do riso:* a representação humorística na história brasileira: da Belle Époque aos primeiros tempos do rá-

dio. São Paulo: Companhia das Letras, 2002.
SANTOLI, Lorraine. *The official Mickey Mouse Club book*. New York: The Disney Editions, 1995.
SAUNDERS, Frances Stonor. *The cultural cold war*: the CIA and the world of arts and letters. New York: The New Press, 2000.
SCABIN, Nara Lya Cabral. *Politicamente correto, uma categoria em disputa*. Curitiba: Appris, 2018.
SCHWARZ, Roberto. Cultura e política, 1964-1969. In: SCHWARZ, Roberto. *O pai de família e outros estudos*. São Paulo: Companhia das Letras, 2008. p. 70-111.
SCHWARTZ, Benjamin. Daily cartoon: *New Yorker*, Monday, 15 Aug.., 2016. Disponível em: https://www.newyorker.com/cartoons/daily-cartoon/monday--august-15th-swimmer- robbery?fbclid=IwAR1c6WEZrvPqqKooa4zyUXUo9OJjbU8la7lzo6sghNY4Xf- KlI-tV19fsWe4.
_______. Daily Cartoon. *New Yorker*, Friday, 19 Aug., 2016. Disponível em: https://www.newyorker.com/cartoons/daily-cartoon/friday-august-19th--swimming- correction>
SCRUTON, Roger. *O que é conservadorismo*. São Paulo: É Realizações, 2015.
SEDGWICK, Mark. *Key thinkers of the radical right*: behind the new threat to liberal democracy. New York: Oxford University Press, 2019.
SERVA, Leão. *Jornalismo e desinformação*. 2. ed. São Paulo: Editora Senac, 2001.
SHLAES, Amity. *Great society*: a new history. New York: Harper Collins, 2019.
SIEGEL, Tatiana. Disney's 'Christopher Robin' won't get Chine release amid Pooh crackdown (Exclusive). *The Hollywood Reporter*, 3 Aug. 2018. Disponível em: https://www.hollywoodreporter.com/heat-vision/christopher-robin-refused-china-release-winnie-pooh--crackdown-1131907
SILVA, Kellen; QUADRADO, Jaqueline. O afrofuturismo como forma de representação cultural. *EMICult*, v. 2. 2016.
SMITH, Helen. *Men on strike*: why men are boycotting marriage, fatherhood, and the American dream. New York: Encounter Books, 2013.
SODRÉ, Muniz. *O fascismo da cor*: uma radiografia do racismo nacional. Petrópolis: Vozes, 2023.
SOUZA, Pedro H. G. *Uma história de desigualdade*: a concentração de renda entre os ricos no Brasil (1926-2013). São Paulo: Hucitec, 2018.
SWINGEWOOD, Alan. *O mito da cultura de massa*. Rio de Janeiro: Interciência, 1978.
TEITELBAUM, Benjamin. *War for eternity*: inside Bannon's far-right circle of global power brokers. New York: Dey Street Books, 2020.
THE NEW YORKER. Charge atualizada do caso Ryan Lochte. 19 ago. 2016. Disponível em: https://www.facebook.com/newyorker/photos/a.430906773868/10153953486318869/?type=3&theater
THOMAS, David A.; ELY, Robin J. Making differences matter: a new paradigm for managing diversity. *Harvard Business Review*, 74, n. 5, p. 79-90, sept./oct. 1996.
THOMPSON, John B. *O escândalo político* – poder e visibilidade na era da mídia. Petrópolis: Vozes, 2000.
TOCQUEVILLE, Alexis de. *A democracia na América* – Sentimentos e opiniões: de uma profusão de sentimentos e opiniões que o Estado social democrático fez nascer entre os americanos. São Paulo: Martins Fontes, 2000.
TOLEDO, Roberto Pompeu de. *A capital da solidão*. uma história de São Paulo das origens a 1900. Rio de Janeiro: Objetiva, 2003.
_______. *A capital da vertigem*. uma história de São Paulo de 1900 a 1954. Rio de Janeiro: Objetiva, 2015.
TOYNBEE, Arnold J. *Um estudo de história*. Condensação dos volumes I a VI por D. C. Somervell. 1 v. São Paulo: W. M. Jackson, Inc. Editores, 1953.
TRAQUINA, Nelson. *Teorias do jornalismo*: por que as notícias são como são. 2. ed. Florianópolis: Insular, 2005.
TRILLING, Lionel. *A imaginação liberal*: ensaios sobre a relação entre literatura e sociedade. São Paulo: É Realizações, 2015.
TURMA DA MÔNICA JOVEM. n. 94. Barueri: Panini, maio 2016.
VARGAS LLOSA, Mario. *A civilização do espetáculo*: uma radiografia do nosso tempo e da nossa cultura. Rio de Janeiro: Objetiva, 2013.
VENTURA, Zuenir. *1968*: o ano que não terminou. Rio de Janeiro: Objetiva, 2013.
VIRILIO, Paul. *Velocidade e política*. São Paulo: Estação Liberdade, 1996.
WAGNER, Roy. *A invenção da cultura*. São Paulo: Cosac Naify, 2012.
WILLENS, Emílio. *A aculturação dos alemães no Brasil*: estudo antropológico dos imigrantes alemães e seus descendentes no Brasil. 2. ed. São Paulo: Editora Nacional, 1980.
WOMACK, Ytasha. *Afrofuturism*: the world of black sci-fi and fantasy culture. Chicago: Laurence Hill Books, 2013.
WYATT, Justin. *High concept*: movies and marketing in Hollywood. Austin (USA): University of Texas Press, 2006.
ZUCKERMAN, Ethan. *Fake news is a red herring!* Deutsche Welle, v. 25, n. 1, 2017. Disponível em: http://www.dw.com/en/fake-news-is-a-red-herring/a-37269377

CRÉDITOS DAS IMAGENS

Fig. 1. Capa do projeto de pós-doutorado na USP: © Celbi V. M. Pegoraro.

Fig. 2. Pavilhões da Alemanha e da União Soviética na Exposição Universal de Paris, em 1937. Imagem de autoria desconhecida, em domínio público.

Fig. 3. Os bandeirantes eram difundidos nos livros e nas histórias em quadrinhos, de modo a reforçar a narrativa pelo viés paulista. *Raposo Tavares: o maior dos bandeirantes* (Grandes Figuras em Quadrinhos nº 4): © Editora Ebal, 1958.

Fig. 4. Cartum mostra o flautista de Hamelin guiando os estudantes pelo caminho da educação, enquanto toca *Hipótese da evolução darwiniana*. O destino dos jovens é uma caverna chamada "Descrença em Deus e na Bíblia": © E. J. Pace, em domínio público.

Fig. 5 e 6. Capas de *graphic novels* banidas de várias bibliotecas públicas dos Estados Unidos. *Maus* (Quadrinhos na Cia.): © Art Spiegelman/Companhia das Letras, 2005; *Persépolis* (Quadrinhos na Cia.): © Marjane Satrapi/Companhia das Letras, 2007.

Fig. 7. As mudanças nos costumes e na mídia foram abordadas em 1964 na *Esquire:* © revista Esquire, edição de julho de 1964.

Fig. 8. Duas páginas da *Esquire* com exemplos do que seria antiquado e do que seria o futuro na cultura: © revista *Esquire*, p. 26-27, edição de julho de 1964.

Fig. 9. *Batman: o Cavaleiro das Trevas* – Um dos marcos nas histórias em quadrinhos, de 1986. Em 1989, *Batman* se tornou um grande sucesso no cinema. *Batman – The Dark Knight Returns*: © Frank Miller e Klaus Janson/DC Comics, 1986.

Fig. 10. Cartum de Steve Bell, *"Denmarks Glory"*, que causou polêmica internacional e no governo da Dinamarca. © Steve Bell

Fig. 11. A revista *Esquire* dedica capa a um novo sentimentalismo e foi vítima das guerras culturais. A despeito da polêmica, a reportagem comprova mudanças na sociedade americana. © revista Esquire, edição de março de 2019.

Fig. 12. Charge de Laerte relaciona tietagem com chacina de Osasco © Laerte Coutinho. *Folha de S. Paulo*, edição de 18 de agosto de 2015.

Fig. 13 e 14. "Reduções" sobre os judeus que eram publicadas pela imprensa alemã durante o nazismo. *Trau keinem Fuchs auf grüner Heid und keinem Jud bei seinem Eid:* © Elvira Bauer/ Stürmer-Verlag, 1936, em domínio público.

Fig. 15. Charge original de Ivan Cabral publicada no *Novo Jornal* © Ivan Cabral, 2016.

Fig. 16. Charge adulterada compartilhada no Facebook © não encontrado.

Fig. 17. Versão adulterada de Armandinho se aproveitava dos temas culturais em discussão nas mídias sociais.

Fig. 18. Quadro de história em quadrinhos polarizou seguidores nas mídias sociais. *Turma da Mônica Jovem nº 94:* © Mauricio de Sousa Produções/ Panini, 2014.

Fig. 19 e 20. Charges sobre o caso Ryan Lochte no Rio publicadas, respectivamente, em 15 e 19 de agosto de 2016. © Benjamin Schwartz/*The New Yorker.*

Fig. 21. O Brexit começa numa dinâmica de guerras culturais e termina com incertezas nas mãos de Theresa May e Boris Johnson. © Paolo Calleri

Fig. 22. Cena do beijo da *graphic novel Vingadores – A Cruzada das Crianças* é midiatizada após tentativa de censura pelo prefeito Crivella na Bienal do Rio de Janeiro: © Folhapress.

Fig. 23. Ministro da Justiça pediu investigação sobre o chargista Renato Aroeira e o Blog do Noblat por arte crítica ao governo. © Renato Aroeira.

Fig. 24. A charge de Rafael Corrêa foi apagada, em 19 de janeiro de 2020, de sua página pessoal no Facebook. Foi liberada após pedido de reavaliação. © Rafael Corrêa.

Fig. 25. A HQ *O doutrinador*, criação de Luciano Cunha, foi adaptada para uma série de tevê e para o cinema, em 2018. Militantes de esquerda defenderam silenciamento. © Luciano Cunha.

Fig. 26. O jornal satírico provoca o debate ético sobre os limites da liberdade de expressão e os riscos de segurança. Na capa, o jornal combina elementos do assassinato de George Floyd com as críticas sobre a família real feitas por Meghan Markle e pelo príncipe Harry, após deixarem a monarquia britânica ©Juin/*Charlie Hebdo*, edição de 12 de março de 2021.

Este livro foi composto em Minion Pro e The Sans e impresso em papel off-set Suzano 90g/m² nas Oficinas da Lis Gráfica no inverno de 2025, em São Paulo, Brasil.